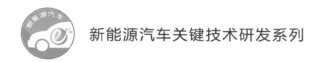

新能源汽车关键技术研发系列

新能源汽车电磁兼容性
设计理论与方法

Electromagnetic Compatibility of
Electric Vehicle

翟 丽 著

机械工业出版社
CHINA MACHINE PRESS

电磁兼容性是新能源汽车的一项关键共性技术，对保障新能源汽车安全行驶、减少或避免故障十分重要。随着智能网联电动汽车的发展，电磁兼容性分析与设计成为研发中不可或缺的环节，是工程师必须掌握的知识和技能。本书以建模仿真、试验测量和工程案例相结合的方式，介绍了新能源汽车电机驱动系统、DC-DC变换器、无线充电系统、整车控制器、电池管理系统以及整车电磁兼容性的相关内容，使读者能够熟练掌握电磁兼容性的分析方法、建模仿真方法、整改方法以及测试方法。

　　本书可供车辆工程相关专业的研究生、高年级本科生和工程技术人员参考学习使用。

图书在版编目（CIP）数据

新能源汽车电磁兼容性设计理论与方法 / 翟丽著 . —北京：机械工业出版社，2021.1（2023.1 重印）

（新能源汽车关键技术研发系列）

ISBN 978-7-111-67180-0

Ⅰ . ①新… Ⅱ . ①翟… Ⅲ . ①新能源 – 汽车 – 电磁兼容性 – 设计

Ⅳ . ① U469.7

中国版本图书馆 CIP 数据核字（2020）第 267541 号

机械工业出版社（北京市百万庄大街 22 号　邮政编码 100037）

策划编辑：何士娟　责任编辑：何士娟

责任校对：张　征　封面设计：张　静

责任印制：郜　敏

中煤（北京）印务有限公司印刷

2023 年 1 月第 1 版第 2 次印刷

169mm×239mm · 25.25 印张 · 2 插页 · 534 千字

标准书号：ISBN 978-7-111-67180-0

定价：138.00 元

电话服务　　　　　　　　　网络服务

客服电话：010-88361066　机 工 官 网：www.cmpbook.com

　　　　　010-88379833　机 工 官 博：weibo.com/cmp1952

　　　　　010-68326294　金 书 网：www.golden-book.com

封底无防伪标均为盗版　机工教育服务网：www.cmpedu.com

丛书序

在新能源汽车成为战略新兴产业之一等国家战略的背景下，以纯电动汽车和燃料电池汽车、插电式混合动力汽车为代表的新能源汽车，作为能源网络中用能、储能和回馈能源的终端，成为我国乃至经济新体系中的重要组成部分。我国经过4个五年计划的科技攻关，基本掌握了新能源汽车的整车技术和关键零部件技术，实现了跨越式发展，并逐步实现了产业化。

但是，在世界这个完全开放的市场中，中国新能源汽车核心关键技术尚未彻底突破，技术竞争压力越来越大，加快新能源汽车持续创新、推进中国汽车产业技术转型升级，是中国科技发展的重大战略需求。中国的新能源汽车技术还需要不断创新，快速发展。

本套丛书将聚焦于新能源汽车整车、零部件关键技术，以及与新能源汽车配套的科技体系和产业链，邀请行业内各领域一直从事研究和试验工作的产品第一线技术人员编写，内容系统、科学，极具实用性，希望能够为我国新能源汽车的持续发展提供技术支撑和智力支持。

前　言

新能源汽车是《中国制造 2025》十大重点发展领域之一。电磁兼容性是新能源汽车的一项关键共性技术，对保障新能源汽车安全行驶、减少或避免故障十分重要。随着新能源汽车电动化、智能化、网联化和共享化的发展，对线控高效电子电气架构提出了高带宽、高实时性、高安全性及高可靠性的需求，电磁兼容性成为影响智能网联电动汽车功能安全性的一个重要问题。国家能源局发布的《电动汽车安全指南》（2019 版）中规定了纯电动汽车和氢燃料电池汽车整车电磁兼容安全性要求。

本书涉及新能源汽车零部件及整车电磁兼容性相关内容，共 8 章，包括绪论，新能源汽车电磁兼容基础，电机驱动系统电磁干扰预测与抑制，DC-DC 变换器电磁干扰预测与抑制，无线充电系统电磁安全与电磁兼容，整车控制器信号完整性与电磁兼容，电池管理系统电磁兼容，整车电磁辐射测量、诊断与抑制。尽管由于篇幅限制，每部分内容不可能进行很深入的分析，但是本书对电磁兼容性的分析方法、建模仿真方法、测试方法和整改方法的阐述还是比较充分的。本书可以使读者对新能源汽车电磁兼容性有一个总体的认识。对于新能源汽车电磁干扰预测、抑制和电磁兼容优化设计，本书为工程师解决相关问题提供了参考和借鉴。

作者从 2006 年起从事电动汽车电磁兼容性研究，先后主持或参与了国家自然科学基金项目、国家重点研发项目、国防重点预研项目、装备预研领域基金项目和共用技术项目、企业合作项目等科研项目，本书的出版得到了这些科研项目基金的支持。

在撰写本书的过程中，作者所在团队的研究生做了很多贡献，部分内容来自他们的研究成果，他们是胡桂兴、吕梦圆、高润泽、董明承、张新宇、李广召、冯惠源、宋超、林立文、杨泗鹏、曹玉、章涛、钟广缘、李祥、覃焕耀等，作者在此表示感谢。感谢北京理工大学电动车辆国家工程实验室各位同事给予的帮助和提出的宝贵意见及建议。感谢北京理工大学信息与电子学院和机械与车辆学院区健昌、高洪民、程夕明、李军求、潘小敏、王志福对本书提出的宝贵意见。感谢北京新能源汽车股份有限公司高新杰、郑州宇通客车股份有限公司樊森、中国汽车技术研究中心有限公司柳海明给予的宝贵建议。感谢国内外车辆电磁兼容领域专家和同行的无私指导和帮助。

由于作者水平有限，疏漏和错误之处在所难免，恳请广大读者批评指正。

编者

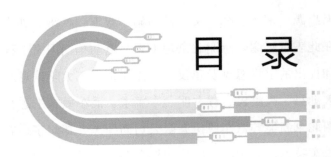

目　录

丛书序
前言

第3章 电机驱动系统电磁干扰预测与抑制

第 4 章　DC-DC 变换器电磁干扰预测与抑制

第 5 章　无线充电系统电磁安全与电磁兼容

第6章　整车控制器信号完整性与电磁兼容

第 7 章　电池管理系统电磁兼容

第8章 整车电磁辐射测量、诊断与抑制

第1章 绪论

1.1 概述

电磁兼容性是新能源汽车的共性技术，对保障电动汽车安全行驶、减少或避免故障具有非常重要的意义。国内外电动汽车电磁兼容标准与法规的日益严格和市场的激烈竞争，给新能源汽车电磁兼容性提出了迫切的要求。

近年来，因新能源汽车引发的电磁兼容问题逐渐引起人们的重视，国际知名汽车企业（丰田、福特、通用、宝马等）把电磁兼容技术列为新能源汽车的重要研究内容。解决电磁兼容问题、突破电磁兼容关键技术，已成为电动汽车产品成功进入市场的关键。

目前，新能源汽车电磁兼容相关研究工作主要集中在以下几方面：

1）针对车辆实际运行出现的电磁干扰问题，研究零部件及系统滤波、屏蔽和接地等整改技术。

2）根据标准法规进行整车辐射发射测试，针对由电驱动系统工作引起的电磁辐射超标问题，进行整改控制。

3）根据标准法规对高压零部件进行传导发射和辐射发射测试，针对超标问题进行整改和电磁干扰诊断。

4）通过电磁兼容理论分析和建模仿真，预测和抑制电磁干扰。

目前，国内外学者和技术人员在新能源汽车电磁兼容测试和整改方面取得了一些成果，但由于缺乏准确有效的仿真模型和预测方法，导致电磁干扰机理和数学表征方面研究不足，不能在产品设计阶段对电磁干扰进行有效分析、预测和抑制。比较突出的问题存在于：

1）干扰源有多种类型。干扰源包括窄带干扰源（例如包含时钟、晶振、微处理器和显示器中的数字逻辑电路的车辆电子零部件）和宽带干扰源（例如电机和点火系统）。具体实例如电机控制器的 IGBT 功率模块、DC-DC 变换器的 MOSFET 功率模块、整车控制器的时钟电路等。干扰源信号的时域特性和频域特性各不相同，各种干扰源信号同时作用在车辆高压系统和低压系统上。目前，干扰源建模通常采用线性理想干扰源，与实际干扰源存在较大差异。

2）电磁干扰耦合路径复杂。高压和低压部件布置在车辆有限空间内，部件及线缆的位置和长度都会影响传导和辐射耦合路径。电磁干扰传输电磁耦合路径多采用集总电路模型建模，忽略或简化了寄生参数和分布参数的影响，使电磁干扰路径分析有遗漏或不正确，因此不能准确有效地对电磁干扰噪声信号进行表征、预测和抑制。

3）敏感设备多样化，诸如雷达等智能传感器、ABS 等安全控制器、整车控制器、电池管理系统、各种无线电接收设备等。车辆实际运行时，高压动力系统会通过高压线缆、车载 CAN 总线网络等对智能传感器、电子控制器和执行器等敏感设备产生电磁干扰。同时，智能传感器和车载无线通信设备也会产生辐射骚扰信号。

4）车辆负载工况动态变化。新能源汽车运行工况多，如起步、加速、恒速、超速、怠速、制动等，且负载工况动态变化。实验室的电磁干扰测量特性不能全面反映实车的运行。

5）忽略了电磁安全性。只根据标准法规对电磁兼容性进行分析研究，没有充分考虑电驱动系统、智能传感器和车载无线通信设备等关键系统产生的低频和射频超宽带电磁干扰噪声对牵引、制动和转向功能安全性的影响。

因此，新能源汽车电磁干扰的机理、预测和抑制方法的研究，对提高车辆系统可靠性、安全性，及新能源汽车的设计、制造和推广应用，具有重要意义。

1.2 新能源汽车电磁兼容性问题

与传统内燃机车辆不同，电动汽车应用了大量的高压部件，例如驱动电机、电机逆变器（DC-AC Inverter）、直流 - 直流变换器（DC-DC Converter）、车载充电机（AC-DC Converter）、动力电池等。此外，电动汽车还应用了电池管理系统（BMS）、车辆控制单元（VCU）、Telematics BOX（TBOX）等低压电气部件。因此，电动汽车的电磁环境变得更加复杂，电磁兼容性（EMC）变得越来越重要。为了保护车内外接收机免受电动汽车无线电干扰，国际标准 SAE J551-5、CISPR 12—2009、中国标准 GB/T 18387—2017 和 CISPR 25—2016Rd 对电动汽车整车和高低压零部件的电磁发射提出了限值要求。电磁兼容性成为电动汽车关键技术。国际标准 CISPR 25—2016Rd 和中国标准 GB/T 18655—2018 对电动车辆的高低压零部件在 150kHz~108MHz 频段的传导电磁发射和 150kHz ~ 2.5GHz 频段辐射发射提出了限值要求和测量方法。ISO 7637-4《道路车辆 由传导和耦合引起的电磁骚扰 第 4 部分：沿屏蔽电压电源线的电瞬态传导》对新能源乘用车和商用车上车载电驱动系统及高压零部件的电瞬态传导进行了测试评估。

1.2.1 电机驱动系统 EMC 问题

电机驱动系统是新能源汽车的关键部件，采用功率半导体器件（如 IGBT 等）进行脉冲宽度调制（PWM）控制，以实现对电机控制器输出电压的调节。功率半导体器件的快速通断产生较高的电流变化率 di/dt 和电压变化率 du/dt，会产生不期望的电磁噪声，不仅会影响车内外无线电接收设备，也会通过高压电源线影响其他车载高低压部件。此外，电机驱动系统产生的这种电磁噪声，不仅会使自身设备不能满足 EMC 标准限值要求，还会导致整车不能满足 EMC 标准限值要求。

为了抑制这种电机控制器功率半导体器件通断带来的电磁干扰（EMI），主要有 PWM 控制策略优化、系统结构优化、安装 EMI 滤波器三种方法。PWM 控制策略优化方法较多用于减小共模干扰。系统结构优化方法通常采用逆变器拓扑结构和电机定子绕组结构优化方法，来减小共模干扰。另外，这种方法需要重新进行系统设计，周期较长、难度较大。安装 EMI 滤波器是抑制电机控制器电源 EMI 的有效方法，电源 EMI 滤波器包括有源滤波器、无源滤波器和混合滤波器。有源滤波器和混合滤波器结构复杂，其电子控制单元和信号采集单元的特性会降低高频 EMI 抑制效果，对环境适用性也要求较高。无源滤波器是抑制电源 EMI 最常用的且便于工程实现的方法。无源滤波器一般由差模电感、差模电容、共模扼流圈和共模电容、共模变压器等构成各种拓扑结构，实现对电源共模和差模传导骚扰的有效抑制。新能源汽车电机控制器 EMI 滤波器与工业用电机控制器 EMI 滤波器有以下不同：

1）供电系统是高压直流电，输入直流电压范围为 200～900V。

2）高压直流电源线的电流较大，通常为几百安培。

3）根据 EMC 标准限值要求，传导电磁干扰抑制频率范围是 150kHz~108MHz，而其他应用领域的传导 EMI 抑制的频率低于 30MHz。

4）负载动态变化。

（1）电驱动系统电磁干扰

功率器件（例如 IGBT）的快速通断是电驱动系统电磁干扰的主要原因。电磁干扰源通过电磁耦合传输路径形成差模干扰和共模干扰，由于系统结构以及电气与机械特性要求不同，目前工业用电机驱动系统电磁干扰的形成机理在电动汽车上的应用具有很大的局限性。

目前，国内外电动汽车电磁发射测试主要是根据标准 GB/T 18387—2017 和 SAE J551-5—2012 测试 150kHz~30MHz 整车的电磁场发射强度，为了保护车载接收机免受电驱动系统高压零部件的干扰，通过测试动力直流母线的传导电压、传导电流和辐射电磁场强度，来描述电磁干扰的特性。目前，国内多家电动汽车零部件供应商和整机厂对电机驱动系统及整车进行了带载传导发射和辐射发射摸底试验，没有经过 EMC 设计的产品很难满足标准限值要求，阻碍了新能源汽车上公告。经过 EMI 抑制的电机控制器再次测试仍存在超标现象，如图 1-1 所示。

电动汽车电机驱动系统的电磁干扰测试分为传导骚扰测试和辐射骚扰测试。由线路阻抗稳定网络（LISN）和电流钳测试得到的传导骚扰是共模干扰和差模干扰的混合结果，而由天线测试得到的辐射骚扰是电磁场矢量叠加形成的总和。通过传导和辐射骚扰测试对共模干扰和差模干扰形成的机理只能进行一些定性分析，但不能涵盖电动汽车多工况动态运行时的电磁干扰的特征现象，也不能分析系统部件以及电机控制器内部元件对电磁干扰的影响，因此具有很大的局限性。

但通过对电磁干扰源与电磁干扰路径建模仿真的方式，可以涵盖电动汽车多工况动态运行时电机驱动系统电磁干扰的各种状态，因此基于建模仿真的电磁干扰的预测和抑制方法的相关研究也越来越必要，电磁干扰建模仿真已成为进行电磁干扰机理分析和预测的重要技术途径。

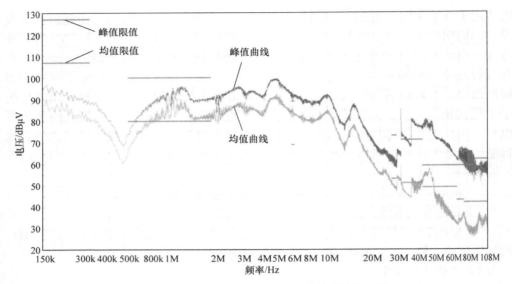

图 1-1　电机控制器高压正极电源线传导骚扰电压

（2）电机驱动系统电磁干扰发射建模仿真

国内外很多学者对共模干扰和差模干扰进行了建模仿真研究。共模干扰建模仿真主要围绕逆变器的散热器对地分布电容、线缆对地分布电容、电机绕组对机壳的分布电容对共模干扰的影响进行相关研究。差模干扰建模仿真主要围绕电驱动系统寄生参数对差模干扰的影响进行相关研究。电磁干扰发射仿真模型主要由电磁干扰源模型和传输电磁耦合路径模型两部分组成，其中传输电磁耦合路径的特性参数直接影响差模干扰路径和共模干扰路径，进而影响总的电磁干扰响应特性。

目前，研究系统各组成部分的电磁发射模型较多，但围绕整个电驱动的系统行为所进行的传导和辐射电磁干扰建模仿真研究较少。目前电机控制器三相脉宽调制（PWM）逆变器各个功率器件开关状态很多等效为理想干扰源，没有考虑功率器件的寄生参数和非线性工作特性对干扰源信号的影响。电驱动系统电磁发射仿真模型由动力电池仿真模型、直流和交流动力线缆仿真模型、电机仿真模型和功率逆变器（如 IGBT 模块、DC 模块、散热器、机箱）仿真模型组成。动力电池仿真模型主要研究电池对车体的分布参数的影响，直流和交流动力线缆仿真模型多采用传输线理论进行建模，电机仿真模型多基于端口阻抗幅频特性构建高频等效电路模型。

对逆变器仿真模型而言，C. Jettanasen、B. Revol 和 J. Espina 等人多采用二端口等效电路法和线性矩阵等效法分析和预测电磁干扰，但都没有考虑逆变器内部电路的寄生参数对电磁干扰的影响；J.Lai 和 Huang 等人建立了逆变器内部高频等效电路模型，分析高频寄生参数对电磁干扰特性的影响，提出寄生参数的提取是建立高频电路模型的关键，但由于干扰源过于简化、参数提取不完整，这种电路模型只适用于低于 10MHz 的传导电磁干扰仿真。

因此，切实可用的逆变器仿真模型的合理建立和优化日益成为电动汽车电驱动系统电磁发射的核心问题，进而亟须解决。

（3）系统行为级仿真建模的优点及存在的问题

系统集总电路建模仿真中电路元器件的物理参数很难获取、电机控制器功率逆变电路比较复杂，致使集总电路时域仿真时间长、难以收敛，只能在低频预测传导发射且预测精度差。其中，频域仿真尽管相对时域仿真具有仿真快速、易收敛的优点，但由于模型简化和寄生参数提取困难，电磁干扰预测精度难以保证。

系统行为级仿真建模可以解决上述集总电路建模仿真中存在的问题，但目前研究者多采用基于戴维南和诺顿等效电路建立的系统二端口或三端口的等效电路的仿真建模方式，只能分析电机控制器直流端口或交流端口的电磁干扰，无法分析端口之间的干扰（如交流输出端口对直流输入端口的电磁干扰）。其中，Jettanasen 提出了一种二端口等效电路仿真模型以预测系统总的电磁干扰，但由于电磁干扰源和逆变器模型过于简化，只适用于低于 10MHz 的仿真。

就逆变器的仿真建模而言，因其自身的复杂性，基于系统行为级仿真建模方式的逆变器的仿真建模是电驱动系统电磁发射仿真建模的难点。

（4）功率逆变器电磁发射的建模仿真

目前，通常把功率逆变器作为一个"黑匣子"进行电磁发射全波建模仿真。尽管电磁发射全波建模仿真方式仿真精度高，但由于仿真时间长、计算机占用内存高，不能对逆变器的非线性元件进行建模，所以不能在系统元件上进行电磁干扰溯源。

模型降阶（MOR）建模仿真方法是利用网络传输特性 S 参数建立等效电路，但因不能分析元件的物理特性而有很大的局限性。

为了分析逆变器内部元件对电磁干扰的影响因素，目前较为理想的建模仿真方式是采用 SPICE（Simulation Program with Integrated Circuit Emphasis）等效电路建模方式对系统元件的寄生电路参数进行建模，建立系统元件几何尺寸和寄生电路参数的关系，分析共模电流和差模电流产生的机理就 SPICE 等效电路建模方式而言，目前系统中 SPICE 高频电路模型寄生参数的提取有多种方法。其中，3D 有限元方法只适合对"黑匣子"系统提取参数，部分单元等效电路（PEEC）方法需要成百上千的电路元件等效成一个简单元件的电路，这两种方法不适合应用于逆变器复杂高频电路的建模仿真。时域反射仪（TDR）和传输线理论因提取参数精度不高而存在缺陷。M.Reuter 提出的基于测量的逆变器建模方法将测量得到的散射参数等效为共模和差模阻抗，Su 等人提出了一种基于三相交流电机共模阻抗和差模阻抗的测量的电磁干扰建模方法，但此类方法将逆变器作为一个"黑匣子"，没有对逆变器内部元件寄生电路的寄生参数进行提参。

（5）逆变器系统电磁干扰抑制方法

三相 PWM 逆变器电磁干扰抑制方法包括软开关技术、优化 PWM 控制算法及在动力输入和输出线缆上加装滤波器的方法。由于软开关技术、优化 PWM 控制算法的 EMI 抑制效果有限，所以滤波技术是电机逆变器电磁干扰抑制的常用方法。

在产品研发后期，通常采用全波建模方法进行电磁干扰抑制的滤波设计。全波建模方法将逆变器等效为一个"黑匣子"，不知道逆变器内部的干扰源和传播路径，只能在逆变器外部和线缆上加滤波器和屏蔽，在逆变器外部切断干扰路径。在这种外加抑制电磁干扰的方法研究中，Akagi 设计了电磁干扰滤波器，抑制了电机侧的共模电压、电机轴承对地的漏电流和逆变器对地的共模漏电流。但该种方法只对小功率工业电机 30MHz 以下的 EMI 抑制有效，没有考虑逆变器内部元件寄生参数的影响。S. Wang 和 H. Bishnoi 等人设计了一种电磁干扰滤波器，抑制了逆变器的散热器和电机支架对车体的共模电流。X.Gong 提出了一种 EMI 共模滤波器设计方法，用于抑制逆变器碳化硅场效应晶体管（SiC JFETs）产生的传导共模干扰和差模干扰。M. Reuter 和 D. Piazza 等人提出了在逆变器与车体或电机与车体之间串入阻尼电阻，可以抑制串联谐振产生的共模电流。电动汽车电机驱动系统因具有高功率、大电流的特征，设计的电磁干扰滤波器体积较大，占用车内有限的空间。为了有效地抑制电动汽车电机驱动系统电磁干扰，必须考虑逆变器寄生元件产生的谐振影响，在产品设计和开发初期，对逆变器内部电路进行电磁兼容优化和电磁干扰抑制设计。

然而，这种外加抑制电磁干扰的方法不仅会增加系统的体积和重量，还会产生新的电磁干扰，此外，因忽略了逆变器内部寄生元件产生的谐振影响，所以不能有效地抑制电磁干扰。以上研究方法通常只能对 30MHz 以下电磁干扰抑制有效，而电动汽车动力线缆会产生 150kHz~110MHz 传导发射，现有滤波器不能满足要求。基于 SPICE 建模方法，Natalia 等人提出了一种测量与仿真结合逆变器电磁发射建模方法，建立了逆变器内部元件几何尺寸和寄生电路参数的关系，通过建立二端口网络的传输特性（S 参数）和端口阻抗特性，分析引起谐振的原因，以确定产生谐振的逆变器内部寄生元件，提出了在逆变器内部直流端加 RC 滤波器、交流端加共模扼流圈抑制电磁干扰的思路。

本书重点描述：考虑功率半导体寄生参数的电机逆变器系统高频等效电路模型建立方法，来预测传导电磁干扰，为预测传导骚扰提供了仿真平台。基于建立的高频等效电路模型，预测高压电源线传导骚扰，并确定影响电磁干扰形成的主要元件参数。针对电动车辆高压直流供电电机驱动系统，提出高压端口宽频段传导骚扰抑制方法、一种基于谐振点传导发射抑制的滤波电路优化设计方法、采用磁环的高压直流电源线 EMI 滤波器设计方法和采用空心电感的高压直流电源 EMI 滤波器设计方法，降低了 150kHz~108MHz 频段的传导发射，以满足标准限值要求。通过建模仿真和试验结合的方法，预测在典型工况下的电机驱动系统 EMI，获得 EMI 特性。

1.2.2　DC-DC 变换器系统 EMC 问题

与传统内燃机车辆不同，电动汽车车载低压电源 12V 或 24V 由高低压 DC-DC 变换器提供。高低压 DC-DC 变换器作为电动汽车的关键零部件，把动力电池几百伏的高压直流电变换成低压直流电给车载低压蓄电池充电，同时给车载低压电气部件供电。高低压 DC-DC 变换器通常采用功率半导体器件（如 IGBT、MOSFET 等）实现脉冲宽度调制（PWM）控制，对输出低电压进行调节。功率半导体器件的快速通断产生较高的电流变化率 di/dt 和电压变化率 du/dt，形成电磁干扰源，通过高低压 DC-DC 变换器内部元件和外部高低压线束的寄生参数传播，形成耦合路径，产生传导电磁干扰和辐射电磁干扰。这不仅对车内外无线电接收设备产生干扰，也会通过传导耦合路径影响车载高压和低压部件正常工作，如电机控制器（DC-AC 逆变器）、电池管理系统（BMS）、整车控制器（VCU）等，甚至影响整车安全性。

特别是，高低压 DC-DC 变换器产生的传导电磁干扰，不仅会引起自身设备的辐射发射超标，甚至致使整车辐射发射不能满足整车 EMC 标准限值要求。因此，高低压 DC-DC 传导电磁干扰的产生机理、预测和抑制方法对于电动车辆的电磁兼容性非常重要。为了最终确保电动车辆整车电磁兼容性，并使整车辐射发射满足标准要求，国际标准 CISPR 25 和中国标准 GB/T 18655—2018 对电动车辆高低压零部件在 150kHz~108MHz 频段的传导发射和 150kHz~2.5GHz 频段的辐射发射规定了限值要求和测量方法。通过大量测试结果可以发现，没有进行 EMC 设计的产品几乎不能满足标准限值等级 3 的要求。图 1-2 所示为高低压 DC-DC 变换器工作时测试的低压电源线的传导发射，可以看出传导骚扰电压不能满足等级 1 的要求。DC-DC 变换器的电磁辐射会使整车辐射发射不能满足标准限值要求，如图 1-3 所示。

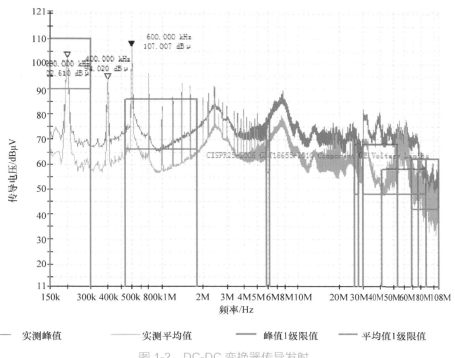

图 1-2 DC-DC 变换器传导发射

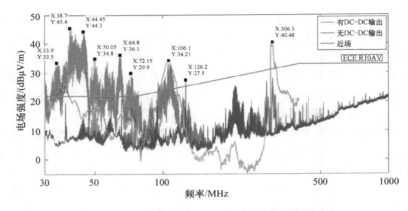

图 1-3　DC-DC 变换器对整车辐射发射的影响

尽管工业应用的开关电源也采用了 DC-DC 变换器，许多学者只针对 PCB 板级的 DC-DC 变换芯片开展了电磁干扰分析和滤波器设计研究。然而，开关电源 DC-DC 变换器的拓扑结构、电压类型和等级、负载特性与电动车辆高低压 DC-DC 变换器不同，而且采用的 EMC 标准也不同。因此，当前开关电源 EMI 产生机理和抑制方法不适用于电动车辆高低压 DC-DC 变换器。

在电动汽车领域，大部分电磁干扰研究也都是针对低压电源 PCB 上的低压 DC-DC 变换电路进行的。这些文献基于双端口网络理论，分析了 PCB 寄生参数、开关技术和拓扑优化布局对 DC-DC 变换电路的电磁干扰产生的影响，但研究电动车辆的高低压 DC-DC 变换器的电磁干扰机理和抑制方法的较少。

目前，高低压 DC-DC 变换器 EMC 的主要研究内容集中在传导电磁干扰形成机理及其抑制方法。电动汽车高低压 DC-DC 电磁干扰的研究通常采用建模仿真和实验测量方法。顾龙等人针对电动汽车输入电压 120~160V 小功率车载隔离型全桥式 DC-DC 变换器干扰源和干扰耦合路径进行了研究，但没有充分考虑系统高频寄生参数对干扰耦合路径的影响；马羚媛和安宗裕等人考虑了开关器件、线缆、变压器等寄生参数的影响，建立了混合动力电动汽车小功率高低压 DC-DC 变换系统传导电磁干扰预测模型，对干扰耦合路径进行了定性分析。前期研究大多数都基于端口网络理论和黑箱理论，将变换器输入或者输出端口等效为电磁干扰源，分析干扰源与电磁噪声的关系，但没有分析内部电路寄生参数的影响。通常把理想梯形波信号等效为简化干扰源，没有考虑 MOSFET 等开关器件的寄生参数和动态特性的影响，不能反映真实干扰源信号特性。尽管一些学者研究了寄生参数如 MOSFET 引线电感和变压器的分布电容对共模干扰的影响，但没有对系统传导 EMI 进行解析分析。当前，DC-DC 变换器传导电磁干扰高频等效电路没有充分考虑寄生参数的影响，不能预先确定引起干扰的关键元件和耦合路径，因此无法在产品设计初期指导 DC-DC 变换器内部电路 EMC 设计。

当前，电动汽车 DC-DC 变换器的传导 EMI 抑制通常采用工业经典滤波器设计方法，最高 EMI 抑制频率低于 30MHz，缺乏电动汽车高压系统 150kHz~108MHz 滤波器设计理论和方法。当传导发射试验出现超标点时，通常在 DC-DC 变换器高压输入端口加装 EMI 滤波器，需要经过多次测试来优化滤波器拓扑结构才能满足要求。这种加装滤波器的方法只能在产品设计后期采用，费用高、周期长、不易于工程化实现。此外，对于 EMI 滤波器插入损耗的验证，通常采用离线测量法，没有将 EMI 滤波器加入实际 DC-DC 变换器系统进行带载运行，以验证滤波模块的实际有效插入损耗。

本书重点描述：考虑功率半导体寄生参数的零电压开关（ZVS）DC-DC 变换器的高频等效电路建模方法，预测传导电磁干扰；利用建立的高频等效电路模型，建立关键频率点的共模干扰和差模干扰的传递函数，预测高压电源线传导电磁干扰和辐射电磁干扰，并确定影响电磁干扰形成的主要元件参数。一种有效的高压端口宽频段传导干扰抑制方法，降低 150kHz~108MHz 频段的电磁发射，以满足标准限值要求；一种基于谐振点传导发射抑制的 PCB 板级滤波电路设计方法，可以在控制器内部实现，体积小、成本低、高效，在产品不同研发阶段都可以实现。

1.2.3 无线充电系统 EMC 问题

无线充电原理是涉及无线能量传输（Wireless Power Transfer，WPT）的技术。电动汽车的无线充电技术发展至今，已有多种功能和用途。按照充电功率等级分类，见表 1-1。按照充电时车辆的运动状态，可以划分为静态充电和动态充电，如图 1-4 所示。按照充电车辆的用途可以划分为长途充电、中途充电和短途充电，如图 1-5 所示。

表 1-1　不同功率等级的 WPT 系统

类型	WPT1	WPT2	WPT3	WPT4	WPT5	WPT6
功率	≤ 3.7kW	3.7~7.7kW	7.7~22kW	22~30kW	30~60kW	≥ 60kW

图 1-4　静态充电和动态充电

图 1-5　短途充电、中途充电和长途充电

WPT 除了效率和功率需要满足需求外，电磁安全性和电磁兼容性也是需要关注的重要问题。长时间暴露在强磁场内严重危害人类的健康，也会影响附近的电子设备。此外，电磁噪声通过电源线会干扰车载其他设备，还会污染电网，影响办公场所、家庭等电网用电设备。因此，为提高电动汽车安全性和可靠性，必须重点关注电动汽车无线充电系统的两个方面：影响人体安全的电磁场（EMF）问题和影响电气设备安全的电磁干扰（EMI）问题，具体包括：

1）地面侧：谐波和传导电压对公用电网的影响。

2）地面和车身间：耦合器场泄漏对生物体的影响。

3）车载侧：系统电磁发射对车载部件的危害。

4）整车电磁辐射。

（1）无线充电系统国内外标准

国内外电动汽车 WPT 技术标准和法规定义了电磁场和电磁发射的相关测量方法和限值，对具备 WPT 功能的 EV 提出了更高的技术和安全要求，见表 1-2。

表 1-2　无线充电系统 EMC 相关国内外标准

颁布单位或国家（地区）	标准编号	标准名称
国际非电离辐射防护委	ICNIRP 2010	《限制时变电场和磁场曝露的导则 2010 版》
欧洲	IEC 61980-1	《电动汽车无线充电系统　第一部分：通用要求》
	IEC 61980-2	《电动汽车无线充电系统　第二部分：电动汽车与无线充电系统之间通信要求》
	IEC 61980-3	《电动汽车无线充电系统　第三部分：磁场无线充电技术要求》
美国	SAE J2954	《轻型插电 / 纯电动汽车的无线充电测试方法》
	ISO 19363	《电驱动道路车辆 - 磁场无线充电 - 安全和互操作性要求》
中国	GB/T 38775.4—2020	《电动汽车无线充电系统　第 4 部分：电磁环境限值与测试方法》
中国	GB/T 37132—2018	《无线充电设备的电磁兼容性通用要求和测试方法》

（2）电磁场（EMF）安全

电动汽车无线充电系统涉及的 EMF 关注的问题是耦合线圈的低频电磁场发射

（1Hz～400kHz）。尽管线圈间的场强随着与线圈距离的增加而减弱，但车身周围仍然可能出现不利于生物体健康的电磁场。随着无线传输功率的提高，人和动物处于暴露区域的电磁场也会随之增加，特别是在耦合线圈偏移等特殊情况下会产生高强度电磁场，而长时间暴露在高强度电磁场中会对人体敏感器官产生一定危害。

对于磁耦合谐振式无线充电系统，电磁场的研究主要集中在两个方面。

一方面是耦合线圈对齐工作时的磁场分布。当耦合线圈对齐时，Wang Q 等人研究了耦合线圈周围的电磁场分布特性，比较了不同充电模式下磁场的分布情况，如恒流充电模式和恒压充电模式；对不同轮廓、不同空间布置结构的线圈和不同拓扑结构的补偿电路进行了研究，比较了传输效率和 EMF 的变化。Chen W 等人提出了一种基于成本 - 效能等效方程的方法，比较了长方形、六角形和圆形三种不同线圈结构的传输效率和有效磁场面积。Cho Y 提出了线圈水平绕线和垂直绕线对效率和电磁场分布的影响。有文献63、64对补偿电路的拓扑结构进行研究，讨论了不同结构下系统传输效率和抑制电磁场泄漏的优化问题。许多学者研究分析了耦合线圈的磁场分布特性，例如，Hikage 仿真预测了耦合器产生的磁场分布，尤其对人体医疗植入物的影响和 EMF 抑制措施进行了研究。为了减少泄漏的磁场，提出了增加屏蔽壳、优化线圈结构和铁氧体布置方式、阻抗匹配以及磁场反向消除等方法。

另一方面是耦合线圈偏移时的磁场分布。在配备有无线充电系统的电动汽车充电过程中，由于不正确的停车位置会导致线圈横向偏移，由振动引起线圈侧倾。前期许多文献研究了不同偏移距离下的无线充电系统耦合线圈磁场分布和人体电磁场安全问题。有文献研究了 18kW 矩形线圈在 75mm 纵向偏移和 120mm 横向偏移下的电磁场分布，还描述了偏移下耦合线圈附近的人体模型的磁场分布。Tommaso Campi 等人研究了 7.7kW 圆形耦合线圈在对齐和最大偏移量下的磁场分布。有文献分析了偏移量为 100mm 和 200mm 的 22kW 圆形线圈的磁场安全区域。Lei Zhao 等人考虑了耦合线圈在三个方向上的偏移情况。文献68、69分析了耦合线圈对齐与偏移情况下的磁场分布。Santis V 还分析了不同位置的电场和磁场分布以及对驾驶人的影响。有文献提出了基于新型紧耦合谐振方法的无线充电器，减小了一次线圈和二次线圈电流的谐波含量和线圈对间的磁场泄漏，从而提高了传输效率。还有一些研究者研究了双向无线能量传输，采用有源开关管代替不可控的二极管，通过 PWM 移相的控制方法驱动开关管，减小了谐波含量和振铃现象，提高了系统传输效率。基于人体高分辨率模型和车体模型，研究无线充电车辆周围磁场分布和人体电磁安全的评估。

大多数学者只关注偏移时耦合线圈互感和耦合系数的变化，并没有关注耦合线圈电流幅度和相位对磁场分布的影响。前期研究只关心偏移时功率或电磁场的变化，没有描述偏移时的功率变化与电磁场分布之间的关系。另外，在前期磁场分布研究中，缺乏详尽的测量方法，没有根据标准要求对车辆不同区域的磁场进行全面测量。

（3）无线充电系统电磁干扰（EMI）

无线充电系统工作时需要较高的谐振频率，功率开关器件的高速通断产生很高的电压变化率（du/dt）和电流变化率（di/dt），导致传导电磁干扰和辐射电磁干扰问题。电磁干扰不仅会影响车载有线敏感设备和车内外无线接收设备，还会通过连接公共电网的电源线，影响电网的供电品质。

无线充电系统传导电磁干扰研究主要包括建立传导电磁干扰预测模型和抑制方法。Hongseok Kim 等韩国学者通过理论和实验获得了无线充电系统低次电流谐波和电压谐波的频谱分布。Heyuan Qi 等人通过构建串联补偿结构系统电路模型，研究串联谐振无线充电系统传导电磁干扰。北京理工大学林立文针对 3.7kW 电动汽车无线充电系统，建立了传导高频等效电路，分析了共模干扰和差模干扰形成机理，分别设计了共模滤波器和差模滤波器，这种过渡设计方法尽管可以较好地抑制 EMI，但是滤波元件较多，不仅增加了滤波器的体积、重量和成本，还会引起不期望的谐振。曹玉等人提出了一种基于传感函数方法的无线充电系统优先共模干扰抑制滤波器设计方法，这种滤波方法通常采用 50Ω 代替源阻抗和负载阻抗，没有考虑实际源阻抗和负载阻抗随着频率变化的情况，导致 EMI 抑制作用不理想或有新的谐振点产生。

无线充电系统辐射干扰源的抑制方法包括优化逆变器 PCB 布置规则、增加阻尼电路和优化 PWM 驱动脉冲等方法。Nguyen 等人通过优化控制器 PCB 布置规则减小振铃环路，使寄生电感减小，以减小振铃幅度。有文献在 PCB 上采用 RC 阻尼电路，减小辐射电磁干扰噪声。这些方法仅适用于 PCB 小功率 DC-DC 变换器。在功率较大和电流较大时，会有产生一定的能量损耗。此外，加入阻尼元件会影响电路高频参数，引起额外的传导骚扰和辐射发射。H Kim 等人提出一种可选择性谐波削减方法来减小 WPT 系统辐射发射，但未考虑系统总体效率和电池充电模式。韩国 Sunkyu 等人研究了 WPT 系统辐射发射通过传输线缆对输入 A/D 转换器（ADC）的影响。郑州大学余亚等人采用频率抖动法、混沌调制法和周期调制法，并将这三种扩频技术应用在无线充电系统上以抑制辐射 EMI。湖北工业大学郑伟等人采用滤波器降低传导骚扰，从而抑制辐射骚扰。

本书通过建立双边 LCC 拓扑圆形耦合线圈无线充电系统模型，分析耦合装置功率和效率，以及抗偏移特性；然后，通过建模仿真和测量方法，描述耦合线圈对齐和偏移时的电磁场分布；最后，描述无线充电系统直流电源线传导电磁干扰建模与抑制、公共电网电源线谐波及抑制方法、无线充电系统车载二次侧电路电磁辐射。

1.2.4　整车控制器 EMC 问题

随着智能驾驶车辆和无人车辆的发展，汽车电子电气架构正在发生变化，两轮和四轮分布式驱动车辆、四轮毂驱动纯电动汽车、混合动力汽车，甚至集中电驱动车辆的整车控制器采集和处理的信息不断增加，对整车控制器和中央控制器提出了更高的通信带宽和速率要求。以太网将逐渐代替其他大部分总线，图 1-6 所示车载域控制网络架构是一种主干网络采用以太网、子系统网络采用以太网或传统车载网络的混合网络结构。随着以太网及域控制的发展，整车控制器硬件电路发生了变革，在传统基于 CAN 总线通信的基础上增加了以太网通信电路。车载以太网采用两线制双绞线，速率高，会带来新的电磁兼容问题。因此，一方面需要考虑整车控制器 PCB 的电源完整性与信号完整性，另一方面需要考虑以太网的电磁发射问题和电磁敏感性问题。此外，还需要考虑以太网整车控制器的电磁抗扰度问题。整车控制器所处的电磁环境较为恶劣，不仅面临着雨水、振动等机械环境问题，还需要抵抗电机驱动系统、高低压 DC-DC 变换器等高压部件工作引起的传导骚扰与辐射骚扰的影响。车载以太网的 EMC 问题主要是电磁抗扰度问题。

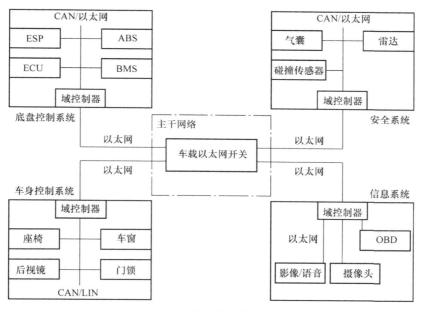

图 1-6　车载域控制网络架构

　　整车控制器的电磁兼容相关问题主要包括 PCB 板级的电源完整性、信号完整性、电磁发射以及电磁抗扰度。一方面，随着整车控制器采集和处理信号的增多，以及以太网的应用，对芯片速率提出了更高的要求，导致严重的开关噪声，对整车控制器的电源分配网络设计提出了挑战。另一方面，高速的以太网信号在阻抗不匹配的情况下很容易发生反射，从而产生振铃、共模噪声等一系列信号完整性问题，严重时影响信号识别；另外，由于以太网具有较高的速率，会通过电磁场的空间耦合对邻近的信号线产生串扰干扰。

　　（1）电源完整性

　　电源分配网络（Power Distribution Network，PDN）的性能直接影响诸如系统可靠性、信噪比与误码率等系统性能，以及 EMC 性能。板级电源通道阻抗过高和同步开关噪声（Simultaneous Switch Noise，SSN）过大都会带来严重的电源完整性问题（如同步开关噪声导致的参考电平误差、直流电压降过大、发热等），会对器件及系统工作稳定性带来致命的影响，严重的 PDN 设计缺陷还将导致在阻抗较高的谐振点形成电磁辐射和传导骚扰。电源完整性（Power Integrity，PI）设计就是通过合理的平面电容、分立去耦电容、平面分割以及电磁带隙结构（Electrical Bandage Gap，EBG）应用降低板级 PDN 阻抗，确保满足芯片供电需求，控制同步开关噪声，降低电磁干扰发射。

在以往的研究中，降低 PDN 阻抗的方法有很多，包括去耦电容、平面结构以及嵌入式电容器。在实际应用中，主要方法是添加去耦电容，为了在足够带宽具有去耦效果，去耦电容包括芯片级、封装级以及板级去耦电容。平面去耦法在几百兆赫兹至 1GHz 范围内有很好的去耦作用，但在中低频与高频去耦并不适用，反而会增加 PDN 的噪声耦合。因此在平面去耦法的基础上，还需要使用去耦电容协助降低 PDN 阻抗。相比电源平面、嵌入式电容器以及 EBG，去耦电容法是最具灵活性的 PCB 电源分配网络低阻抗解决方案。

去耦电容的容值、封装、数量的选择方式与电容器的安装位置是研究重点。在去耦电容的自谐振点以上频段，电容的位置尤为关键。Jun Fan 等人对多层 PCB 中贴片电容与电源／地平面的连接距离对 PDN 的影响进行了建模分析。去耦电容的快速优化算法也是研究热点。Kai-Bin Wu 等人采用了遗传算法计算去耦电容的最优布局、容值以及数量，提高了去耦电容选用的精确度。Krishna Bharath 等人使用了遗传算法结合基于多层有限差分方法的高效 PDN 模拟器，实现了多层 PCB 的去耦电容优化。结合基于目标阻抗的设计方法，将混合遗传算法应用于 PDN 去耦电容网络设计，对所需去耦电容的种类和数目进行优化计算。除了单芯片电源完整性研究外，还有学者对多芯片多输入 PDN 进行了建模与去耦设计。通过对多端口网络的理论推导，精确捕捉 PDN 电流分布特性，提出了一种适用于多芯片多输入 PDN 分布式建模方法和复杂 PDN 整板去耦方案。在满足 PDN 设计要求的前提下，筛选出使用去耦电容个数最少的组合以及最优目标阻抗。使用优化的频域目标阻抗法，针对多芯片的电源分配网络模型，给出去耦电容种类和数目的选取方案。除了保持 PDN 低阻抗外，提高 PDN 质量的方法还有使用 EBG 隔离噪声，但实际应用的成本较高，而且这种方法更适用于几吉赫兹及以上系统的电源分配网络优化，在整车控制器中的应用收益较小。

（2）信号完整性

信号完整性问题包括信号的反射、串扰、延时，是高速信号面临的问题。整车控制器中晶振信号的反射可能导致信号误判、二次触发，严重的反射与串扰现象可能导致噪声振荡，在 PCB 中阻抗较高的地方形成电磁辐射。

传统的整车控制器通信速率较低，信号完整性的问题不明显。在引进以太网之后，速率较高的车载以太网信号在传输过程中可能产生反射或对邻近信号线产生串扰。以太网为差分走线结构，在 PCB 中，当差分信号的走线结构出现不对称时，将产生共模电流。共模电流通常是电路产生传导干扰和辐射干扰的重要来源，随着整车控制器中 CAN 总线、以太网等差分信号的速率不断提高，共模电流的电磁辐射也会比以往的 VCU 电路板大得多。

因此，在以太网的走线设计方面，应特别注意差分线的对称设计。若 PCB 上的以太网差分对走线设计不合理，极易产生串扰和反射现象，如图 1-7 所示。C.Paul 等人研究了差分传输线的耦合特性，提出差分线过孔是导致电路不对称的主要原因。Xiaomin Duan 等人提出差分信号在 PCB 插接器引脚走线的不对称，会产生共模干扰信号。通常 PCB 不对称结构是无法避免的，但可以通过端接或改善走线的措施减小差分走线的不对称性与阻抗突变。陈建华等人采用 π 形端接与 T 形端接的方法，抑制差分电路结构不对称产生的共模电流，提出差分信号共模噪声是由频率、环路面积、导线长度、介质厚度、介电常数、差分电流、共模电流共同作用的结果。Wei-Da Guo 等人提出了一种平面螺旋走线方案，以减小差分走线的不对称性。Celina Gazda 等人通过紧密耦合差分微带线的方法，提出宽频带上抑制共模噪声的方案。除了改善差分走线的结构外，还有学者通过在差分走线转弯处采取安装电容或电感等补偿措施，以抑制共模噪声。还有研究人员利用差分信号设计滤波器，得到良好的共模抑制比。

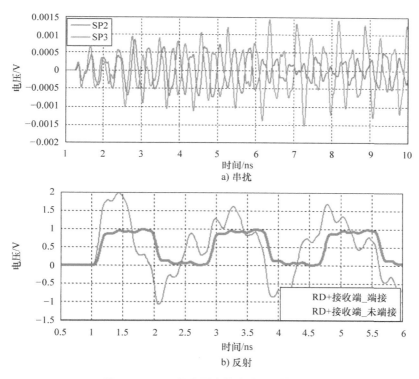

图 1-7　PCB 以太网走线串扰和反射现象

（3）电磁辐射

PCB 上的走线在共模干扰源和差模干扰源作用下，有可能等效成为一个有效的发送 / 接收天线。因此，不恰当的布局布线有可能显著地增加 PCB 的电磁辐射。PCB 上的共模干扰电流和差模干扰电流可以通过整车控制器外部的电源线和信号线，对外形成电磁辐射。另外，整车控制器壳体的缝隙和线束插接器也可能泄漏电磁场，形成辐射。这些电磁辐射都有可能使整车控制器的辐射发射不能满足 EMC 标准限值要求，甚至干扰车载和车外无线电接收设备。

（4）电磁抗扰度问题

GB/T 21437.2—2008《道路车辆 由传导和耦合引起的电骚扰 第 2 部分：沿电源线的电瞬态传导》和 GB/T 21437.3—2012《道路车辆 由传导和耦合引起的电骚扰 第 3 部分：除电源线外的导线通过容性和感性耦合的电瞬态发射》规定了车载零部件对电源线和除电源线外的导线电瞬态干扰的抗扰度要求。GB/T 19951—2005《道路车辆 静电放电产生的电骚扰试验方法》规定了静电放电的等级。关于车载部件抗扰度的标准还包括 GB/T 33012.4—2016《道路车辆 车辆对窄带辐射电磁能的抗扰性试验方法 第 4 部分：大电流注入法》和 GB/T 33012.2—2016 《道路车辆 车辆对窄带辐射电磁能的抗扰性试验方法 第 2 部分：车外辐射源法》。此外，在电路设计阶段，需要考虑抗雷击、抗浪涌的措施。

依据标准要求，需要对整车控制器进行电磁抗扰度设计和试验验证。整车控制器低压电源系统应进行过电压、反向过电压、浪涌电流以及瞬变电压脉冲抑制的设计。车载控制器通常采用防反接二极管、热敏电阻、瞬态二极管、共模扼流圈、π 形滤波器、电容等组成抗干扰硬件电路。

本书重点陈述基于以太网的整车控制器的功能与结构、硬件电磁兼容设计，包括电磁发射和电磁敏感性设计；电源分配网络（PDN）等效电路建模及去耦电容优化方法；基于以太网的 PCB 信号完整性建模分析；PCB 电磁发射，以及以太网整车控制器的电源线传导骚扰抑制方法。

1.2.5　电池管理系统 EMC 问题

电池管理系统（BMS）具有以下功能：对电池的电压、温度、工作电流、电池电量等一系列电池相关参数进行实时监测或计算；根据环境状态、电池状态等相关参数对电池的充电或放电进行管理；单体电池间均衡功能。BMS 硬件的拓扑结构分为集中式和分布式两种。集中式 BMS 是将所有功能集中在一个控制器里面，比较适合电池包容量比较小的场合。分布式 BMS 将主控板和从控板分开，有时把低压和高压的部分分开，以增加系统配置的灵活性，适用于不同容量、不同规格形式的模组和电池包。

BMS 硬件电路主要包括主控芯片及其接口电路、电池参数采集模块、故障电路、均衡电路、接触器安全保护电路、通信电路等。随着对电池参数采集实时性和安全性的要求不断提高，对 BMS 硬件电路 EMC 设计提出了更高的要求。

BMS 的 PCB 高速数字芯片内部晶体管的快速通断会产生同步开关噪声（SSN），导致电源完整性问题。与 VCU 电源完整性设计类似，有效抑制 SSN 的方法是在集成电路外部添加去耦电容，以满足电源分配网络（PDN）目标阻抗的需求。对目前的电动汽车 BMS 控制器，PCB 添加合适的去耦电容被认为是高效、性价比高的方法。

串扰是 BMS PCB 面临的另一个非常严峻的问题，高速数据线和时钟产生的窄带干扰通过 PCB 走线间的互容和互感耦合到邻近的信号线上，造成信号线的信号失真、畸变。高速数据线传输速度越快，串扰和反射影响越大，阻抗匹配越来越重要。有文献提出用匹配端接电阻以减少反射信号的过冲和下冲电压以及电磁噪声的过程。有文献介绍了一种无源均衡器结构，这种结构可以减少 16Gbit/s 高速数据传输过程中产生的反射和串扰问题。有文献研究了电源线中的同步开关噪声对信号线产生的串扰问题，并通过设计带通滤波器减小信号线串扰噪声电压值。有文献针对时钟信号产生的窄带干扰对其他邻近信号电路产生的干扰，设计了屏蔽磁环结构和接地方式。有文献研究了平行信号线串扰干扰对车载调频收音机的影响，通过对比不同结构的地平面分割，抑制信号线的串扰电压。这些文献通过设计屏蔽结构、降低信号线回流路径阻抗来减小信号线反射和串扰效应。还可以通过在 PCB 下方紧贴一块导电平面的方法，抑制由同步开关噪声引起的差模环天线和共模双基天线辐射效应。多层导电平面对共模电流和差模电流的抑制方法研究十分重要。

另外，时钟电路和 DC-DC 模块是 PCB 的主要电磁干扰源。时钟周期性脉冲信号引起的电场强度谐振尖峰如图 1-8 所示。前期，许多学者对车载低压电子控制器 EMI 抑制开展了研究。有文献采用随机脉宽调制和扩频时钟调制的方法来抑制 DC-DC 模块 MOSFET 产生的 EMI，然而这种方法效果有限，还需要其他吸收电路或者滤波电路来辅助抑制 EMI。有文献分别提出了共模扼流圈吸收电路和旁路电容滤波电路减少 EMI 的方法。有文献设计了一种屏蔽环安装在 PCB 功率开关的周围，吸收功率开关产生的漏电流。还可以通过优化 PCB 上元件的布局，减少干扰的耦合路径。

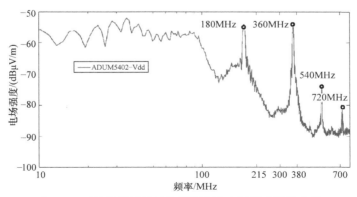

图 1-8 时钟周期性脉冲信号引起的电场强度谐振尖峰

目前，电动汽车 BMS 控制器普遍应用 CAN 网络进行通信。有文献研究了传统 CAN 总线控制器线束辐射发射，研究了屏蔽双绞 CAN 线的屏蔽效能和接地方式。有文献研究了 CAN 接点连接方式与 CAN 信号反射效应的关系，提出了一种降低反射的方法。有文献研究了电快速瞬变噪声对 CAN 收发器的影响，表明端口阻抗对称性是 CAN 收发器抑制共模噪声的重要因素。

本书首先提出一种 BMS 硬件 PCB 电源分配网络去耦电容选择方法；通过分析时钟信号的频谱特性和电磁干扰耦合路径，提出抑制时钟电磁干扰的方法；分析 MOSFET 产生的开关噪声频谱特性和耦合路径，设计开关噪声滤波器；通过仿真分析 CAN 总线反射特性，提出 CAN 总线电路抗干扰设计方法。最后，利用 SIwave 软件，对电动汽车 BMS PCB 电磁辐射进行仿真预测。

1.2.6 整车 EMC 要求

随着通信技术、网络技术、无线技术、电力电子技术的发展，电磁环境日益复杂，电动汽车的电磁兼容性标志着车辆及其附属设备运行的可靠性和安全性。电动汽车整车电磁兼容性是汽车各种电力、电子设备或子系统间的电磁储存关系与周边电磁环境之间的兼容并行关系，电动汽车整车电磁兼容性预测仿真对于提高电动汽车运行质量、保证安全具有重要的指导作用。

电动汽车运行时会对车辆周围和居住环境的无线电接收和发射设备造成干扰，因此 GB/T 18387—2017 和 GB 34660—2017 分别规定了车辆在 150kHz~30MHz 和 30~1000MHz 频率范围电磁发射的限值。为满足整车电磁发射要求，必须进行整车 EMC 设计。

EMC 设计对电动汽车整车的电磁兼容性和电气功能安全具有重要的作用。国内外标准化委员会和一些著名车企都制定了整车 EMC 标准，为 EMC 设计提供了设计规范和依据。通过分析整车上存在的电磁干扰源、电磁干扰传导和辐射两种耦合路径，采用屏蔽、滤波和接地等电磁干扰抑制方法和整车分层设计方法进行 EMC 综合设计，以满足 EMC 标准限值要求。

整车 EMC 的设计和产品认证，都需要 EMC 试验验证。电动汽车整车 EMC 测试内容主要包括整车辐射发射测量和抗扰性测量，主要标准见表 1-3。为了提高整车 EMC 试验认证的通过率，前期对整车存在的电磁干扰源进行预测和评估是十分重要的，因此需要利用电磁干扰诊断和预测技术快速准确地定位电磁干扰产生的部位和等级。

表 1-3　整车 EMC 标准

序号	试验项目	法规 / 标准			
		国家标准	国际标准	欧盟法规	美标
1	电动车辆的电磁场发射强度（150kHz~30MHz）	GB/T 18387—2017	CISPR 36/CD	/	SAE J551-5

（续）

序号	试验项目	法规 / 标准			
		国家标准	国际标准	欧盟法规	美标
2	保护车外接收机的车辆无线电骚扰特性测量（30~1000MHz）	GB 34660—2017	CISPR 12	ECE R10	/
3	保护车载接收机的车辆无线电骚扰特性测量（150kHz~2.5GHz）	GB/T 18655—2018	CISPR 25	ECE R10	SAE J551-41
4	车辆对窄带辐射电磁能的抗扰性 - 车外辐射源法（10kHz ~ 18GHz）	GB/T 33012.2—2016	ISO 11451-2	ECE R10	SAE J551-11
5	车辆对窄带辐射电磁能的抗扰性 - 大电流注入（BCI）法（1~400MHz）	GB/T 33012.4—2016	ISO 11451-4	ECE R10	SAE J551-13
6	整车电源线磁场抗扰性（60Hz ~ 30kHz）	/	/		SAE J551-17
7	车辆对窄带辐射电磁能的抗扰性 - 车载发射机模拟法（1.8MHz~5.85GHz）	/	ISO 11451-3	/	SAE J551-12
8	整车静电放电抗扰性	GB/T 19951—2019	ISO 10605	/	SAE J551-15
9	车辆电磁场相对于人体曝露的测量（10Hz~400kHz）	GB/T 37130—2018	IEC 62764/CD	/	/
10	整车无线充电的发射要求	GB/T 38775.4—2020	/	ECE R10	/
11	车辆电磁场相对于人体曝露的测量	/	IEC 62764/CD	/	/

参 考 文 献

[1] KHODABANDEH M，AFSHARI E，AMIRABADI M. A family of Cuk，Zeta，and SEPIC based soft-switching DC–DC converters[J]. IEEE Transactions on Power Electronics，2019，34（10）：9503-9519.

[2] ZHAI L，LIN L，ZHANG X，et al. The effect of distributed parameters on conducted EMI from DC-Fed motor drive systems in electric vehicles[J]. Energies，2017，10（1）：1-17.

[3] IEC. Vehicles，boats and internal combustion engines：Radio disturbance characteristics—Limits and methods of measurement for the protection of off-board receivers：CISPR 12（Ed6.1）：2009 [S]. Geneva，Switzerland：IEC，2009.

[4] TOURE B，SCHANEN J L，GERBAUD L，et al. EMC modeling of drives for aircraft applica-

tions：Modeling process，EMI filter optimization，and technological choice[J]. IEEE Transactions on Power Electronics，2013，28（3）：1145-1156.

[5] BISHNOI H，BAISDEN A C，MATTAVELLI P，et al. Analysis of EMI Terminal Modeling of Switched Power Converters[J]. IEEE Transactions on Power Electronics，2013，27（9）：3924-3933.

[6] 刘尚和，刘卫东 . 电磁兼容与电磁防护相关研究进展 [J]. 高电压技术，2014，40（6）：1605-1613.

[7] ZHU H，LAI J，HEFNER A R，et al. Modeling-Based Examination of Conducted EMI Emissions From Hard-and Soft-Switching PWM Inverters[J]. IEEE Transactions on Industry Applications，2001，37（5）：1383-1393.

[8] FENG Q，LIAO C，XIONG X. A Novel Measurement System for the Common-mode-and Differential-mode-conducted Electromagnetic Interference[J]. Progress In Electromagnetics Research Letters，2014，48：75-81.

[9] 翟丽，张新宇，李广召 . 电动汽车电机逆变器系统分布参数对传导电磁干扰影响研究 [J]. 北京理工大学学报，2016，36（9）：935-939.

[10] 陈名，孙旭东，黄立培 . 三相逆变器共模传导电磁干扰的建模与分析 [J]. 电工电能新技术，2012，31（1）：18-21.

[11] 汪泉弟，张飞，彭河蒙，等 . 基于向量拟合法的永磁同步电机 EMI 高频模型 [J]. 电工技术学报，2015，30（6）：77-84.

[12] JETTANASEN C，NGAOPITAKKUL A. Minimization of Common-Mode Conducted Noise in PWM Inverter-fed AC Motor Drive Systems using Optimized Passive EMI Filter[J]. Lecture Notes in Engineering and Computer Science，2010，2181（1）：450-460.

[13] REVOL B，ROUDET J，SCHANEN J L，et al. EMI Study of Three-Phase Inverter-Fed Motor Drives[J]. IEEE Transactions on Industry Applications，2011，47（1）：223-231.

[14] LAI J S，HUANG X，CHEN S，et al. EMI Characterization and Simulation With Parasitic Models for a Low-Voltage High-Current AC Motor Drive[J]. IEEE Transactions on Industry Applications，2004，40（1）：178-185.

[15] BONDARENKO N，ZHAI L，XU B，et al. A measurement-based model of the electromagnetic emissions from a power inverter[J]. IEEE Transactions on Power Electronics，2015，30（10）：5522-5531.

[16] BISHNOI H，MATTAVELLI P，BURGOS R，et al. EMI Behavioral Models of DC-Fed Three-Phase Motor Drive Systems[J]. IEEE Transactions on Power Electronics，2014，29（9）：4633-4645.

[17] WITTING T，SCHUHMANN R，WEILAND T. Model order reduction for large systems in computational electromagnetics[J]. Linear Algebra Applications，2006，415（2-3）：499-530.

[18] TOURE B，SCHANEN J L，GERBAUD L，et al. EMC modeling of drives for aircraft applications：Modeling process，EMI filter optimization，and technological choice[J]. IEEE Transactions on Power Electronics，2013，28（3）：1145-1156.

[19] ARDON V, AIME J, CHADEBEC O, et al. EMC modeling of an industrial variable speed drive with an adapted PEEC method[J]. IEEE Transactions on Magnetics, 2010, 46 (8): 2892-2898.

[20] WANG S, MAILLET Y Y, WANG F, et al. Parasitic Effects of Grounding Paths on Common-Mode EMI Filter's Performance in Power Electronics Systems[J]. IEEE Transactions on Industrial Electronics, 2010, 57 (9): 3050-3059.

[21] AKAGI H, SHIMIZU T. Attenuation of Conducted EMI Emissions From an Inverter-Driven Motor[J]. IEEE Transactions on Power Electronics, 2008, 23 (1): 282-290.

[22] BISHNOI H, BAISDEN A C, MATTAVELLI P, et al. Analysis of EMI terminal modeling of switched power converters[J]. IEEE Transactions on power electronics, 2012, 27 (9): 3924-3933.

[23] GONG X, FERREIRA A. Comparison and reduction of conducted EMI in SiC JFET and Si IGBT-based motor drives[J]. IEEE Transactions on power electronics, 2014, 29 (4): 1757-1767.

[24] YANG G, DUBUS P, SADARNAC D. Double-Phase High-Efficiency, Wide Load Range High- Voltage/Low-Voltage LLC DC/DC Converter for Electric/Hybrid Vehicles[J]. IEEE Transactions on Power Electronics, 2015, 30 (4): 1876-1886.

[25] HAN D, SARLIOGLU B. Comprehensive study of the performance of SiC MOSFET-based automotive DC–DC converter under the influence of parasitic inductance[J]. IEEE Transactions on Industry Applications, 2016, 52 (6): 5100-5111.

[26] HEGAZY O, MIERLO J V, LATAIRE P. Analysis, modeling, and implementation of a multidevice interleaved DC/DC converter for fuel cell hybrid electric vehicles[J]. IEEE Transactions on Power Electronics, 2012, 27 (11): 4445-4458.

[27] SAFAEE A, JAI P K, BAKHSHAI A. An adaptive ZVS full-bridge DC–DC converter with reduced conduction losses and frequency variation range[J]. IEEE Transactions on Power Electronics, 2015, 30 (8): 4107-4118.

[28] HASAN S U, GRAHAM E T. An aperiodic modulation method to mitigate electromagnetic interference in impedance source DC–DC Converters[J]. IEEE Transactions on Power Electronics, 2018, 33 (9): 7601-7608.

[29] ALES A, SCHANEN J L, MOUSSAOUI D, et al. Impedances Identification of DC/DC Converters for Network EMC Analysis[J]. IEEE Transactions on Power Electronics, 2014, 29 (12): 6445-6457.

[30] ALI M, LABOURÉ E, COSTA F, et al. Design of a Hybrid Integrated EMC Filter for a DC-DC Power Converter[J]. IEEE Transactions on Power Electronics, 2012, 27 (11): 4380-4390.

[31] GROBLER1 I, GITAU M N.Analysis, modelling and measurement of the effects of aluminium and polymer heatsinks on conducted electromagnetic compatibility in DC-DC converters[J]. IET Science, Measurement & Technology, 2017, 10 (4): 1449-1461.

[32] GROBLER1 I, GITAU M N.Modelling and measurement of highfrequency conducted

electromagnetic interference in DC–DC converters[J]. IET Science，Measurement & Technology，2017，11（4）：495-503.

[33] ZHAI L，ZHANG T，CAO Y，et al. Conducted EMI prediction and mitigation strategy based on transfer function for a high-low voltage DC-DC converter in electric vehicle[J]. Energies，2018，11（5）：1028-1044.

[34] AN Z Y，WANG Q D，ZHENG Y L. Conducted EMI Noise Prediction in DC Converter System for Electric Vehicle Application[J]. Applied Mechanics and Materials，2013（3）：325-326.

[35] LAOUR M，TAHMI R，VOLLAIRE C. Modeling and Analysis of Conducted and Radiated Emissions Due to Common Mode Current of a Buck Converter[J]. IEEE Transactions on Electromagnetic Compatibility，2017，59（4）：1260-1267.

[36] WANG Q，AN Z，ZHENG Y，et al. Parameter extraction of conducted electromagnetic interference prediction model and optimization design for a DC-DC converter system[J]. IET Power Electronics，2013，6（7）：1449-1461.

[37] PAHLEVANINEZHAD M，HAMZA D，JAIN P K. An improved layout strategy for common-mode EMI suppression applicable to high-frequency planar transformers in high-power DC/DC converters used for electric vehicles[J]. IEEE Transactions on Power Electronics，2014，29（39）：1211-1228.

[38] HAN D，SARLIOGLU B. Comprehensive Study of the Performance of SiC MOSFETs Based Automotive DC-DC Converter under the Influence of Parasitic Inductance[J]. IEEE Transactions on Industrial Informations，2016，52（6）：5100-5111.

[39] FERBER M，VOLLAIRE C，KRAHENBUHL L，et al. Conducted EMI of DC–DC Converters With Parametric Uncertainties[J]. IEEE Transactions on Electromagnetic Compatibility，2013，55（4）：699-706.

[40] KOVACEVIC I F，FRIEDLI T，MUSING A M，et al. 3-D Electromagnetic Modeling of Parasitics and Mutual Coupling in EMI Filters[J]. IEEE Transactions on Power Electronics，2014，29（1）：135-149.

[41] TAN W，CUELLAR C，MARGUERON X，et al. A High Frequency Equivalent Circuit and Parameter Extraction Procedure for Common Mode Choke in the EMI Filter[J]. IEEE Transactions on Power Electronics，2013，28（3）：1157-1166.

[42] 丁一夫，陈阳，邱振宇. 汽车对人体电磁辐射的测试研究 [J]. 安全与电磁兼容，2015（5）：31-34.

[43] WANG Q，LI W，KANG J，et al. Electromagnetic Safety Evaluation and Protection Methods for a Wireless Charging System in an Electric Vehicle[J]. IEEE Transactions on Electromagnetic Compatibility，2019，61（6）：1913-1925.

[44] CHEN W，LIU C，LEE C，et al. Cost-Effectiveness Comparison of Coupler Designs of Wireless Power Transfer for Electric Vehicle Dynamic Charging [J]. Energies，2016，9（11）：906-918.

[45] CHO Y，LEE S，KIM D H，et al. Thin Hybrid Met material Slab With Negative and Zero

Permeability for High Efficiency and Low Electromagnetic Field in Wireless Power Transfer Systems[J]. IEEE Transactions on Electromagnetic Compatibility，2017，60：1-9.

[46] ESTEBAN B，SID A. A Comparative Study of Power Supply Architectures in Wireless EV Charging Systems [J]. IEEE Transactions on Power Electronics，2015，30（11）：6408-6422.

[47] ROZMAN M，FERNANDO M. Combination of Compensations and Multi-Parameter Coil for Efficiency Optimization of Inductive Power Transfer System [J]. Energies，2017，10（12）：2088-2102.

[48] CHRIST A. Evaluation of wireless resonant power transfer systems with human electromagnetic exposure limits [J]. IEEE Transactions on Electromagnetic Compatibility，2013，55（2）：265-274.

[49] ZENG H，LIU Z，HOU Y，et al. Optimization of magnetic core structure for WPT coupler [J]. IEEE Transactions on Magnetics，2017，53（6）：1-1.

[50] TRIVIÑOCABRERA A，LIN Z，AGUADO J A，et al. Impact of Coil Misalignment in Data Transmission over the Inductive Link of an EV Wireless Charger[J]. Energies，2018，11（3）：538-548.

[51] LEE W S，KIM J H，CHO S Y，et al. An Improved Wireless Battery Charging System [J]. Energies，2018，11（4）：791-802.

[52] DE SANTIS V，CAMPI T，CRUCIANI S，et al. Assessment of the induced electric fields in a carbon-fiber electrical vehicle equipped with a wireless power transfer system[J]. Energies，2018，11（3）：684-693.

[53] HWANG K，CHO J，KIM D，et al. An Autonomous Coil Alignment System for the Dynamic Wireless Charging of Electric Vehicles to Minimize Lateral Misalignment [J]. Energies，2017，10（3）：315-334.

[54] DAI X，LI Y，et al. A Maximum Power Transfer Tracking Method for Wireless charging systems with Coupling Coefficient Identification Considering Two-Value Problem [J]. Energies，2017，10（3）：1665-1677.

[55] MAHMUD M H，ELMAHMOUD W，BARZEGARAN M R，et al. Efficient wireless power charging of electric vehicle by modifying the magnetic characteristics of the transmitting medium[J]. IEEE Transactions on Magnetics，2017，53（6）：1-5.

[56] MOON H，KIM S，PARK H H，et al. Design of a resonant reactive shield with double coils and a phase shifter for WPT of electric vehicles [J]. IEEE Transactions on Magnetics,2015,51(3):1-4.

[57] HUI S Y R，ZHONG W，LEE C K. A Critical Review of Recent Progress in Mid-Range Wireless Power Transfer [J]. IEEE Transactions on Power Electronics，2014，29（9）：4500-4511.

[58] Kim H，et al.Coil Design and Measurements of Automotive Magnetic Resonant Wireless Charging System for High-Efficiency and Low Magnetic Field Leakage [J]. IEEE Transactions on Microwave Theory and Techniques，64（2）：383-400.

[59] ZHAI L，CAO Y，LIN L，et al.Mitigation Conducted Emission Strategy Based on Transfer Function from a DC-Fed Wireless Charging System for Electric Vehicles[J].Energies,2018,11(3)：

477-493.

[60] NGUYEN K T, TAKUYA O, SHINICHI T, et al. Attenuate influence of parasitic elements in 13.56MHz inverter for wireless power transfer systems [J]. IEEE Transactions on Power Electronics, 33 (4): 3218-3231.

[61] PUYAL D, BERNAL C, BURDIO J M, et al. Versatile high-frequency inverter module for large-signal inductive loads characterization up to 1.5MHz and 7kW [J]. IEEE Transaction on Power Electronics, 2018, 23 (1): 75-87.

[62] JIN H K, SEO S H, HAI N T, et al. Gateway Framework for In-Vehicle Networks Based on CAN, FlexRay, and Ethernet[J]. IEEE Transactions on Vehicular Technology, 2015, 64 (10): 4472-4486.

[63] FERBER M, VOLLAIRE C, KRAHENBUHL L, et al. Conducted EMI of DC–DC Converters With Parametric Uncertainties[J]. IEEE Transactions on Electromagnetic Compatibility, 2013, 55 (4): 699-706.

[64] CHU X Q, LIN Y J, PAN B H, et al. Fast algorithm based on self-resonant frequency for decoupling capacitor selection[J]. Electronics Letters, 2013, 49 (18): 1176-1177.

[65] FAN J, CUI W, DREWNIAK J L, et al. Estimating the noise mitigation effect of local decoupling in printed circuit boards[J]. IEEE Transactions on Advanced Packaging, 2002, 25 (2): 154-165.

[66] WU K B, SHIUE G H, WU R B. Optimization for the Locations of Decoupling Capacitors in Suppressing the Ground Bounce by Genetic Algorithm[J]. Piers Online, 2005, 1 (4): 411-415.

[67] 王保坡, 杜劲松, 田星, 等. 基于混合遗传算法的去耦电容网络设计 [J]. 电子技术应用, 2015, 41 (7): 146-149.

[68] 张毅. 一种多芯片多输入 PDN 分布式建模及去耦方法 [J]. 电子科技, 2016, 29 (7): 132-135.

[69] 秦俊, 李伟哲. 基于改进目标阻抗的电源分配网络设计方法 [J]. 电子科技, 2013, 26 (5): 74-77.

[70] SHEN C K, LU Y C, CHIOU Y P, et al. EBG-based grid-type PDN on interposer for SSN mitigation in mixed-signal system-in-package[J]. IEEE Microwave and Wireless Components Letters, 2017, 27 (12): 1053-1055.

[71] PAUL C R. A comparison of the contributions of common-mode and differential-mode currents in radiated emissions[J]. IEEE Transactions on Electromagnetic Compatibility, 1989, 31 (2): 189-193.

[72] HOCKANSON D M, DREWNIAK J L, HUBING T H, et al. Investigation of fundamental EMI source mechanisms driving common-mode radiation from printed circuit boards with attached cables[J]. IEEE Transactions on Electromagnetic Compatibility, 1994, 38 (4): 557-566.

[73] GUO W D, SHIUE G H, LIN C M, et al. Comparisons between serpentine and flat spiral delay lines on transient reflection/transmission waveforms and eye diagrams[J]. IEEE Transactions on Microwave Theory & Techniques, 2006, 54 (4): 1379-1387.

[74] SHIUE G H, GUO W D, LIN C M, et al. Noise reduction using compensation capacitance for bend discontinuities of differential transmission lines[J]. IEEE Transactions on Advanced Packaging, 2006, 29（3）: 560-569.

[75] GAZDA C, GINSTE D V, ROGIER H, et al. A Wideband Common-Mode Suppression Filter for Bend Discontinuities in Differential Signaling Using Tightly Coupled Microstrips[J]. IEEE Transactions on Advanced Packaging, 2010, 33（4）: 969-978.

[76] CHANG C H, FANG R Y, WANG C L. Bended Differential Transmission Line Using Compensation Inductance for Common-Mode Noise Suppression[J]. IEEE Transactions on Components Packaging & Manufacturing Technology, 2012, 2（9）: 1518-1525.

[77] LIU W T, TSAI C H, HAN T W, et al. An Embedded Common-Mode Suppression Filter for GHz Differential Signals Using Periodic Defected Ground Plane[J]. IEEE Microwave & Wireless Components Letters, 2008, 18（4）: 248-250.

[78] WU S J, TSAi C H, WU T L, et al. A Novel Wideband Common-Mode Suppression Filter for Gigahertz Differential Signals Using Coupled Patterned Ground Structure[J]. IEEE Transactions on Microwave Theory & Techniques, 2009, 57（4）: 848-855.

[79] NAQUI J, MEMBER S, et al. Common-Mode Suppression in Microstrip Differential Lines by Means of Complementary Split Ring Resonators : Theory and Applications[J]. IEEE Transactions on Microwave Theory and Techniques, 2012, 60（10）: 3023-3034.

[80] 吴健，孔德升. 高速数据采集卡的信号完整性分析 [J]. 仪表技术与传感器，2013（12）: 93-96.

[81] SONG E, CHO J, KIM J, et al. Modeling and Design Optimization of a Wideband Passive Equalizer on PCB Based on Near-End Crosstalk and Reflections for High-Speed Serial Data Transmission[J]. IEEE Transactions on Electromagnetic Compatibility, 2010, 52（2）: 410-420.

[82] XU J, WANG S. Investigating a Guard Trace Ring to Suppress the Crosstalk due to a Clock Trace on a Power Electronics DSP Control Board[J]. IEEE Transactions on Electromagnetic Compatibility, 2015, 57（3）: 546-554.

[83] IIDA M, MAENO T, FUJIWARA O. Effect of Ground Patterns Size on FM-Band Cross-Talks between Two Parallel Signal Traces of Printed Circuit Boards for Vehicles[J]. Electrical Engineering in Japan, 2013, 186（1）: 11-17.

[84] MIHALI F, KOS D. Reduced Conductive EMI in Switched-Mode DC-DC Power Converters Without EMI Filters : PWM Versus Randomized PWM[J]. Power Electronics, IEEE Transactions on, 2006, 21（6）: 1783-1794.

[85] DIANBO F, SHUO W, PENGJU K, et al. Novel Techniques to Suppress the Common-Mode EMI Noise Caused by Transformer Parasitic Capacitances in DC–DC Converters[J]. IEEE Transactions on Industrial Electronics, 2013, 60（11）: 4968-4977.

[86] POUIKLIS G, KOTTARAS G, PSOMOULIS A, et al. A CMOS oscillator for radiation-hardened, low-power space electronics[J]. International Journal of Electronics, 2013, 100（7）:913-927.

[87] BERZOY A，MOHAMED A A S，MOHAMMED O A. Optimizing power converter PCB design for lower EMI[J]. International Journal of Electronics. 2015，34（5）：1364-1380.

[88] FONTANA M，HUBING T H. Characterization of CAN Network Susceptibility to EFT Transient Noise[J]. IEEE Transactions on Electromagnetic Compatibility，2015，57（2）：188-194.

[89] 林程 . 电动汽车工程手册：纯电动汽车整车设计 [M]. 北京：机械工业出版社，2019.

[90] 贡俊 . 电动汽车工程手册：驱动电机与电力电子 [M]. 北京：机械工业出版社，2019.

[91] 黄雪梅，雷剑梅，赖志达，等 .30MHz 以下电动汽车的辐射发射抑制 [J]. 安全与电磁兼容，2013（4）：28-30，47.

[92] 高新杰，张洪超，吴俊，等 . 电动汽车仪表电磁辐射干扰分析 [J]. 安全与电磁兼容，2013（4）：24-26，43.

[93] 丁一夫，柳海明 . 电动汽车 9~150kHz 电场骚扰特性 [J]. 安全与电磁兼容，2013（4）：27-29，65.

[94] 柳海明，吴艳艳，张广玉，等 . 电动汽车用动力线缆电气性能及试验方法综述 [J]. 汽车电器，2018（7）：10-13.

第2章　新能源汽车电磁兼容基础

2.1　概述

新能源汽车向着电动化、智能化和网联化发展。智能网联电动汽车对线控高效电子电气架构提出了高带宽、高实时性、高安全性及高可靠性的需求。因智能网联电动汽车的智能驾驶系统、车联网系统和电驱动系统具有传感器多、天线多、线缆多、信号类型复杂、工作频带宽（直流、低频及射频超宽带）、发射功率大、接收灵敏度高、电磁频谱复杂以及工作频段重叠等特点，使得整个环境区域的电磁环境异常恶劣，于是带来了新的电磁兼容性（EMC）和电磁干扰（EMI）问题，如图 2-1 所示。由电子电气系统硬件之间的电磁耦合形成的电磁干扰会导致系统出现严重故障和功能降级，汽车功能安全性标准 ISO 26262 把电磁兼容性作为电子电气系统功能安全性评价的关键要素。电磁兼容安全性因此也成为影响智能网联电动汽车功能安全性的一个重要科学问题。

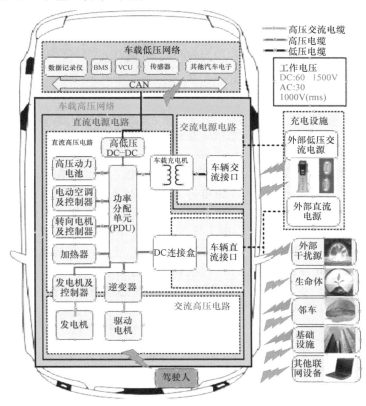

图 2-1　新能源汽车存在的 EMC 和 EMI 问题

在这种复杂电磁环境下，电动汽车之间以及与其环境中存在的电子设备之间都存在相互干扰，严重时甚至会出现电动车辆自身设备间的自扰、互扰，以及与民用通信及射频设备形成的电磁环境不兼容等问题，对电动汽车的正常运行造成很大影响。电动汽车设备及系统间、车辆间、车辆与环境间的电磁兼容问题已经成为制约电动汽车发展、制约电动汽车电子设备作用效能充分发挥的重要因素。同时也反映出，对电动汽车电磁兼容性的研究，不仅应包括车载电子设备的电磁问题，还应包括整车电磁系统对外部电磁环境兼容能力的考核。必须在电动汽车设计、制造、试验、调试、实际运行应用中对设备、系统间的电磁兼容性进行预测和分析，并及时采取切实有效的防护措施，这对于电动车辆设计方案的科学性、运行过程的有效性以及保证电子设备的效能有效发挥，具有极其重要的作用。因此，智能网联电动汽车 EMC 问题的重要性和复杂性日益突出。

电动汽车上的各种电子设备通过相互耦合形成一体化的整车电磁体系，电动汽车的运行安全性不仅取决于单一车辆车载电子设备或系统的电磁性能好坏，更取决于电动车辆整体电磁性能的优劣。若不能合理地解决电动汽车设备及子系统间的电磁兼容问题，将会出现接收机噪声电平增大、数据误码率上升、指挥通信不畅等现象，不仅会造成电动汽车与其他周围车辆之间的电磁干扰特性，而且整车内部也会出现"电子设备自扰、自乱"的局面。

2.2 新能源汽车电磁兼容

2.2.1 电气基本架构

电动汽车是一个完整的电磁系统，按供电等级分为高压电气系统和低压电气系统，按是否有连接线缆分为有线设备和无线设备，如图 2-2 所示。电动汽车高压电气系统通常由动力电池或发电机组提供高压直流电，电压等级为 60~1500 V，通常是屏蔽的。低压电气系统供电电源通常为 12V 和 24V，一般为非屏蔽的。根据设备工作特征，高压部件包括 DC-AC 逆变器、DC-DC 变换器和 AC-DC 整流器。驱动电机系统属于 DC-AC 逆变器，供电电压为 DC 36~750V。高压 DC-DC 变换器包括双向和单向变换器。充电系统属于 AC-DC 整流器，包括车载充电机、充电桩（站）和无线充电系统。此外，高压部件还包括动力电池和电加热器。

高压设备和低压设备之间主要采用车载 CAN 总线进行通信。随着智能网联技术的发展，以太网和车联网逐步得到应用。电动汽车各种电力电子设备配置于相对独立的车辆功能区域，成为电动汽车系统中的基本工作单元，如汽车雷达、通信系统、传感器、空调、监控模块、驱动电机、电源变换模块等，各电子工作单元之间除了进行无线或有线的信息交换之外，还存在某些电气上的联系，在满足特定功能要求的基础上，构成电动汽车的执行系统。此外，各种电力电子设备存在某些电磁耦合关系，主要通过线缆及插接器传导以及空间电磁辐射能量的发射与接收来形成，而且耦合能量随着单元设备间距、运行环境条件的变化而变化。

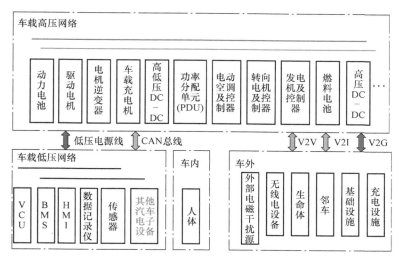

图 2-2 新能源汽车电气架构

为便于对整个电动汽车的电磁兼容性进行分析、预测，这里将每个工作单元定义为系统间电磁兼容性分析中的"子系统"。结合电动汽车整车电力电子设备架构，对整车电力电子设备的电磁特性进行分析、建模和预测。

2.2.2 电磁兼容问题

电动汽车整车电磁兼容特性研究主要包括整车辐射特性、电磁敏感度及抗电磁干扰特性，结合电动汽车电力电子设备架构，通过对电力电子设备的电磁特性进行分析、建模，建立整车电磁系统的电磁模型，并基于整车车体电磁模型给出整车电磁系统的辐射特性、电磁干扰特性、电磁敏感度及电磁系统的抗干扰特性。因此设计基于电磁仿真软件的电动汽车整车系统电磁兼容性仿真及预测软件平台是发展趋势。

1. 高压功率系统集成化 EMC 问题

新能源汽车的高压电气系统主要包括驱动电机系统、DC-DC 变换器、电动空调、电动助力转向电机、控制器电机、车用充电系统等，如图 2-3 所示。特别是随着新能源客车的快速发展，为了满足电驱动系统高功率密度、轻量化、高效和高可靠性的需求，高压功率集成控制器成为主要发展趋势。EMC 问题和热管理问题是高压功率集成控制器比较突出的问题。

高压功率集成控制器采用了大电流、高电压的功率电子器件（如 IGBT），其快速通断会产生大功率电磁干扰，不仅影响电驱动系统的电磁兼容性，还会导致新能源汽车整车的电磁发射水平高于传统车辆。大功率电磁干扰不但影响自身功能，还可能影响其他车载零部件甚至周边环境中电气设备的正常工作。例如，驱动电机系统产生的电磁干扰不仅通过高压线缆耦合到 DC-DC 变换器、电动空调、电动助力转向电机、控制器电机、车用充电系统，还可以通过高低压线束耦合到低压电气系统，影响诸如 VCU、BMS 等车载低压设备的正常工作。此外，高压电气系统产生的电磁干扰还可以通过空间耦合干扰车载无线设备（如传感器、天线等）以及车外无线电接收设备。

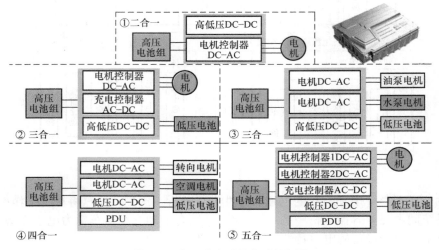

图 2-3　高压功率系统集成控制器

2. 智能网联电动汽车 EMC 问题

智能网联电动汽车采用的设备工作频率各不相同，从直流信号（0Hz）到 400Hz，主要是各种电源控制信号；数字信号一般在几百千比特/秒；WiFi 及 GPS 处在 L 及 S 波段；而雷达信号处于超声频率、毫米波段（30~77GHz）甚至光波段，而电磁噪声可以是覆盖全频率的信号。因此，对于整车超宽带电磁干扰噪声机理进行研究分析和 EMC 优化设计，要结合超宽带噪声环境。

在智能网联电动汽车中，高压动力系统会通过高压线缆、车载以太网和 CAN 总线网络的电磁耦合通道对 ADAS（Advanced Driver Assistant System，高级驾驶辅助系统）（智能传感器、电子控制器和执行器等敏感设备）产生电磁干扰，如图 2-4 所示。配有新一代汽车安全系统（也称 ADAS）的电动汽车，可由驾驶人和辅助驾驶系统配合共同完成驾驶任务。为了实现 ADAS 功能，目前用于电动汽车实现自动驾驶的传感器主要有图像传感器、激光雷达、毫米波雷达、超声波雷达以及生物传感器。智能传感器和车载无线通信设备等也会产生无线射频电磁干扰，对牵引、制动和转向功能安全性产生影响。

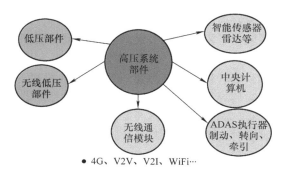

图 2-4　智能网联电动汽车高压系统的影响

3. 新能源汽车 EMC 法规

针对新能源汽车电磁兼容性问题，EMC 法规主要包括整车电磁辐射标准、高压部件的电磁发射和电磁敏感度标准。此外，新能源汽车还需满足道路车辆相关的整车和零部件 EMC 标准。下面重点介绍仅针对新能源汽车电磁兼容性问题的新增标准。

（1）整车辐射发射 - 电动车辆的电磁场发射强度的限值要求（150kHz~30MHz）

GB/T 18387—2017 规定，测试场地为装有吸波材料的屏蔽室或满足标准要求的户外试验场地，采用电场天线和磁场天线在车辆外部的 4 个位置分别测量电场强度和磁场强度，天线距离车辆的最近部分为 3m ± 0.03m，位于车辆横向和纵向中心线上，测量布置如图 2-5 所示，车辆分别以低速（16km/h）和高速（70km/h）模式满载运行时，在车辆最大发射侧面进行电场峰值扫描和磁场峰值扫描，发射限值不能超出规定的限值。

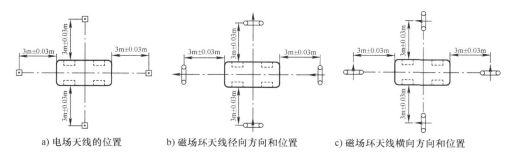

a) 电场天线的位置　　b) 磁场环天线径向方向和位置　　c) 磁场环天线横向方向和位置

图 2-5　电动汽车电场和磁场强度测量布置图

（2）高压部件传导发射和辐射发射

为了保护车载接收机免受车内高压部件产生的传导发射和辐射发射的骚扰，GB/T 18655—2018（CISPR 25）《车辆、船和内燃机 无线电骚扰特性 用于保护车载接收机的限值和测量方法》中规定了电动和混合动力车辆内屏蔽的高压电源系统的试验方法，包括高压零部件、模块在屏蔽高压（HV）电源线上的传导发射测量方法和高压零部件、模块的辐射发射测量方法，以及高低压耦合测试方法。该测试程序和限值，是对车辆辐射发射的预防性控制。然而，零部件的试验并不能代替整车试验，两者的确切联系依赖于零部件的安装位置、线束长度和布置、接地位置和天线位置。

在 150kHz~108MHz 频率范围内，测量电机控制器和 DC-DC 变换器等高压部件在屏蔽高压电源线上的传导骚扰电压和电流。以电机控制器为例，传导发射电压法测试布置如图 2-6 所示。辐射发射测试频率范围为 150kHz~2.5GHz，辐射发射测量布置以电机系统辐射发射 - 双锥天线为例，如图 2-7 所示。

（3）沿屏蔽高压线的瞬态抗扰度试验

ISO/TC 22/SC32/WG3（电气和电子部件及通用系统分技术委员会）制定的 ISO 7637-4《道路车辆　由传导和耦合引起的电骚扰　第 4 部分：沿屏蔽高压电源线的电瞬态传导》对新能源乘用车和商用车上车载电驱动系统及高压零部件的电瞬态传导进行测试评估，适用于 DC 60~1500V。

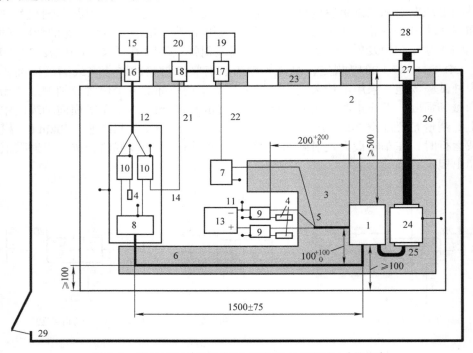

图 2-6　电机控制器传导发射电压法测试布置图（俯视）

1—EUT　2—接地平面　3—相对介电常数较小的支撑物（$\varepsilon_r \leqslant 1.4$）厚度 50mm（电机可以使用绝缘支撑物）
4—50Ω 负载　5—LV 线束　6—HV 线束（HV+、HV-）　7—LV 负载模拟器　8—阻抗匹配网络（可选）
9—LV AN　10—HV AN　11—LV 电源线　12—HV 电源线　13—LV 电源 12V/24V/48V（置于台架上）
14—附加屏蔽盒　15—HV 电源（置于 ALSE 内时应屏蔽）　16—电源线滤波器　17—光纤馈通
18—壁板插接器　19—激励和监测系统　20—测量设备　21—优质同轴电缆（50Ω），例如双层屏蔽
22—光纤　23—接地带　24—电机　25—三相电机电源线　26—机械连接（例如绝缘连接）
27—已滤波的机械轴承　28—制动或驱动电机　29—屏蔽室

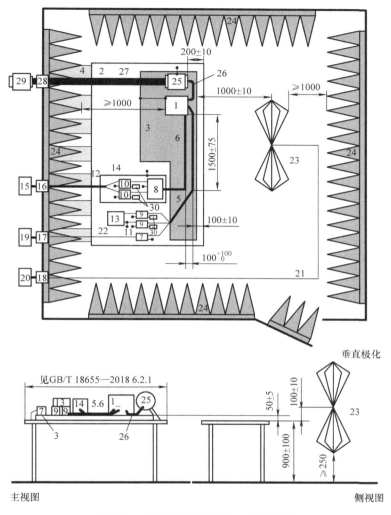

图 2-7　电机系统辐射发射 - 双锥天线

1—EUT　2—接地平面　3—低相对介电常数材料支撑（$\varepsilon_r \leqslant 1.4$）厚度 50mm　4—接地带　5—LV 线束
6—HV 线束（HV+、HV-）　7—LV 负载模拟器　8—阻抗匹配网络（可选）　9—LV AN　10—HV AN
11—LV 电源线　12—HV 电源线　13—LV 电源 12V/24V/48V（置于台架上）　14—附加屏蔽盒
15—屏蔽 HV 电源（置于 ALSE 内的应屏蔽）　16—电源线滤波器　17—光纤馈通　18—壁板插接器
19—激励和监测系统　20—测量设备　21—优质同轴电缆（50Ω），例如双层屏蔽　22—光纤
23—双锥天线　24—RF 吸波材料　25—50Ω 负载　26—电机三相线　27—机械连接（如绝缘连接）
28—滤波轴承　29—制动或驱动电机

　　给出了三种直流高压模块产生的内部脉冲：电压纹波（脉冲 A）、正弦脉冲（脉冲 B）和低频正弦骚扰（脉冲 C），波形及参数如图 2-8 所示。

　　各种高压负载设备的通断会在高压供电电缆上产生瞬态骚扰脉冲，为了测试高压设备的这种瞬态电压抗扰性（电压纹波，3~300kHz），脉冲 A 应施加在 HV+ 和 HV− 高压电缆之间，以及 HV+ 与地、HV− 与地之间。脉冲 B（正弦脉冲，1~10MHz）和脉冲 C（低频正弦脉冲，3~300kHz）分别模拟功率器件快速通断产生的高频振荡和低频振荡信号，分别施加在 HV+ 与地、HV− 与地之间。

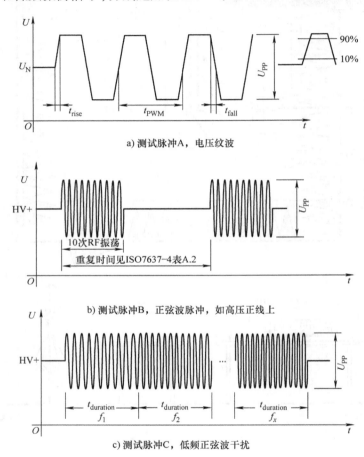

a) 测试脉冲A，电压纹波

b) 测试脉冲B，正弦波脉冲，如高压正线上

c) 测试脉冲C，低频正弦波干扰

图 2-8　沿屏蔽电压线的电瞬态测试脉冲

　　另外，奥迪、宝马、奔驰、保时捷、大众等德国联合汽车企业公司标准 LV 123《ElectricalCharacteristics and Electrical Safety of High-Voltage Components in Road Vehicles requirements and tests（道路车辆高压部件电气特性和电气安全要求与测试方法）》，对新能源汽车电气性能及安全规范进行了详细规定，主要分为三大部分：高压电源特性测试、高压安规测试、高压附件测试。针对其高压部件，如高压电池系统、电机逆变器、电气空调压缩机、电力传输油压泵、DC-DC 高低压转换器、车载充电器等，对其试验方法进行了说明，试验波形如图 2-9 所示。

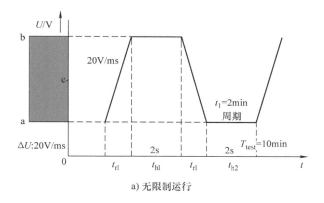

a) 无限制运行

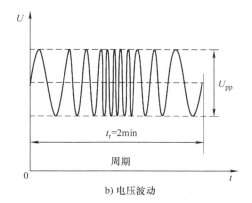

b) 电压波动

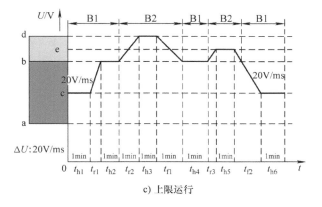

c) 上限运行

图 2-9　道路车辆高压部件电气特性及电气安全试验波形

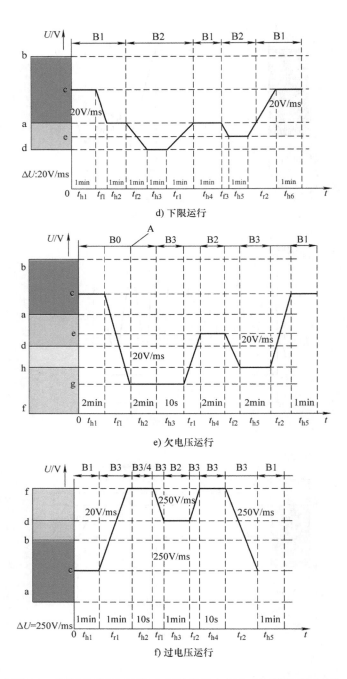

图 2-9　道路车辆高压部件电气特性及电气安全试验波形（续）

（4）驱动电机系统电磁兼容性试验

GB/T 36282—2018《电动汽车用驱动电机系统电磁兼容性要求和试验方法》对纯电动汽车、混合动力汽车和燃料电池汽车用驱动电机的电磁辐射发射（30~1000MHz 频率范围，包括宽带电磁辐射和窄带电磁辐射）和电磁抗扰度（在20~2000MHz 频率范围的电磁辐射抗扰度、沿低压电源线的瞬态抗扰度和静电放电抗扰度）进行了测试，规定了试验方法和限值。

（5）车辆电磁场相对于人体曝露的测量

GB/T 37130—2018 规定了人体所处车辆环境的低频磁场发射，频率范围为10Hz~400kHz。车辆测量可在室内测功机和室外平坦干燥路面上进行。M 类乘用车和商用车（客车）静止状态和行驶状态测量位置如图 2-10 所示。充电状态下，充电接口区域为测量探头可接触区域，即充电接口后 0.5m 范围内的充电线缆四周。

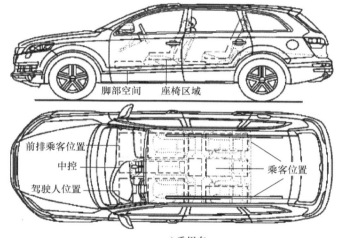

a) 乘用车

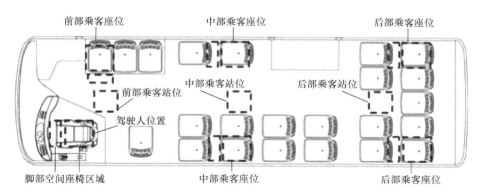

b) 商用车

图 2-10　M 类乘用车和商用车（客车）静止状态和行驶状态测量位置图

2.3 电磁兼容理论基础

2.3.1 电磁干扰源

电动汽车的电磁干扰源大致可以分为 3 类，即车载干扰源、自然干扰源和人为干扰源，如图 2-11 所示。自然干扰源是指由自然现象引起的电磁干扰；人为干扰源是指由汽车外部人工装置产生的电磁干扰；车载干扰源主要是指车上各种电气系统产生的电磁干扰。下面主要以新能源汽车车载干扰源进行分析，车载干扰源主要有电机驱动系统、动力电池系统、电力电子装置（DC-DC 变换器、AC-DC 整流器、DC-AC 逆变器）、电动辅助系统。电压和电流的快速暂态会产生辐射和噪声，特别是电力电子装置的快速整流、电机起动、高压辐射，更会引起较高场强的传导及辐射干扰。

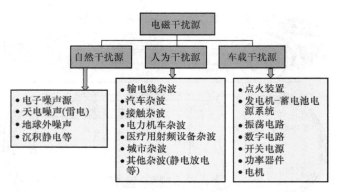

图 2-11 电磁干扰源分类

（1）高压系统干扰源

高压系统产生电磁干扰的主要原因是功率器件的快速通断产生大的电流变化 di/dt 和电压变化 du/dt，高压功率器件主要包括驱动电机控制器 IGBT、高低压 DC-DC 变换器和充电机的 MOSFET。功率器件的电流等级为 200~900A，电压等级为 400~1200V，开关频率为 10~100kHz。IGBT 梯形波及其频谱分布如图 2-12 所示。关于高压功率器件 IGBT 和 MOSFET 通断产生的电磁干扰，将在第 3~5 章详细介绍。

（2）低压系统干扰源

低压控制器如 VCU、BMS 等电磁干扰源主要是数字芯片高速开关信号、低压电源 DC-DC 芯片和时钟信号，时钟信号波形及其频谱分布如图 2-13 所示。此外，低压控制器 PCB 的电源完整性和信号完整性也必须关注，相关内容将在第 6、7 章介绍。

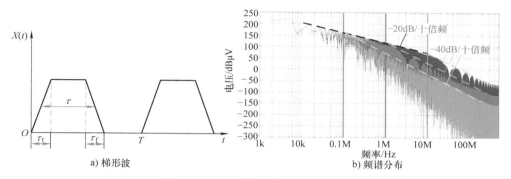

图 2-12　IGBT 梯形波及其频谱分布

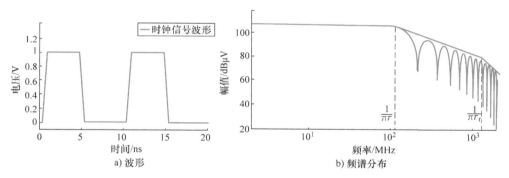

图 2-13　时钟信号波形及其频谱分布

2.3.2　耦合路径

整车电磁干扰的传播途径有两个：一个是传导发射，电磁干扰噪声通过高低压线缆束和金属连接体（如金属机箱、金属连接件等）进行传播；另一个是辐射传播，电磁干扰噪声在空间以电磁感应和电磁辐射两种方式进行传播。因此，电磁干扰耦合途径分为传导耦合和辐射耦合。按电磁干扰模式分为差模干扰和共模干扰。

1. 传导耦合

车辆线束众多，因此线缆是传导耦合的重要载体，通常是系统中最长的部分，甚至可以等效为天线接收和发射电磁噪声。因为假设电缆比波长短，电路间的耦合可以用导体间的集总电容和电感来表示，然后可以用普通的网络理论来分析电路。传导耦合可分为公共阻抗耦合、电容性耦合和电感性耦合。

（1）公共阻抗耦合

车辆内多个电子电气部件使用同一个车载低压电源或高压动力电池供电，电源的内阻抗及它们所共用的电源线的阻抗就成为这些部件的公共阻抗。如果多个部件使用同一条地线（搭铁），则地线的阻抗也会成为这些部件的公共阻抗。电路性公共耦合是最常见的传导耦合方式，其中至少存在两个相互耦合的电路。图 2-14 所示电路就是一种典型的通过接地公共阻抗的传导耦合方式，整车的接地点以及接地方式会影响电路性耦合。

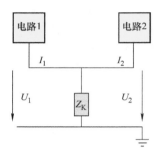

图 2- 14　公共接地耦合阻抗电路

（2）电容性耦合

线缆束之间、线缆与金属车体之间和不同空间安装的控制器金属机箱之间，通常存在电容性耦合。电容性耦合是电路间电场相互作用的结果。图 2-15a 表示一对平行导线间的电容耦合，其等效电路如图 2-15b 所示。导体 1 上的电压 U_1 作为干扰源，导体 2 视为受影响的电路或接收器，导体 2 与接地之间产生的噪声电压 U_2 可以表示为

$$U_2 = j\omega R_{G2} C U_1 \tag{2-1}$$

式（2-1）表明，噪声电压 U_2 与噪声源的频率 ω、受影响电路对地的电阻 R_{G2}、导体 1 和导体 2 之间的互电容 C 以及电压 U_1 的大小成正比。假设噪声源的电压和频率不变，接收器电路可以在较低的电阻水平下工作，或者可以减小互电容的电容量 C，电容 C 的电容量可以通过适当改变导体的方向、屏蔽或物理分离导体来减小。

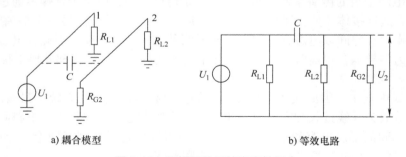

a) 耦合模型　　　　　　　　　　　　　　　b) 等效电路

图 2-15　两根导体间的电容性耦合

（3）电感性耦合

线缆束之间（特别是高低压线束之间）通常存在电感性耦合，电感性耦合是指

通过交变电流的导体在其周围会产生交变磁场，进而在周围的闭合电路产生感应电动势。两电路间的电感性磁耦合如图 2-16 所示，I_1 是干扰电路中的电流，M 是两电路间的互感，噪声电压 U_N 为

$$U_N = j\omega M I_1 = M\frac{di_1}{dl} \tag{2-2}$$

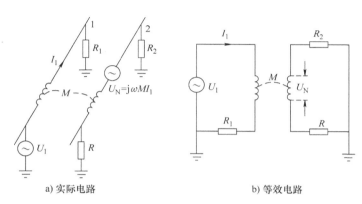

a) 实际电路　　　　　　　　　b) 等效电路

图 2-16　两电路间的电感性磁耦合

如果电流在双绞线中流动而不是通过接地平面，则可以通过电路的物理分离或通过扭转电源线来减小 M。可以通过将导体放在离地平面更近的地方（如果回流通过地平面）或使用两个绞合在一起的导体（如果回流是在一对导体上而不是在地平面上）来减小接收器电路的面积，以减小互感 M。

2. 辐射耦合

电场和磁场的结合，称为电磁耦合或辐射。近场分析时通常分别考虑电场和磁场，而对于远场分析则考虑电磁场情况。当敏感部件处于电磁干扰源的远场区时，电磁干扰以空间电磁波的形式耦合到敏感部件，这种传输方式称为辐射耦合。

（1）天线与天线的辐射耦合（天线辐射耦合）

天线辐射耦合就是经过天线接收电磁波。各种天线是电磁波辐射效果最大的设备，而且布线、结构件、元件和部件等只要满足辐射条件，都会起到发射天线与接收天线的作用。在实际工程中，车辆内存在大量的天线辐射耦合。例如，长的电源线、信号线、控制线、输入和输出引线等具有天线效应，能够接收电磁干扰，形成天线辐射耦合。

（2）场与电缆的耦合

许多电磁干扰是通过电磁场对电缆导线的耦合途径发生的，其耦合机理比较复杂，干扰传播途径也比较隐蔽，包括感应耦合、高频辐射场、孔缝泄漏场对导线的耦合等，场对线可能存在的多种耦合组合，如图 2-17 所示。

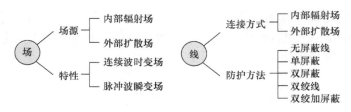

图 2-17　场对线耦合的多种组合

（3）导线间的耦合

电缆中导线之间的耦合干扰是最常见的
干扰耦合模式之一，它是系统内部设备之间
进行电磁兼容分析的典型干扰方式。电磁干
扰的耦合路径统计结果如图 2-18 所示。由图
可知，导线间的耦合（导线耦合）最为严重，
占 60%，是电磁兼容设计中必须认真对待的
问题之一。

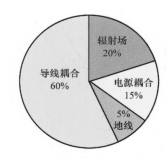

图 2-18　电磁干扰的耦合路径统计结果

2.4　电磁兼容性设计

电动汽车电子设备或系统间的电磁耦合精确数值仿真未知量巨大（达数十亿量
级），故对仿真平台要求苛刻，且仿真时间长，难以实现优化实验。因此，研究探
讨一种快速通用的电动汽车整车电磁兼容系统仿真方法、预测软件以及评估标准，
对于实现电动汽车良好的电磁兼容性具有重要的实际意义。如图 2-19 所示，根据
整车 EMC 要求，构建整车电磁兼容性设计指标体系框架，建立指标量化组合模型，
建立整车系统级电磁兼容性度量指标隶属函数，提出多目标优化设计方法，解决指
标量化分配的问题，建立整车系统级电磁兼容性量化设计理论。

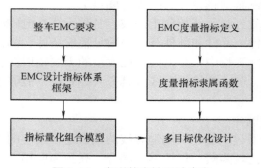

图 2-19　电磁兼容性设计内容

2.4.1　高性能电子电气架构建模

　　智能电动汽车高性能电子电气架构建模主要包括电气功能建模和电磁干扰噪声建模。整车系统行为级电磁兼容性建模如图 2-20 所示。建立整车电磁兼容性几何模型和整车系统行为级电磁兼容性模型，后者包括干扰源模型、电磁耦合模型、敏感要素模型。通过建立基于模型的电磁干扰噪声预测方法，揭示整车 EMI 噪声的形成机理。根据系统功能和 EMC 需求，对系统进行分层分解，建立子系统模型、系统模型和整车三维模型，预测子系统、系统间、车内、车外电磁干扰噪声，构建系统电磁兼容性设计方法和评估方法。电磁干扰机理的研究方法如图 2-21 所示。

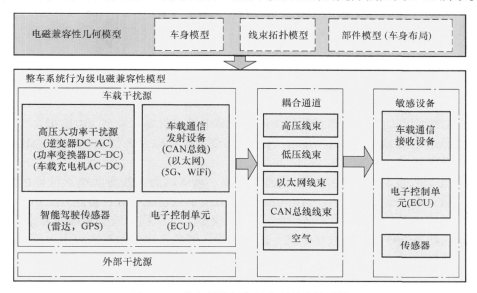

图 2-20　整车系统行为级电磁兼容性建模

2.4.2　电磁兼容性建模和电磁兼容性设计

　　如图 2-22 所示，基于电磁发射测量结果，对典型干扰源的电磁发射元素进行数学表征，建立基于 IBIS 和 SPICE 的电磁干扰源等效电路模型。通过测量线束两端的阻抗特性参数和传输特性参数（S 参数），采用传输线理论和端口网络理论建立线缆束模型和电磁耦合模型。通过测量典型敏感器件的 S 参数和瞬态特性，采用端口网络理论建立敏感要素模型。通过对干扰源模型、电磁耦合模型和敏感要素模型进行级联，获得系统级协同分析、设计与评估的多层次模型。

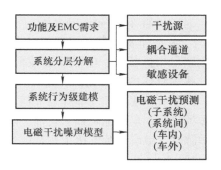

图 2-21　电磁干扰机理的研究方法

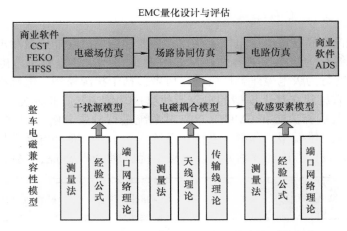

图 2-22　整车电磁兼容性建模和电磁兼容性设计方案

（1）整车系统行为级 EMI 噪声建模

建立智能电动汽车整车系统行为级干扰源电磁发射要素模型、电磁耦合要素模型、传导电磁敏感要素模型、辐射电磁敏感要素模型以及外部电磁环境 EMI 模型等的数学表征。

建立车载自动驾驶系统、车载通信系统、高压动力系统等关键系统间的电磁干扰关联关系，按设备发射特性和敏感特性提出车载系统电磁兼容性分层和分类方法，分别建立基于测量的系统行为级干扰源模型、电磁耦合模型和敏感要素模型。建立高压功率器件、高频数字电路、通信天线、网关等设备的系统行为级干扰源电磁发射模型；建立系统行为级高低压线束、总线通信线束等线缆束传输线模型、线缆束之间电磁耦合模型、线缆束电磁辐射模型，建立 ADAS 传感器、通信接收设备等敏感设备的系统行为级传导辐射电磁敏感要素模型；构建关键子系统行为级模型、系统间干扰行为级模型，构建整车系统行为级仿真方法；提出车载设备电磁模型与车体的电波传播损耗模型新的交界面，研究电磁兼容车体模型优化方法和电波传播损耗模型。揭示整车系统级电磁干扰噪声的形成机理。

（2）整车系统级 EMI 噪声预测模型和评估方法

主要开展整车系统级 EMI 噪声预测模型、电磁兼容性度量指标体系架构、安全度量指标函数、电磁兼容性影响因素关联度数学建模、整车电磁兼容性量化评估方法等具体内容研究。

研究典型环境下整车各系统多工况运行时的车内电磁场分布、车壳表面电流和电磁场分布、车外电磁辐射特性。研究整车电磁系统的发射特性、电磁干扰特性、电磁敏感度及电磁系统的抗干扰特性预测模型；研究车载线缆束传导和辐射、天线辐射在 ADAS 传感器、通信接收设备、低压控制器等敏感设备端口产生的电磁干扰噪声的预测模型；研究车载自动驾驶系统、车载通信系统、高压系统的电磁辐射对车内外人体安全的影响预测模型；研究整车电磁辐射在 V2I、V2V、V2G 网络设备端口产生的电磁干扰噪声的预测模型；研究车外辐射源对车内敏感设备端口产生的电磁干扰噪声的预测模型。通过仿真预测，得到影响车内外 EMI 噪声密集的频点或频段。

建立电磁兼容性影响因素量化模型、影响因素关联度模型、影响因素评价模型。提出智能电动汽车整车电磁兼容性度量指标体系架构，建立电磁兼容性评价指标量化模型、安全度量指标定义、安全度量指标函数，提出整车电磁兼容性量化评估方法。提出网络谐振溯源的 EMI 噪声预测方法，建立高精度宽带 EMI 预测与安全评估专家系统。

（3）整车电磁兼容全周期分层优化设计方法和动态跟踪测量 EMI 抑制方法

建立智能电动汽车分层、分频段、分区域的整车 EMI 噪声抑制方法，从减小电磁干扰源发射、切断耦合通道和提高敏感设备抗扰性三个方面设计 EMI 抑制方法。

基于车载高压电源网络、低压电源网络、以太网通信网络和 CAN 总线通信网络系统级分层次仿真模型，通过整车内外部电磁矢量合成，在实现空气电磁屏蔽、满足小于敏感阈值等多约束条件下，以电磁辐射最小、电磁噪声最小、串扰值最小、成本最低、重量最轻为多目标优化，通过自顶向下的指标分配和量化设计，最终完成对高低压电源网络、以太网络线缆束、传感器、天线的优化布局设计，获取最优的线缆束拓扑结构、屏蔽方案、接地布局等量化设计指标。结合整车的结构造型和材料的介质特性对电磁场强弱分布的影响，得到整车 EMC 指标优化结果。

2.5 电磁干扰抑制措施

2.5.1 EMI 抑制技术

1. 滤波技术

在电磁兼容领域，滤波是指从混有噪声或干扰的信号中提取有用信号分量的一种方法或技术，其以降低电磁噪声为目的。实现滤波功能的滤波器可以对某一频率范围的传输能量衰减很小，使能量容易通过；而对另一频率范围的传输能量有很大的衰减，从而抑制了能量的传输。电磁干扰（EMI）滤波器分为差模滤波器和共模滤波器，具体可以分为以下几种类型。

（1）反射式滤波器

反射式滤波器通常由电抗元件如电感和电容组合构成（理想情况下，这些元件是无耗的），使在滤波器的通带内提供小的串联阻抗和大的并联阻抗，而在滤波器的阻带内提供大的串联阻抗和小的并联阻抗。这种滤波器不是靠消耗能量，而是将不需要的频率成分的能量反射回信号源来达到抑制目的。其种类有四种：低通滤波器、高通滤波器、带通滤波器和带阻滤波器。

（2）吸收式滤波器

吸收式滤波器的原理是将不希望有的干扰频率成分的能量损耗在滤波器内（使

之转换为热能），而不是反射回去，因此这种滤波器又称为有耗滤波器，包括有源滤波器。

（3）电源线 EMI 滤波器

电动汽车电气电子设备电源线 EMI 滤波器分为高压滤波器和低压滤波器，选择和使用电源线 EMI 滤波器时，最主要的特性参数有额定电压、额定电流、插入损耗、泄漏电流、阻抗匹配、工作环境条件（温度等），另外还要考虑体积、质量和可靠性等。电机控制器、高低压 DC-DC 变换器和无线充电器的电源 EMI 滤波器将在第 3~5 章介绍。

（4）信号线 EMI 滤波器

信号线 EMI 滤波器的主要作用是解决空间电磁干扰问题（例如设备向空间辐射较强的电磁干扰）或者设备对空间的电磁干扰敏感等问题。信号线电缆和电源线电缆之间的耦合，导致电源线传导发射在高频超标的现象，就是由信号线上的高频干扰通过空间耦合到电源线上造成的。出现这种现象的原因是信号电缆可以等效为一条效率很高的辐射和接收天线。

2. 屏蔽技术

电磁屏蔽就是对两个空间区域之间进行金属的隔离，以控制电场、磁场由一个区域对另一个区域的感应和辐射。从整个系统的角度来看，屏蔽噪声源比屏蔽接收体更有效。

（1）静电屏蔽

在屏蔽罩接地后，干扰电流经屏蔽外层流入大地导体空腔内，在无其他带电体的情况下，导体内部和导体的内表面上处处皆无电荷，电荷仅仅分布在导体外表面上。

（2）电磁场屏蔽

近场电屏蔽的一种方法就是在感应源与受感器之间加一块接地良好的金属板，把感应源的寄生电容短接到地，通过抑制寄生电容耦合，达到电场屏蔽的目的。在远场中，由麦克斯韦方程，电场与磁场方向相互垂直，但相位相同，以电磁波的形式在空间向周围辐射能量，需要设计屏蔽体对电磁波进行屏蔽。

（3）磁场屏蔽

1）静磁场的情况：电磁铁或直流线圈产生的磁场均在空间分布磁力线或磁通。磁力线主要集中在低磁阻（高磁导率）的磁路通过。对磁场的屏蔽主要利用高磁导率的材料，如铁、镍钢等，磁力线将被"封闭"在屏蔽体内，起到磁屏蔽作用。

2）低频交变磁场：磁屏蔽的原理同静磁屏蔽一样，利用高磁导率材料作为屏蔽体，将磁场约束在屏蔽体材料内，如铁磁性材料。

3）高频磁场屏蔽：主要靠屏蔽壳体上感生的涡流所产生的反磁场（起排斥原磁场的作用）进行屏蔽。涡流越大，屏蔽效果越好。应选用良导体材料，如铜、铝或铜镀银等。频率越高，磁屏蔽效果越好。另外，由于趋肤效应，涡流只会在材料的表面流动，所以只需一层很薄的金属材料就足以屏蔽高频磁场。

4）交变电磁场屏蔽：一般采用电导率高的材料作为屏蔽体，并将屏蔽体接地。电磁屏蔽的表达式为

$$S = 20 \lg \frac{E_0}{E_1} (\mathrm{dB}) \tag{2-3}$$

$$S = 20 \lg \frac{H_0}{H_1} (\mathrm{dB}) \tag{2-4}$$

式中，E_0 和 E_1 分别为屏蔽前后的电场强度；H_0 和 H_1 分别是屏蔽前后的磁场强度。

3. 接地

接地是减小不必要噪声和形成安全系统的主要方法之一。正确使用接地技术能够解决多数噪声问题。良好的接地系统不仅可以保障安全，还可以防止不必要的电磁干扰和发射，而不增加产品成本。接地只会对共模噪声产生抑制作用，不仅会抑制电源谐波，也会减小高频共模噪声。

（1）安全地

安全接地的目的是使设备与大地有一条低阻抗的电流通路，以保证人身安全和设备安全，而接地是否有效主要取决于接地电阻，阻值越小越好，接地电阻的大小与接地装置及环境条件等因素有关。

（2）信号地

根据信号或返回路径，信号地称为"信号接地"，以定义它们所携带的电流类型，并将它们与"安全接地"区分开来，通常安全接地不承载电流。

信号地的接法有单点接地、多点接地和混合接地。

1）单点接地。所有电路的地线接到公共地线的同一点称为单点接地，它可以划分成两类：串联单点接地和并联单点接地。单点接地用于低频电路，从直流到大约 20kHz。通过控制接地拓扑结构，可使接地电流流向期望的地方。

2）多点接地。多点接地是指设备（或系统）中凡是需要接地的点都直接接到离它最近的接地平面上（就近接地），这样做可以使接地线的长度最短。多点接地用于高频（100kHz 及以上）和数字电路。多点接地系统使接地噪声电压最小，然而多点接地时容易产生公共阻抗耦合问题。

增加 PCB 地平面的厚度对其高频阻抗没有影响，是电感而不是接地电阻决定了接地阻抗，由于趋肤效应，高频电流仅在地平面表面流动。任何含有高频或数字逻辑电路的 PCB 都必须有良好的低电感接地。地面可以是接地平面，也可以是双面板上的接地网。地平面为信号电流提供低电感回路，并允许使用恒定阻抗传输线进行信号互连。PCB 多点接地并不意味着供电电源需要多点接地。

3）混合接地。所谓混合接地，要求设计人员对系统各部分工作进行分析，只将那些需要就近接地的点直接接地，而其余各点都采用单点接地的办法。当信号频率覆盖较宽频率范围时，混合接地可能是一种解决方案。视频信号就是一个很好的例子；信号频率可以从 30Hz 到几十兆赫不等。混合接地是一种系统接地，在不

同频率下表现不同的接地方式。在低频时作为单点接地，在高频时作为多点接地。图 2-23 所示为一种常见的混合接地系统，将需要高频接地的点通过旁路电容与接地平面相连。

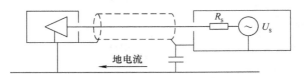

图 2-23　常见的混合接地系统

2.5.2　关键部件 EMI 抑制技术

1. 电磁干扰源部件

由图 2-24 可知，整车既有电机系统、DC-DC 变换器、车载充电机等开关电源设备，又有带有高频特性的仪表、导航类电气部件，具体总结如下：

1）电机部件：驱动电机、油泵、气泵、刮水器电机、暖风电机、散热器风扇、换气扇等。

2）继电器部件：闪光继电器、空调压缩机等。

3）内部带有控制电路的部件：刮水器控制器、空调控制器、电子路牌等。

4）内部带有微处理器的部件：整车控制器（VCU）、电池管理系统（BMS）、倒车监控系统、监视主机、车载影音、电子时钟、组合仪表、车载终端等。

5）内部带有功率变换器件的部件：DC-DC、DC-AC 电机控制器、二合一、五合一等。

6）带有天线的部件：GPS、GPRS、收音机等。

最为关键的是，这些部件共用低压电源或部分共用高压电源，电磁环境复杂，零部件 EMC 和整车 EMC 关联性解析难度大。

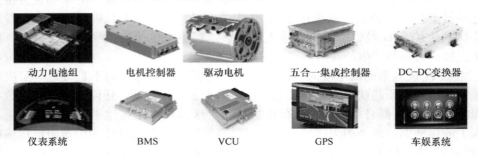

| 动力电池组 | 电机控制器 | 驱动电机 | 五合一集成控制器 | DC-DC变换器 |
| 仪表系统 | BMS | VCU | GPS | 车娱系统 |

图 2-24　电动汽车车载电控部件

2. EMI 抑制方法

（1）采用集成化设计

将多功能电路及系统进行集成，如将逆变器前置双向 DC-DC 升 / 降压变换器、

DC-DC 低压充电机、车载电池快速充电器、发电机与电动机逆变单元等功能电路集成，以减少线缆用量，同时提高整车 EMC 性能。其他集成装配制造技术有薄膜电容与叠层母排一体化设计、动力线缆与传感器的集成设计等。

（2）分区预测和分层设计

整车 EMC 防护技术采用分区预测和分层设计，按照高低压系统、直流和交流系统、车内和底盘等分区设计，如图 2-25 所示。接地、滤波和屏蔽技术分层设计将在后续章节关键零部件 EMC 设计中介绍。

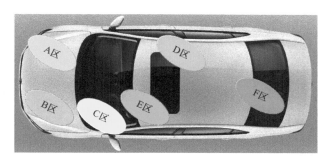

图 2-25　EMC 分区预测和分层设计

参 考 文 献

[1]　林程．电动汽车工程手册：纯电动汽车整车设计 [M]．北京：机械工业出版社，2019．

[2]　贡俊．电动汽车工程手册：驱动电机与电力电子 [M]．北京：机械工业出版社，2019．

[3]　全国汽车标准化技术委员会．电动车辆的电磁场发射强度的限值和测量方法：GB/T 18387—2017 [S]．北京：中国标准出版社，2017．

[4]　全国无线电干扰标准化技术委员会．车辆、船和内燃机：无线电骚扰特性 用于保护车载接收机的限值和测量方法：GB/T 18655—2018 [S]．北京：中国标准出版社，2018．

[5]　Road Vehicles：Electrical disturbance by conduction and coupling-Part 4：Electrical transient conduction along shielded high voltage supply lines only：ISO 7637-4 [S].2020．

[6]　全国无线电干扰标准化技术委员会．车辆电磁场相对于人体曝露的测量方法：GB/T 37130—2018 [S]．北京：中国标准出版社，2018．

[7]　翟丽．车辆电磁兼容基础 [M]．北京：机械工业出版社，2012．

[8]　苏东林．系统级电磁兼容性量化设计理论与方法 [M]．北京：国防工业出版社，2015．

[9]　阎照文．信号完整性导论 [M]．北京：科学出版社，2018．

[10]　全国汽车标准化技术委员会．电动汽车用驱动电机系统电磁兼容性要求和试验方法：GB/T 36282—2018 [S]．北京：中国标准出版社，2018．

[11]　全国无线电干扰标准化技术委员会．车辆、船和内燃机：无线电骚扰特性 用于保护车外接收机的限值和测量方法：GB 14023—2011 [S]．北京：中国标准出版社，2011．

[12] 全国汽车标准化技术委员会 . 道路车辆 车辆对窄带辐射电磁能的抗扰性试验方法 第 2 部分：车外辐射源法：GB/T 33012.2—2016 [S]. 北京：中国标准出版社，2016.

[13] 全国汽车标准化技术委员会 . 道路车辆 车辆对窄带辐射电磁能的抗扰性试验方法 第 4 部分：大电流注入法：GB/T 33012.4—2016 [S]. 北京：中国标准出版社，2016.

[14] 全国汽车标准化技术委员会 . 道路车辆 电气 / 电子部件对静电放电抗扰性的试验方法：GB/T 19951—2019 [S]. 北京：中国标准出版社，2019.

第3章 电机驱动系统电磁干扰预测与抑制

3.1 概述

与传统内燃机车辆不同，电驱动车辆应用了大量的高压部件，例如驱动电机、电机逆变器（DC-AC Inverter）、直流-直流变换器（DC-DC Converter）、车载充电机（AC-DC Converter）、动力电池等。此外，电驱动车辆还应用了电池管理系统（BMS）、车辆控制单元（VCU）、Telematics BOX（TBOX）等低压电气部件。因此，电驱动车辆的电磁环境变得更加复杂，电磁兼容性（EMC）变得越来越重要。为了保护车内外接收机免受电驱动车辆无线电干扰，国际标准 SAE J551-5、CISPR 12—2009 和 CISPR 25—2016Rd 对电驱动车辆整车和高低压零部件的电磁发射提出了限值要求。电磁兼容性成为电驱动车辆关键技术。

电机驱动系统通常采用功率半导体器件（如 IGBT 等）实现脉冲宽度调制（PWM）控制，以对电机三相交流电压进行调节。功率半导体器件的快速通断产生较大的电流变化率 di/dt 和电压变化率 du/dt，形成电磁干扰源，通过电机控制器内部元件和外部高低压线束的寄生参数向外传播，形成不期望的传导发射和辐射发射，其不仅会对车内外无线电接收设备产生干扰，也会通过传导耦合路径干扰车载高压部件和低压部件，甚至影响整车安全性。特别是，电机驱动系统产生的传导电磁干扰，不仅会引发自身系统的辐射发射超标，还会导致整车辐射发射不能满足整车 EMC 标准要求。因此，永磁同步电机驱动系统传导电磁干扰的产生机理、预测和抑制方法对于电驱动车辆的电磁兼容性是非常重要的。为了控制整车电磁发射，最终确保电驱动车辆整车电磁兼容性，国际标准 CISPR 25—2016 对电驱动车辆的高低压零部件在 150kHz~108MHz 频段的电磁发射提出了限值要求和测量方法。通过大量的测试可以看出，没有进行 EMC 设计的产品几乎都不能满足标准限值等级3 的要求。

1）建立考虑功率半导体寄生参数的电机逆变器系统高频等效电路模型来预测传导电磁干扰，该模型还可以模拟实际的电磁干扰源阻抗和负载阻抗，为预测传导骚扰提供了模型平台。

2）基于建立的高频等效电路模型，建立超标谐振频率点的共模干扰和差模干扰的传递函数，来预测高压电源线传导电磁干扰，并确定影响电磁干扰形成的主要元件参数。

3）根据干扰路径和影响 EMC 的主要元件，针对电驱动车辆高压直流供电大功率电机驱动系统，提出一种有效的外部高压端口宽频段传导骚扰抑制方法，以降低 150kHz~108MHz 频段的电磁发射，以满足标准要求。

4）根据谐振引起的超标问题，提出一种基于谐振点传导发射抑制的滤波电路优化设计方法，可以在控制器内部实现，体积小、成本低、效率高，在产品不同研发阶段都可以实现。

5）提出采用磁环的高压直流电源线 EMI 滤波器设计方法和采用空心电感的高压直流电源 EMI 滤波器设计方法。

6）描述电机驱动系统 EMI 测量方法和 EMI 特性试验研究。

3.2 电机驱动系统 EMI 的机理

3.2.1 电机驱动系统传导发射测试

1. 永磁同步电机驱动系统结构

永磁同步电机驱动系统是电驱动车辆重要的动力组成部分，由其构成的传导发射系统主要由高压直流电源、高压直流线缆、电机逆变器、三相交流线缆和电机组成，其系统构成如图 3-1 所示。其中电机逆变器通常由三个桥臂 6 个全控式功率器件 IGBT（T1~T6）组成，每个 IGBT 反向并联一个续流二极管，来自栅极控制信号决定 IGBT 开通和关断。

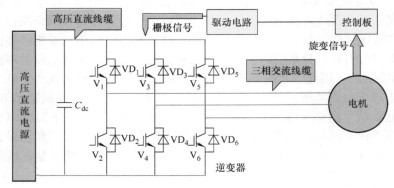

图 3-1　电机驱动系统构成示意图

2. 传导电磁发射测试布置

根据 GB/T 18655—2018，电机逆变器的高压直流电源线的传导发射（电压法）测试布置如图 3-2 所示，主要由高压直流电源、2 个线性阻抗稳定网络（LISNs）、1.5m 高压直流电缆、电机逆变器、1m 三相交流线缆、永磁同步电机、电机负载（测功机）和 EMI 接收机组成。在电机驱动系统正常工作情况下，EMI 接收机可以通过 LISNs 测量 150kHz~108MHz 频段的高压正极电源线和负极电源线的传导骚扰电压，传导骚扰电压要求满足 GB/T 18655—2018 定义的限值等级要求。图 3-3 所示为测试平台，电机参数见表 3-1。

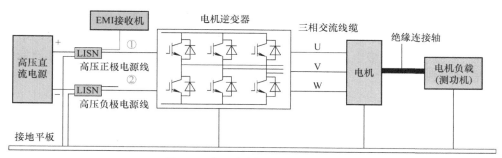

图 3-2　传导发射测试布置原理图

图 3-3　传导发射（电压法）测试平台

表 3-1　电机参数

参数	数值	单位	参数	数值	单位
额定功率	42	kW	峰值功率	120	kW
直流电压	336	V	额定转矩	105	N·m
额定转速	3820	r/min	电机极对数	4	

　　根 据 标 准 GB/T 18655—2018 要 求 的 频 段（0.15~0.30MHz、0.53~1.8MHz、5.9~6.2MHz、30~54MHz、48.5~72.5MHz、68~87MHz 和 76~108MHz） 进 行 测试，传导电压试验结果如图 3-4 所示。可以发现，在 0.53~1.8 MHz、30~54MHz、48.5~72.5MHz、68~87MHz 频段，高压正极电源线的传导电压的峰值和平均值都超出了标准平均值等级 5 的限值要求，尤其是在 1MHz 和 30MHz，出现了明显的传

导电压尖峰。因此，为了研究高压母线上电磁干扰的形成机理，从而较为准确地预测高压电源线传导骚扰电压，有必要建立一种高频电路模型，来定量分析传导电磁干扰噪声源与高压正极电源线传导骚扰电压的关系，以确定导致传导 EMI 超标的主要部件参数。

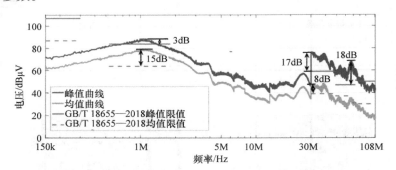

图 3-4　电机逆变器高压正极电源线传导骚扰电压试验结果

3.2.2　IGBT 电磁干扰源

逆变器选择车用英飞凌 FS800R07A2E3 型 IGBT 模块为研究对象，该模块由 3 个桥臂 6 个 IGBT 组成，每个 IGBT 反并联一个续流二极管，IGBT 开关频率为 10kHz，主要技术参数见表 3-2。

表 3-2　IGBT 模块（FS800R07A2E3）

参数	典型值	单位	条件
U_{CE}	750	V	T_{J}=25°C
I_{C}	450	A	T_{Jmax}=175°C
L_{S}	20	nH	
L_{sCE}	8	nH	
R_{CC+EE}	0.75	mΩ	T_{J}=25°C
R_{Gint}	0.7	Ω	T_{J}=25°C
C_{ies}	80	nF	U_{GE}=0V, U_{CE}=50V, f=1MHz
C_{oes}	1	nF	U_{GE}=0V, U_{CE}=50V, f=1MHz
C_{res}	0.3	nF	U_{GE}=0V, U_{CE}=50V, f=1MHz
t_{r}	80	ns	U_{CE}=400V, I_{C}=450A, R_{g}=2.4Ω
t_{f}	50	ns	U_{CE}=400V, I_{C}=450A, R_{g}=5.1Ω

建立考虑寄生参数的 IGBT 等效电路模型，如图 3-5a 所示，VD 是寄生二极管；IGBT 存在 3 个结电容，即栅极与发射极之间的极间电容 C_{GE}，栅极与集电极之

间的极间电容 C_{GC} 和发射极与集电极之间的极间电容 C_{CE}（$C_{ies}= C_{GE} + C_{GC}$，$C_{oes}= C_{CE} + C_{GC}$，$C_{res} = C_{GC}$）；L_G、L_E 与 L_C 分别是栅极、发射极和集电极的引线电感，根据 L_S 和 L_{sCE} 计算；R_{EE} 与 R_{CC} 为对应的引线的电阻，根据 R_{CC+EE} 和 R_{Gint} 计算。图 3-5b、c 所示为理想情况下和实际考虑寄生参数时的在 IGBT 集电极 C 与发射极 E 之间的电压波形。

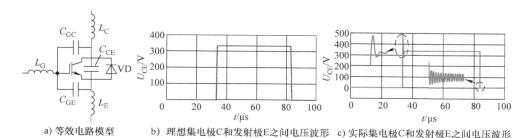

a) 等效电路模型　　b) 理想集电极C和发射极E之间电压波形　c) 实际集电极C和发射极E之间电压波形

图 3-5　IGBT 等效电路和集电极 C 与发射极 E 之间电压波形

下面分析 IGBT 导通时间 t_{on}、上升（下降）时间 t_r（t_f）、开关频率 f（或周期 T）以及上升沿处的振铃对 U_{CE} 幅频特性的影响。

（1）t_{on} 影响

电机的电压、电流和功率由脉冲梯形波的占空比 $D_y = t_{on}/T$ 调节来实现，因此在给定开关频率下，分析梯形波导通时间 t_{on} 对梯形波幅频特性的影响，可以获得不同电机负载工况对传导 EMI 的影响规律。令梯形波的幅值为 330V，$f = 10$kHz，t_r（t_f）$= 0.08\mu s$，占空比分别为 0.1、0.5 和 0.8 时的 U_{CE} 电压幅频特性如图 3-6a 所示。可以看出，t_{on} 越长，第一个转折频率（0dB/10 倍频与 −20dB/10 倍频的交点）越低，低频段的电压幅值越高。

（2）上升时间 t_r 影响

分析梯形波的上升时间对梯形波幅频特性的影响，令梯形波幅值为 336V，开关频率为 10kHz，占空比为 0.5（上升时间等于下降时间），不同上升时间 10ns/80ns/400ns/ 的梯形波幅频特性如图 3-6b 所示。由图可知，−20dB/10 倍频与 −40dB/10 倍频的连接点分别为 32MHz、4MHz、0.8MHz 频点附近，与公式 $f = 1/(\pi \tau_r)$ 计算得到的频点 31.8MHz、3.98MHz、0.795MHz 一致，说明梯形波的 t_r 越小，第二个转折频率越高，高频段的 U_{CE} 幅值越高。因此，如果 IGBT 功率模块产生的传导 EMI 噪声具有较高的高频成分，在保证电机电气性能正常的前提下，可以通过调节 IGBT 外部的栅极电阻，增大 IGBT 功率模块驱动信号的上升时间，以减小高频段的传导 EMI。

（3）开关频率 f 的影响

IGBT 的开关频率与损耗和 EMI 都相关。如图 3-6c 所示，通过分析不同开关频率 1kHz、10kHz 和 100kHz 下的 U_{CE} 幅频特性可以看出，随开关频率的增加，

U_{CE} 幅值增大。因此，尽管 IGBT 开关频率增大可以减小损耗，但是产生的 EMI 会越严重。

（4）上升沿振铃的影响

如图 3-6d 所示，IGBT 的寄生电容和引线电感会在脉冲的上升沿和下降沿引起振铃现象，振铃使 U_{CE} 的幅值在高频区域（18~108MHz）明显提高，并在 62MHz 附近出现谐振尖峰。

由以上分析看出，由于逆变器 IGBT 的快速通断，IGBT 的 U_{CE} 在 150kHz~108MHz 较宽频段都有较高的幅值，通过系统寄生参数容易形成电磁噪声电流，最终在逆变器高压直流电源线上形成传导 EMI。对于实际试验工况，IGBT 的开关频率和上升时间通常是不变的，IGBT 干扰源的传导 EMI 电压主要与 U_{CE} 干扰源信号的导通时间和寄生参数相关。电机控制器高压直流电源线上的传导 EMI 电压除了与 IGBT 干扰源信号相关以外，还取决于干扰电流的传播路径。

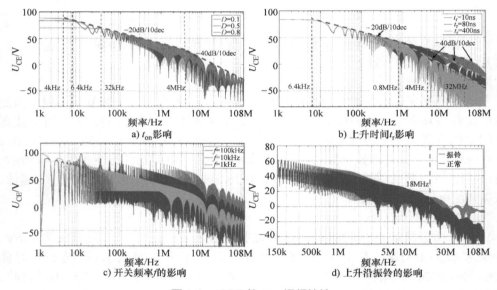

图 3-6　IGBT 的 U_{CE} 幅频特性

3.2.3　电磁干扰耦合路径

1. 电机驱动系统高频等效电路模型

从图 3-6 可以看出，干扰源信号 IGBT 集电极 - 发射极电压的频谱分布在 150kHz~108MHz 频段，因此干扰电流的传播路径必须考虑电机逆变器系统电网络寄生参数的影响。根据图 3-3 建立电机驱动系统高频等效电路模型，如图 3-7 所示。

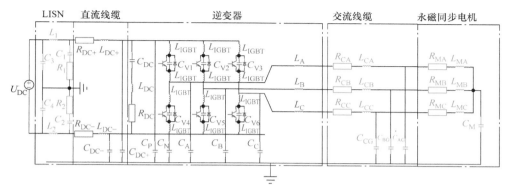

图 3-7　电机驱动系统高频等效电路模型

图 3-7 中，R_1、R_2 与 C_1、C_2 串联后再与 C_3、C_4 并联，组成正负极 LISN；直流正极线缆与直流负极线缆的电阻及电感（R_{DC+}、R_{DC-} 与 L_{DC+}、L_{DC-}）串联，与其对地电容 C_{DC+}、C_{DC-} 构成直流线缆等效电路模型；C_{DC} 为逆变器内部纹波抑制电容，R_{DC} 与 L_{DC} 为 C_{DC} 的等效电阻和引线电感；三相线缆的电阻和电感 R_{CA}、R_{CB}、R_{CC}、L_{CA}、L_{CB}、L_{CC} 与地电容 C_{AG}、C_{BG}、C_{CG} 一起构成交流屏蔽线缆等效电路模型；R_{MA}、R_{MB}、R_{MC}、L_{MA}、L_{MB}、L_{MC} 为电机三相绕组相电阻与电感，C_M 为绕组对机壳寄生电容；C_P、C_N 为逆变器直流正负母线对地寄生电容；L_{IGBT} 为 IGBT 引线电感，$C_{V1} \sim C_{V6}$ 为 IGBT 极间等效电容；C_A、C_B、C_C 为逆变器三相桥臂中性点对地寄生电容，$L_A \sim L_C$ 为逆变器中性点引出铜排的电感。由 IGBT 快速通断产生的噪声电流，通过逆变器、交流线缆、电机、直流线缆以及寄生电容最终流入 LISN。系统主要寄生参数和元件参数见表 3-3（采用测量法或理论计算法获得）。

2. 逆变器系统传导 EMI 路径分析

（1）超标频段

从图 3-4 可以看出，高压直流母线的传导电压超标点主要分布在 0.53~1.8MHz、30~60MHz、60~87MHz 三个频段。

表 3-3　电机驱动系统高频等效电路模型参数值

符号	数值	符号	数值
R_1、R_2	50Ω	$C_{V1} \sim C_{V6}$	80nF
C_1、C_2	0.1μF	C_P、C_N	320pF
C_3、C_4	0.1μF	$C_A \sim C_C$	500pF
L_1、L_2	5μH	$L_A \sim L_C$	120nH
L_{DC+}、L_{DC-}	32nH	$L_{CA} \sim L_{CC}$	26nH
R_{DC+}、R_{DC-}	0.69mΩ	$R_{CA} \sim R_{CC}$	0.52mΩ
C_{DC+}、C_{DC-}	900pF	$C_{AG} \sim C_{CG}$	672pF

（续）

符号	数值	符号	数值
C_{DC}	1000μF	R_{MA}~R_{MC}	5.9mΩ
L_{DC}	100nH	L_{MA}~L_{MC}	0.21mH
R_{DC}	0.1mΩ	C_M	1nF
L_{IGBT}	10nH		

1）频段 1（0.53~1.8MHz）：在 0.53~1.8MHz 频段，传导 EMI 电压峰值和平均值分别超出了等级 5 的限值 3dB 和 15dB，主要是由于系统寄生参数的存在，在 1MHz 处形成谐振。因此，应重点分析 1MHz 频点下 IGBT 导通和关断产生的噪声电流的共模干扰路径和差模干扰路径，建立干扰源与传导 EMI 电压之间的关系，确定引起传导电压超标点的电路参数。

2）区域 2：在 30~60MHz 频段，传导 EMI 电压峰值和平均值分别超出了标准限值 17dB 和 8dB，主要是由于 IGBT 的梯形脉冲串在 30MHz 处产生的谐振。

3）区域 3：在 60~87MHz 频段，传导电压峰值和平均值分别超出了限值 18dB 和 6dB，主要是由于系统低频谐波在高频寄生参数作用下在 68MHz 处产生了谐振。

综上所述，为了减小高压电源线传导 EMI，满足标准的限值要求，只需要定量分析 1MHz 和 30MHz 两个典型频率点的高压直流电源线传导 EMI 电压形成的影响因素。另外，68MHz 超标点主要是由多个高频寄生参数引起的，难以进行准确的数值定量分析。

（2）开关模式

逆变器工作时，三个上桥臂有（1，0，0）、（0，1，0）、（0，0，1）、（1，1，0）、（1，0，1）、（0，1，1）、（1，1，1）和（0，0，0）八种开关模式。其中，（1，0，0）、（0，1，0）、（0，0，1）三种工作模式，（1，1，0）、（1，0，1）、（0，1，1）三种工作模式，（1，1，1）、（0，0，0）两种工作模式分别形成的电磁干扰源和干扰传播路径是对偶的。因此，每个桥臂上下两个 IGBT 开关状态互补，只有（1，0）、（0，1）、（0，0）三种开关状态。IGBT 的三种开关模式快速切换，在每个桥臂上都可以等效为一个共模干扰源和一个差模干扰源。因此，三个桥臂差模干扰源产生的骚扰电流路径是完全一致的，所以产生的总差模干扰电压为单桥臂 IGBT 工作时在 LISN 测量电阻 R_1 上产生的电压 U_{R1} 的 3 倍。同样，三个桥臂的共模干扰源产生的骚扰电流路径也是对称的。基于以上原因，为了便于量化分析，以上桥臂（1，0，0）开关模式为例，对单桥臂干扰源产生的共模电流和差模电流的传播路径进行分析。

（3）干扰电流路径分析

为了确定干扰的类型，需要对电机驱动系统高频电路进行电抗分析。从试验和仿真预测结果图 3-4 中可以看出，电机驱动系统中第一个谐振干扰峰值出现在 1MHz 频点左右，幅值高达 87dBμV；第二个谐振干扰峰值出现在 30MHz 频点左右，幅值高达 75dBμV；第三个谐振干扰峰值出现在 68MHz 频点左右，幅值高达 65dBμV。

1）1MHz 频点的传导 EMI 分析。针对 1MHz 的电机驱动系统高频电路模型电抗进行计算分析。首先，将计算的各电路元件在 1MHz 处的电抗标注在电路图中；然后，根据电抗图分析共模干扰电流与差模干扰电流传播路径；最后，建立干扰源与 LISN 测量的传导 EMI 电压的关系。

① 差模干扰路径分析。通常将 IGBT 通断引起的干扰源等效为一个恒流源 I_{DM}。由于交流侧电机绕组感抗比直流侧电抗大 10 倍以上，三相交流线缆的对地容抗也比较大，所以可以忽略电机和三相线缆对差模干扰电流的影响，可以认为差模干扰只与逆变器及其直流测电路相关。其差模干扰路径如图 3-8 所示。

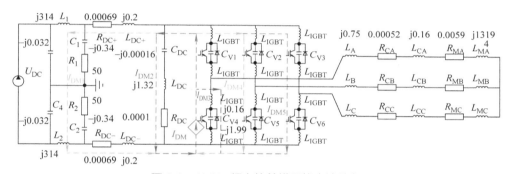

图 3-8　1MHz 频点的差模干扰电流路径

在系统调频电路中，形成以下 5 条差模电流传输路径：

a. 差模电流路径 1：$I_{DM1} \rightarrow 3L_{IGBT} \rightarrow L_{DC+} \rightarrow R_{DC+} \rightarrow C_1 \rightarrow R_1 \rightarrow R_2 \rightarrow C_2 \rightarrow R_{DC-} \rightarrow L_{DC-} \rightarrow L_{IGBT}$。

b. 差模电流路径 2：$I_{DM2} \rightarrow 3L_{IGBT} \rightarrow C_{DC} \rightarrow L_{DC} \rightarrow R_{DC} \rightarrow L_{IGBT}$。

c. 差模电流路径 3：$I_{DM3} \rightarrow L_{IGBT} \rightarrow C_{V4} \rightarrow L_{IGBT}$。

d. 差模电流路径 4：$I_{DM4} \rightarrow 3L_{IGBT} \rightarrow C_{V2} \rightarrow 5L_{IGBT}$。

e. 差模电流路径 5：$I_{DM5} \rightarrow 3L_{IGBT} \rightarrow C_{V3} \rightarrow 5L_{IGBT}$。

其中，只有路径 1 的差模电流 I_{DM1} 流过 R_1 形成正极差模传导电压 U_{R1}，实际上，同时考虑两种开关模式，$U_{DM} = 3U_{R1} = 3 \times 50 \times I_{DM1}$。下面分析电机驱动系统高压正极母线传导电压 U_{DM} 与 I_{DM} 之间的关系，令

$$Z_1 = 2\left(j\omega L_{DC+} + R_{DC+} + \frac{1}{j\omega C_1} + R_1\right) \qquad (3-1)$$

$$Z_2 = -\mathrm{j}\frac{1}{\omega C_{\mathrm{DC}}} + \mathrm{j}\omega L_{\mathrm{DC}} + R_{\mathrm{DC}} \tag{3-2}$$

$$Z_3 = 2\mathrm{j}\omega L_{\mathrm{IGBT}} + \frac{1}{\mathrm{j}\omega C_{\mathrm{V4}}} \tag{3-3}$$

$$Z_4 = \left(4\mathrm{j}\omega L_{\mathrm{IGBT}} + \frac{1}{\mathrm{j}\omega C_{\mathrm{V2}}}\right)//\left(4\mathrm{j}\omega L_{\mathrm{IGBT}} + \frac{1}{\mathrm{j}\omega C_{\mathrm{V3}}}\right) \tag{3-4}$$

$$Z_5 = 2\mathrm{j}\omega L_{\mathrm{IGBT}} \tag{3-5}$$

$$Z = (Z_1//Z_2//Z_4 + Z_5)//Z_3 \tag{3-6}$$

$$
\begin{aligned}
U_{\mathrm{DM}} &= 3U_{\mathrm{R1}} = 3\times I_{\mathrm{DM}}\times Z\times \frac{Z_1//Z_2//Z_4}{Z_1//Z_2//Z_4 + Z_5}\times \frac{R_1}{Z_1}\\
&= 3\times I_{\mathrm{DM}}\times \frac{(Z_1//Z_2//Z_4 + Z_5)\times Z_3}{Z_1//Z_2//Z_4 + Z_5 + Z_3}\times \frac{Z_1//Z_2//Z_4}{Z_1//Z_2//Z_4 + Z_5}\times \frac{R_1}{Z_1}\\
&= \frac{3I_{\mathrm{DM}}R_1}{Z_1}\times \frac{Z_3\times(Z_1//Z_2//Z_4)}{Z_1//Z_2//Z_4 + Z_5 + Z_3}
\end{aligned}
\tag{3-7}
$$

式（3-7）中，由于 R_1、Z_3、Z_4、Z_5 都是定值，差模干扰源 I_{DM} 为恒流源，所以决定 U_{R1} 的主要变量为 Z_1 和 Z_2，增大 Z_1 和减小 Z_2 的幅值都可以有效地减小 U_{R1}。如图 3-9 所示，由于在 1MHz 时，$Z_1 + Z_2//Z_4$ 的虚部为（$-\mathrm{j}1.99 + 4\times 0.06$）/2//（$-\mathrm{j}1.99 + 2\times 0.06$）$+ \mathrm{j}0.56 = -0.02\mathrm{j}$，可以看出 L_{DC} 和 C_{V2}、C_{V3}、C_{V4} 及几个 L_{IGBT} 发生并联谐振，所以 U_{R1} 在 1MHz 附近出现峰值。

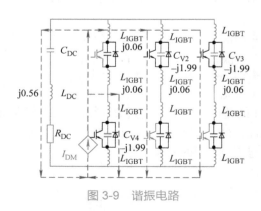

图 3-9　谐振电路

事实上，通过改变 Z_1 和 Z_2 的幅值来降低干扰电压 U_{DM} 是两种不同的方法。改

变 Z_1 幅值，是通过降低电路中的阻抗值来使谐振点传导电压的峰值降低，从而降低 U_{DM}。然而，由于 Z_2 中的 L_{DC}、C_{DC} 是与 C_{V2}、C_{V3}、C_{V4} 及几个 L_{IGBT} 产生谐振的最主要元件，改变 Z_2 的幅值实质上是使谐振点从 1MHz 偏移到没有限值要求的高频点，进而降低 1MHz 频点处的传导电压幅值。

② 共模干扰路径分析。将 IGBT 通断引起的共模干扰源等效为一个恒压源 U_{CM}，如图 3-10 所示。

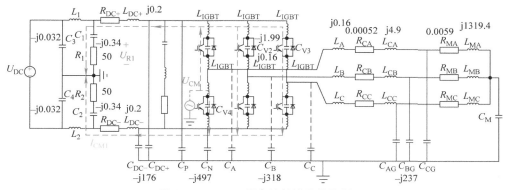

图 3-10　1MHz 频点的共模干扰路径

在高频电路中，形成以下 4 条共模电流传输路径：

① 共模电流路径 1 ：$U_{CM} \rightarrow 3L_{IGBT} \rightarrow L_{DC+} \rightarrow R_{DC+} \rightarrow C_1 \rightarrow R_1 \rightarrow GND$。

② 共模电流路径 2 ：$U_{CM} \rightarrow L_{IGBT} \rightarrow C_{V4} \rightarrow L_{IGBT} \rightarrow L_{DC-} \rightarrow R_{DC-} \rightarrow C_2 \rightarrow R_2 \rightarrow GND$。

③ 共模电流路径 3 ：$U_{CM} \rightarrow L_{IGBT} \rightarrow C_{V2} \rightarrow 3L_{IGBT} \rightarrow L_{DC-} \rightarrow R_{DC-} \rightarrow C_2 \rightarrow R_2 \rightarrow GND$。

④ 共模电流路径 4 ：$U_{CM} \rightarrow L_{IGBT} \rightarrow C_{V3} \rightarrow 3L_{IGBT} \rightarrow L_{DC-} \rightarrow R_{DC-} \rightarrow C_2 \rightarrow R_2 \rightarrow GND$。

为进一步分析 R_1 上传导电压与路径的关系，对图 3-10 中的路径进行了简化，如图 3-11a 所示。为便于分析，对电路中各个部分进行了等效简化，其中 $Z_1 = 2L_{IGBT}$，$Z_2 = 2L_{IGBT} + C_{V4}$，$Z_3 = L_{DC(+/-)} + R_{DC(+/-)} + C_{(1/2)} + R_{(1/2)}$，$Z_4 = (C_{V2} + 4L_{IGBT}) // (C_{V3} + 4L_{IGBT})$，$i_1 \sim i_5$ 如图 3-11b 所示，则有以下等式：

$$\begin{cases} i_1 = i_2 + i_3 \\ i_5 = i_3 + i_4 \\ i_1 Z_1 + i_2 Z_3 = U_{CM} \\ i_4 Z_2 + i_5 Z_3 = U_{CM} \\ i_1 Z_1 + i_3 Z_4 + i_5 Z_3 = U_{CM} \end{cases} \qquad (3\text{-}8)$$

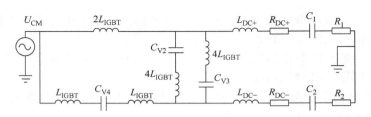

a) 简化等效电路

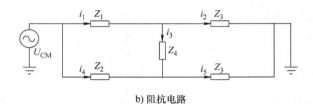

b) 阻抗电路

图 3-11　1MHz 共模干扰路径简化图

求解以上方程组可得

$$U_{R1} = i_2 R_1 = \frac{U_{CM}(Z_1 Z_3 + Z_2 Z_3 + Z_2 Z_4 + Z_3 Z_4)}{(Z_1 + Z_2 + Z_4)Z_3^2 + 2Z_1 Z_2 Z_3 + Z_1 Z_2 Z_4 + Z_1 Z_3 Z_4 + Z_2 Z_3 Z_4} \qquad (3\text{-}9)$$

从式（3-9）可以看出，电机驱动系统共模传导电压 U_{CM} 和 L_{IGBT}、C_{V2}、C_{V3}、C_{V4}、L_{DC-}、R_{DC-}、C_1、R_1、C_2、R_2 有关系，减小 U_{CM} 的方法是增加共模电流路径阻抗。

2）30MHz 频点的传导 EMI 分析。

① 差模干扰路径分析。从图 3-12 可以看出，30MHz 的差模干扰电流传播路径与 1MHz 的路径相同。但是由于元件的阻抗发生了变化，导致传导电压 U_{R1} 发生了改变。L_{DC} 和 4 个 L_{IGBT} 与 C_{V4} 在 30MHz 没有形成谐振，L_{DC+} 和 L_{DC-} 阻抗的增大，可采用 X 电容分流 I_{R1}，使 U_{R1} 减小。

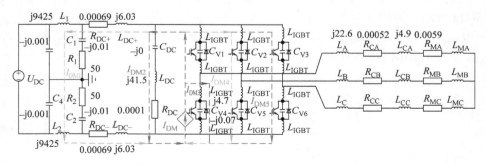

图 3-12　30MHz 频点差模干扰电流路径

② 共模干扰路径分析。共模干扰电流路径如图 3-13 所示。

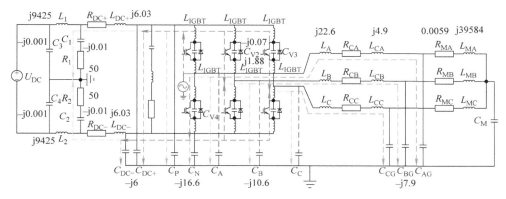

图 3-13　30MHz 频点共模干扰电流路径

电路中形成 5 条共模电流路径：

a. 共模电流路径 1：$U_{\text{CM}} \vdash \dfrac{2L_{\text{IGBT}} \to L_{\text{DC+}} \to R_{\text{DC+}} \to C_1 \to R_1}{L_{\text{IGBT}} \to C_{\text{V4}} \to L_{\text{IGBT}} \to L_{\text{DC-}} \to R_{\text{DC-}} \to C_2 \to R_2} \dashv \to$

GND。

b. 共模电流路径 2：$U_{\text{CM}} \vdash \dfrac{2L_{\text{IGBT}} \to C_{\text{DC+}}}{L_{\text{IGBT}} \to C_{\text{V4}} \to L_{\text{IGBT}} \to C_{\text{DC-}}} \dashv \to$ GND。

c. 共模电流路径 3：$U_{\text{CM}} \vdash \dfrac{2L_{\text{IGBT}} \to C_{\text{P}}}{L_{\text{IGBT}} \to C_{\text{V4}} \to L_{\text{IGBT}} \to C_{\text{N}}} \dashv \to$ GND。

d. 共模电流路径 4：$\begin{cases} U_{\text{CM}} \vdash \dfrac{3L_{\text{IGBT}} \to C_{\text{V2}} \to L_{\text{IGBT}}}{L_{\text{IGBT}} \to C_{\text{V4}} \to 3L_{\text{IGBT}}} \dashv \to C_{\text{B}} \to \text{GND}。 \\[3mm] U_{\text{CM}} \vdash \dfrac{3L_{\text{IGBT}} \to C_{\text{V3}} \to L_{\text{IGBT}}}{L_{\text{IGBT}} \to C_{\text{V4}} \to 3L_{\text{IGBT}}} \dashv \to C_{\text{C}} \to \text{GND}。 \\[3mm] U_{\text{CM}} \to C_{\text{A}} \to \text{GND}。 \end{cases}$

e. 共模电流路径 5：$\begin{cases} U_{\text{CM}} \vdash \dfrac{3L_{\text{IGBT}} \to C_{\text{V2}} \to L_{\text{IGBT}}}{L_{\text{IGBT}} \to C_{\text{V4}} \to 3L_{\text{IGBT}}} \dashv \to R_{\text{CB}} \to L_{\text{CB}} \to C_{\text{BG}} \to \text{GND}。 \\[3mm] U_{\text{CM}} \vdash \dfrac{3L_{\text{IGBT}} \to C_{\text{V3}} \to L_{\text{IGBT}}}{L_{\text{IGBT}} \to C_{\text{V4}} \to 3L_{\text{IGBT}}} \dashv \to R_{\text{CC}} \to L_{\text{CC}} \to C_{\text{CG}} \to \text{GND}。 \\[3mm] U_{\text{CM}} \to R_{\text{CA}} \to L_{\text{CA}} \to C_{\text{AG}} \to \text{GND}。 \end{cases}$

通过以上分析，共模干扰路径有多条，U_{CM} 与 C_{V4}、C_{V5}、C_{V6}、L_{IGBT}、L_{DC-}、R_{DC-}、L_{DC+}、R_{DC+}、L_A、L_B、L_C、C_P、C_N、C_{DC+}、C_{DC-}、C_A、C_B、C_C、R_{CA}、R_{CB}、R_{CC}、L_{CA}、L_{CB}、L_{CC}、C_{AG}、C_{BG}、C_{CG}、R_1、C_1、R_1、C_1 都有关联。

3. 辐射发射分析

辐射发射测试的实质是测试电机驱动系统中两种等效天线所产生的辐射信号。

1）一种是等效环路天线，由环路中的差模电流 I_D 引起，距离环路 D 处所产生的电场强度 E 为

$$E = 1.3SI_Df^2/D \qquad (3-10)$$

式中，S 为环路面积；f 为差模电流的频率。

从式（3-10）中可以看出，电场强度与传导差模电流 I_D 有关。

2）另一种是等效单极天线或对称偶极子天线，电机驱动系统的电缆可以被等效成这种天线，这是由电缆束上的共模电流 I_{CM} 引起的（电缆的长度为 L），I_{CM} 是研究辐射发射的重点，距离 D 处所产生的电场强度 E_C 为

$$E_C = 6.28 \times 10^{-7} \frac{I_{CM}fL}{D} \qquad (3-11)$$

从式（3-11）中可以看出，电场强度与传导共模电流 I_{CM} 有关。

由式（3-10）和式（3-11）可以看出，差模电流和共模电流都可以引起辐射发射，控制传导发射可以控制辐射发射；此外，减小传导发射比减小辐射发射更容易些，因为传导发射仅由电机驱动系统电源线或信号线和控制线路径传播。

电机驱动系统的直流高压电缆、三相高压电缆、低压电源线在高频噪声源作用下，都有可能等效为天线，形成电磁辐射。因此，考虑 108MHz 以下的辐射发射主要是由线缆引起的，可以采用传导干扰的滤波抑制技术来抑制辐射发射。

3.3 电机驱动系统电磁干扰建模

3.3.1 电机驱动系统电磁干扰建模与仿真

电机驱动系统高频等效电路模型包括逆变器模型、动力电缆模型、电机模型、人工电源网络（LISN）模型，如图 3-14 所示。为了模拟电动汽车电机驱动系统的实际运行状态，准确预测电机驱动系统电磁干扰，还需要搭建功率模块的电气与热模型、脉宽调制（PWM）控制算法。

1. IGBT 功率模块

（1）IGBT 功率模块电气与热模型

IGBT 功率模块是电机控制器的关键部件，其快速通断产生的电压跳变 du/dt 高达几千伏每微秒、电流跳变 di/dt 高达几千安每微秒，成为电动汽车高压系统的主要干扰源。IGBT 模块的杂散电感与杂散电容，形成了电磁干扰耦合的路径。

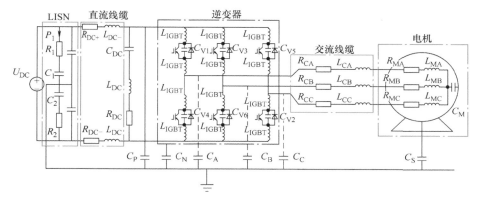

图 3-14　电机驱动系统高频等效电路模型

利用 ANSYS/ Simplorer 软件搭建的 IGBT 等效电路如图 3-15 所示。IGBT 的等效电路除了考虑静态特性外，还考虑了结电容的充放电效应。通过一个等效电流源来模拟拖尾电流，同时考虑了温度及集电极电流对拖尾电流的影响，最后还考虑了集射极电压对拖尾电流的影响。热等效模型如图 3-16 所示，PEL 为一个等效电流源，代表 IGBT 和二极管实际流过的电流，考虑结温、芯片内部损耗、芯片到基板损耗、基板到散热器损耗、环境损耗，8 个开关器件 ST_1~ST_4、SD_1~SD_4 都端接到地。

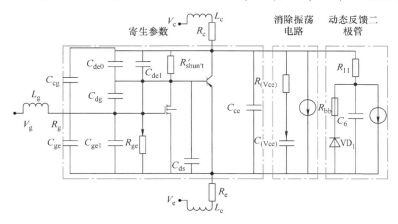

图 3-15　IGBT 等效电路模型

根据 IGBT 数据手册中相关参数及特性曲线，利用 Simplorer 软件建立 IGBT 模块电气与热模型。建模步骤如下：首先建立模型信息库；然后依次设置额定工作点、极限工作点（模块击穿边界说明）、半桥测试状态（导通电阻、杂散电感值和电容值）、IGBT 转移特性曲线、IGBT 和续流二极管输出特性曲线、IGBT 和续流二极管热效应、动态模型输入；再者进行动态参数有效验证；最后提取动态参数。仿真得到的拟合结果见表 3-4 和表 3-5，由表可以看出，开通损耗误差稍微大一些，在结温度 125℃时的误差最大，为 7.2%，其他参数的误差都在 5% 以下，说明仿真建模具有较高的精度。

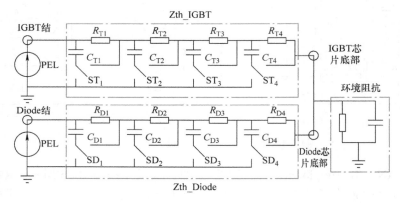

图 3-16　IGBT 热等效模型

表 3-4　IGBT 模块在结温度 25℃时的参数仿真误差

参数	导通损耗	关断损耗	导通时间延迟	关断时间延迟
手册数据	10.5mJ	21mJ	120μs	510μs
仿真数据	9.97mJ	21.1mJ	118.1μs	514.7μs
误差	5.0%	0.7%	1.6%	0.92%

表 3-5　IGBT 模块在结温度 125℃时的参数仿真误差

参数	导通损耗	关断损耗	导通时间延迟	关断时间延迟
手册数据	12.5mJ	26mJ	130μs	550μs
仿真数据	13.4mJ	25.7mJ	115.6μs	550.2μs
误差	7.2%	1.2%	3.5%	0.036%

1）模型验证。利用建立的 IGBT 模型，首先对 IGBT 关断与导通过程进行仿真，然后仿真输出特性曲线，验证模型的准确性。IGBT 导通关断模型电路连接和开关特性仿真结果如图 3-17 所示，电阻 R_1、R_2 的阻值都是 1.8Ω，驱动电压 E_2 为 DC±15V、频率为 10kHz 的方波信号，IGBT 两端电压 E_1 为 DC 360V，栅极、集电极和发射极导线寄生电感都是 0.1nH。图 3-17b、d 所示波形为仿真步长为 5ps 的仿真结果，图 3-17c、e 所示波形为仿真步长为 500ps 的仿真结果。仿真发现，采用更小步长时，导通和关断瞬间的波形是振荡的，这和 IGBT 等效电路高频寄生参数有关。图 3-17c 中的电压波形有个明显尖峰电压，这是由外部电感引起的，因为在

未加栅极、集电极和发射极导线寄生电感时，没有出现这个尖峰电压。

　　IGBT 模型的准确性对后期提取干扰源信号的准确性至关重要。IGBT 数据手册上的输出特性曲线与模型仿真结果相应曲线对比如图 3-18 和图 3-19 所示。其中，图 3-18 是不同栅极电压 U_{GE} 在结温度 125℃ 条件下的输出特性曲线，横坐标是集电极与发射极两端电压 U_{CE}，纵坐标是集电极电流 I_C。图 3-19 是不同结温度 T_{vj} 在 U_{GE} 为 15V 下的转移特性曲线。可以看出，仿真结果与 IGBT 数据手册上给的参数曲线基本一致，说明建立的 IGBT 电气与热模型准确性较高。

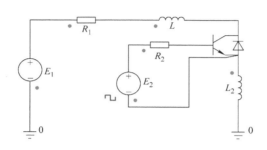

a) IGBT 开通关断仿真电路连接图

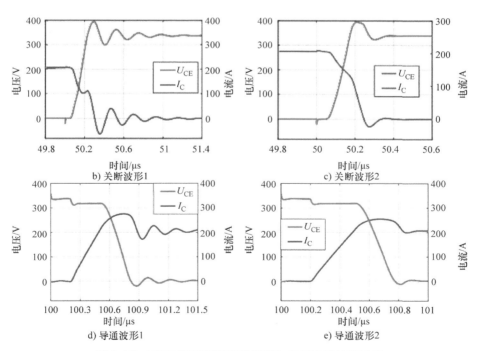

图 3-17　IGBT 导通关断电路模型与电压电流仿真波形

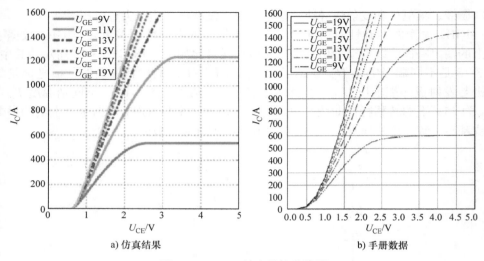

a) 仿真结果　　　　　　　　　　　　　　b) 手册数据

图 3-18　IGBT 输出特性曲线图

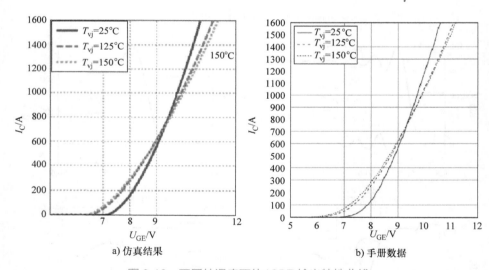

a) 仿真结果　　　　　　　　　　　　　　b) 手册数据

图 3-19　不同结温度下的 IGBT 输出特性曲线

2）电感性负载的影响。电机可以看作是电感性负载，建立 IGBT 功率模块单桥臂的仿真电路，如图 3-20 所示，研究在不同电感性负载下的 IGBT 导通与关断特性。其中，上下桥臂 IGBT 驱动电压是幅值为 15V、相位互差 180°的方波信号，稳压电容 C_1 的电容量为 1100μF，Load 为电感性负载，仿真结果如图 3-21 和图 3-22所示。

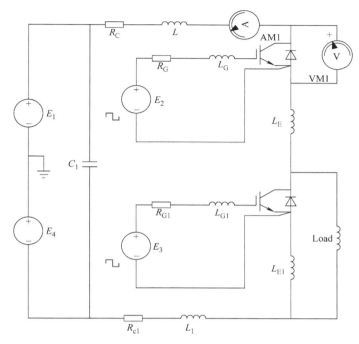

图 3-20　不同感性负载对开通波形影响的仿真电路

　　图 3-21 为上桥臂 IGBT 功率模块和电感性负载的两端电压时域波形，在上桥臂 IGBT 驱动信号关断瞬间，IGBT 功率模块两端电压会出现尖峰，如图 3-21a 所示。无论 IGBT 是导通瞬间还是关断瞬间，电感性负载两端电压都会出现尖峰，如图 3-21b 所示。上桥臂 IGBT 两端电压脉冲尖峰为 50V、振荡周期为 0.3ns；电感性负载两端电压脉冲尖峰为 30V、振铃周期为 0.3ns。因为电路中还有其他杂散电感，所以电感性负载两端的电压脉冲尖峰比上桥臂两端电压低，但两者有一样的振荡周期。

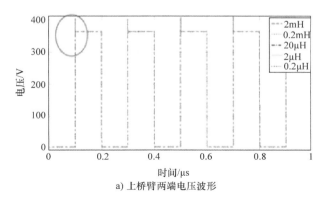

a) 上桥臂两端电压波形

图 3-21　不同感性负载的导通与关断电压波形

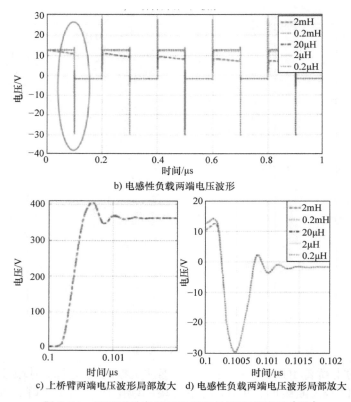

b) 电感性负载两端电压波形

c) 上桥臂两端电压波形局部放大　d) 电感性负载两端电压波形局部放大

图 3-21　不同感性负载的导通与关断电压波形（续）

在上桥臂 IGBT 驱动信号关断瞬间，正极电流波形也会出现过脉冲现象，如图 3-22 所示，尖峰电流幅值为 3A，周期为 0.08ns。可以发现，电流振铃周期与电压的振铃周期不一致。

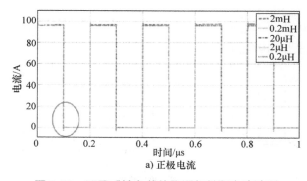

a) 正极电流

图 3-22　不同感性负载的导通与关断电流波形

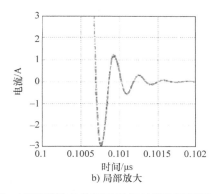

b) 局部放大

图 3-22 不同感性负载的导通与关断电流波形（续）

（2）IGBT 模块封装模型

当工作在低频时，IGBT 模块内部的键合线和铜导体都可以当作良导体；当工作在较高频率（开关频率）时，IGBT 模块的分布电感、电容等杂散参数就会成为高频噪声耦合的通道，引发电磁干扰。IGBT 模块高压部分产生的电磁干扰会通过这些通道耦合到低压电路的控制板和驱动板中，影响电机驱动系统的正常工作。因此，IGBT 模块内部结构的杂散参数的提取是电机驱动系统电磁干扰建模与仿真的一个重要环节。功率开关器件 IGBT 模块实物及内部结构如图 3-23 所示。

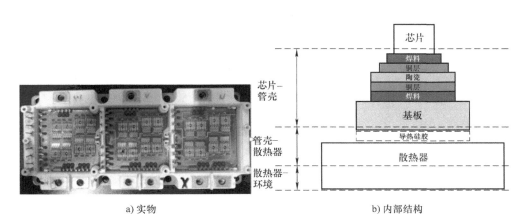

a) 实物　　　　　　　　　　　　b) 内部结构

图 3-23 IGBT 模块实物与内部结构图

如图 3-23b 所示，IGBT 的结构从上到下依次为芯片—焊料—DCB—焊料—基板—导热硅胶—散热器，其中 DCB 即陶瓷基覆铜板 [采用铜箔在高温下直接键合到氧化铝（Al_2O_3）或氮化铝（AlN）陶瓷基片表面（单面或双面）上的特殊工艺方法]。芯片通过焊料焊接在第一层铜板上，使用陶瓷（Al_2O_3/AlN）作为绝缘层，再通过焊料把铜板焊接在基板上，基板通过导热硅胶与散热器连接为一个整体。

软件 ANSYS 中的 Q3D 软件具有提取杂散参数的功能。在 Q3D 软件中建立 IGBT 模块模型，不考虑焊料层、导热硅胶和基板。DCB 的铜板厚度为 2mm，DCB 的绝缘材料选用厚度为 5mm 的氧化铝（Al_2O_3），散热器的材料选用银（实际中是在铁块表面上喷涂银），尺寸为 216mm×100mm×50mm 的长方体。建立图 3-24 所示 IGBT 3D 模型，其中 IGBT 芯片与芯片的电极端子间、IGBT 芯片电极端子与二

极管芯片间、芯片电极端子与绝缘衬板间一般通过引线键合技术进行电气连接。通过键合线使芯片间形成互连，构成回路。引线键合是 IGBT 功率器件内部实现电气互连的主要方式之一，本次建模选用目前工业上应用最广泛的一种芯片互连技术——铝线键合，横截面尺寸为 2mm×2mm 的正方形。

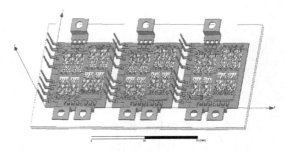

图 3-24　Q3D 软件建立的 IGBT 3D 模型

建立好 IGBT 3D 模型后，还需要分配正极网络、负极网络和三相输出网络，如图 3-25 所示。然后，再分配电源用于网格的参数计算，最后进行扫描参数设置、仿真。IGBT 封装寄生参数在频率为 150kHz 下的仿真计算生成 RLC 矩阵形式，如图 3-26 所示。

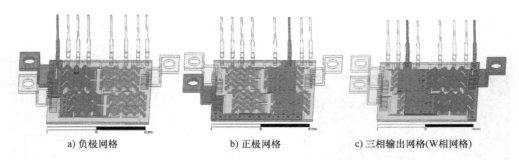

a) 负极网格　　　　　　　b) 正极网格　　　　　　c) 三相输出网格(W相网格)

图 3-25　IGBT 中正极、负极和 W 相网格

使用 Q3D 软件提取 IGBT 功率模块的杂散参数，使烦琐的工作得到简化，可以计算出每一个网格的电感、电容、电阻和电导值，同时也可计算出两两网格之间的电感、电容、电阻和电导值，IGBT 功率模块杂散参数的提取为电机驱动系统的电磁干扰仿真奠定了基础。

杂散参数的存在，为高频干扰信号提供了更多的耦合路径，使电磁环境更加复杂，更加难以分析，铜层与键合线的分布电感、电容再也不能忽视。IGBT 在只给正极设置电流源的情况下，直流电流与交流电流在 IGBT 封装模型的体（面）电流与密度分布如图 3-27 所示。

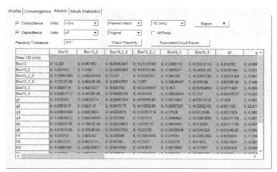

a) 电导与电容在150kHz的数值

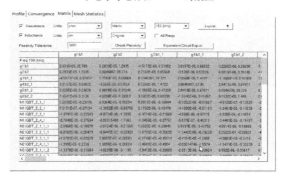

b) 电阻与电感在150kHz的数值

图 3-26　IGBT 模块杂散参数仿真结果

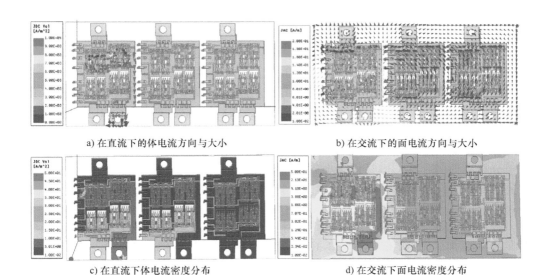

a) 在直流下的体电流方向与大小　　　　b) 在交流下的面电流方向与大小

c) 在直流下体电流密度分布　　　　d) 在交流下面电流密度分布

图 3-27　IGBT 直流与交流源的电流与密度分布

由图 3-27 可知，在交流激励工作下，IGBT 模块的分布电感与电容成为电磁干扰的耦合通道，电流再也不像直流一样在正极网络中单一地流动，部分电流通过杂散电容形成回路，这给电磁兼容的分析增大了难度，且频率越大，耦合越严重。因此，建立反映 IGBT 功率模块内部真实物理结构的高频等效模型，提取其杂散参数，对分析电动汽车电机驱动系统电磁干扰产生的机理十分关键。

2. 高压动力线缆建模与仿真

（1）三相交流屏蔽动力线缆高频等效电路模型

电机逆变器采用三相交流屏蔽动力线缆与电机连接，线缆屏蔽层一端与逆变器壳体连接，另一端与电机壳连接，逆变器壳体和电机壳体均与车体相接，屏蔽线缆与车体间的电容可看成线缆内导体与屏蔽层间的电容。三相交流屏蔽动力线缆高频等效电路模型如图 3-28 所示，图中 R 是线缆内导体电阻，L 是内导体自感，M 表示不同相线内导体间互感，C 是内导体与屏蔽层间等效电容。

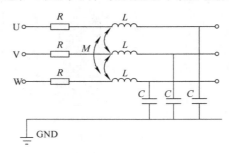

图 3-28　屏蔽动力线缆高频等效电路模型

（2）高压动力线缆模型

电动汽车高压动力线缆的横截面结构如图 3-29 所示，从内到外依次为导体、绝缘层、屏蔽层、护套，导体一般是裸铜材料（Copper），绝缘层材料和护套材料一般为 PE（聚乙烯）、PVC（聚氯乙烯）、XLPE（交联聚乙烯）等，屏蔽层一般是编织结构的镀锡铜网。为防止电磁场泄漏，高压动力线缆需要带屏蔽层。电机逆变器的输出端通过高压电缆与电机相连，电缆长度越长，电机逆变器输出脉冲波在高压电缆中的传输时间就越长，当脉冲波的传输时间与输出脉冲波上升时间或者下降时间相比拟时，如果电缆的特性阻抗与电机的特性阻抗不匹配，会发生反射现象。由于分布参数的存在，电缆成为电磁干扰传导和辐射的耦合通道。电缆的分布参数主要取决于电缆的材质、几何结构、尺寸、绝缘材料的物理特性以及导体间的距离等。以某 PVC 高压动力电缆为例，电缆尺寸和结构如图 3-29 所示。线缆的布置情况：线缆长 1500mm，交流屏蔽线缆采用平行分布方式，轴向距离 25mm，屏蔽线缆参数见表 3-6，线缆布置如图 3-30 所示。采用多导体传输线理论建立电缆模型，三相交流线缆采用屏蔽电缆，内导体由 64 根细小的铜丝构成。电缆屏蔽层与逆变器的散热器、电机外壳等进行接地连接，构成共模电流流通回路。

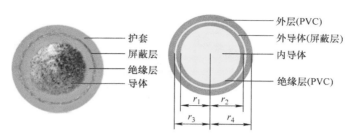

图 3-29　高压动力线缆的横截面结构

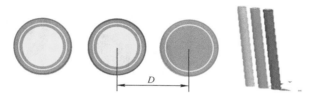

图 3-30　屏蔽线缆的布置

1）电阻计算。计算屏蔽线缆内导体电阻时，在 20℃ 下导线铜的电阻率为 $1.75 \times 10^{-8} \Omega \cdot m$，计算公式为

$$R = \frac{\rho L}{S} \tag{3-12}$$

可以计算 1500mm 长线缆电阻值约为 $0.52 m\Omega$。

2）电容计算。在软件 ANSYS/Maxwell 中建立三相交流屏蔽动力线缆三维模型，计算电容时选择静电场，仿真提取屏蔽线缆对地的电容（见表 3-7）。在电容提取过程中，可以清晰地看到屏蔽线缆通电后的电压和电场分布情况（由内导体外表面至屏蔽层内表面逐步降低），如图 3-31 和图 3-32 所示。

表 3-6　屏蔽线缆参数

参数	数值	参数	数值
r_1	4.0mm	r_2	5.6mm
r_3	6.1mm	r_4	7.5mm
μ_0	1.26×10^{-6}H/m	μ_r	1
ε_0	8.85×10^{-12}F/m	ε_r	4.3
ρ	$1.75 \times 10^{-8} \Omega$/m	L	1500mm

图 3-31　屏蔽线缆电压分布

图 3-32　屏蔽线缆的电场分布

表 3-7　屏蔽线缆电容值

参量	数值	单位	参量	数值	单位
U 相 - 地	672	pF	V 相 - 地	672	pF
W 相 - 地	672	pF			

3）电感的计算。计算电感时选择瞬态场。在电感提取过程中，可以清晰地看到不同时刻三相线缆的磁场强度 H 和磁感应强度 B 的分布，若 U、V、W 三相线缆注入电机额定工况下电流激励 258A、频率 127Hz、各相激励相位差 120°，H 和 B 分布如图 3-33 所示。仿真提取的屏蔽线缆电感值见表 3-8。

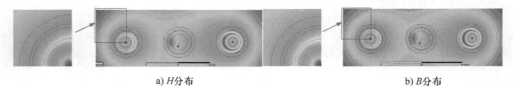

a) H 分布　　　　　　　　　　　　　　　b) B 分布

图 3-33　H 和 B 分布

表 3-8　屏蔽线缆电感值

参数	数值	单位	参数	数值	单位
U 自感	26	nH	V 自感	26	nH
W 互感	26	nH			

（3）屏蔽线缆模型验证

根据三相屏蔽线缆的电阻、电感以及电容参数，在电磁仿真软件 CST 中建立其高频等效电路模型，在 0.15~108MHz 频段内分析阻抗参数 Z 和能量散射系数 S。使用矢量网络分析仪测量三相交流屏蔽线缆 Z 参数和 S 参数。将仿真结果与测试结果进行对比，如图 3-34 和图 3-35 所示。

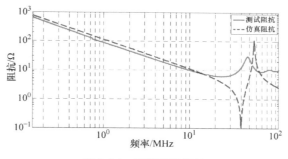

图 3-34　屏蔽线缆阻抗

观察图 3-34 可以发现，0.15~20MHz 频段内屏蔽线缆阻抗测试值与仿真值吻合得非常好，但高频吻合不理想。从图 3-35 可以看出，屏蔽线缆 S_{11}、S_{12}、S_{21}、S_{22} 四条曲线在 0.15~108MHz 频段内，测试值与仿真值变化趋势一致，具有较好的对应关系；仿真和测量 S_{11}、S_{12}、S_{21}、S_{22} 在 55MHz 处都出现了谐振点。以上说明电缆高频等效电路模型具有较高的精度。

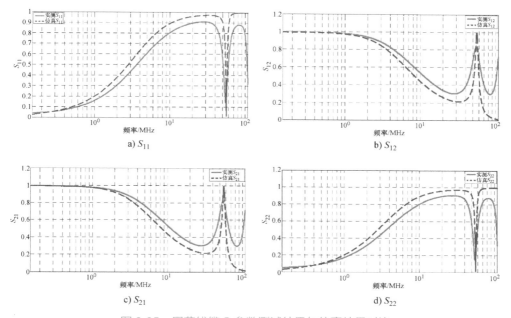

a) S_{11}　　　　　　　　　b) S_{12}

c) S_{21}　　　　　　　　　d) S_{22}

图 3-35　屏蔽线缆 S 参数测试结果与仿真结果对比

（4）电机控制器直流和交流线缆模型建模

电机控制器通过直流动力线缆与动力电池等直流电源连接，通过三相交流线缆与驱动电机连接。类似于三相交流线缆，在 Maxwell 中建立直流线缆模型，如图 3-36a 所示。

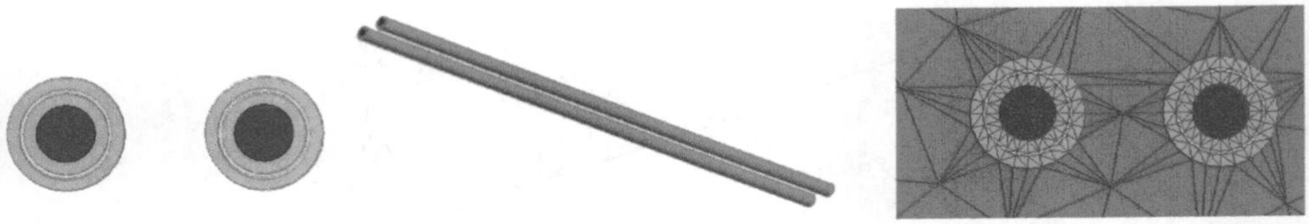

a) 直流线缆模型图   b) 直流线缆有限元模型

图 3-36 直流线缆三维模型

对建立的直流线缆模型进行有限元划分，如图 3-36b 所示，然后通过 Maxwell 进行参数提取，可以得到线缆的电阻、电感和电容等参数。结合前面建立的三相交流线缆模型，可以得到电机控制器的线缆模型，如图 3-37 所示。三相交流线缆并排分布，两直流线缆并排分布，五根动力线缆分布在控制器一侧。可以看到由于线束距离较近，在电机驱动系统工作时，线缆中的大电流会产生较大的磁场，会对临近设备和人体造成一定的影响。当电缆流过高频干扰电流时，会形成电磁辐射。

图 3-37 电机控制器的线缆模型

（5）线缆电磁场仿真

1）交流电缆。图 3-38 给出了电机在 1900r/min 转速、带载工况下测得的三相交流线缆的频域传导骚扰电流均值（Average）。从图 3-38 中可以看到，0.53~1.8MHz 频段内存在超标，且峰值点均在 1MHz 处，深蓝色曲线超标 45dBμA，红色与黄色曲线超标 35dBμA，天蓝色曲线超标 25dBμA。在 5.9~6.2MHz 频段上，深蓝色曲线、红色曲线、黄色曲线及天蓝色曲线各超标 22dBμA、15dBμA、13dBμA 和 20dBμA；最后一个超标频段为 35~48MHz，且只有深蓝色曲线和天蓝色曲线存在超标，其峰值分别出现在 40MHz 和 43MHz 处，超标量均为 4dBμA。

根据图 3-38，选取出现三个尖峰的频点，分别为 0.1MHz、1MHz 和 5MHz，可以看到，在这三个频点下频域电流的幅值较大，且有传导电流超标的风险，同时传导电流也会带来近场耦合和辐射发射的问题。将三个频点下的电流注入三相交流线缆模型中，可以得出该频点下线缆的电磁场分布关系，如图 3-39 和图 3-40 所示。

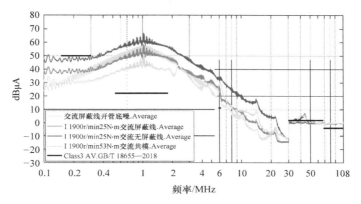

图 3-38　交流线缆均值频域电流对比

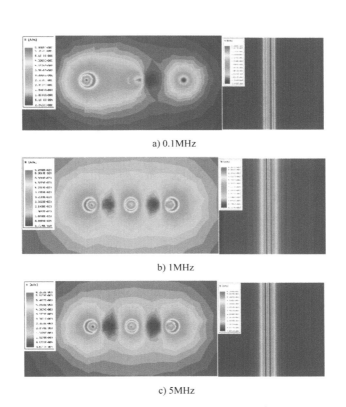

a) 0.1MHz

b) 1MHz

c) 5MHz

图 3-39　三相交流线缆截面和磁场分布图

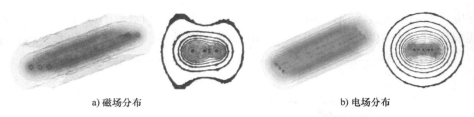

a) 磁场分布　　　　　　　　　　　　　　b) 电场分布

图 3-40　　三相交流线缆电磁场分布

2）直流线缆。在电机 3800r/min、1900r/min、1000r/min 转速及 53N·m 转矩工况下，在距离被测设备（电机控制器)50mm 处测得的直流正线传导骚扰电流均值频谱分布，如图 3-41a 所示。在电机 1900r/min 转速及 53N·m 转矩工况下，直流正线的传导骚扰电流峰值频谱分布如图 3-41b 所示。从图中可以看到，3800r/min 转速工况的测量值略微高于其他两种转速工况。分别在 0.58~1.8MHz、5.9~6.2MHz 以及 70~108MHz 三个频段内有明显超标。在 1MHz 处超标最为明显，达到 20dBμA，第二个以及第三个超标频段内的超标量情况基本一致，分别为 10dBμA 和 4dBμA。绿线为均值的标准限值，红色曲线为直流正线的传导骚扰电流测量结果，蓝色曲线为直流负线的传导骚扰电流测量结果。测量值的超标情况表明，正负线测量结果之间的差异很小。

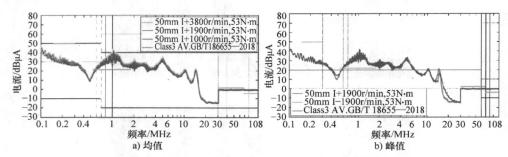

a) 均值　　　　　　　　　　　　　　　　b) 峰值

图 3-41　　不同转速工况下正线和负线传导骚扰电流均值频谱分布

根据直流正负线缆在多种工况下的频域电流曲线，选取电流幅值较大的三个尖峰频率，分别为 0.1MHz、1MHz 和 5MHz，将三个频点下的电流注入直流线缆模型中，可以得出直流线缆的电磁场分布关系，如图 3-42 和图 3-43 所示。

图 3-43 为频率 1MHz 时直流线缆仿真得到的电磁场分布图，根据等势面可知，电场和磁场分布趋势基本一致。利用该模型，可以预测电源线辐射发射。

3. 电机高频模型

（1）电机模型

1）共模电流形成机理分析。影响电机共模 EMI 形成的电机参数包括：r_0 和 L_0 是定子绕组的等效共模电阻和共模电感，C_{sf}、C_{sr}、C_{rf} 是定子铁心与机壳、定子铁心与转子、转子与机壳之间的耦合电容，C_b 和 C_{ins} 分别是轴承润滑油等效电容和绝缘等效电容。根据这些电机参数，建立永磁同步电机共模等效电路，如图 3-44a 所示，并分析了共模干扰电流路径，如图 3-44b 所示。u_{CM} 是共模干扰电压，可以通过测量和建模仿真得到该信号。根据图 3-44 建立等效电路模型，仿真分析电机参数对共模电磁干扰的影响。

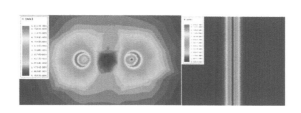

a) 0.1MHz

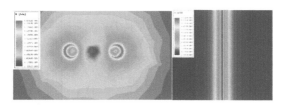

b) 1MHz

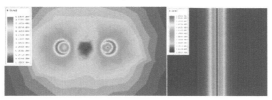

c) 5MHz

图 3-42　直流线缆横截面磁场分布图

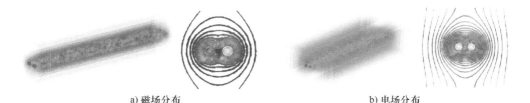

a) 磁场分布　　　　　　　　　　　　　b) 电场分布

图 3-43　直流线缆电磁场分布

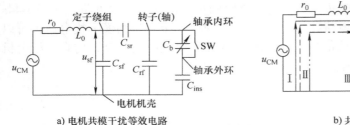

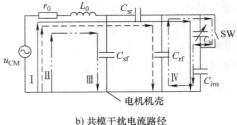

a) 电机共模干扰等效电路　　　　　　　　b) 共模干扰电流路径

图 3-44　电机共模干扰等效电路与共模干扰电流路径

2）三相交流电机高频等效电路模型。电动汽车电机驱动系统通常采用空间电压矢量脉宽调制（SVPWM）控制，逆变器功率管 IGBT 输出的三相 PWM 脉冲电压含有大量高频成分。电机三相定子绕组在定子槽内沿定子铁心呈圆周对称分布，电机定子绕组与定子铁心之间电容 C_{ws}、定子绕组自身电容 C_{self}、定子绕组不同相间电容 C_{ww} 以及轴承等效电容 $C_{bearing}$ 都会对电机高频阻抗产生影响。根据永磁同步电机寄生电容分布情况（见图3-45），建立图3-46所示电机高频等效电路模型。

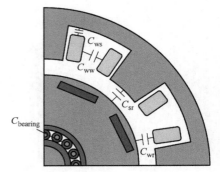

图 3-45　永磁同步电机寄生电容分布

图 3-46 中，R_U、R_V、R_W 是三相定子绕组电阻；L_U、L_V、L_W 是绕组自感有效值；C_n 是绕组中性点与大地电容；C_{wr} 是绕组与转子间电容；M 是不同绕组间的互感。

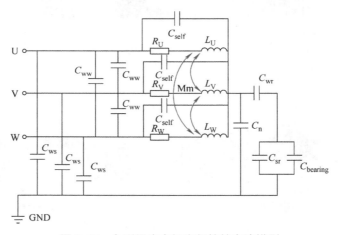

图 3-46　永磁同步电机高频等效电路模型

3）永磁同步电机三维模型。电动汽车电机驱动系统用永磁同步电机主要由定子铁心、绕组、转子铁心、永磁体、转子轴和轴承几部分构成，某乘用车用电机三维结构示意如图 3-47 所示，电机特性参数见表 3-9。

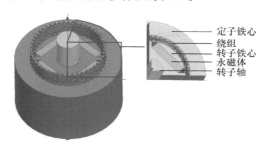

图 3-47　电机三维结构示意图

表 3-9　电机特性参数

参数	数值	单位	参数	数值	单位
额定功率	42	kW	峰值功率	120	kW
直流电压	336	V	额定转矩	105	N·m
额定转速	3820	r/min	电机极数	4	

在软件 ANSYS/Maxwell 中建立三相永磁同步电机模型，首先对电机的电气和机械特性进行仿真分析。电机输入特性参数见表 3-10，仿真得到电机输出额定转矩特性、三相电流以及三相感应电动势，如图 3-48~ 图 3-50 所示。

表 3-10　永磁同步电机输入特性参数

参数	数值	单位	参数	数值	单位
电压峰值	194	V	电压频率	127	Hz
U 相电压相角	0	°	V 相电压相角	120	°
W 相电压相角	240	°	额定转速	3820	r/min

从图 3-48 可以看出，电机转矩输出响应包括瞬态和稳态两个过程：10ms 之后，电机转矩稳定在 105N·m 上下；10ms 之前，电机转矩处于瞬态响应过程，最大起动转矩 T_{st} 为 230N·m。定义最大起动转矩与稳态转矩之比为系数 k_t，则有

$$k_t = \frac{T_{st}}{T_e} \tag{3-13}$$

由式（3-13）可计算出系数 k_t 为 2.2。从 0~10ms 内的转矩响应曲线可以看出，上升时间为 1ms，振荡次数为 1，说明所建立的电机模型转矩脉动小，起动性能好。

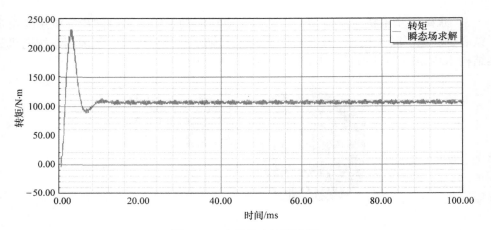

图 3-48　电机输出转矩波形

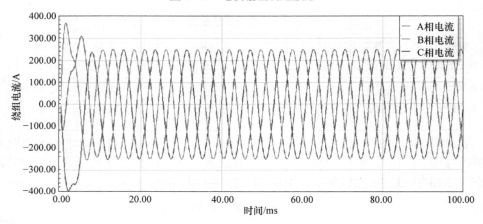

图 3-49　三相绕组电流波形

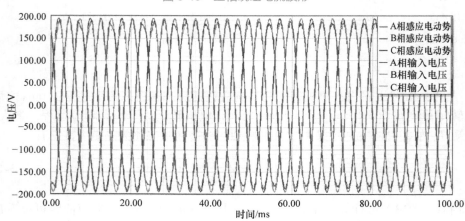

图 3-50　三相绕组输入电压与感应电动势波形

由电机三相绕组电流波形（见图 3-49）可知，电机起动时电流包括瞬态和稳态两个过程：10ms 之后，电机三相绕组电流峰值稳定在 249A；10ms 之前，电机三相绕组电流瞬态响应最大幅值 I_{st} 为 365A。定义起动电流最大峰值与稳态电流之比记为系数 k_i，即

$$k_i = \frac{I_{st}}{I_e} \qquad (3\text{-}14)$$

由式（3-14）可计算出系数 k 为 1.5。从 0~10ms 内的起动电流曲线可以看出，建立的电机模型起动电流脉动小，起动性能好。

图 3-50 中，电机三相绕组输入电压与感应电动势均呈正弦周期变化，由法拉第电磁感应定律可得

$$e_{UU} = -\frac{d\psi_{UU}}{dt} \qquad (3\text{-}15)$$

式中，e_{UU} 为绕组 U 的感应电动势；ψ_{UU} 为绕组 U 的磁链。

再由基尔霍夫第二定律可知，绕组 U 的电压方程可写为

$$u_U = R_U i_U - e_{UU} \qquad (3\text{-}16)$$

式中，u_U 为绕组 U 的输入电压；R_U 为绕组 U 的电阻；i_U 为绕组 U 的输入电流。

从表 3-11 中可以得到看出，电机特性参数仿真结果与实际参数的误差较小，表明电机三维模型可以模拟电机的实际运行。

表 3-11 电机输入输出特性

参数	额定值	仿真值	单位
转矩	105	105	N·m
转速	3820	3820	r/min
绕组峰值电流	258	249	A
绕组峰值电压	194	188	V

4）永磁同步电机三维模型高频等效电路参数提取。

① 电阻计算。考虑到电机绕组连接复杂及端部绕线带来的影响，利用有限元电磁分析软件 ANSYS/Maxwell 中 RMxprt 模块直接提取电机三相绕组电阻值，其值为 5.9mΩ。

② 分布电容计算。利用在软件 ANSYS/Maxwell 中建立的永磁同步电机三维模型，选择静电场仿真提取电容值，网格剖分如图 3-51 所示。向电机 U、V、W 三相绕组注入激励额定相电压峰值 194V，在仿真计算电机分布电容过程中，可以清晰地看到电机注入激励电压后的电压和电场分布情况，如图 3-52 所示。表 3-12 是仿真提取的电机寄生电容。

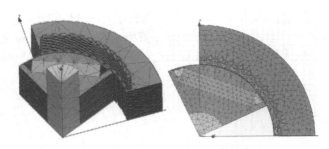

图 3-51　电机三维模型网格剖分

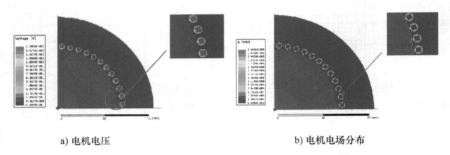

a) 电机电压　　　　　　　　　　　　　　b) 电机电场分布

图 3-52　电机电压和电场分布

表 3-12　电机寄生电容

参量	数值	单位	参量	数值	单位
U 相 - 定子	360	pF	V 相 - 定子	360	pF
W 相 - 定子	360	pF	U 相自身	360	pF
V 相自身	360	pF	W 相自身	360	pF
U-V 相间	97	pF	V-W 相	97	pF
W-V 相间	97	pF	定子 - 转子	605	pF
U/V/W 相 - 转子	12	pF			

③ 电感计算。选择瞬态场计算电机绕组电感。当电机 U、V、W 三相绕组注入额定工况下相电压峰值激励 194V、频率 127.33Hz、相位差 120°，在仿真计算电机电感过程中，可以清晰地看到电机注入激励电压后磁场强度 H 和磁感应强度 B 的分布情况，如图 3-53 所示。图 3-54 所示为电机绕组电感曲线，表 3-13 是仿真提取的电机绕组电感。

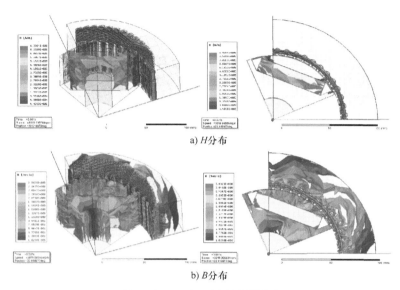

a) H 分布

b) B 分布

图 3-53　0.001s 时刻磁场分布

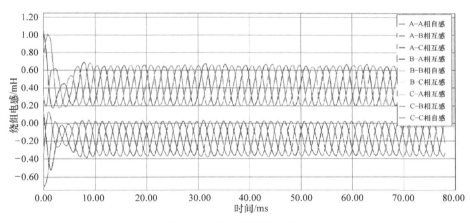

图 3-54　电机绕组电感曲线

表 3-13　电机绕组电感

参数	数值	单位	参数	数值	单位
U 相自感	0.44	mH	V 相自感	0.44	mH
W 相自感	0.44	mH	U-V 相互感	0.23	mH
V-W 互感	0.23	mH	W-U 相互感	0.23	mH
U 相有效电感	0.21	mH	V 相有效电感	0.21	mH
W 相有效电感	0.21	mH			

（2）电机模型验证

1）电机电气参数。采用电阻测试仪和 *LC* 表对电动汽车用永磁同步电机电气参数进行测量。电机电阻和电感测量结果与仿真结果对比见表 3-14 和表 3-15。根据表 3-13~ 表 3-15 电机的测试结果与建模仿真提取的参数之间的偏差较小，从而说明建立的电机三维模型的精度较高。

表 3-14　电机电阻测量结果与仿真结果

测量参数	数值	单位	仿真参数	数值	单位
U-V 相绕组	12.2	mΩ	U 相绕组	5.9	mΩ
V-W 相绕组	12.2	mΩ	V 相绕组	5.9	mΩ
W-U 相绕组	12.2	mΩ	W 相绕组	5.9	mΩ
U 相绕组	6.1	mΩ			
V 相绕组	6.1	mΩ			
W 相绕组	6.1	mΩ			

表 3-15　电机电感测量结果与仿真结果

测量参数	数值	单位	仿真参数	数值	单位
U-V 相绕组	0.272	mH	U 相绕组有效值	0.21	mH
V-W 相绕组	0.316	mH	V 相绕组有效值	0.21	mH
W-U 相绕组	0.498	mH	W 相绕组有效值	0.21	mH
U 相绕组有效值	0.2	mH			
V 相绕组有效值	0.2	mH			
W 相绕组有效值	0.2	mH			

2）电机高频等效电路模型验证。根据三相永磁同步电机的电阻、电感以及电容参数，在电磁仿真软件 CST 中建立其高频等效电路模型，对电机三相绕组阻抗特性进行分析。采用矢量网络分析仪测量电机三相绕组阻抗特性，测试布置如图 3-55 所示。将电机阻抗仿真结果与测试结果进行对比，如图 3-56 所示。

从图 3-56 可以看出，0.15~108MHz 频段内，永磁同步电机阻抗测试值与仿真值变化趋势一致。阻抗仿真和测试结果都出现四个相同的谐振频点，分别为 5.8MHz、22.7MHz、47MHz、71MHz，说明仿真和测试具有较好的一致性，进而说明建立的电机高频等效电路模型具有较高的准确性。

4. 电机系统高频电路建模

（1）共模干扰等效电路建模

利用 CST 软件，根据三相屏蔽线缆和永磁同步电机电阻、电感以及寄生电容参数，建立永磁同步电机系统共模干扰等效电路模型，如图 3-57 所示。在 0.15~108MHz 频段对 S 参数和 Z 参数进行仿真分析，仿真结果如图 3-58 和图 3-59 所示。

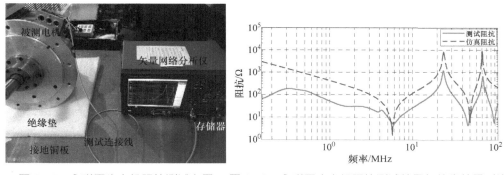

图 3-55 永磁同步电机阻抗测试布置　图 3-56 永磁同步电机阻抗测试结果与仿真结果对比

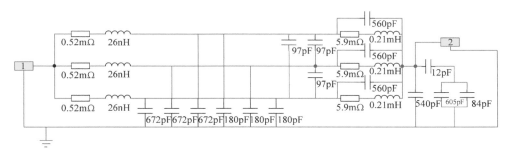

图 3-57 电机系统共模干扰等效电路模型

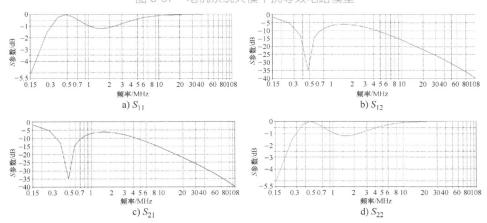

a) S_{11}

b) S_{12}

c) S_{21}

d) S_{22}

图 3-58 共模干扰等效电路 S 参数仿真结果

（2）差模干扰等效电路建模

用 CST 软件建立永磁同步电机系统差模干扰等效电路模型，如图 3-60 所示。在 0.15~108MHz 频段对 S 参数和 Z 参数进行仿真分析，仿真结果如图 3-61 和图 3-62 所示。

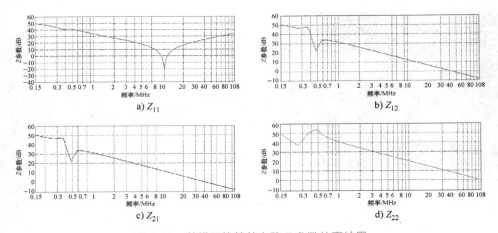

a) Z_{11}

b) Z_{12}

c) Z_{21}

d) Z_{22}

图 3-59　共模干扰等效电路 Z 参数仿真结果

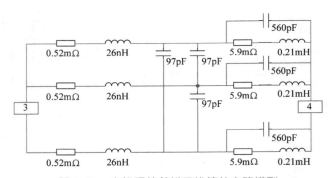

图 3-60　电机系统差模干扰等效电路模型

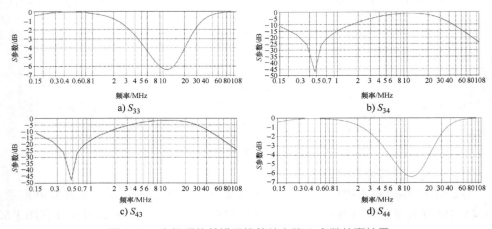

a) S_{33}

b) S_{34}

c) S_{43}

d) S_{44}

图 3-61　电机系统差模干扰等效电路 S 参数仿真结果

3.3.2　电机驱动系统联合仿真

1.基于物理原型的仿真

将建立的 IGBT 电气和热模型、高压电缆、IGBT 封装模型、永磁同步电机各个部件模型连接组成完整的电驱动系统模型，如图 3-63 所示，仿真分析系统传导 EMI。利用 Simplorer 软件调用在 Simulink 里搭建的 SVPWM 控制算法，可以同时调用 Q3D 的 IGBT 封装模块和电缆模型参数，并能与 Maxwell 建立的电机模型连接，即四个软件 Simplorer、Simulink、Q3D 与 Maxwell 可以一起协同仿真。在电机逆变器高压直流电源输出端接线性阻抗匹配网络（LISN）来模拟接收机，接收直流电缆传输的传导电磁干扰信号，如图 3-64 所示。从图 3-64 可以看出，LISN 中 50Ω 电阻两端的电压在 ±50V 之间振荡，在 5kHz、10kHz、15kHz、20kHz、25kHz 等谐波频点处出现尖峰值，与 IGBT 开关频率相关。

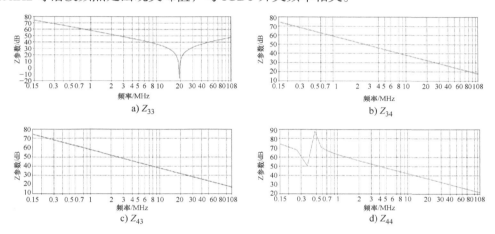

图 3-62　电机系统差模干扰等效电路 Z 参数仿真结果

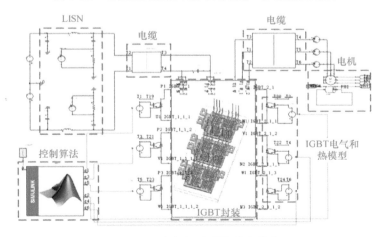

图 3-63　电机驱动系统联合仿真

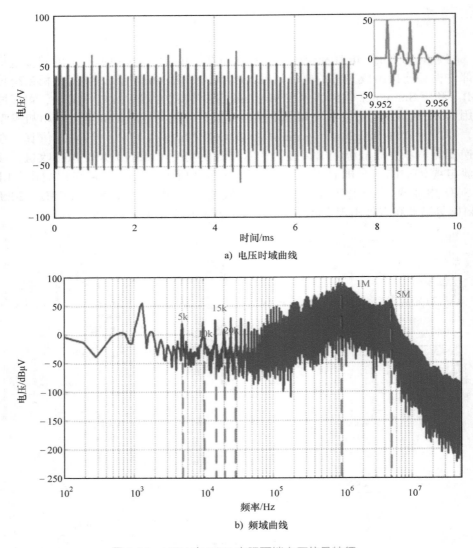

a) 电压时域曲线

b) 频域曲线

图 3-64　LISN 中 50Ω 电阻两端电压信号特征

2. 高频等效电路建模仿真

在 MATLAB/Simulink 中建立了电机驱动系统 SVPWM 控制模型（见图 3-65a），来获得 IGBT 栅极输入信号。利用 ANSYS/Simplorer 建立电机驱动系统高频等效电路模型，与 MATLAB/Simulink 联合仿真来获取系统高压正极母线传导骚扰电压，如图 3-65b 所示。仿真和试验结果比较如图 3-65c 所示。仿真结果与试验结果变化一致，仿真传导电压在 1MHz 和 30MHz 附近形成谐振，产生较高的谐振峰值电压。因此，可以利用该模型设计传导骚扰滤波装置。

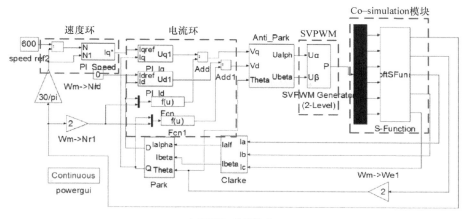

a) SVPWM控制模型

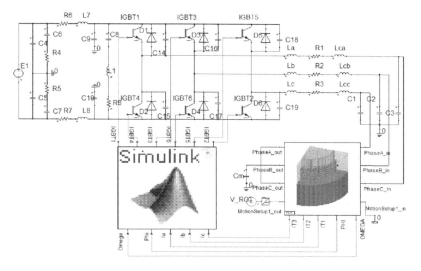

b) 电机驱动系统高频等效电路模型

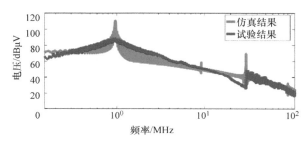

c) 传导电压仿真结果与试验结果比较

图 3-65　传导 EMI 系统建模与仿真

3.4 基于测量的电驱动系统电磁发射 SPICE 等效电路建模

3.4.1 建模方法概述

电磁干扰（EMI）是现代大功率变换器 / 电机驱动系统设计的一大挑战。电磁干扰主要通过逆变器功率开关的快速通断产生。产生较大的 du/dt 和 di/dt 分量与电机逆变器寄生参数相互作用，产生传导和 / 或辐射发射。电机逆变器中的 IGBT 由于效率和热的原因，开关速度必须足够快，所以 du/dt 和 di/dt 的值较高，很难降低。但是，可以通过完善逆变器电子设备、散热器、线束和接地结构的设计，以及添加滤波装置，来减少电磁发射。一般情况下，这种 EMI 抑制技术的成效可以在早期设计过程中通过系统的精确模型进行评估。

虽然全波模型是准确的，但是功率逆变器系统结构复杂，应用全波模型需要大量的计算时间和内存。更重要的是，这种全波模型往往是一个"黑匣子"，无法直接显示系统的哪些部分会产生电磁干扰。此外，逆变器模型的非线性元件不容易用全波解算器建模，因此应使用电路分析来考虑。包含系统寄生电路的基于 SPICE 的等效模型是一种较好的方法，因为它可以直接给出系统几何结构和寄生电路元件与产生的共模电流或差模电流之间的关系。

基于 SPICE 的等效模型可以从原理图、线束信息和系统布局（如 IGBT、散热器和外壳几何结构）中获得。有些方法可用于从复杂几何体中提取寄生 SPICE 参数。其中许多方法基于三维有限元分析或部分单元等效电路（PEEC）方法。有限元分析的输出通常不是简单的 SPICE 电路，而是电路特性的黑盒测量，例如，两个端口之间的 S 参数值。PEEC 方法根据 RLGC 矩阵提供寄生参数的 SPICE 模型，但可能需要数百或数千个元素来表示一个简单的几何体。模型降阶（MOR）技术可以用来表示等效电路，但这些电路是纯功能性的，类似 S 参数，不能了解设备内部元件工作的重要物理特性。在有些研究中，等效 SPICE 电路元件是由三维全波模型中的 Z 参数确定的，尽管模型可用，然而建立完整的功率逆变器模型（其精确的几何结构可能无法获得）需要大量的时间和精力。

寄生参数也可以通过测量或测量与全波仿真组合的方法获得。一种方法是使用时域反射仪（TDR）和传输线理论提取寄生参数，这种方法提取精确寄生参数的能力有限。在有些研究中，阻抗测量方法同样可以用于确定一些逆变器模块的等效电路。某研究提出了一种基于测量的逆变器模型，将散射参数转换为等效的共模和差模阻抗。虽然该模型是基于测量的，但它仍然是逆变器的"黑箱"模型，并不代表具体的寄生参数。有文献中提出了一项研究，利用 DM 和 CM 阻抗测量建立了基于低频参数的感应电机模型。其他一些研究已经证明了使用测量与仿真相结合的有用性。

我们提出了一种建立简单而精确的电机功率逆变器等效模型的方法，该模型的寄生电路元件和系统几何结构之间具有明显的相关性。 该方法适用频率高达

100MHz，覆盖车辆零部件传导发射的频率范围。电驱动系统包括直流电缆子系统、带直流母线金属条的直流链路电容块、IGBT 模块、交流母线金属条、交流电缆以及电机 / 负载。首先，为每个子系统建立了一个简单的等效模型，并通过测量进行验证。然后，组装子系统模型，以创建完整电驱动系统的模型（利用该模型可以找出导致谐振的最重要系统元件）。最后，提出减小谐振的抑制方法。

3.4.2　SPICE 等效电路建立

电机驱动系统如图 3-66 所示，等效电路还应包括高压动力电缆（直流和交流）、Y 电容器的寄生电感、直流链路电容器的寄生电感、IGBT 模块引线端的电感、IGBT 和机箱之间的电容以及电机的高频阻抗（或虚拟负载）。由于脉冲宽度调制（PWM）的逆变器结构是对称的，所以只需对一个逆变器桥臂的行为进行建模。

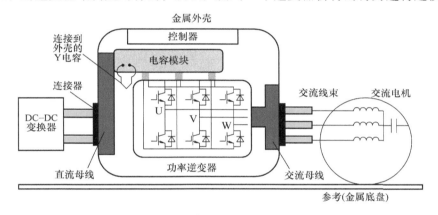

图 3-66　电机驱动系统示意图

逆变器被封装在一个金属外壳中，并且通常被很好地屏蔽。所有进出外壳的电源电缆都是屏蔽的，屏蔽在外壳处形成 360° 良好连接。IGBT 噪声源简单模型如图 3-67 所示。对于每个 IGBT，从发射极到机箱、从集电极到机箱以及从相节点到机箱，都有寄生电容，许多电磁发射都是由相节点到机箱的电压引起的。驱动电磁发射的寄生天线主要由电缆屏蔽层、电机和逆变器外壳组成。由于标准规定了这些部件的位置，所以在测试过程中，天线特性不会发生明显变化。由于该天线主要由交流电缆端的电压驱动，而该电压主要由 IGBT 相节点和机箱之间的电压产生，所以单相桥臂相节点至底盘电压和电机交流电缆中心导体至连接屏蔽电压之间的 S_{21} 值对于理解和抑制电磁发射至关重要。

（1）交直流电缆

将直流和交流电缆建模为传输线。该模型需要特性阻抗、绝缘介电常数和损耗角正切值等信息。电缆数据表仅提供几何信息，因此使用 TDR 和矢量网络分析仪进行测量，并根据测量结果确定参数。图 3-68 示出了预测仿真阻抗和测量阻抗的比较，其中使用 $Z_0=8.56\Omega$、$\varepsilon_r=2.65$，损耗角正切值为 0.108 的 1.86m 长电缆的传输线模型进行模拟。

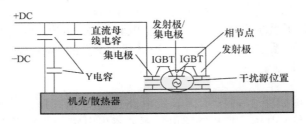

图 3-67   IGBT 噪声源简单模型

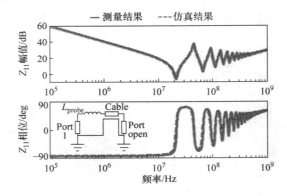

图 3-68   端口断路直流电缆传输线模型验证

（2）直流链路电容模块

直流链路电容模块由直流链路电容（C_{Link} = 1028μF）和两个 Y 电容（C_{Y-cap} = 0.98μF）组成，如图 3-69 所示。电感 $L_{DC-bus\ bar}$ 和 $M_{DC-bus\ bar}$ 是由电容器的母线金属条引起的，L_2 和 L_{Link} 是与 C_{Link} 有关的寄生电感，L_{Y-cap} 和 M_{Y-cap} 是与 Y 电容器有关的电感，L_3 是由电容器的输出引起的电感（它连接到 IGBT 模块）。

直流链路电容模块的测量是单独使用电容器模块进行的，也使用连接到直流电缆的电容器模块来确定由 Y 电容器和直流母线金属条引起的寄生电感值。在其他端口断路或短路的情况下，进行 Z_{11} 和 Z_{22} 测量。通过测量其中一个 Y 电容器和机箱之间的阻抗，获得 Z_{11}，计算得到 Y 电容器的值。寄生电感的值不能由单次测量确定，但可以从一组测量值中确定，测量值和相关方程见表 3-16，其中方程中使用的参数如图 3-69 所示。

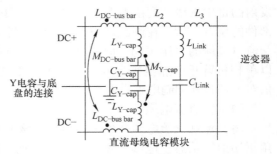

图 3-69   直流链路电容模块

表 3-16　直流链路电感方程

测量	方程
直流线缆，直流母线模块，Y 电容	$L_{@1MHz}{\approx}L_{DCcable}+L_{DC\text{-}bus\,bar}+L_{Y\text{-}cap}+M_{Y\text{-}cap}/2$
直流线缆，直流母线模块	$L_{@2MHz}{\approx}L_{DCcable}+L_{DC\text{-}bus\,bar}+L_2+L_{link}$
直流母线，从 Y 电容往里看	$L_{@10MHz}{\approx}2L_{Y\text{-}cap}-M_{Y\text{-}cap}+L_2+L_{link}$
直流母线输入短路，Y 电容开路	$L_{@14MHz}{\approx}L_3+L_{link}\parallel L_{DC\text{-}bus\,bar}+L_2$
直流母线，Y 电容开路	$L_{@11MHz}{\approx}L_3+L_{link}$

（3）IGBT 模块

对于 IGBT 模块进行 Z_{11} 测量，用于确定 IGBT 结电容和 IGBT 母线引起的环路电感。如图 3-70 所示，当 DC- 和 DC+ 端子短路时，上拉 IGBT 和下拉 IGBT 的测量结电容约为 13nF。与 IGBT 模块单相支路相关联的环路电感的估算值为 26nH。用 LCR 测量仪测量从相节点到机箱的寄生电容，约为 850pF。根据 IGBT 中的集电板、发射板和相节点板的尺寸以及测量的总电容，估计每个寄生电容为 412pF、380pF 和 89pF。寄生电容对电路中的谐振至关重要。

（4）交流母线金属条

为了预测与交流母线金属条相关的环路电感，交流母线金属条将电流从 IGBT 的输出传输到交流电缆，在输入开路且交流母线金属条末端对外壳短路的情况下，对 Z_{11} 进行测量。图 3-70 中此设置创建了两个电流环路：一个从输入端口通过交流母线金属条和机箱；另一个从输入端口通过 IGBT 连接，通过寄生电容到机箱。

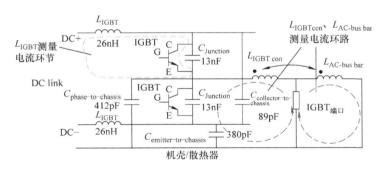

图 3-70　单相 IGBT 模块等效电路模型

（5）完整系统

整个电路的模型是根据各个子系统的模型组装而成的，如图 3-71 所示。该模型适用于 IGBT 的单相支路和一根交流电缆。电机没有考虑，因为测量确定其阻抗太大，在感兴趣的频带内不显著。等效电路参数见表 3-17。

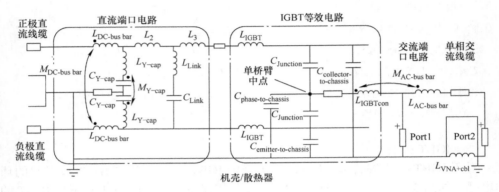

图 3-71　电机逆变器系统二端口网络等效电路模型

表 3-17　等效电路参数

参数名称	参数值	参数名称	参数值
$L_{\text{DC-bus bar}}$	50nH	$M_{\text{DC-bus bar}}$	40nH
$C_{\text{Y-cap}}$	700nF	$L_{\text{Y-cap}}$	150nH
$M_{\text{Y-cap}}$	108nH	L_2	2nH
L_3	12nH	C_{Link}	1028μF
L_{Link}	10nH	C_{Junction}	13nF
L_{IGBT}	26nH	$C_{\text{phase-to-chassis}}$	412pF
$C_{\text{collector-to-chassis}}$	89pF	$C_{\text{emitter-to-chassis}}$	380pF
L_{IGBTcon}	25nH	$L_{\text{AC-bus bar}}$	130nH
$M_{\text{AC-bus bar}}$	12nH		

3.4.3　SPICE 等效电路模型验证

通过比较各个子系统和整个模型端口的输入阻抗和（或）S 参数，验证该系统模型。这些端口之间的仿真和测量传输特性的比较如图 3-72 所示，频率为 100kHz～1GHz。Z_{11} 和 Z_{22} 的测量值和模拟值如图 3-73 所示。应注意的是，对于高于 100MHz 的频率，S_{21} 的电平存在一些差异，这可能是由子系统之间的寄生耦合引起的，这些子系统没有包括在模型中。

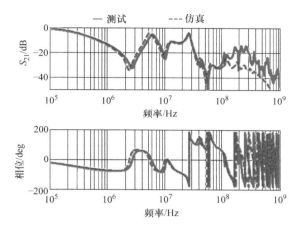

图 3-72 交流电缆输出端与相节点之间 S_{21} 幅频和相频特性

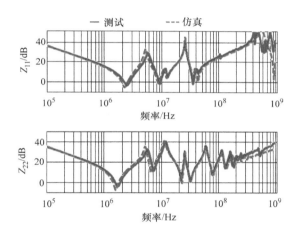

图 3-73 交流电缆输出端与相节点之间 Z_{11} 和 Z_{22} 幅频特性

3.4.4 系统谐振抑制方法

逆变器内的谐振导致从相节点到交流电缆输出的传输特性峰值，这也可能导致辐射发射峰值的出现。如果能确定哪些成分或电流路径与这些谐振有关，就能消除或抑制它们的影响。

1. 电机逆变器系统功率回路二端口网络

建立电机驱动系统级联电路的拓扑结构，构建基于测量的系统行为级的永磁同步电机三相功率变换器电磁发射 SPICE 等效电路模型，研究差模干扰源 - 直流侧、差模干扰源 - 交流侧、共模干扰源 - 交流侧、共模干扰源 - 直流侧的传输特性，如图 3-74 所示。研究谐振频点的阻抗特性和干扰电流路径，确定产生谐振的电路及元器件。

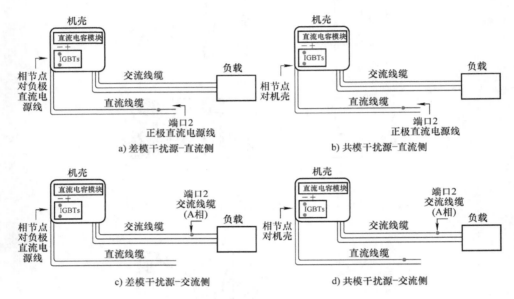

图 3-74　系统多端口等效电路网络模型

2. 谐振点路径分析

目前针对已出现的电磁干扰的抑制方法多为在系统外加抑制手段，很少分析系统内造成干扰的关键部件。这种方法可能会导致抑制后的系统产生新的谐振点，从而形成新的干扰，因此找到形成干扰的内部元件并进行内部调整和抑制，更能从根本上解决电磁干扰的问题。

IGBT 作为主要的干扰源，其产生的干扰为宽频干扰，这些干扰通过系统电路和分布参数形成共模干扰和差模干扰，干扰主要通过直流线缆和交流线缆对外进行传播，故以 IGBT 产生的干扰对交流线缆产生的影响为例分析产生谐振的主要部件。当系统回路发生并联谐振时，谐振点处能量最高，干扰在此处放大，所以研究引起谐振的元器件对于抑制电磁干扰非常必要。

以 100kW 电机为研究对象，使用矢量网络分析仪测量电机逆变器系统内部各参数，电机系统等效电路参数见表 3-18，建立图 3-71 所示电机逆变器系统的二端口网络等效电路模型。根据等效电路模型在 ADS 中建立该系统的 PSPICE 模型，如图 3-75 所示。在该二端口网络 PSPICE 模型中，Port1 连接单桥臂两个 IGBT 的中性点与地，代表 IGBT 产生的共模干扰源；Port2 连接交流电机单相线缆与地，代表电机单相交流线缆上的干扰。通过传输特性，两个端口的传输特性如图 3-76 所示，仿真结果和试验结果之间的偏差小于 6dB，可以表明模型具有较高的精度。

表 3-18　电机系统等效电路参数

参数名称	参数含义	参数值
$L_{\text{DC-bus bar}}$	直流母排电感	50nH
$M_{\text{DC-bus bar}}$	正负极 $L_{\text{DC bus bar}}$ 互感	40nH
$C_{\text{Y-cap}}$	直流线缆对地电容	700nF
$L_{\text{Y-cap}}$	直流线缆对地电容的寄生电感	150nH
$M_{\text{Y-cap}}$	正负极 $L_{\text{Y-cap}}$ 互感	108nH
L_3	负极直流线缆等效电容	12nH
L_2	正极直流线缆对地电容	2nH
C_{link}	正负直流线缆间电容	1028μF
L_{link}	正负直流线缆间电容的寄生电感	10nH
L_{IGBT}	IGBT 的引线电感	26nH
$C_{\text{phase-to-chassis}}$	IGBT 桥臂中点对地电容	412pF
C_{Junct}	IGBT 发射极和集电极间电容	13nF
$C_{\text{collector-to-chassis}}$	IGBT 上桥臂集电极对地电容	89pF
$C_{\text{emitter-to-chassis}}$	IGBT 下桥臂发射极对地电容	280pF
$C_{\text{IGBT con}}$	IGBT 桥臂中点与交流线缆金属条间的连接电感	25nH
$L_{\text{AC-bus bar}}$	交流母排电感	130nH
$M_{\text{AC-bus bar}}$	$C_{\text{IGBT con}}$ 与 $L_{\text{AC bus bar}}$ 的互感	12nH

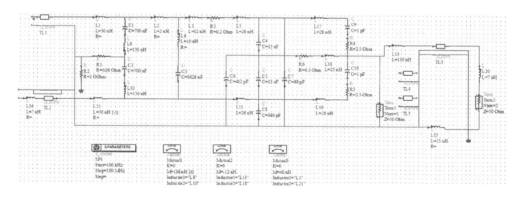

图 3-75　ADS 中电机逆变器系统的二端口网络 PSPICE 模型

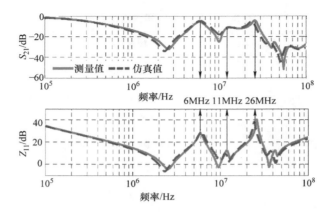

图 3-76　S_{21} 和 Z_{11} 特性曲线

从图 3-76 中可以看出，S_{21} 与 Z_{11} 的变化一致，因此可以通过分析 Z_{11} 的特性来分析 S_{21}。由 Z_{11} 可以看出，Z_{11} 电路阻抗在 6MHz、11MHz 和 26MHz 处能产生并联谐振和较大的共模干扰，因此找出引起三个频点产生并联谐振的高频器件是非常关键的。下面在 Port1 施加干扰电流源，分别分析 6MHz、11MHz 和 26MHz 的干扰电流路径，通过建立等效电路，找出引起并联谐振的主要电容、电感以及对应的器件，以便提出减小干扰的方法和具体措施。

（1）6MHz 谐振点干扰电流路径分析

首先，计算 6MHz 频点元器件的阻抗值，在 Port1 施加干扰电流源，Z_{11} 的电流路径如图 3-77 所示。主要有两条路径，一条是红色流向直流端的路径，另一条是蓝色流向交流端的路径。由于此频点交流阻抗较大，所以等效电路只考虑直流端路径，如图 3-78 所示。电流从 Port1 流出，通过 IGBT 极间电容 C_{Junct} 对称流向正负直流母线，每一路都经过 IGBT 引线电感 L_{IGBT} 后分为并联的两路，其中一路通过直流母排和直流线缆流向地，另一路通过 Y-cap 流向地，最终汇总流回 Port1 接地端。根据阻抗特性可知，直流线缆在 6MHz 主要表现为容性，其阻抗为 $-j15\Omega$，直流母排的电感由于互感作用阻抗为 $j2\pi f(L+M)=j2\pi\times 6\text{MHz}\times(50\text{nH}+40\text{nH})\approx j3.4\Omega$，则该支路阻抗总值为 $-j11.6\Omega$，并联后表现为容性，阻抗值为 $-j5.8\Omega$。Y-cap 的电容阻抗很小，此处忽略不计，Y 电感由于互感作用后阻抗为

$$j2\pi f(L+M)=j2\pi\times 6\text{MHz}\times(150\text{nH}+108\text{nH})\approx j10\,\Omega$$，Y-cap 两支路并联后表现为感

性，阻抗约为 $j5\,\Omega$。以上分析可以，看出 DC 线缆和直流母排所在两支路并联容抗 $-j5.8\,\Omega$ 与 Y-cap 所在两支路并联感抗 $j5\,\Omega$ 产生并联谐振。所以产生 6MHz 谐振的元器件主要是直流线缆电容、直流母排电感和 Y-cap 的电感。

（2）11MHz 谐振点干扰电流路径分析

11MHz 的 Z_{11} 的电流路径如图 3-79 所示，与 6MHz 路径相似，也分为红色直

流端路径和蓝色交流端路径。但是此频点直流线缆的阻抗特性中容性、感性同时存在，阻抗分别为 $-j8.2\,\Omega$ 和 $j8.8\,\Omega$。交流侧阻抗 $-j5\,\Omega$ 与直流侧 $j4.5\,\Omega$ 幅值相近，不可忽略，路径为从 Port1 端口流出的电流经过 AC bus bar 和交流动力线流回 Port1 的接地端。根据图 3-80 所示等效电路可计算出，直流端阻抗为 $j4.5\,\Omega$，交流端阻抗为 $-j5\,\Omega$，所以此频点处直流端总阻抗和交流端总阻抗产生并联谐振，因此产生 11MHz 谐振点的主要元器件为直流动力线缆、直流母排、Y-cap、交流动力线和交流母排。

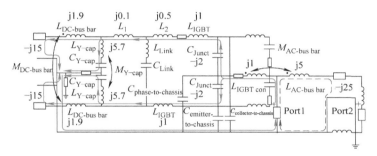

图 3-77　6MHz 电流路径

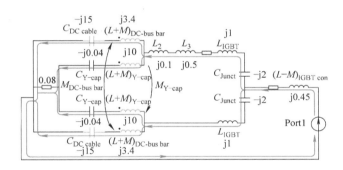

图 3-78　6MHz 等效电路

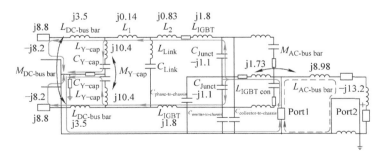

图 3-79　11MHz 电流路径

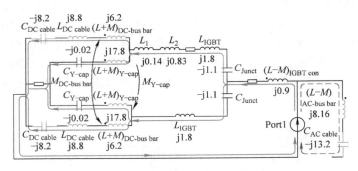

图 3-80　11MHz 等效电路

（3）26MHz 谐振点干扰源及路径分析

26MHz 的干扰电流路径如图 3-81 所示，也分为红色直流端路径和蓝色交流端路径。但是与 6MHz 和 11MHz 直流端路径不同的是，从 IGBT 引线电感之后，不仅通过直流母排、直流线缆、Y-cap 流到地，还有两路分别通过 IGBT 桥臂中点对地电容 $C_{\text{phase-to-chassis}}$ 流向地，和通过 IGBT 极间电容 C_{Junct} 和 $C_{\text{emitter-to-chassis}}$ 流向地。等效电路如图 3-82 所示，其中三条浅蓝色支路表现感性，并联后总阻抗为 j6Ω，一条粉色支路表现为容性，总阻抗为 $-$j5.7Ω，因此此频点处为 IGBT 对地电容与直流、交流总电感产生并联谐振。根据阻抗值可知，产生 26MHz 谐振点的主要元器件为直流动力线缆、直流母排、电感 Y-cap 电感、桥臂中点对地电容、IGBT 发射极对地电容、交流动力线和交流母排。

由以上分析可以看出，引起 6MHz、11MHz 和 26MHz 的产生谐振的元器件见表 3-19。

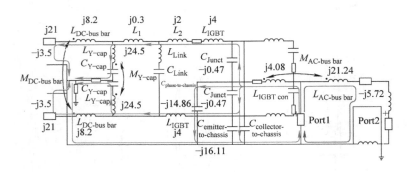

图 3-81　26MHz 电流路径

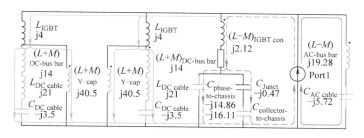

图 3-82　26MHz 等效电路

表 3-19　产生三个谐振点的主要元器件

谐振频率	关联元器件
6MHz	直流线缆电容、直流母排电感和 Y-cap 的电感
11MHz	直流动力线缆，直流母排，Y-cap，交流动力线和交流母排
26MHz	直流动力线缆，直流母排，Y-cap 电感，桥臂中点对地电容，IGBT 发射极对地电容，交流动力线和交流母排

3. EMI 抑制方法

根据 Port1 电流路径分析可知，IGBT 快速通断在单桥臂两个 IGBT 桥臂中点产生的干扰可以等效为一个电流源，如图 3-83 所示。干扰电流 I_{P1} 主要由两条路径组成：一条通往直流侧，支路电流为 I_{DC}，支路的等效阻抗为 Z_{DC}；另一条通往交流侧，支路电流为 I_{AC}，支路的等效阻抗为 Z_{AC}。

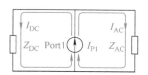

图 3-83　Port1 电流分配示意图

从图 3-83 可知，$I_{P1}=I_{DC}+I_{AC}$，而且 $I_{DC}Z_{DC}=I_{AC}Z_{AC}$，$Z_{11}$ 为 Port1 干扰电流所流经支路的总阻抗，即 Z_{DC} 和 Z_{AC} 的并联阻抗，见式（3-17）。交流侧干扰电流与电流源电流的关系见式（3-18）。若在直流回路添加抑制器件，则交流支路的负载阻抗不变，由交流母排电感和交流线缆对地电容的串联组成，因此抑制前后的交流线缆上的干扰电流的关系表达式见式（3-19），可以看出，交流线缆的干扰电流与 Z_{11} 的幅值成正比。

$$Z_{11}=\frac{Z_{DC}Z_{AC}}{Z_{DC}+Z_{AC}} \qquad （3-17）$$

$$\frac{I_{AC}}{I_{P1}} = \frac{Z_{DC}}{Z_{DC} + Z_{AC}} = \frac{Z_{11}}{Z_{AC}} \tag{3-18}$$

$$\frac{I_{AC}}{I_{AC-}} = \frac{Z_{11}}{Z_{11-}} \tag{3-19}$$

式中，Z_{11} 和 Z_{11-} 为加抑制前和抑制后 Port1 对应阻抗幅值；I_{AC} 和 I_{AC-} 为加抑制前和加抑制后交流侧干扰电流。

（1）6MHz 谐振点抑制方法

1）共模磁环。由图 3-76 可知，11MHz 谐振点幅值较小，而且引起 11MHz 谐振的元器件包含在引起 6MHz 和 26MHz 的元器件之内，所以只需针对 6MHz 和 26MHz 谐振点设计抑制电路。根据表 3-18 和图 3-77 对 6MHz 谐振点的分析，改变直流线缆对地电容 $C_{DC\,cable}$ 或者改变直流母排支路电感 $L_{DC\text{-}bus\,bar}$ 和直流线缆对地电容支路电感 $L_{Y\text{-}cap}$，均可改善谐振状态，即可降低 6MHz 处 Z_{11} 的幅值。

若采用在直流线缆对地电容支路加共模磁环的方法，则可改变直流线缆对地电容支路电感，从而改变产生谐振的频率并降低 6MHz 处 Z_{11} 的幅值，从而减小交流线缆的共模电流。

若期望 Z_{11} 减小为原来的 $1/K$，则有

$$\frac{Z_{11}^6}{Z_{11-}^6} = K \tag{3-20}$$

$$Z_{11}^6(\mathrm{dB}) - Z_{11-}^6(\mathrm{dB}) = 20\lg K$$

式中，Z_{11}^6 为 Z_{11} 在 6MHz 处加共模磁环前的幅值；Z_{11-}^6 为抑制后的幅值。

对于 6MHz 处谐振点，由图 3-76 可知 Z_{11}（dB）为 30dB，若 $K = 5$，则需整改后的 Z_{11-}^6(dB) 为 16dB。如果该共模磁环的电感值为 L_{C1}，则根据图 3-77 可知，加共模磁环前后的 Z_{11} 的等效表达式分别为

$$Z_{11}^6 = \frac{Z_{DC}Z_Y + Z_{IGBT}(Z_{DC} + Z_Y)}{2(Z_{DC} + Z_Y)} + R + Z_{IGBTcon} \tag{3-21}$$

$$Z_{11-}^6 = \frac{Z_{DC}(Z_Y + Z_{L_{C1}}) + Z_{IGBT}(Z_{DC} + Z_Y + Z_{L_{C1}})}{2(Z_{DC} + Z_Y + Z_{L_{C1}})} + R + Z_{IGBTcon} \tag{3-22}$$

式中，Z_{DC} 为 $C_{DC\,cable}$ 和 $(L+M)_{DC\text{-}bus\,bar}$ 串联后的阻抗；Z_Y 为 $C_{Y\text{-}cap}$ 和 $(L+M)_{Y\text{-}cap}$ 串联后的阻抗；Z_{IGBT} 为 L_{IGBT} 和 C_{Junct} 串联后的阻抗；L_2 和 L_3 的阻抗忽略不计，$R=0.3\,\Omega$；$Z_{IGBTcon}$ 为 IGBT con 的阻抗；Z_{LC1} 为共模磁环 L_{C1} 的阻抗。将 Z_{11-}^6(dB)=16dB 和图中各阻抗值代入后可得

$$Z_{11-1}^6 = \left| \frac{Z_{DC}(Z_Y + Z_{L_{C1}}) + (Z_{IGBT} + Z_{Junct})(Z_{DC} + Z_Y + Z_{L_{C1}})}{2(Z_{DC} + Z_Y + Z_{L_{C1}})} + R + Z_{IGBTcon} \right|$$

$$= \left| \frac{-j11.6 \times (j10 + Z_{L_{C1}}) - j(-j11.6 + j10 + Z_{L_{C1}})}{2 \times (-j11.6 + j10 + Z_{L_{C1}})} + 0.3 + j0.45 \right| = 6.3 \text{dB}\Omega \quad （3\text{-}23）$$

$$Z_{L_{C1}} = 154.5\Omega$$

$$L_{C1} = \frac{Z_{L_C}}{2\pi 6 \times 10^6} \approx 4\mu H$$

根据计算出的共模磁环 L_{C1} 选择共模磁环，把共模磁环简化为图 3-84 中阴影部分所示的电容、电感、电阻并联的结构，其中 L_{C1}=4μH，R_{C1}=10Ω，C_{C1}=20pF。将共模磁环的等效电路加入 ADS 软件进行仿真，干扰电流路径如图 3-84 所示，由于电感阻抗较大，所以干扰电流不再沿图中虚线的路径通过直流线缆对地电容流回地。Z_{11} 及 S_{21} 仿真结果如图 3-85 所示，其中 Z_{11} 减小了 14dB，满足了设计要求，即交流干扰电流 I_{AC} 减小了 14dB，S_{21} 减小了 7.2dB。可以表明，在直流线缆对地电容支路加共模磁环，可以减小由于 IGBT 快速通断引起的交流线缆上的干扰电流。

2）RC 滤波器。在 6MHz 谐振点处改变 DC 线缆间电容，也可改善谐振状态，所以可采取在 DC 线缆处加 RC 滤波器的方式改变 DC 线缆间电容并降低 6MHz 处 Z_{11} 的幅值。同理，若期望 Z_{11} 为原来的 1/K，即

$$\frac{Z_{11}^6}{Z_{11-2}^6} = K$$

$$Z_{11}^6(\text{dB}) - Z_{11-2}^6(\text{dB}) = 20\lg K \quad （3\text{-}24）$$

式中，Z_{11}^6 为加 RC 滤波器前 Z_{11} 的幅值；Z_{11-2}^6 为加 RC 滤波器后的幅值。

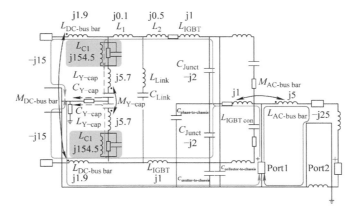

图 3-84　加共模磁环整改后路径图

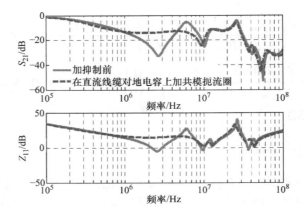

图 3-85　加共模磁环整改后结果图

同理，若 $K=5$，该 RC 滤波器的电容值为 C_F，则加 RC 滤波器前后的 Z_{11} 等效表达式为

$$Z_{11}^6 = \frac{Z_{DC}Z_Y + Z_{IGBT}(Z_{DC} + Z_Y)}{2(Z_{DC} + Z_Y)} + R + Z_{IGBTcon} \qquad (3\text{-}25)$$

$$Z_{11\text{-}2}^6 = \frac{Z_{DC}'Z_Y + Z_{IGBT}(Z_{DC}' + Z_Y)}{2(Z_{DC}' + Z_Y)} + R + Z_{IGBTcon} \qquad (3\text{-}26)$$

式中，$Z_{DC}' = \dfrac{Z_{DC\,cable}Z_{C_F}}{Z_{DC\,cable} + Z_{C_F}} + Z_{DC\text{-bus bar}}$。

将 $Z_{11\text{-}2}^6(\text{dB})=16\text{dB}$ 和图 3-78 中各阻抗值代入式（3-26）得

$$Z_{11\text{-}2}^6 = \left| \frac{Z_{DC}'Z_Y + Z_{IGBT}(Z_{DC}' + Z_Y)}{2 \times (Z_{DC}' + Z_Y)} + R + Z_{IGBTcon} \right| = 6.3$$

$$Z_{C_F} = 13.3\Omega \qquad\qquad (3\text{-}27)$$

$$C_F = \frac{1}{2\pi \times 6 \times 10^{-6} \cdot Z_{C_F}} \approx 2\text{nF}$$

根据计算出的 C_F 选择 $R_F=8\Omega$ 的 RC 滤波器，滤波器的等效电路如图 3-86 中橙色部分所示。图 3-86 中绿色路径为新增路径，表示干扰电流从 RC 滤波器流回地的路径。Z_{11} 及 S_{21} 在 ADS 中的仿真结果如图 3-87 所示，其中 Z_{11} 减小了 14dB，满足了设计要求，即交流干扰电流 I_{AC} 减小了 14dB，S_{21} 减小了 8dB，可以表明在直流线缆处加 RC 滤波器，可以减小由于 IGBT 快速通断引起的交流线缆上的干扰电流。但是该 RC 滤波器中 $R_F=8\Omega$，通常电动汽车电机逆变器系统的直流端电流大于100A，则 R_F 上会产生过大电压降，这显然是不合理的。因此，为保证系统正常工作，要使 R_F 足够小。若保持 $C_\mathrm{F}=2\mathrm{nF}$ 不变，减小 R_F 到 $0.2\,\Omega$，R_F 上的电压降减小，仿真结果如图 3-87 所示，可以看出尽管在 6MHz 的 Z_{11} 幅值降低了，但 11MHz 和 26MHz 谐振点处 Z_{11} 幅值升高了，所以在直流线缆处加 RC 滤波器的方法并不推荐。

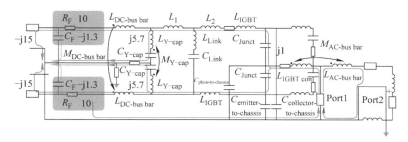

图 3-86　加 RC 滤波器整改后电流路径图

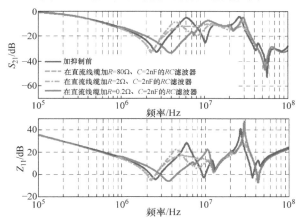

图 3-87　加 RC 滤波器抑制前后结果图

（2）26MHz 谐振点抑制方法

由于 26MHz 处引起谐振点的元器件中交流母排的阻抗为 j21.24，相比其他元器件作用较大，所以采取在交流端交流母排电感和交流线缆电容所组成的支路中加共模磁环的抑制方法，但这种抑制方法会改变交流端阻抗，即改变式（3-18）中 Z_AC 的值，从而导致式（3-19）不再适用。所以根据式（3-28）直接通过阻抗计算的方法对交流侧干扰电流进行共模磁环的设计：

$$\frac{I_\mathrm{AC}}{I_\mathrm{P1}}=\frac{Z_\mathrm{DC}}{Z_\mathrm{DC}+Z_\mathrm{AC}}\qquad（3\text{-}28）$$

减小谐振点处 Z_{11} 的幅值，不但可以通过改变引起谐振的电感、电容值来移动谐振频率，也可以通过改变电阻降低幅值。26MHz 处干扰电流为高频信号，共模磁环中电感的阻抗会非常大，此时起主要作用的不是电感而是电阻，因此以电阻为

主要参数选取共模磁环。若采用在交流母排加共模磁环的方法，期望 I_{AC} 为原来的 $1/K$，即

$$\frac{I_{AC}^{26}}{I_{AC-1}^{26}} = K$$

$$I_{AC}^{26}(dB) - I_{AC-1}^{26}(dB) = 20\lg K \tag{3-29}$$

则根据图 3-83 可知，抑制前后交流端干扰电流 I_{AC} 的关系与抑制前后阻抗有关，见式（3-30）：

$$\frac{I_{AC}^{26}}{I_{AC-1}^{26}} = \frac{Z_{DC-1}^{26} + Z_{AC-1}^{26}}{Z_{DC}^{26} + Z_{AC}^{26}} \tag{3-30}$$

式中，I_{AC}^{26} 为 26MHz 处加共模磁环前 I_{AC} 的幅值；I_{AC-1}^{26} 为抑制后幅值。

则根据图 3-79 可知，整改前 $Z_{DC}^{26} = -j12\Omega$，$Z_{AC}^{26} = j12.56\Omega$，若 $K=5$，需有

$$\frac{I_{AC}^{26}}{I_{AC-1}^{26}} = \frac{Z_{DC-1}^{26} + Z_{AC-1}^{26}}{Z_{DC}^{26} + Z_{AC}^{26}} = \frac{Z_{DC}^{26} + Z_{AC}^{26} + R_{C2}}{Z_{DC}^{26} + Z_{AC}^{26}}$$

$$\left| \frac{-j12 + j13.56 + R_{C2}}{-j12 + j13.56} \right| = K = 5 \tag{3-31}$$

$$R_{C2} = 7.6\Omega$$

式中，Z_{DC-1}^{26} 为加共模磁环后直流端阻抗；Z_{AC-1}^{26} 为加共模磁环后交流端阻抗；R_{C2} 为共模磁环电阻。

为了防止 26MHz 处电流从电感流过，则控制电感阻抗大于共模磁环电阻 10 倍以上，即 $Z_{L_{C2}} = 2\pi \times 26 \times 10^6 L_{C2} \geqslant 10 R_{C2} = 76\Omega$，则需要 $L_{C2} \geqslant 0.47\mu H$，并且共模磁环的电感值要远小于电机绕组电感，最终选择电感为 0.5μH，电容为 20pF，其等效电路如图 3-88 中阴影部分所示。Z_{11} 及 S_{21} 在 ADS 的仿真结果如图 3-89 所示，其中 S_{21} 在交流母排处加共模磁环后减小了 5dB。

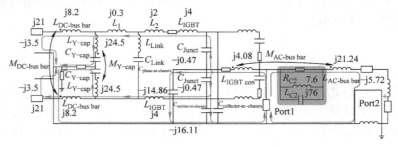

图 3-88　加交流共模磁环整改后路径图

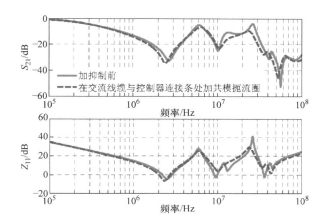

图 3-89　加交流共模磁环整改后结果图

通过以上抑制效果发现，如果想同时抑制 6MHz 和 26MHz 处谐振点，需要采取直流端和交流端同时加抑制的方法，其中一种方法是在直流线缆对地电容和交流母排同时加共模磁环，干扰电流路径如图 3-90 所示，仿真结果显示，Z_{11} 和 S_{21} 中的三个谐振点幅值都得到了良好抑制，Z_{11} 在 6MHz 处幅值降低 15dB，在 11MHz 处幅值降低 0.4dB，在 26MHz 处幅值降低 11.5dB；S_{21} 在 6MHz 处幅值降低 8.6dB，在 11MHz 处幅值降低 7dB，在 26MHz 处幅值降低 6.3dB，如图 3-91 所示。说明在直流线缆对地电容和交流母排同时加合适的共模磁环的方法可以有效抑制由 IGBT 快速通断引起的交流线缆上的干扰电流。

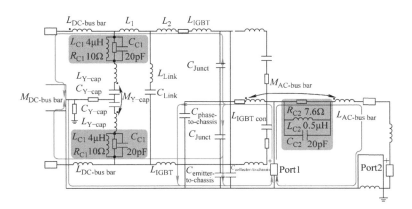

图 3-90　在直流线缆对地电容和交流母排同时加共模磁环后路径图

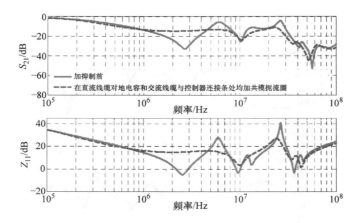

图 3-91　在直流线缆对地电容和交流母排同时加共模磁环后结果图

（3）仿真验证

为了验证在直流线缆对地电容和交流母排同时加合适的共模磁环的方法可以有效抑制由 IGBT 快速通断引起的交流线缆上的干扰电流，在 CST 中建立图 3-92 所示时域实时仿真模型，同时验证抑制方法有效性。在两个 IGBT 之间加入激励信号源 1，信号源为梯形共模干扰电流源，梯形波周期为 $20\mu s$，上升时间为 $0.032\mu s$。探针 P1 监测单相交流线缆的共模干扰电流，仿真结果如图 3-93 所示，未加抑制电路前交流线缆在 7MHz、11MHz 和 26MHz 三个频点产生了较大的共模干扰电流，与图 3-76 中 Z_{11} 出现的谐振点基本一致，按照图 3-83 方法在直流线缆对地电容加共模磁环后，7MHz 处的干扰电流幅值降低；按照图 3-87 在交流母排加共模磁环后，26MHz 处的干扰电流幅值降低；按照图 3-88 在直流线缆对地电容和交流母排同时加共模磁环后，7MHz、11MHz 和 26MHz 三个频点处的干扰电流都得到良好抑制。利用基于测量模型的电机逆变系统的建模，通过二端口网络传输特性分析，可以准确找到产生谐振的元器件，采取针对性的抑制措施，有效减小干扰电流。时域实时仿真结果验证了该抑制方法的有效性。

现代大功率逆变器/电机驱动系统中的快速开关半导体会产生快速变化的电压和电流，可能导致不必要的电磁发射。虽然前期已经建立了功率逆变器的模型来预测 EMI 发射量，但它们通常是"黑箱"模型，难以分析 EMI 产生的原因和解决方案。为了改进逆变器系统设计方案，建立了一个详细的基于测量的 SPICE 模型，在该模型中，系统几何参数和寄生电路元器件之间存在直接的相关性。通过测量验证了该模型的有效性。该模型能够预测逆变器端口之间在 100kHz ~ 100MHz 范围内具有误差 4dB 的传输特性。这个模型就被用来预测引起谐振的元器件和结构，并基于谐振点提出了减少 EMI 的抑制方法，对功率逆变器设计进行了改进。

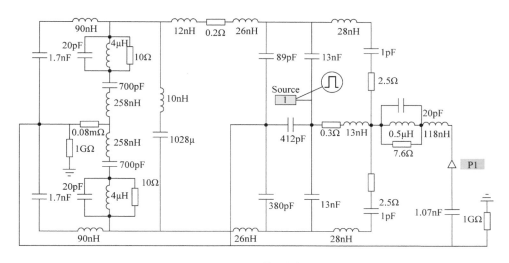

图 3-92　CST 时域仿真模型图

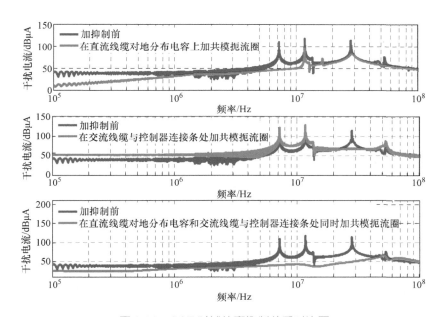

图 3-93　CST 时域仿真抑制前后对比图

3.5　EMI 电源滤波器

在电机控制器设计初期，根据 EMC 标准和滤波器插入损耗设计要求，在
DC-AC 电机逆变器高压直流输入端口，设计通用交流电源滤波器来抑制电磁干扰

噪声。

考虑道路车辆 150kHz～108MHz 宽频段范围的无线电骚扰特征，以及电机逆变器高电压、大电流、变负载特性，提出两种电驱动车辆电机驱动系统高压直流电源滤波器设计方法，以满足 CISPR 25—2016Rd4 标准限值要求。方法一：提出一种插入损耗为 60dB 的电驱动车辆电机控制器高压直流电源滤波器设计方法。该方法能在 150kHz～108MHz 频段内降低传导 EMI，达到标准要求。利用该方法设计的滤波器体积较大、重量大、成本较高，安装在电机控制器外部比较方便，然而在电机控制器内部安装占用体积大，不利于在电驱动车辆上工程化实现。方法二：提出一种基于抑制谐振的电磁干扰滤波器优化设计方法。利用建立的电机逆变器系统高频等效电路模型，根据 GB/T 18655—2018 标准传导发射 - 电压法试验获得的预测结果，分别在产生谐振的两个关键频点 1MHz 和 30MHz，分析共模电流和差模电流传播路径以及影响 EMI 的主要元件参数，查找引起传导骚扰电压超出标准限值的元件，这种方法可以在控制器内部实现，体积小、成本低、效率高，并可以用于产品开发的不同阶段。与第一种方法相比，第二种方法具有更小的滤波模块，体积仅为第一种方法设计的滤波模块的 1/6。

3.5.1 高压输入端口滤波器设计

1. 滤波器拓扑选择

滤波器拓扑结构的选择需要考虑源阻抗和负载阻抗，滤波器将安装在电机控制器高压直流电源输入端口。滤波器输入侧连接电机逆变器的高压直流电源输入端口，在电机控制器内部高压直流供电端口装有用于吸收电压纹波的大电容（通常为 500～3000μF），其为低阻抗。滤波器输出侧连接直流高压线缆，然后与 LISN 连接，LISN 测量输出端口阻抗为 50Ω。因此，首先选择 LC 型拓扑作为差模干扰和差模干扰滤波器的基本拓扑结构。

2. LC 滤波器级数与转折频率的计算

LC 滤波器的级数 n 和每一级的转折频率 f_0 主要与频率范围和插损要求有关。滤波器要求在 150kHz～108MHz 全频段范围内对电磁干扰起抑制作用，并要求插损 60dB。一般来说，在转折频率到 10 倍转折频率（简称 10 倍频）之间，单级 LC 滤波器插损曲线斜率会基本遵循 $40n$ dB/10dec；而在 10 倍频到 100 倍频之间，插损曲线会逐渐偏离理论曲线，但仍能维持 $40n$ dB 的插损；在 100 倍频后，抑制效果会逐渐变差，直至没有滤波效果。由于 150kHz～108MHz 的频率范围很宽，单级 LC 滤波器无法满足 60dB 的插入损耗要求。尽管随着滤波器级数的增加，插损效果也会提高，但是会造成滤波器体积的成倍增加，因此初步将滤波器设计为两级 LC 滤波器，如图 3-94 所示。共模滤波电路由电感值相同的 2 个共模扼流圈（电感为 L_1、L_2）和 2 对 Y 电容（2 个 C_{Y1} 和 2 个 C_{Y2}）组成，抑制共模干扰电流。考虑电机控制器内部已有差模滤波大电容，差模滤波电路由 2 个差模电容（C_{DM1}、

C_{DM2}）、共模扼流圈电感 L_1、L_2 的漏感（L_{D1}、L_{D2}）分别和 2 对 Y 电容（2 个 C_{Y1} 和 2 个 C_{Y2}）串联构成，对差模干扰电流进行抑制。其中，通常 C_{Y1}、C_{Y2} 电容值与 C_{DM1}、C_{DM2} 相比较小，可以忽略。

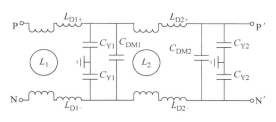

图 3-94　滤波器拓扑结构

经典的电源滤波电路设计方法是首先通过测试分别获得共模干扰与差模干扰电压，然后确定共模干扰与差模干扰各自的衰减量，其中衰减量 = 实际幅值 − 限值 + 6dBμV（余量）。然后，按式（3-32）计算转折频率 f_0：

$$f_0 = \frac{f_{h\_att}}{\dfrac{A_{req\_att}}{10 f_{ilt\_att}}} \tag{3-32}$$

式中，f_{h_att} 为目标衰减的频率，起始频率为 150kHz；A_{req_att} 为所需衰减量 60dB；f_{ilt_att} 为衰减斜率 40dB/dec。

由式（3-32）可求得共模和差模转折频率 f_0=3.35kHz。

3. 拓扑结构对插入损耗的影响分析

先后采用无 Y 电容的 LCLC 拓扑、LCLC+2C_{Y1} 拓扑、LCLC+2C_{Y1}+2C_{Y2} 拓扑三种滤波器拓扑结构，确定滤波器元件参数值，获得固定源阻抗和负载阻抗下的插入损耗。并利用建立的电机逆变器系统高频等效模型，按以下三个步骤进行仿真，预测将滤波器加入电机逆变器系统后的有效插入损耗。

步骤 1：首先采用无 Y 电容的 LCLC 拓扑，滤波器由 2 个共模扼流圈和 2 个差模电容构成，如图 3-95a 所示。DM 和 CM 干扰源分别是 U_{DM} 和 U_{CM}，它们的等效电路如图 3-95b、c 所示。由于没有共模电容，只对差模干扰有抑制效果，差模干扰源为 U_{DM}，差模等效电路拓扑结构如图 3-95b 所示。DM 滤波器电路由电感器 L_{D1} 和 L_{D2} 以及 X 电容器 C_{DM1} 和 C_{DM2} 组成。CM 滤波器电路由 L_1 和 L_2 组成。根据铜条的尺寸可以计算 L_{D1} 和 L_{D2} 的值可以得到，L_{D1+} = L_{D1-}= L_{D2+} = L_{D2-}= 56nF。

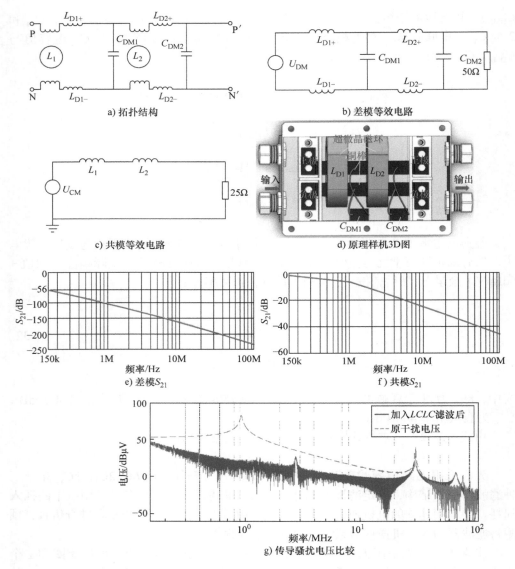

a) 拓扑结构

b) 差模等效电路

c) 共模等效电路

d) 原理样机3D图

e) 差模S_{21}

f) 共模S_{21}

g) 传导骚扰电压比较

图 3-95 无 Y 电容的 *LCLC* 滤波器

C_{DM1} 和 C_{DM2} 的值通过式（3-33）计算为 $10\mu F$。*LCLC* 拓扑滤波器原型的 3D 图如图 3-95d 所示。CM 和 DM 滤波器的插入损耗 S_{21} 通过建模获得并在软件 ADS 中进行仿真，如图 3-95e、f 所示。

$$C_{DM1} = (\frac{1}{2\pi f_0})^2 \times \frac{1}{2L_{D+}}$$ （3-33）

不带 Y 电容器的 $LCLC$ 拓扑被添加到电动机驱动系统的高频等效电路中，并且通过仿真获得传导骚扰电压，如图 3-95g 所示。可以看出，添加 $LCLC$ 拓扑后，传导骚扰电压在 30MHz 以下时随频率的增加而减小，在 30MHz 时上升到 32dBμV。1MHz 谐振点的传导骚扰电压从 83dBμV 降低到 23dBμV。但是，在 30MHz 谐振点处的传导骚扰电压的幅度略有减小，而在高频时仍较大。因此，通过使用 $LCLC$ 拓扑，可以有效地抑制 150kHz ~ 2MHz 的传导骚扰电压。

步骤 2：采用 $LCLC+2C_{Y1}$ 拓扑，即在无 Y 电容 $LCLC$ 滤波电路的基础上加入一对 Y 电容 C_{Y1}，如图 3-96a 所示。差模等效电路拓扑结构与图 3-95b 相同，共模干扰源为 U_{CM}，共模等效电路如图 3-96b 所示。根据计算得到的共模转折频率 $f_0=150$kHz，计算单极共模磁环的电感 L_1 和共模 Y 电容 C_{Y1}，其表达式为

$$L_1 = (\frac{1}{2\pi f_0})^2 \frac{1}{2C_{Y1}} \qquad (3\text{-}34)$$

根据 Y 电容漏电流的限值，由式（3-34）和 $L_1 = L_2 = 32$μH，计算出 $C_{Y1} = 0.034$μF。$LCLC + 2C_{Y1}$ 拓扑滤波器样机 3D 图如图 3-96d 所示。根据图 3-96a 和滤波器插入损耗标准，在软件 ADS 里建模仿真，获得了滤波器的共模插入损耗，如图 3-96e 所示，将 $LCLC + 2C_{Y1}$ 滤波电路加入电机逆变器系统高频等效电路，仿真获得传导骚扰电压，如图 3-96f 所示。

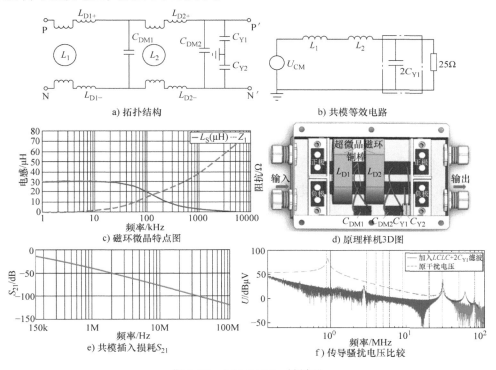

图 3-96　$LCLC+2C_{Y1}$ 滤波器

与方案 1 相比无明显变化，传导骚扰电压低频抑制效果良好，高频干扰仍然较大，此外，还在 60MHz 附近产生了较为明显的谐振。因此，在滤波器输出侧加一对 Y 电容，几乎没有滤波效果，还使高频段传导骚扰电压更严重。

步骤 3：采用 $LCLC+2C_{Y1}+2C_{Y2}$，在 $LCLC+2C_{Y1}$ 拓扑结构基础上，在滤波器高压输入端正负母线上分别加入一对 Y 电容 C_{Y2}，其拓扑如图 3-94 所示，$C_{Y2}=0.1\mu F$。差模等效电路与图 3-95b 相同，共模等效电路如图 3-97a 所示。$LCLC+2C_{Y1}+2C_{Y2}$ 拓扑滤波器样机 3D 图如图 3-97b 所示。此滤波器的共模插入损耗如图 3-97c 所示。该滤波器电路被添加到高频等效电路中，通过仿真获得传导骚扰电压，如图 3-97d 所示。向滤波器输入端口添加两个额外的 C_{Y2} 后，与 $LCLC+2C_{Y1}$ 相比，30MHz 处的传导电压从 40dBμV 降至 25dBμV，有效插入损耗为 15dB，小于 60dB。虽然高频传导骚扰电压降低，但衰减传导骚扰电压仍然很高。

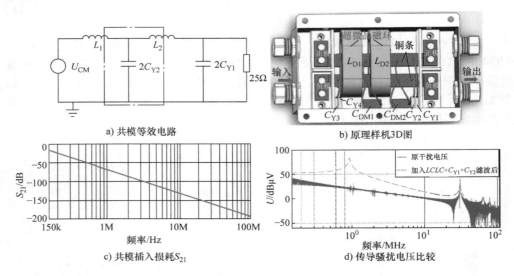

a) 共模等效电路

b) 原理样机3D图

c) 共模插入损耗 S_{21}

d) 传导骚扰电压比较

图 3-97　$LCLC+2C_{Y1}+2C_{Y2}$ 滤波器

式（3-34）和式（3-33）是电感和电容的不确定解方程。另一方面，在确定特定的电感和电容参数时，应考虑实际的插入损耗要求，并考虑滤波器的最大体积。特别是，电感越大，滤波器的体积就越大。因此，考虑到滤波器的允许体积，选择适当的电感非常重要。

从以上分析可以看出，当源阻抗和负载阻抗为 50Ω 时，滤波器的插入损耗基本满足 60dB 的要求，而将滤波器添加到系统后，滤波器的有效插入损耗不能满足要求。为了验证滤波器的实际抑制效果，有必要在电机逆变器系统中添加三个拓扑进行实验验证。

4. 滤波器在系统中的有效插入损耗试验测量

利用图 3-3 建立的测试平台，将滤波器安装在电机控制器高压直流端口，根据

GB/T 18655—2018，进行系统高压正极电源线传导发射的测量。

方案一：无 Y 电容的 *LCLC* 滤波器后，高压正极电源线传导骚扰电压的测试结果如图 3-98 所示。加入 *LCLC* 滤波器后，从实际测试高压母线正极传导骚扰电压结果中可以看出，峰值和均值在 30MHz 以下低频段的干扰明显下降，均在标准限值以下。未加入 *LCLC* 滤波器时，峰值超标的 1MHz 谐振点骚扰值从 91dBμV 下降到 29dBμV，均值超标谐振点从 80dBμV 下降到 20dBμV。但在 30MHz 以上高频峰值与均值仍有超标点，其中 36.8MHz 的峰值达到 63dBμV，超过标准限值 4dB，39.6MHz 的平均值达到 50dBμV，超过标准限值 11dB。

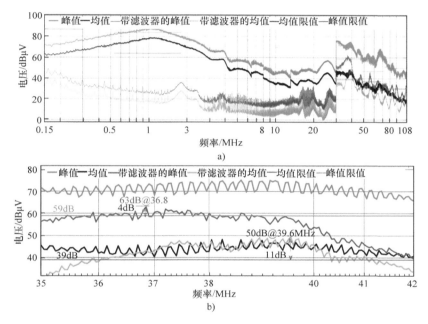

图 3-98 加入电容的 *LCLC* 滤波器后实际测试传导骚扰电压

方案二：加入 *LCLC*+2C_{Y1} 滤波器后，高压正极电源线的传导骚扰电压如图 3-99 所示。从图中可以看出，30MHz 以下低频段峰值和均值干扰无明显变化。36～41MHz 频段中传导电压的最大峰值从 63dBμV 降至 53.7dBμV，低于标准限值；36～41MHz 频段的最大平均传导电压从 50dBμV 降至 44dBμV，超过了 5dB 的标准限值。此外，平均值在 57MHz 时超过 0.4dB 的标准限值。

方案三：加入 *LCLC*+2C_{Y1}+2C_{Y2} 滤波器后，高压正极电源线的传导骚扰电压如图 3-100 所示。从图中可以看出，30MHz 以下低频段峰值和均值干扰无明显变化，均在标准限值以下，36～41MHz 频段的峰值和平均值降低，满足标准限值。然而，在 46MHz 附近出现了一个新的谐振峰值，46MHz 的平均值达到 42.6dBμV，超出标准限值 3.6dB。47.4MHz 的峰值达到 59.8dBμV，超出标准 0.8dB。此外，峰值仍略高于 48MHz 的标准。

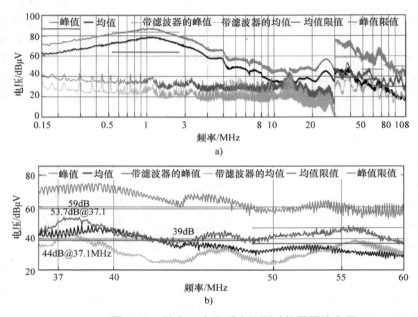

图 3-99　单个 Y 电容后实际测试传导骚扰电压

　　实验结果表明，添加 $2C_{Y1}+2C_{Y2}$ 后，抑制效果不好。虽然仿真和预测阶段的三种抑制方法可以大大减少所传导的 EMI 发射，但在实际测试中仍不能满足标准极限。由于 Y 电容器的添加在抑制干扰的同时可能会产生新的谐振，所以更换了多个具有不同电容值的 C_{Y2} 以测试获得不同电容值对传导 EMI 电压的影响。在实际测试中，分别使用一对 100nF 的 C_{Y2} 和一对 1000nF 的 C_{Y2}，测试结果如图 3-101 所示。与三个电容器的平均值比较如图 3-101c 所示。

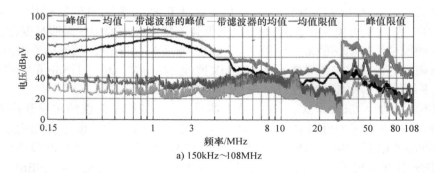

图 3-100　$LCLC+2C_{Y1}+2C_{Y2}$ 滤波器后实际测试传导骚扰电压

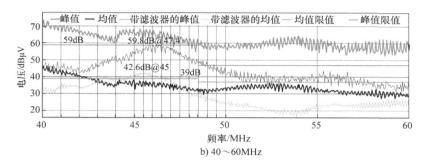

b) 40～60MHz

图 3-100　$LCLC+2C_{Y1}+2C_{Y2}$ 滤波器后实际测试传导骚扰电压（续）

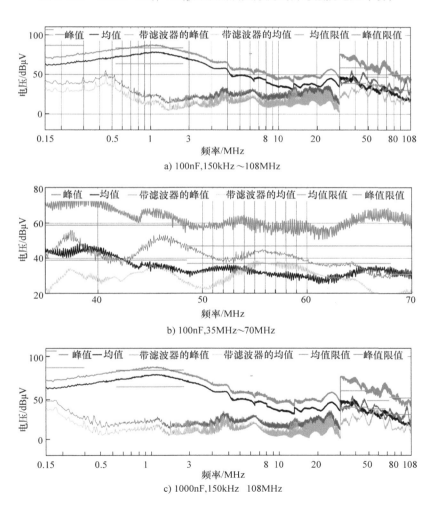

a) 100nF,150kHz～108MHz

b) 100nF,35MHz～70MHz

c) 1000nF,150kHz　108MHz

图 3-101　加不同电容器后传导电压测试结果

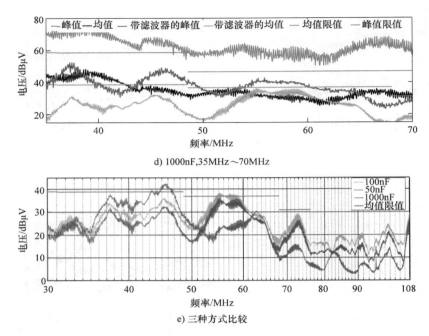

d) 1000nF,35MHz～70MHz

e) 三种方式比较

图 3-101　加不同电容器后传导电压测试结果（续）

从图 3-101a 中可以看到，在添加 10nF 的 Y 电容器后，传导骚扰电压显著降低。在 55MHz 时，平均曲线达到 38.5dBμV，超过标准极限。图 3-101b 中，在添加 100nF 的 Y 电容器后，传导骚扰电压的峰值和平均曲线明显减小，满足低于标准限值的要求。因此，最终使用 1000nF 的 Y 电容器。

3.5.2　基于谐振点抑制的滤波电路设计方法

从图 3-4 的试验结果可以看出，传导骚扰电压超标点主要在 1MHz 和 30MHz 附近。根据 1MHz 和 30MHz 的骚扰电流的路径分析，可以看出 1MHz 的传导电磁干扰噪声主要是差模分量，30MHz 的传导电磁干扰噪声主要是共模分量。

1. 基于 1MHz 谐振抑制的差模滤波电路

降低 1MHz 处谐振点传导电压主要有以下两种方法：

1）降低直流滤波电容 C_{DC} 的等效寄生电感 L_s，使谐振点从 1MHz 偏移到标准没有规定限值的频段，选择在 C_{DC} 旁并联 X 电容器。

2）增大直流母线寄生电感 L_{P1} 和 L_{P2}，可以增加 Z_1 的幅值，从而降低 1MHz 差模干扰谐振尖峰和传导电压。滤波器电源正负极铜条的自感作为差模电感。

从图 3-4 可以看出，均值超出标准限值 15dBμV，因此差模衰减量定为 15 + 6 = 21dBμV，利用式（3-32）计算出差模截止频率为 95kHz。采用 2 个差模 X 电容器 C_{X1}、C_{X2} 和 2 个差模电感 L_{D+}、L_{D-} 组成一级 CLC 差模滤波拓扑结构，如图 3-102

所示。利用滤波器电源正负极铜条的自感作为差模电感，为 30nH。由式（3-33）计算得出差模电容为 10μH。

将差模滤波器放入电机驱动系统高频等效电路，位于逆变器直流输入与 LISN 之间，如图 3-103 所示。

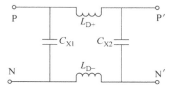

图 3-102　差模滤波器拓扑结构

从图 3-103 可以发现，加入差模滤波电路后，差模干扰电流一部分经差模电容 C_{X1}、差模滤波电感 L_{D+}、L_{D-} 和 C_{X2} 流回干扰源。这是由于并联了电容 C_{X1}，使直流滤波支路的阻抗值减小，通过该支路的差模电流增加，从而使高压直流母线的差模电流和 LISN 上测到的传导电压减小。由于增加 L_{D+}、L_{D-} 和 C_{X2}，使流入 LISN 的传导噪声电流减小。

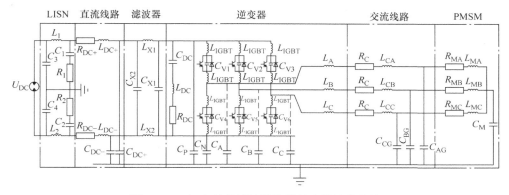

图 3-103　加入差模滤波器的系统高频等效电路

2. 基于 30MHz 谐振抑制的共模滤波电路

通过 30MHz 共模干扰电流传播路径分析可知，30MHz 的谐振形成与 IGBT 的极间电容、逆变器中性点对地电容、直流线缆和交流线缆的电感、逆变器中性点引出铜排的电感都有关联。传导骚扰电压与干扰源的关系很难用数学方程表征。这里，采用电路网络端口理论设计共模滤波电路。采用 2 对共模电容（C_{Y1}、C_{Y2}；C_{Y3}、C_{Y4}）和 1 个电感为 L_C 的共模磁环组成一级 CLC 共模滤波拓扑结构，如图 3-104 所示。根据漏电流的限值要求，确定 Y 电容器的电容值，在第一个转折频率 $f_1 =$ 10kHz 处的 Y 电容器 C_{Y1} 取 0.068μF。然后再根据式（3-34）计算所需磁环电感的值，$L_C = 30μF$。

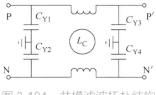

图 3-104　共模滤波拓扑结构

3．滤波器拓扑结构优化

电驱动车辆电机逆变器系统高压电源线的电磁干扰源阻抗随 PWM 控制模式和电气负载而实时变化，通过理论计算和数值求解很难得出较为准确的源阻抗。目前，可以通过试验测量和系统建模仿真获得相对准确的源阻抗。利用第二部分建立的电机逆变器系统高频等效模型，分析确定最优化的拓扑结构。下面分析 CL、LC、CLC 和 LCL 四种结构的差模滤波器和共模滤波器，以获取最优方案。

（1）差模滤波拓扑结构的优化

1）CL 拓扑。在电机驱动系统高频电磁发射电路模型直流输入侧加入差模 CL 滤波电路，此时 LISN 上得到的传导骚扰电压仿真结果如图 3-105a 所示。在 1MHz 频点附近有较大幅度衰减，在 900kHz 频点减小了 46dB。谐振尖峰点由 900kHz 偏移到 960kHz，幅值减小到 54dBμV。

2）LC 拓扑。加入差模 LC 滤波电路后的传导骚扰电压仿真结果如图 3-105b 所示。传导骚扰电压在 1MHz 附近均有较大幅度衰减，在 900kHz 衰减了 38dB。然而，骚扰电压在 150～220kHz、320kHz、340kHz、560kHz、2～20MHz 超过了没有加滤波器时的初始测试值。特别是在 150kHz，传导骚扰电压上升较多，很容易出现超标现象。原本 900kHz 谐振尖峰点由 900kHz 偏移到 560kHz，幅值也衰减到 64dBμV。

3）CLC 拓扑。加入差模 CLC 滤波电路后的传导骚扰电压仿真结果如图 3-105c 所示。传导骚扰电压在 1MHz 附近内均有较大幅度衰减，在 900kHz 衰减了 43dB。由 900kHz 偏移到 1MHz，幅值衰减到 60dBμV。然而，传导骚扰电压在 320kHz、340kHz、560kHz、2～20MHz 超过了没有加滤波器时的初始测试值。

4）LCL 拓扑。加入差模 LCL 滤波电路的传导骚扰电压仿真结果如图 3-105d 所示。传导骚扰电压在 150kHz～2MHz 频段内均有衰减，原本谐振尖峰点由 900kHz 偏移到 1MHz，幅值衰减到 66dBμV。传导骚扰电压在 900kHz 衰减了 36dB。然而，在 1MHz、2MHz、3MHz 等频点处出现了 1MHz 倍频的高次谐波，电压幅值超出了初始测量值。

将四种差模滤波器拓扑结构在电机驱动系统高频电磁发射电路模型中的传导骚扰电压仿真结果进行对比，结果如图 3-105e 所示。

仿真结果显示，各拓扑均能在 1MHz 附近的 150kHz～2MHz 频段内有效减少传导骚扰电压，其中 LCL 拓扑抑制效果最好。与 LCL 拓扑比较，CL 拓扑有效插入损耗在 150～250kHz 之间比 LCL 小 8dBμV 左右，高频几乎一致。LC 拓扑有效插入损耗在 150～250kHz 频段内比 LCL 小 10dBμV 左右，在 2MHz 以上频段比 LCL 小 15dBμV 左右。CLC 拓扑有效插入损耗在 2MHz 以上频段比 LCL 小 12dBμV 左右。虽然从有效插入损耗来看，LCL 拓扑性能最好，但是两个电感的结构会大大增大滤波器的体积，在电机控制器内部安装时受空间限制。因此，最终差模滤波电路采用一级 CL 拓扑结构。

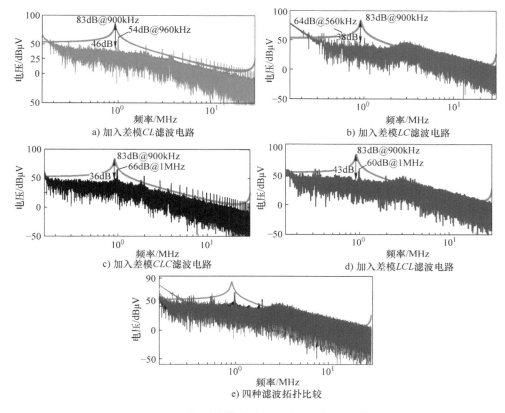

图 3-105　加入差模滤波器后传导骚扰仿真结果

（2）共模滤波拓扑结构的优化

1）CL 拓扑。如图 3-106a 所示，系统加入共模 CL 滤波电路后的传导骚扰电压在 150kHz ~ 108MHz 频段内均有较大幅度衰减，谐振尖峰点由 900kHz 偏移到 440kHz，幅值为 75dBμV，虽然该点幅值较大，但在此频段标准并未规定限值，在 900kHz 衰减了 62dB。在 30MHz 衰减了 57dB。

2）LC 拓扑。如图 3-106b 所示，系统加入共模 LC 滤波电路后的传导骚扰电压在 150kHz ~ 108MHz 频段内均有较大幅度衰减，原本 900kHz 谐振尖峰点因加入了滤波器而产生偏移，由 900kHz 偏移到 860kHz，幅值也衰减到 54dBμV，在 900kHz 衰减了 60dB。在 30MHz 衰减了 62dB。

3）CLC 拓扑。如图 3-106c 所示，系统加入共模 CLC 滤波电路后的传导骚扰电压在 150kHz ~ 108MHz 频段内均有较大幅度衰减，谐振尖峰点由 900kHz 偏移到 440kHz，幅值为 80dBμV，虽然该点幅值较大，但在此频段标准并未规定限值，在 900kHz 衰减了 66dB。在 30MHz 衰减了 50dB。

4）LCL 拓扑。如图 3-106d 所示，系统加入共模 LCL 滤波电电压在 150kHz ~ 108MHz 频段内均有较大幅度衰减，谐振尖峰点由 900kHz 偏移到 1MHz，幅值衰减到 56dBμV，在 900kHz 衰减了 58dB。在 30MHz 衰减了 43dB。在 78MHz 衰减了 25dB。

将四种共模滤波器拓扑结构在电机驱动系统高频电磁发射电路模型中的传导骚扰电压仿真结果进行对比，如图 3-106e ~ g 所示。

仿真结果显示，各拓扑均能在 150kHz ~ 108MHz 频段内有效减小共模传导骚扰电压，其中 LCL 拓扑抑制效果最好。与 LCL 拓扑比较，CLC 拓扑与 CL 拓扑的有效插入损耗在 150 ~ 500kHz 之间比 LCL 拓扑小 17dBμV 左右，尤其在 440kHz 频点处，形成了新的谐振点，幅值分别高达 75dBμV 和 80dBμV；CL 拓扑和 CLC 拓扑与 LCL 拓扑的高频性能基本一致。LC 拓扑有效插入损耗则在 150 ~ 500kHz 之间比 LCL 拓扑平均小 10dBμV 左右，高频性能与 LCL 基本一致。同样因为体积的原因，没有采用 LCL 拓扑结构，而采用 LC 拓扑结构。

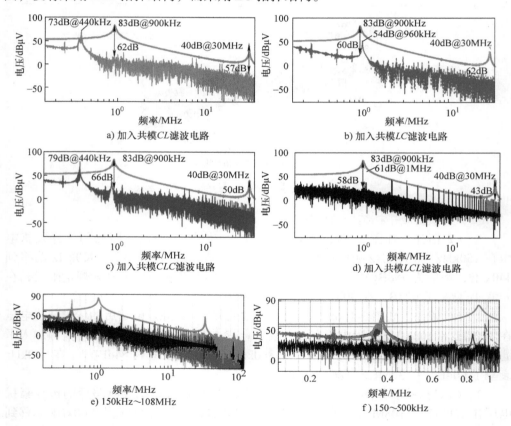

图 3-106　加入共模滤波器后传导骚扰仿真结果

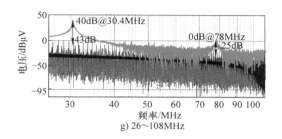

g) 26～108MHz

图 3-106　加入共模滤波器后传导骚扰仿真结果（续）

4. 共差模滤波拓扑结构对传导干扰抑制仿真验证

根据以上分析结果，差模滤波采用 CL 拓扑，而共模滤波采用 LC 拓扑，基于 1MHz 和 30MHz 谐振点抑制设计的 EMI 滤波器共差模拓扑结构如图 3-107a 所示。源阻抗和负载阻抗为 50Ω 的差模和共模插入损耗如图 3-107b、c 所示。结果表明，该滤波器能有效降低 CM 和 DM 传导扰动电压。1MHz 时 CM 滤波器的插入损耗为 28dB，1MHz 时 DM 滤波器的插入损耗为 62dB，插入损耗可满足 1MHz 时 21dB 以上的要求。

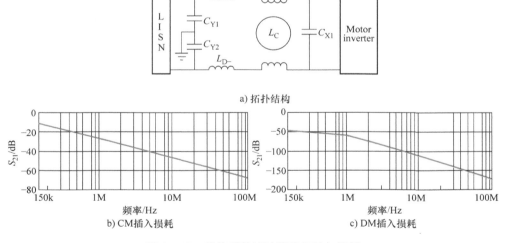

a) 拓扑结构

b) CM插入损耗　　　　　　　　　c) DM插入损耗

图 3-107　优化后的滤波网络拓扑与插损

将共差模滤波拓扑结构放入电机驱动系统高频电路中进行仿真，加入优化滤波器后传导骚扰电压与未加入优化滤波器传导骚扰电压对比结果如图 3-108 所示。在 150kHz ～ 108MHz 之间传导骚扰电压得到有效抑制，900kHz 谐振点的干扰值从 83dBμV 下降到 33dBμV，衰减了 50dB；30MHz 谐振点的干扰从 40dBμV 下降到 −2dBμV，衰减了 42dB。

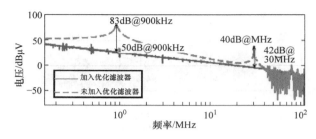

图 3-108 加入优化滤波器后的传导骚扰电压对比

5. 优化滤波器的试验验证

（1）原理样机研制

根据对电机驱动系统高频电路共差模干扰传递函数的分析，得到优化抑制后的直流侧电源滤波电路。利用 CATIA 软件对电容、电感和滤波器壳体进行 3D 建模，滤波器原理样机如图 3-109 所示。

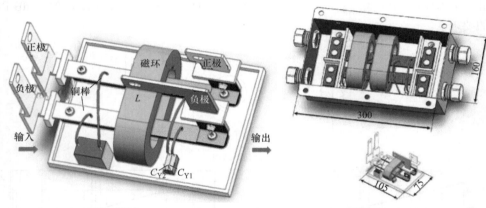

a) 3D模型　　　　　　　　　　　　　　　　b) 两种滤波器尺寸对比

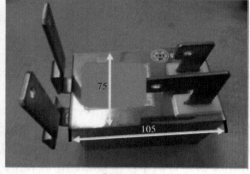
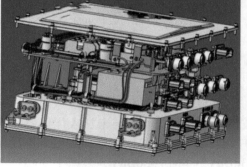

c) 滤波器原型机　　　　　　　　　　　　　d) 在电机控制器安装滤波器

图 3-109 滤波器原理样机

（2）插入损耗试验

对该直流电源滤波器进行插入损耗测试，对比分析实际滤波效果与仿真预测滤波效果的差异。插入损耗测试平台由信号发生器、频谱分析仪、滤波器以及插入损耗测试工装壳体组成。测试时由信号发生器发射 0.5V 的扫频正弦波，扫频频段为 9kHz～108MHz，频谱分析仪分辨率带宽和视频带宽在 9kHz～30MHz 间设置为 10kHz，30～108MHz 间设置为 100kHz，衰减 9dB，采用峰值检波方式。滤波器放置在测试工装中，并用隔板将滤波器输入侧与输出侧隔离，防止输入侧与输出侧前后耦合。实际插入损耗测试布置图如图 3-110 所示。

图 3-110　插入损耗测试布置图

滤波器在 9kHz～30MHz 频段的差模插入损耗如图 3-111a 所示。从测试结果可以看出，该差模滤波器插入损耗在 9kHz 时较小，随频率增加而逐渐增大，在 3.5MHz 时出现波动后随频率增加而逐渐减小，在 1MHz 时插入损耗为 36.88dBμV。滤波器在 30～108MHz 频段的差模插入损耗如图 3-111b 所示，在 33MHz 时插入损耗为 35.73dBμV。从测试结果可以看出，在 30～108MHz 频段内插入损耗较为平稳，保持在 33dBμV 左右。

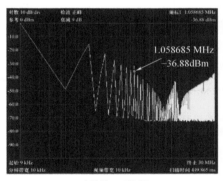

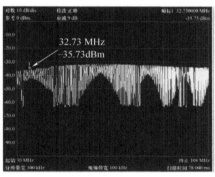

a) 9kHz～30MHz

b) 30～108MHz

图 3-111　差模插入损耗测试结果

滤波器在 9kHz～30MHz 频段的共模插入损耗如图 3-112a 所示。从测试结果可以看出，该共模滤波器插入损耗在低频时较小，在 159kHz 时插入损耗为 11.12dBμV；随频率增加而逐渐增大，其在 1MHz 时插入损耗为 30dBμV。在 6MHz 形成谐振点，之后随频率增加而逐渐减小，滤波器在 30～108MHz 频段的共模插入损耗较为平稳，保持在 40dBμV 左右，如图 3-112b 所示。

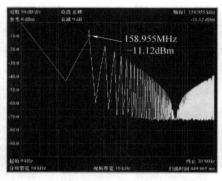 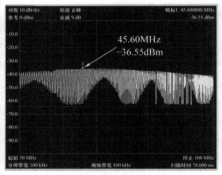

| a) 9kHz～30MHz | b) 30～108MHz |

图 3-112　共模插入损耗测试结果

（3）传导发射试验

利用图 3-3 所示测试平台，将装有滤波器的电机控制器进行传导 EMI 测试，试验结果如图 3-113 所示。从结果可以看出，传导骚扰电压峰值和均值在 150kHz ～ 108MHz 频段内均符合标准 CISPR 25—2016 高压部件等级 5 的限值要求。

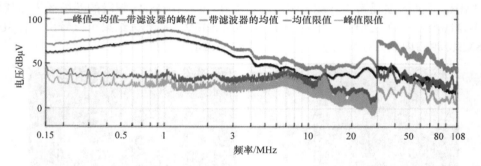

图 3-113　加入优化滤波器后高压直流正极电源线传导骚扰电压

3.5.3　电机控制器高压直流电源 EMI 滤波器设计

1. EMI 高压直流电源滤波器方案 1

（1）滤波器设计

初步选定共模滤波电路为两级 LC 结构，电感 L_1、L_2 均选择用两个超微晶磁环，其电感量在 10kHz 时为 45μH，两级 Y 电容器 $C_{Y1} \sim C_{Y4}$ 均选择 68nF 的安规电容。差模滤波电路选择使用额外的 X 电容器与超微晶磁环的漏感共同构成两级 CL 电路，其中两个 X 电容器的电容值均为 10μF，超微晶漏感约为其电感量的 2%，即 0.9μH。方案 1 滤波器如图 3-114 所示。

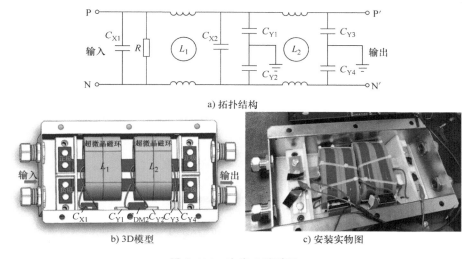

a) 拓扑结构

b) 3D模型　　　　c) 安装实物图

图 3-114　方案 1 滤波器

（2）插入损耗建模仿真

根据图 3-114a，在 ADS 软件中搭建滤波器差模和共模插损仿真电路。其中，共模插损仿真电路和仿真结果如图 3-115a 所示，差模插损仿真电路和仿真结果如图 3-115b 所示。可以看出，共模插入损耗在 150kHz 时约为 34.6dB，差模插入损耗在 150kHz 时约为 76.2dB。

（3）插入损耗测量

使用矢量网络分析仪，分别测量其差模 S 参数及共模 S 参数。测试布置图如图 3-116 所示，插损测试结果如图 3-117 所示。

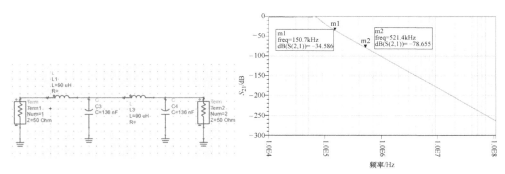

a) 共模插损仿真电路及仿真结果

图 3-115　方案 1 滤波器插损仿真

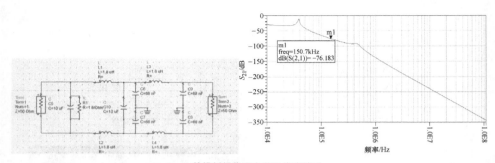

b）差模插损仿真电路及仿真结果

图 3-115　方案 1 滤波器插损仿真（续）

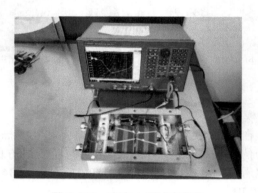

图 3-116　方案 1 测试布置图

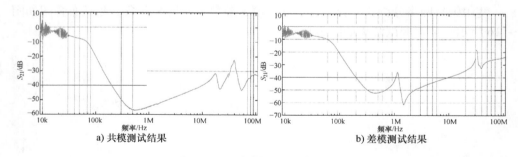

a）共模测试结果　　　　　　　　　　b）差模测试结果

图 3-117　方案 1 插损测试结果

　　滤波器方案 1 无论是差模插损还是共模插损，在 150kHz ~ 108MHz 的全频段插损都小于 60dB，在 200kHz 之前以及 10MHz 之后，插损明显减小。此外，共模和差模 S_{21} 都在 30MHz 时出现了谐振，差模 S_{21} 还在 1MHz 附近出现谐振点。当前共模插损最好的频率范围为 300kHz ~ 2MHz，可以实现 50dB 的插损，差模插损可在 300kHz ~ 10MHz 范围内实现 35dB 的插损。

2. EMI 高压直流电源滤波器方案 2

（1）滤波器设计

针对滤波器方案 1 插入损耗在低频和高频段变小的问题，在方案 1 的基础上进行改进。针对低频差模插损量较小的问题，在滤波器输出端再增加一个 10μF 的 X 电容器；针对低频共模插损量较小，在滤波器输入端增加一对 Y 电容器，并重新调整每一级 Y 电容器的电容值。针对滤波器高频插损量较小的问题，将共模磁环中的一个超微晶磁环更换为高频性能更好的铁氧体磁环，并且为减小 Y 电容器引线带来的寄生电感，尽可能缩短电容连线。改进后的滤波器电路拓扑结构如图 3-118 所示，3D 模型如图 3-119a 所示，安装实物图如图 3-119b 所示。共模和差模插入损耗仿真结果如图 3-119c、d 所示，在 150kHz ~ 108MHz 频段的插入损耗大于 60dB。

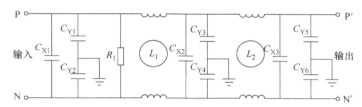

$C_{X1}=C_{X2}=C_{X3}=10μH$, $L_1=L_2=47μH$, $C_{Y1}=C_{Y2}=470pF$, $C_{Y3}=C_{Y4}=0.1μF$, $C_{Y5}=C_{Y6}=0.22μF$

图 3-118　方案 2 滤波器电路拓扑

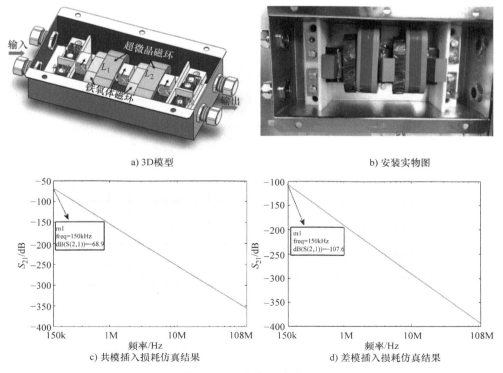

a) 3D模型　　　　　　　　　　　　　b) 安装实物图

c) 共模插入损耗仿真结果　　　　　　d) 差模插入损耗仿真结果

图 3-119　方案 2 滤波器

（2）插入损耗测量

使用矢量网络分析仪分别测量滤波器差模及共模 S_{21} 参数。测试布置图如图 3-120 所示，插损测试结果如图 3-121 所示。可以看到在改进后，共模插损和差模插损均有了很大改进，在 300kHz～40MHz 频段插损大于 60dB。

图 3-120　方案 2 测试布置图

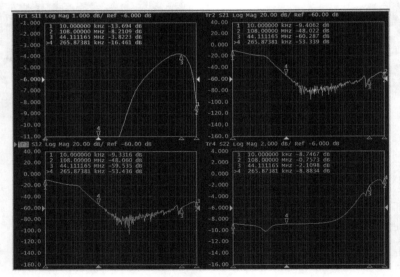

a) 共模测试结果

图 3-121　方案 2 滤波器插损测试结果

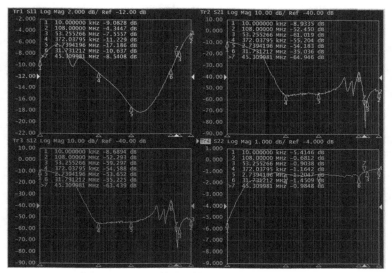

b) 差模测试结果

图 3-121　方案 2 滤波器插损测试结果（续）

3. EMI 高压直流电源滤波器方案 3

针对滤波器方案 2 插入损耗在高频时插入损耗在部分区域不满足 60dB 的问题，通过在滤波器输出端口加高频电感以及一对 4.7nF 的 Y 电容器来对其进行改进，改进后的滤波器实物如图 3-122 所示。

图 3-122　方案 3 滤波器实物图

使用矢量网络分析仪对方案 3 滤波器的插入损耗进行了测量，插损测试结果如图 3-123 所示。

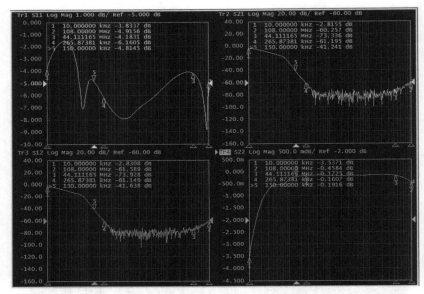

a) 共模测试结果

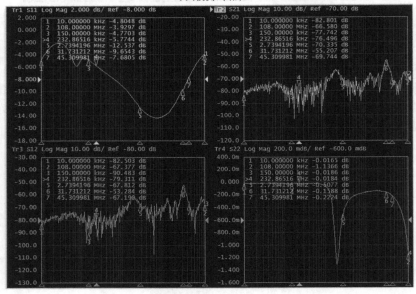

b) 差模测试结果

图 3-123　方案 3 滤波器插损测试结果

通过测量发现，方案 3 滤波器的共模插入损耗在 266kHz ~ 108MHz 频段大于 60dB，在 150 ~ 266kHz 频段大于 41dB；差模插入损耗在 232kHz ~ 108MHz 频段大于 60dB，在 150 ~ 232kHz 频段大于 45dB。相较前两种方案，滤波器方案 3 的插损在整个频段的特性最好，但在实际工程应用中，需要增加一级磁环，增大了滤波器的尺寸和成本。

4. 插入损耗电机系统带载测试

（1）传导发射

在 12N·m、1900r/min 的工况下对加滤波器方案 2 前后的电机控制器高压正极电源线传导骚扰电压进行测量，图 3-124 所示为带滤波模块的传导发射检验布置图。图 3-125 所示为滤波前后传导电压测试结果对比图，从中可以看到，带滤波模块的电机控制器高压正极电源线的传导电压满足 GB/T 18655—2018 等级 3 的限值要求。图 3-126 所示为滤波模块在系统中的插入损耗，从中可以看到，电机控制器高压正极电源线传导电压峰值和均值均有大幅下降，特别是在 5MHz 处，滤波模块的均值插入损耗达到了 48dB，峰值插入损耗达到了 47dB。此外，由于测试环境底噪的影响，滤波模块实际的插入损耗高于图 3-126 的测试结果。

（2）辐射发射

为验证滤波模块对于辐射发射的抑制作用，参照标准 GB/T 18655—2018 在 53N·m、1900r/mim 工况下对加滤波模块前后的电机驱动系统辐射发射进行测量，测试结果如图 3-127 所示，图中只给出了杆天线、双锥天线、对数天线和喇叭天线垂直极化的测试结果，这是因为天线垂直极化电场强度测试结果比水平极化测试结果高。带载工况下，电机驱动（发电机）系统辐射发射尽管都满足 GB/T 18655—2018 辐射骚扰限值等级 3 要求，但是均值与峰值在某些频段反而升高。

图 3-124　带滤波模块的传导发射检验布置图

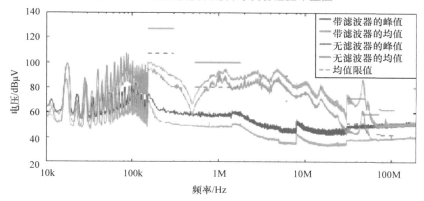

图 3-125　传导电压测试结果对比（10kHz ~ 108MHz）

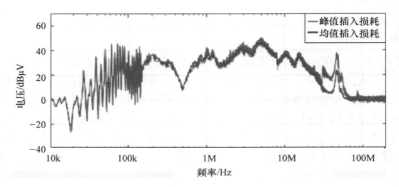

图 3-126　滤波模块在系统中的插入损耗（10kHz～108MHz）

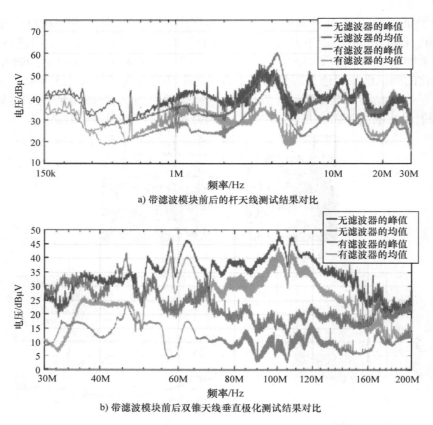

a) 带滤波模块前后的杆天线测试结果对比

b) 带滤波模块前后双锥天线垂直极化测试结果对比

图 3-127　带滤波模块前后辐射发射测试结果对比

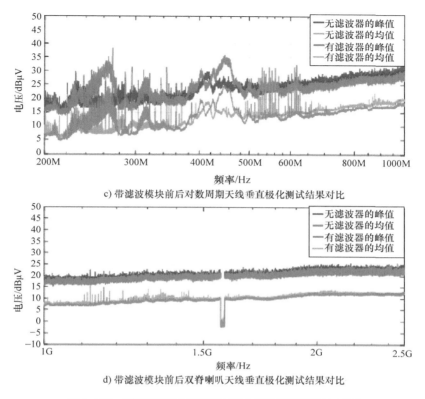

c) 带滤波模块前后对数周期天线垂直极化测试结果对比

d) 带滤波模块前后双脊喇叭天线垂直极化测试结果对比

图 3-127　带滤波模块前后辐射发射测试结果对比（续）

3.5.4　空心电感高压直流电源 EMI 滤波器设计

1. 滤波器拓扑选择

滤波器拓扑结构的选择主要考虑源阻抗和负载阻抗。滤波器应用在发电机整流桥的直流输出端口、滤波器输出侧接高压动力电池，电池具有阻容性，呈现低阻抗。因此将滤波器的基本拓扑选择为 LC 型，并且为了使滤波器兼顾差模信号与共模信号的抑制，将电感选择为差模电感，电容为 Y 电容器，这样就可以利用电感与 Y 电容器来抑制共模信号，利用差模电感和一对 Y 电容器串联组成的 X 电容器来抑制差模信号。

同时，差模电感与共模电容的组合还可以使差模和共模滤波电路的转折频率一致，就不需要分别针对共模电路和差模电路去选择级数以及转折频率，可以简化设计过程。

2. 滤波器级数及转折点的确定

滤波器的级数和每一级的转折频率 f 主要与频率范围和插损要求有关，本滤波器要求在 150kHz ~ 108MHz 全范围起作用，并要求插损 60dB。

根据工程经验来看，单级滤波器在转折频率到10倍转折频率之间，其插损曲线基本遵循20n dB/10dec（其中n为每一级的元件数，与滤波器的基本拓扑有关），而在10～100倍转折频率之间，插损曲线会逐渐偏离理论曲线，但仍能维持20n dB的插损。在100倍频后，抑制效果会逐渐变差，直至没有效果。

由于150kHz～108MHz的频率范围很宽，单级滤波器无法满足要求。虽然随着滤波器级数的增加，插损效果也会变好，但是滤波器的体积也会成倍增大，同时也会带来元件谐振等复杂问题。考虑到发电机整流桥的传导骚扰噪声较大，因此将滤波器设计为3级。

由于基本电路为LC电路，元件数$n=2$，故10倍频以下插损满足40dB/10dec，如果只用第一级滤波电路来使其在150kHz时满足60dB的插损要求，则第一级的转折频率就会很低，导致对应的电容、电感参数过大，影响整个滤波器的体积。因此，使用第一级和第二级滤波电路共同来满足这一要求。

将第一级滤波器的转折频率定为20kHz，则其在150kHz时插损可以达到35dB，因此需要第二级滤波器在150kHz时插损达到20dB，第二级滤波器转折频率可以通过公式（3-25）计算：

$$f_0 = \frac{f_1}{10^{\frac{IL_1}{20n}}}$$ （3-35）

式中，f_0为转折频率率；f_1为需要抑制的频率点，此处为150kHz；IL_1为需要在频点f_1处达到的插损值，此处为20dB；n为滤波器的阶数，此处为2。

将上述数据代入可求得$f_{20}=70$kHz。

第三级滤波器转折频率选定为130kHz，将有效插损范围拉到10MHz以上。对于滤波器来说，10MHz以上的插损曲线很难预测，更多的是靠经验进行一些细微的调整，因此转折频率不宜过高。

3. 滤波器参数确定

确定滤波器每一级的转折频率后，就需要根据转折频率来确定电容、电感的参数。此处选择三个相同的电感L_1～L_3。通过调节每一级电容值的大小来实现不同的转折频率。由于这些电感均为差模电感，每个电感上流过的电流均为全部的工作电流，在电动汽车上，发电机整流桥的工作电流高达300～500A，在这样大的电流下，一般的磁心材料都会饱和，导致电感量极小。

因此，电感选用空心电感，其主要优点在于大电流时没有饱和问题，高频时电感量也可以较好保持。为保证空心电感可以承受发电机系统工作时的电流，使用直径为8mm的实心铜线绕制，并在铜线表面镀锡，防止其氧化。空心电感电感量计算公式为

$$L = \frac{0.01D^2N^2}{l + 0.44D}$$ （3-36）

式中，L 为线圈的电感（μH）；l 为线圈的长度（cm）；N 为线圈的匝数；D 为线圈的截面直径（cm）。

　　考虑到在车辆上使用时，滤波器整体体积不宜过大，因此线圈平均直径取为 4.2cm，线圈长度取 4.1cm，匝数取 4，最终计算得到空心电感电感量为 0.74μH。空心电感模型和实物如图 3-128 所示。

a) 3D模型

b) 实物

图 3-128　三个空心电感（串联）

　　使用矢量网络分析仪对空心电感的电感值进行测量，可以得到其电感量为 0.64μH，与理论计算值较为吻合。

$$f = \frac{1}{2\pi\sqrt{L_1 C_Y}} \tag{3-37}$$

　　滤波器转折频率与电容、电感的关系见式（3-37）。第一级谐振频率 f_{10} = 20kHz，可以计算得到 $C_{Y1} = C_{Y2} = 98.9\mu F$，（取 90μF）；第二级谐振频率 f_{20} = 70kHz，可以计算得到 $C_{Y3} = C_{Y4} = 8.1\mu F$（取为 8μF）；第三级转折频率 f_{30} = 130kHz，可以计算得到 $C_{Y5} = C_{Y6} = 2.3\mu F$（取 2.2μF）。

　　同时，由于选取电容的电容值较大，电容存储的能量需要通过额外的通道进行泄放，所以在每个电容旁并联一个阻值为 1MΩ 的电阻。

　　故最终滤波器拓扑结构如图 3-129 所示。

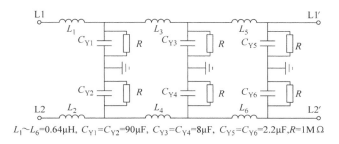

$L_1 \sim L_6 = 0.64\mu H$，$C_{Y1} = C_{Y2} = 90\mu F$，$C_{Y3} = C_{Y4} = 8\mu F$，$C_{Y5} = C_{Y6} = 2.2\mu F$，$R = 1M\Omega$

图 3-129　空心电感高压直流电源 EMI 滤波器拓扑结构

4.滤波器原理样机设计

空心电感滤波器 3D 模型如图 3-130 所示，样机如图 3-131 所示。从图中可以看到，为了减小滤波器每一级之间噪声信号的耦合，三级滤波器呈直线分布，Y 电容器直接布置在电感下，并且引脚就近与电感以及滤波器外壳连接。同时为了保证滤波器的绝缘，在空心电感周围包裹滤波器专用的绝缘青壳纸，并用环氧树脂灌封。

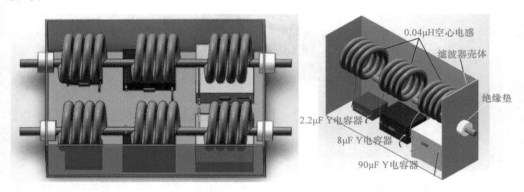

图 3-130　空心电感滤波器 3D 模型

图 3-131　空心电感滤波器原理样机

5.滤波器插入损耗仿真

为了验证滤波器的性能，参照滤波器测量相关标准 GB/T 7343—2017 以及 GB/T 18655—2018，通过 ADS 软件在源阻抗和负载阻抗均为 50Ω 的情况下，对滤波器的插入损耗进行仿真分析。

（1）滤波器共模插损

图 3-132 所示为滤波器共模插损仿真模型及仿真结果，从图中可以看到，在 150kHz ~ 108MHz，滤波器共模插损均大于 60dB。

（2）滤波器差模插损仿真

图 3-133 所示为滤波器差模插损仿真模型及仿真结果，从图中可以看到，在 150kHz ~ 108MHz，滤波器差模插损均大于 60dB。

（3）滤波器插入损耗测试

参照标准 GB/T 7343—2017，将发电机整流桥滤波模块与矢量网络分析仪进行连接，分别测量滤波模块两端口共模 S 参数 $S_{21\text{-}CM}$ 和差模 S 参数 $S_{21\text{-}DM}$。滤波模块的插入损耗（a_e）可用公式（3-38）计算：

$$a_e = -20\lg|S_{21}| \tag{3-38}$$

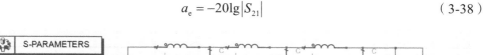

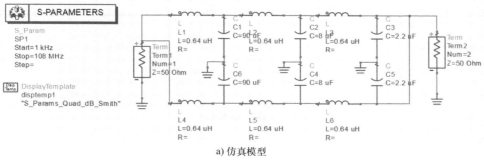

a) 仿真模型

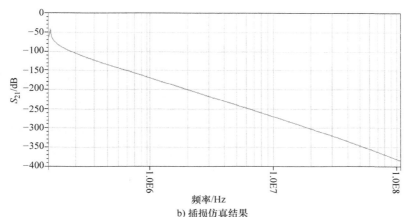

b) 插损仿真结果

图 3-132　空心电感滤波器共模插损仿真模型及仿真结果

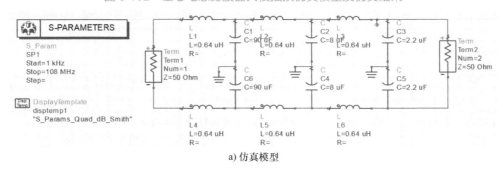

a) 仿真模型

图 3-133　空心电感滤波器差模插损仿真模型及仿真结果

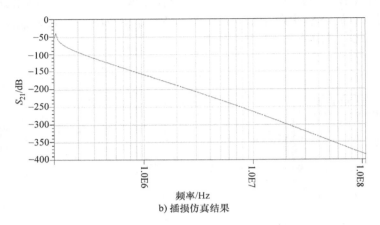

b) 插损仿真结果

图 3-133　空心电感滤波器差模插损仿真模型及仿真结果（续）

1）$S_{21\text{-CM}}$ 测量。$S_{21\text{-CM}}$ 测量布置图和 $S_{21\text{-CM}}$ 的幅值测量结果如图 3-134 所示。

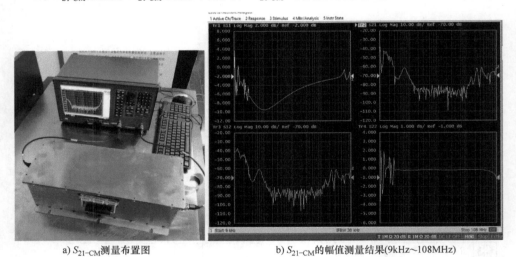

a) $S_{21\text{-CM}}$测量布置图　　　　　　　　　　b) $S_{21\text{-CM}}$的幅值测量结果(9kHz～108MHz)

图 3-134　空心电感滤波器 $S_{21\text{-CM}}$ 测量

将 $S_{21\text{-CM}}$ 幅值测量数据保存，根据式（3-28），利用 MATLAB 软件计算，获得发电机整流桥滤波模块 150kHz～108MHz 频段的共模插入损耗 $a_{e\text{-CM}}$ 曲线（见图 3-135），从图中可以看出，$a_{e\text{-CM}}$ 在 150kHz～108MHz 频段插入损耗大于 60dB。

2）$S_{21\text{-DM}}$ 测试。$S_{21\text{-DM}}$ 测量布置图和 $S_{21\text{-DM}}$ 的幅值测量结果如图 3-136 所示。

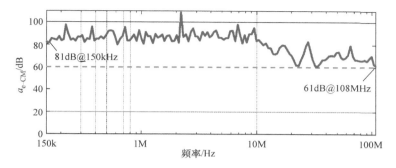

图 3-135　空心电感滤波器 $a_{e\text{-}CM}$ 测量结果（150kHz~108MHz）

a) $S_{21\text{-}DM}$ 测量布置图

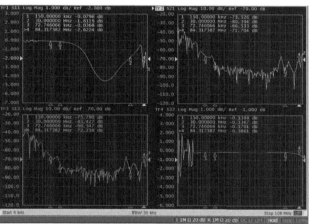

b) $S_{21\text{-}DM}$ 的幅值测量结果（9kHz～108MHz）

图 3-136　空心电感滤波器 $S_{21\text{-}DM}$ 测量

　　将 $S_{21\text{-}DM}$ 幅值测量数据保存，根据式（3-38），利用 MATLAB 软件计算，获得发电机整流桥滤波模块 150kHz～108MHz 频段的差模插入损耗 $a_{e\text{-}DM}$ 曲线（见图 3-137），从图中可以看出，$a_{e\text{-}DM}$ 在 150kHz～108MHz 频段插入损耗大于 60dB。

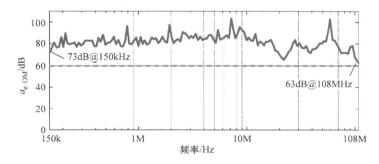

图 3-137　空心电感滤波器 $a_{e\text{-}DM}$ 测量结果（150kHz~108MHz）

3）空心电感滤波器带载插损测试。由于滤波器的插损仿真和测试都是在源阻抗和负载阻抗均为 50Ω 的情况下获取的，而实际发电机系统的源阻抗不是恒定的，因此在电机额定转速工况下进行了空心电感滤波器实际插入损耗测试。图 3-138 所示为带空心电感高压直流电源 EMI 滤波模块的电机系统传导发射（电压法）测试布置图，高压直流正极电源线传导骚扰电压试验结果如图 3-139 中所示。从图 3-139 中可以看到，带空心电感滤波器的电机及控制器高压正极电源线的传导骚扰电压峰值和均值均有大幅下降，满足 GB/T 18655—2018 等级 3 的限值要求。特别是在 60kHz，空心电感滤波器的均值插入损耗达到了 55dB，峰值插入损耗达到了 52dB。此外，由于测试环境底噪的影响，空心电感滤波器实际的插入损耗高于图 3-140 所示测试结果。

图 3-138　带空心电感滤波器的传导发射检验布置图

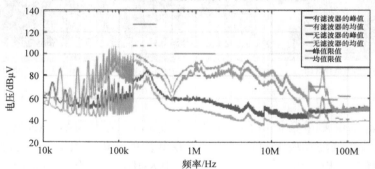

图 3-139　传导骚扰电压测试结果对比（10kHz～108MHz）

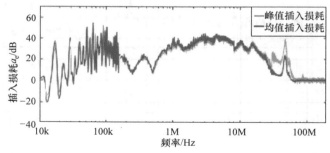

图 3-140　空心电感滤波器插入损耗（10kHz～108MHz）

3.6　电磁干扰测试

3.6.1　电磁干扰测试平台

目前国内对电动汽车零部件测试的最新标准为 GB/T 18655—2018，该标准附录Ⅰ《电动和混合动力车辆内屏蔽的高压电源系统的试验方法》中明确规定了电机驱动系统的试验方法、测试程序和限值，图 3-141 所示为传导发射与辐射发射试验布置示例，明确规定试验线束长度和位置、被测件的位置、天线位置、接地位置等。在半电波暗室搭建的电机驱动系统试验平台如图 3-142 所示。

测试项目可以分为传导发射（CE）和辐射发射（RE）两个方面。

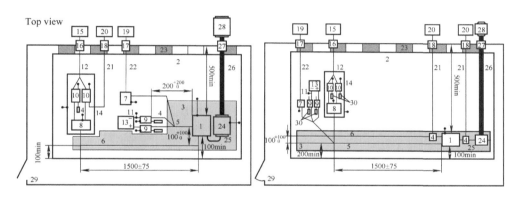

a) 传导发射——电压法　　　　　　　　　　b) 传导发射——电流探头法

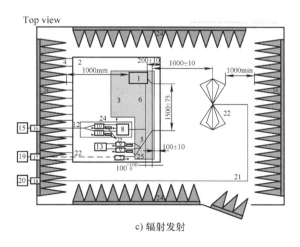

c) 辐射发射

图 3-141　GB/T 18655—2018 中传导发射与辐射发射试验布置示例

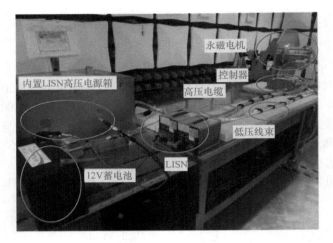

图 3-142　电机驱动系统试验平台

3.6.2　传导发射（电压法）

传导发射测量方法包括电压法和电流探头法，电压法主要是由 LISN 和接收机或频谱分析仪测量传导骚扰电压，电流探头法主要是由电流探头与接收机或频谱分析仪测量传导骚扰电流。

1. 高压电源线传导发射试验

电压法测量包括高压部分和低压部分的传导骚扰电压、测量。

高压直流电源输出端通过 LISN 连接直流屏蔽线缆给控制器提供直流电源，高压 LISN 及控制器放置在距测试地面高 1m 的接地铜板上，需要注意的是，控制器与接地铜板间垫有厚度为 50mm 的无导电性、低相对介电常数材料；LISN 接地良好，控制器与电机之间用长 1500mm 的屏蔽线缆连接，电机输出轴通过绝缘连接轴与电机负载相连接。

高压直流母线正极与负极的传导骚扰电压测试结果对比如图 3-143 所示，其中红色直线和粉色直线分别表示标准 GB/T 18655—2018 等级 3 的峰值限值与均值限值，蓝色曲线和绿色曲线分别表示电机在 25% 额定工况，转速 1910r/min、转矩 53N·m 下正极与负极传导骚扰电压峰值和均值。从图中可以看出，正极与负极的传导骚扰电压曲线基本重合，10MHz 以上频段正极传导骚扰电压稍微比负极大 3dB 左右。无论是正极还是负极的传导骚扰电压，都不能满足 GB/T 18655—2018 等级 3 的限值要求，其中均值比峰值超标更严重。传导骚扰电压的峰值在 5.9 ~ 6.2MHz 频段全部超标，超标 3dB 左右，在 30 ~ 90MHz 频段基本全超标。传导干扰的均值在 30MHz 以下的低频段超标更严重，在频段 700kHz ~ 1.8MHz、5.9 ~ 6.2MHz、35 ~ 50MHz 超标最大值分别为 11dB、15dB、8dB。

分别在 400r/min、0N·m 空载工况与 1900r/min、53N·m 额定工况下测量高压线缆传导骚扰电压，测试结果对比如图 3-144 所示。从图中可以看出，电机转矩、转速越大，额定工况下的传导骚扰电压幅值比空转时大。

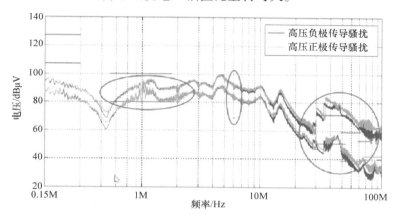

图 3-143　高压正极和负极线缆传导骚扰电压对比

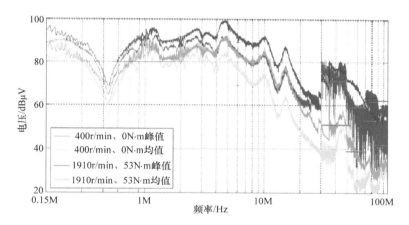

图 3-144　两种不同工况下的传导干扰测试结果对比

2. 低压电源线传导发射试验（电压法）

在额定工况下，低压直流电源线上正极与负极的传导干扰测试结果如图 3-145 所示，可以看出不能满足 GB/T 18655—2018 限值等级 3 的要求。低压正极与负极电源线的传导骚扰电压曲线在 7MHz 以下频段基本重合，但在 10～20MHz 频段正极的传导骚扰电压明显高于负极。无论是正极还是负极，均值超标更加严重，除了在 0.15～0.30MHz 满足等级 3 的限值要求以外，其他频段的传导发射都超标。从图 3-145b 中还可以看出，传导骚扰电压有非常多的尖峰值，间隔大约 30kHz，这主要是由 IGBT 导通后产生的脉冲信号的谐波引起的。限值要求以外，其他频段的传导发射都超标，且超标非常严重，如在 1MHz、5MHz 等频点超标大于 20dB。所以驱动系统的 EMC 问题，不仅要关注高压部分，还需要关注低压部分。

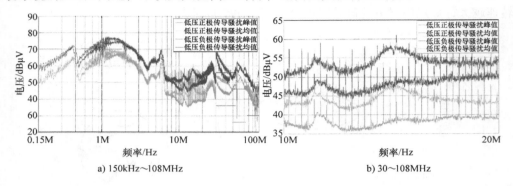

图 3-145　低压线缆正极与负极传导骚扰电压对比图

3. 高、低压电源线传导发射测试结果比较

高、低压设备电源线的传导骚扰测试结果对比如图 3-146 所示，高压电源线的传导骚扰幅值整体比低压电源线的传导骚扰幅值大很多，但在 5 ~ 6MHz 时都存在尖峰值，在 620kHz 有谷值，说明两者还存在一定的关联性。

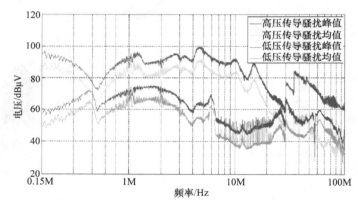

图 3-146　高、低压设备电源线的传导骚扰测试结果对比

3.6.3　传导发射（电流探头法）

1. 高压电源线传导骚扰电流测试

高压电源线传导发射（电流探头法）现场测试布置如图 3-147 所示，图 3-147a 中的电流探头距离控制器 750mm，图 3-147b 的电流探头距离控制器 50mm。

如图 3-148 所示，正负极电源线的共模电流与正极电源线传导骚扰电流频谱在 10MHz 以下，单根正极电源线的传导骚扰电流比共模电流大 2 ~ 5dB；在 14MHz 频段以上，共模电流除了 50MHz 附近一小段比单根电源线的传导骚扰电流小以外，其他频段都比单根电源线的传导骚扰电流大。

a) 正极电源线　　　　　　　　　　　　b) 正负极电源线

图 3-147　高压电源线传导发射（电流探头法）现场测试布置图

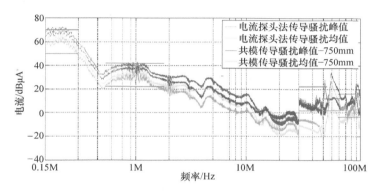

图 3-148　单根高压电源线缆传导骚扰电路电流与共模电流传导骚扰对比图

不同位置上（距离控制器 50mm、750mm 处）正负极电源线共模传导骚扰电流测试结果对比如图 3-149 所示，可以看出在 40～60MHz 频段上，50mm 处的传导骚扰比 750mm 处的传导骚扰更加严重，特别是在 50MHz，50mm 处比 750mm 处大 20dB。可以看出，高频时不同位置的共模传导骚扰电流不一致，说明即使高压电缆有屏蔽层的存在，但由于电缆存在转移阻抗，电源线在高频时就可以等效为天线，形成辐射发射。

2. 低压电源线传导骚扰电流测试

电流探头法低压电源线传导骚扰测试现场布置图如图 3-150 所示，图 3-150a 中的电流探头距离控制器 50mm，图 3-150b 中的电流探头距离控制器 750mm。测试结果如图 3-151 所示，在 30MHz 频段以下，两处的测试结果基本重合，高频部分在 50mm 处的传导骚扰更加严重，40MHz 以上，除了 87MHz、100MHz 频点附近一小段，50mm 位置的传导骚扰都比 750mm 位置大，最大值出现在 63MHz 频点位置，大 16dB。

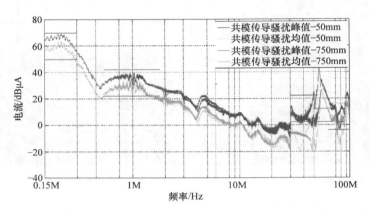

图 3-149　不同位置上正负极电源线共模传导骚扰电流测试结果对比图

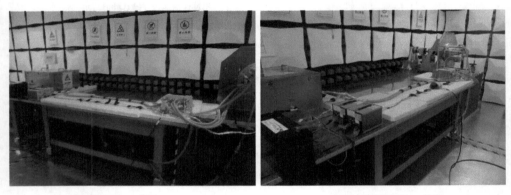

a) 距离控制器50mm位置　　　　　　　　　　b) 距离控制器750mm位置

图 3-150　电流探头法低压电源线传导骚扰测试现场布置图

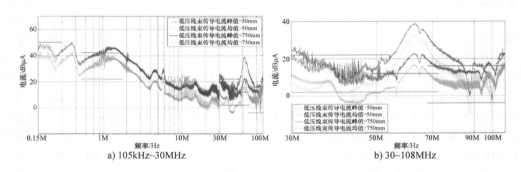

a) 105kHz~30MHz　　　　　　　　　　b) 30~108MHz

图 3-151　不同位置低压线束共模传导骚扰电流对比图

3. 电机三相电源线共模骚扰电流测试

对电机控制器与电机连接的三相高压电缆进行共模电流测量，分别在距离控制器 50mm、750mm 两个位置测试，测试结果对比如图 3-152 所示。30MHz 频率以下，两个位置的共模传导曲线依然基本重合，但在高频部分曲线相差很大。

直流电缆和交流电缆在距离控制器 50mm 位置上的共模电流测试结果对比如图 3-153 所示，在 600kHz ~ 108MHz 频段（除了 50MHz 附近频段），三相交流电缆共模电流比直流母线的共模电流更大。在 150 ~ 600kHz 频段，直流母线的共模电流更大。

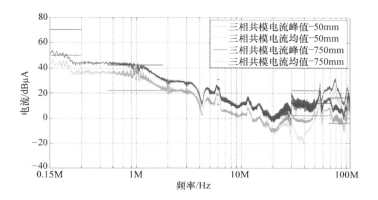

图 3-152　电机三相电源线共模电流对比

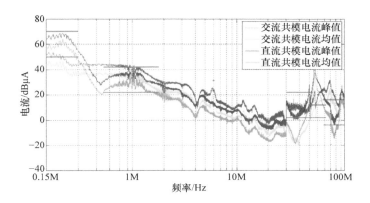

图 3-153　高压直流电源线与电机三相交流共模电流对比

4. 高压电源线与低压线束共模传导骚扰电流对比

如图 3-154 所示，低压线束的共模电流在整个频段都比高压电源线的共模电流更大，在高频 60MHz 附近都会出现很大的峰值，说明包含低压电源线、CAN 总线（通信）、使能线的低压线束上的共模干扰更大。使用电场探头扫描测试控制器低压控制板，在 60MHz 附近有较大的尖峰幅值，说明 60MHz 时的共模电流尖峰是由低压控制板引起的，高压电缆共模电流是低压控制板共模电流耦合过去的。

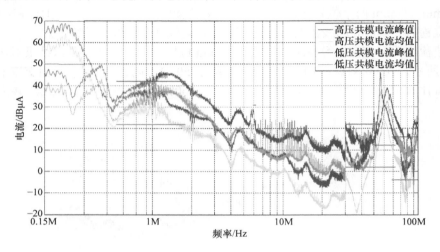

图 3-154　高压电源线与低压线束共模传导骚扰电流对比图

3.6.4　低压电源线对高压电源线的耦合

电机驱动系统只给控制器提供 12V 低压、不提供高压，功率模块的驱动电路正常工作、电机不工作测试高压电源线距离控制器 50mm 处共模电流，测试结果如图 3-155 所示，该测试主要为分析 30 ~ 108MHz 低压部分耦合到高压部分的干扰信号。图 3-155a 所示为不加任何措施的高压共模电流测试结果，可以看到，低压部分的控制电路和驱动电路在工作时会产生很大的高频干扰信号，干扰信号直接耦合到高压部分，使电机不运行时的高压电源线的传导骚扰已经不满足等级 3 的要求。图 3-155b ~ g 为在控制器内部加整改措施后的测试结果，目的是对干扰进行抑制，并研究耦合机理。如图 3-155b 是在控制器内部的高压正负极各加一个 47nF 的 Y 电容后的测试结果，高压电源线的共模电流没有下降反而上升，说明 Y 电容加剧了低压对高压的耦合；图 3-155c 为在低压电源线上加磁环后的测试结果，可以看到 50MHz 和 62MHz 处的共模电流均有所下降，说明电感可以减轻低压对高压的耦合；图 3-155d 是去掉控制器外壳接近高压电源线的接地线后的测试结果，高压电源线的共模电流在 63MHz 附近下降十几 dB，说明接地对低压对高压的耦合有一定影响。在低于 30MHz 频段，低压对高压的电磁耦合不明显。图 3-155e 为在低压电源线上再加磁环后的测试结果，可以看到 62MHz 处的共模电流无明显变化，在 30 ~ 50MHz 处共模电流具有较多的尖峰，但是幅值只是略有上升。图 3-155f 为去掉 47nF 对地电容后的测试结果，可以看到 69MHz 的共模电流略有下降，但是在 50MHz 处出现了新的尖峰，但并未超标，这说明在没有接地线的情况下，对地电容使 69MHz 的共模电流略有加强，但是衰减了 50MHz 的共模电流尖峰。图 3-155g 为在低压线上再串入一个缠绕三匝的磁环后的测试结果，发现 45MHz 附近共模电流大幅度增强，形成了新的尖峰，并且峰值曲线和均值曲线均超标，而 69MHz 处的共模电流也略有上升，说明在去掉接地线后，增加串联电感电感量会加剧低压对高压的耦合。图 3-155h 为在实行图 3-155b ~ g 的措施后低压电源线的共模电流测试结果，可以看到低压线与高压线的共模电流尖峰点是对应的，也进一步证明了高压线的传导干扰是低压线耦合的结果。同时，低压线的共模电流幅值较高压线低，说明在图 3-155b ~ g 的措施后，低压线共模电流传播路径的阻抗高于高压线的共模电流传播路径阻抗，从而使得更多的共模电流流过高压电源线。

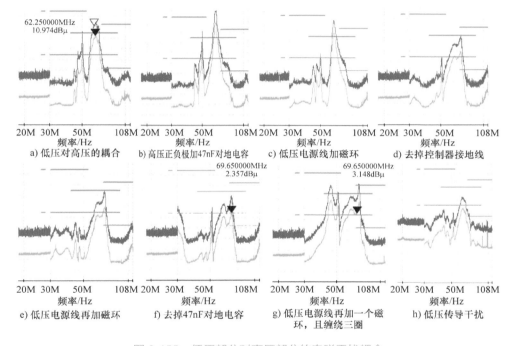

图 3-155　低压部分对高压部分的电磁干扰耦合

3.6.5　传导 EMI 抑制

电机驱动系统无论是低压部分还是高压部分的传导骚扰电流，都未能满足标准 GB/T 18655—2018 等级 3 的限值要求，故采取措施抑制传导干扰，使之最终满足等级 3 限值要求。

1. 低压电源线传导干扰抑制

电机在正常工作时与只有控制板工作（只给控制电路提供 12V 电压且驱动电路不工作）时的低压线束传导骚扰对比如图 3-156 所示，上面两条曲线是电机正常工作时的传导骚扰电流峰值（浅绿色曲线）、均值（粉色曲线）。图 3-157 所示只有控制板工作时低压线束各部分在 30 ~ 108MHz 的传导骚扰电流（蓝色曲线为峰值，绿色曲线为均值，红色直线为峰值限值，紫色直线为均值限值，后同）。

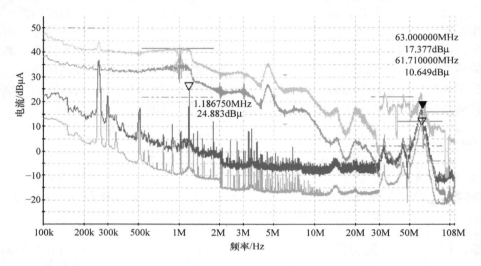

图 3-156　电机工作时与只有控制板在工作时的低压线束传导骚扰对比图

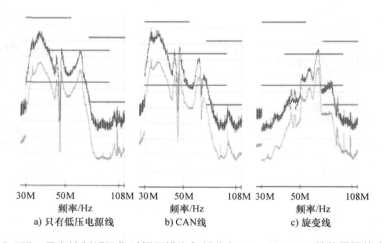

图 3-157　只有控制板工作时低压线束各部分在 30 ~ 108MHz 的传导骚扰电流

从图 3-156 和图 3-157 中可以看出，只有控制电路工作时，30 ~ 108MHz 频段的低压电缆产生较大的高频干扰信号，电流峰值和均值都有超标点。

只有控制电路和驱动电路工作时低压线束的传导骚扰如图 3-158 所示。相较于图 3-157，驱动电路在工作时产生很大的低频干扰信号。

为了抑制低压线束传导骚扰，在控制器近端的低压电源线的正负极各串联一个 500μH 的差模电感，与壳体之间端接一个 100μF 的 Y 电容器；用铁氧体磁环套在控制器近端的低压电源线和旋变线上，去掉 CAN 线接地，测试结果如图 3-159 所示，低压线束传导骚扰在 150kHz ～ 108MHz 频段内满足标准传导骚扰电流等级 3 的限值要求。

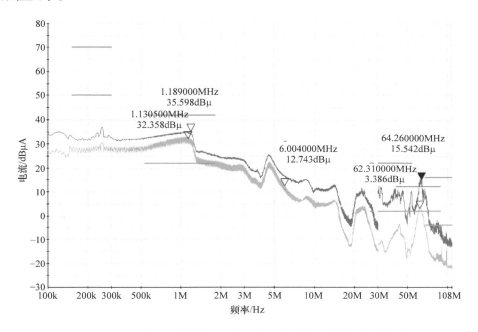

图 3-158　只有控制电路和驱动电路工作时低压线束的传导骚扰

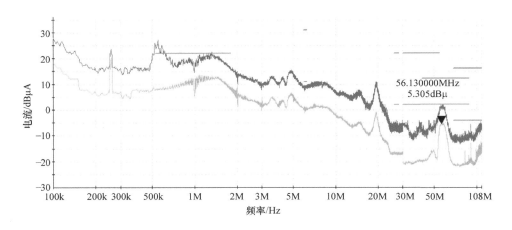

图 3-159　整改后的低压线束传导骚扰电流

2. 高压电源线传导干扰抑制

在整改低压部分的基础上，用电流探头法测量高压正极电源线距离控制器 50mm 位置的传导骚扰电流，测试结果如图 3-160 所示。由图可知，全频段除了峰值在 46MHz 频点附近以外都满足等级 3 的限值要求。

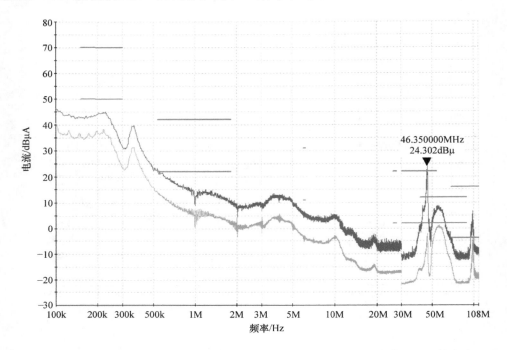

图 3-160 电流探头法测量高压正极电源线距离控制器 50mm 位置的传导骚扰电流

在电机控制器端的高压直流母线正负极分别接 1μF、100nF、47nF 的对地电容，测量高压直流正极母线的传导骚扰电压，测试结果如图 3-161 所示，满足标准限值等级 3 的要求。

3.6.6　电机驱动系统直流和交流电源线电压和电流

图 3-162 所示为用便捷式示波器采集到的驱动系统传导电压电流的时域波形，其中绿色曲线是直流母线正极对地电压、黄色曲线是直流母线正极电流、橙色曲线是 IGBT 功率模块输出三相中的 W 相对地电压，直流母线正极对地电压的有效值为 170.5V，直流母线电流有效值为 34.73A。直流母线上的电压电流同步出现尖峰，且都是振铃的形式。这些振铃都出现在六路驱动信号 SVPWM 波切换开关时刻，说明功率模块的每一个 IGBT 在通断瞬间都会在直流母线出现电压和电流的尖峰振铃现象。电压和电流局部放大图如图 3-163 所示，其中图 3-163a、b 分别是 IGBT 功率模块三相输出 W 相对地电压下降与上升瞬间的局部放大，图 3-163c 是直流母线

电流在 W 相对地电压上升时间的局部放大图。

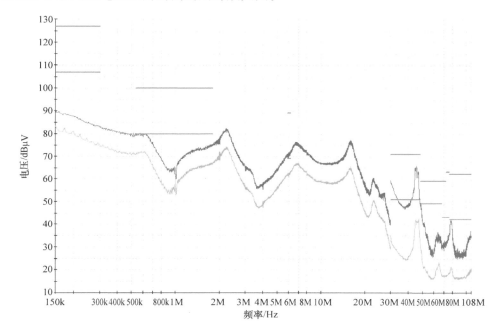

图 3-161　电压法测量高压直流正极母线的传导骚扰电压

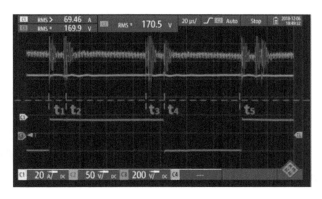

图 3-162　驱动系统传导电压电流的时域波形

　　由图 3-163a、b 可知，IGBT 功率模块的开通与关断是需要一定时间的，W 相对地电压的下降时间为 0.38μs，上升时间为 0.32μs，下降尖峰电压为 20V，上升尖峰电压为 40V。在 0.32μs 时间内的电压变化率 du/dt 为 1218V/μs，那么通过 1nF 的电容就能产生 1.28A 的瞬态电磁脉冲，从而对系统产生严重的电磁干扰。由图 3-163a、b 还知，W 相输出对地电压的振铃周期在 0.20μs 数量级，则其频率为

5MHz；同时由图 3-163d 可知，直流母线上的电压振动幅值高达 34V，振铃周期也在 0.20μs 数量级，与 W 相输出对地电压的振铃周期一样大，频率都为 5MHz，与电机驱动系统在 5MHz 附近有峰值相对应。同时由图 3-163c 可知，直流母线的电流尖峰振荡比电压还严重，直流母线的电流尖峰值能达到 95A，电流以一定周期规律变化，在开关瞬间只是幅值剧烈变化，周期不变，电流变化频率为 1MHz 左右，与电机驱动系统在 1MHz 附近有峰值相对应。电压、电流波形尖峰振荡时间越短或越剧烈，存在更多或幅值更大的高频谱分量。

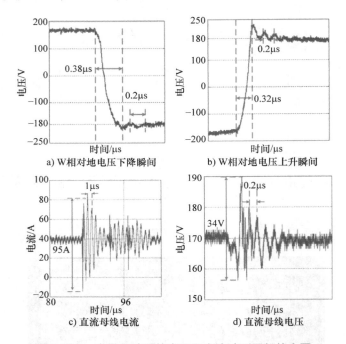

图 3-163　电机驱动系统电压和电流波形局部放大图

IGBT 功率模块 FS800R07A2E3 的芯片手册中，在其内部温度为 25℃ 的感性负载测试下，电压上升时间与下降时间分别为 0.1μs、0.04μs，而电机驱动系统在工作时三相输出电压的上升时间和下降时间分别为 0.32μs、0.38μs，明显比芯片手册中单独 IGBT 芯片测试时要大很多，说明电机控制器内部结构的杂散参数对功率模块实际输出电压的开通与关断时间有一定延时作用。

3.6.7　转速和转矩对传导骚扰电压和电流的影响

为了验证驱动系统传导 EMI 与永磁电机转速转矩的关系，测试了在不同转速、转矩条件下，电机驱动系统的传导骚扰电压，测试结果如图 3-164 所示。图 3-164a 是在转速 1910r/min 一定时，不同转矩 25N·m、53 N·m、100N·m 的传导骚扰电压峰值和均值对比图，图 3-164b 是在转矩 25N·m 一定时，不同转速 1000r/min、1910r/min、6000r/min 的传导骚扰电压峰值和均值对比图。由图可知，传导骚扰电压的峰值和均值随转速、转矩变化不大，频谱曲线基本重合。转速一定时，转矩越大，传导骚扰电压峰值和均值整体稍微大一些。同样，在转矩一定时，转速越大，传导骚扰电压峰值与均值整体稍微大一些。

在转矩为 53N·m 时，不同转速（3800r/min、1900r/min、1000r/min）工况下正极电源线距离电机控制器 50mm 处的传导电流峰值（Max Peak）和均值（Average）如图 3-165 所示。可以看到，在相同转矩情况下，转速的变化对传导电流影响很小，3800r/min 转速工况的峰值略微高于其他两种转速工况。

在转速为 1900r/min 时，不同转矩（25N·m、53N·m）工况下正极电源线传导电流峰值和均值如图 3-166 所示，可以看到，转矩的变化对传导电流影响很小，转速一定时，转矩增大，传导骚扰电流峰值和均值整体稍大一些。

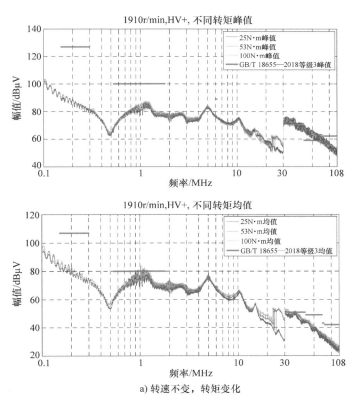

图 3-164　转矩、转速变化对传导骚扰电压的影响

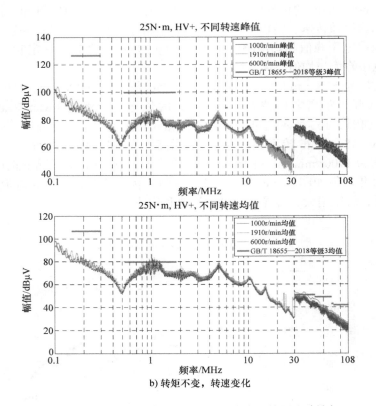

b) 转矩不变，转速变化

图 3-164　转矩、转速变化对传导骚扰电压的影响（续）

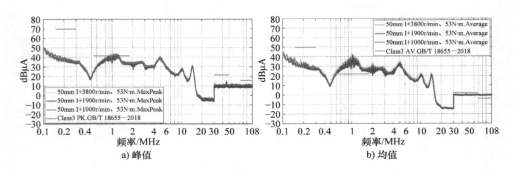

图 3-165　转速对正极电源线传导电流的影响

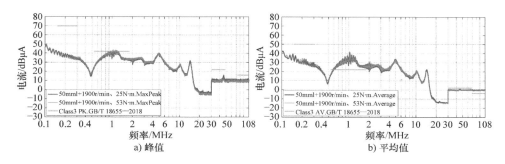

图 3-166　转矩对正极电源线传导电流的影响

图 3-167 所示为在 1900r/min 转速工况下测得的三相交流线的频域传导电流峰值。可以看出，第一种情况是 IGBT 已处于工作状态、而电机转矩、转速都为零时，在单根带有屏蔽层交流线上的传导电流峰值在 0.53 ～ 1.8MHz 频段有明显的超标。在 1900r/min 转速及 25N·m 转矩工况下，单根带有屏蔽层交流线上的传导电流峰值整体略大于第一种情况。在 1900r/min 转速及 25N·m 转矩工况下，单根不带有屏蔽层交流线上的传导电流峰值整体增加了大约 10dBμA，并在 35 ～ 48MHz 频段最大超标量为 13dBμA，在 48.5 ～ 55MHz 频段最大超标 11 dBμA。天蓝色曲线为在 1900r/min 转速及 53N·m 转矩工况下，三根三相交流线的共模传导电流峰值，在 2MHz 之前较深蓝色曲线整体小 20dBμA 左右，在 2.3MHz、4.2MHz 及 6.2MHz 分别出现峰值点，而在 30 ～ 108MHz 之间与蓝色曲线基本重合。1900r/min 转速工况下测得的三相交流线的频域传导电流均值如图 3-167b 所示，可以看出，变化趋势与峰值类似。

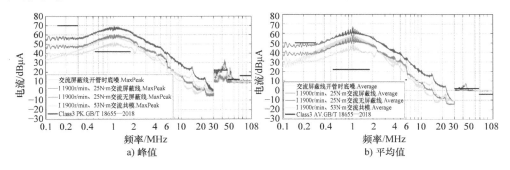

图 3-167　转矩对交流传导电流的影响

3.6.8　电磁辐射试验

1. 辐射发射

参照标准 GB/T 18655—2018 在 53N·m、1900r/min 电机额定工况下，分别在 150kHz ～ 30MHz、30 ～ 200MHz、200 ～ 1000MHz 和 1 ～ 2.5GHz 频段，对电机驱动

系统辐射发射进行测试，测试结果如图 3-168 所示。可以看出，150kHz～30MHz、30～200MHz 频段辐射发射都有超标点，不能满足标准限值等级 3 的要求，其中双锥天线的垂直极化对水平极化测试值要高一些。需要采取电磁干扰抑制技术，以降低电驱动系统的辐射发射，以满足标准限值 3 的要求。

2. 近场电磁辐射

为预测电机线缆产生的辐射发射特征，对电机组直流线缆和交流线缆附近的近场磁场进行测试。

（1）直流线磁场强度测试

直流线磁场强度测试布置如图 3-169 所示，分别对线缆三个方向的磁场强度进行测量。

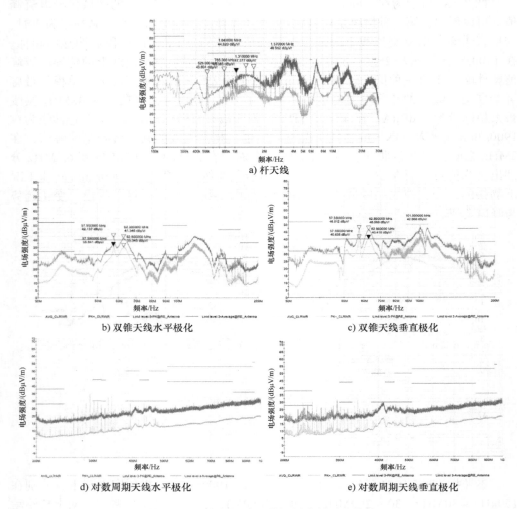

a) 杆天线

b) 双锥天线水平极化　　　c) 双锥天线垂直极化

d) 对数周期天线水平极化　　　e) 对数周期天线垂直极化

图 3-168　电机驱动系统辐射发射测试结果

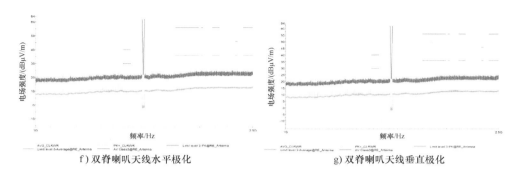

f) 双脊喇叭天线水平极化 　　　　　　　　g) 双脊喇叭天线垂直极化

图 3-168　电机驱动系统辐射发射测试结果（续）

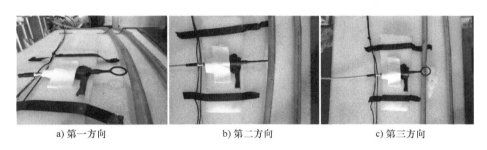

a) 第一方向　　　　　　b) 第二方向　　　　　　c) 第三方向

图 3-169　直流线磁场强度测试布置图

直流线磁场强度三个方向峰值检波和均值检波的对比结果如图 3-170 所示，从图中可以看出：

1）三个方向的磁场强度峰值出现的频率基本一致，均在 5MHz、10MHz、15MHz 和 60MHz 左右出现峰值。与图 3-168a 所示的辐射发射有一定的对应关系。

2）第一方向比第二方向和第三方向在 1MHz 附近多了一个峰值，在 30MHz 以上多了两个峰值。

3）三个方向磁场的幅值大小相差较大，第一方向最大，其次是第三方向，第二方向最小。

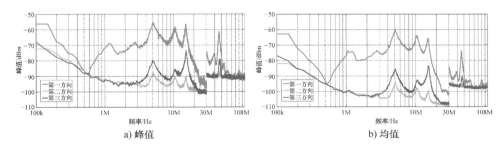

a) 峰值　　　　　　　　　　　　　　b) 均值

图 3-170　直流线三个方向的磁场强度

（2）交流线磁场强度测试

交流线磁场强度测试布置如图 3-171 所示，分别对屏蔽线和非屏蔽线磁场强度峰值和均值结果进行对比，如图 3-172 所示，可以得到以下结论：

1）屏蔽线和非屏蔽线的磁场在 12MHz 附近都出现一个峰值，另外在 1 ~ 2MHz 附近磁场强度比较大。

2）在 30MHz 以下，屏蔽线和非屏蔽线的磁场强度曲线变化趋势基本一样，但是屏蔽线的幅值比非屏蔽线低 7dB 左右。

3）在 30MHz 以上，非屏蔽线磁场强度在 60MHz 附近出现一个较大的峰值，屏蔽线磁场强度没有出现峰值。

a) 屏蔽线　　　　　　　　　　　　　　b) 非屏蔽线

图 3-171　交流线磁场强度测试布置图

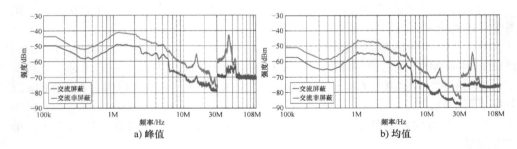

a) 峰值　　　　　　　　　　　　　　b) 均值

图 3-172　直流线三个方向的磁场强度

3.6.9　传导骚扰电压差共模分离测试

利用共差模分离器对高压直流正极电源线的传导骚扰进行差模和共模分量分离测试，从图 3-173 中可以看出，直流工作电流 70A 时的高压直流正极电源线的传导骚扰电压峰值和均值都有超标区；传导骚扰电压总的峰值和均值与共模电压的峰值和均值几乎重叠，可以看出传导干扰及其超标点主要是由共模干扰引起的。这为电机控制器高压直流电源滤波器设计提供了试验依据。

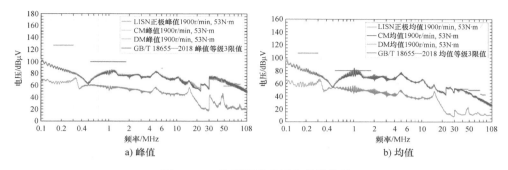

图 3-173 传导骚扰共模和差模分量

参考文献

[1] ZHONG E, LIPO T A. Improvements in EMC performance of inverter-fed motor drives [J]. IEEE Transactions on Industry Applications, 1995, 31 (6): 1247-1256.

[2] RAN L, GOKANI S, CLARE J, et al. Conducted electromagnetic emissions in induction motor drive systems: Part I: Time domain analysis and identification of dominant modes [J]. IEEE Transactions on Power Electronics, 1998, 13 (4): 757-767.

[3] LAI J S, HUANG X, PEPA E, et al. Inverter EMI modeling and simulation methodologies [J]. IEEE Transactions on Industrial Electronics, 2006, 53 (3): 736-744.

[4] SCHANEN J L, CLAVEL E, ROUDET J. Modeling of low inductive busbar connections [J]. IEEE Industry Applications Magazine, 1996, 2 (5): 39-43.

[5] ARDON V, AIME J, CHADEBEC O, et al. EMC modeling of an industrial variable speed drive with an adapted PEEC method [J]. IEEE Transactions on Magnetics, 2010, 46 (8): 2892-2898.

[6] RUEHLI A. Equivalent circuit models for three-dimensional multiconductor systems [J]. IEEE Transactions on Microwave Theory and Techniques, 1974, 22 (3): 216-221.

[7] WITTING T, SCHUHMANN R, WEILAND T. Model order reduction for large systems in computational electromagnetics [J]. Linear Algebra Applications, 2006, 415 (2/3): 499-530.

[8] YANG L, ODENDAAL W G. Measurement-based method to characterize parasitic parameters of the integrated power electronics modules [J]. IEEE Transactions on Power Electronics, 2007, 22 (1): 54-62.

[9] SU J, XING L. Parameterization of three-phase electric machine models for EMI simulation [J]. IEEE Transactions on Power Electronics, 2014, 29 (1): 36-41.

[10] TOURE B, SCHANEN J L, GERBAUD L, et al. EMC modeling of drives for aircraft applications: Modeling process, EMI filter optimization, and technological choice [J]. IEEE Transactions on Power Electronics, 2013, 28 (3): 1145-1156.

[11] KOYAMA Y, TANAKA M, AKAGI H. Modeling and analysis for simulation of common-mode noises produced by an inverter-driven air conditioner [J]. IEEE Transactions on Industry Applications, 2011, 47 (5): 2166-2174.

［12］BONDARENKO N, ZHAI L, XU B, et al. A measurement-based model of the electromagnetic emissions from a power inverter［J］. IEEE Transactions on Power Electronics, 2015, 30（10）: 5522-5531.

［13］ZHAI L, LIN L, ZHANG X, et al. The effect of distributed parameters on conducted EMI from DC-Fed motordrive systems in electric vehicles［J］. Energies, 2017, 10（1）: 1-17.

［14］IEC. Vehicles, boats and internal combustion engines – Radio disturbance characteristics— Limits and methods of measurement for the protection of off-board receivers : CISPR 12（Ed6.1）: 2009 ［S］. Geneva, Switzerland : IEC, 2009.

［15］IEC. Vehicles boats and internal combustion engines—Radio disturbance characteristics—Limits and methods of measurement for the protection of on-board receivers : CISPR 25（Ed4.0）: 2015 ［S］. Geneva, Switzerland : IEC, 2015.

［16］ZHAI L, ZHANG X, BONDARENKO N, et al. Mitigation emission strategy based on resonances from a power inverter system in electric vehicles［J］. Energies, 2016, 9（6）: 419.

［17］PIAZZAM C D, RAGUSA A, G Vitale. Effects of common-mode active filtering in induction motor drives for electricvehicles［J］. IEEE Transactions on Vehicular Technology, 2010, 59（6）: 2664-2673.

［18］马伟明, 张磊, 孟进. 独立电力系统及其电力电子装置的电磁兼容［M］. 北京: 科学出版社, 2007.

［19］KHODABANDEH M, AFSHARI E, AMIRABADI M.A family of Cuk, Zeta, and SEPIC based soft-switching DC–DC converters［J］. IEEE Transactions on Power Electronics, 2019, 34（10）: 9503-9519.

［20］HAN D, SARLIOGLU B. Comprehensive study of the performance of SiC MOSFET-based automotive DC-DC converter under the influence of parasitic inductance［J］. IEEE Transactions on Industry Applications, 2016, 52（6）: 5100-5111.

［21］GAO H, WU B, XU D, et al. Common-mode voltage reduced model predictive control scheme for current source converter-fed induction motor drives［J］.IEEE Transactions on Power Electronics, 2017, 32（6）: 4891-4904.

［22］WANG X, FANG X, LIN S, et al. Predictive common-mode voltage suppression method based on current ripple for permanent magnet synchronous motors［J］. IEEE Journal of Emerging and Selected Topics in Power Electronics, 2019, 7（2）: 946-955.

［23］HAN D, LEE W, LI S L, et al. New method for common mode voltage cancellation in motor drives : concept, realization, and asymmetry influence［J］. IEEE Transactions on Power Electronics, 2018, 33（2）: 1188-1201.

［24］JIANG Y, WU W, HE Y, et al. New passive filter design method for overvoltage suppression and bearing currents mitigation in a long cable based PWM inverter-fed motor drive system［J］. IEEE Transactions on Power Electronics, 2017, 32（10）: 7882-7893.

［25］Han D, Morris C, Sarlioglu B. Common mode voltage cancellation in PWM motor drives with balanced inverter topology［J］.IEEE Transactions on IndustrialElectronics, 2017, 64（4）: 2683-2688.

［26］Esmaeli A, Tavassoli F. A novel passive filter to reduce PWM inverters adverse effects in electrical machine system［J］. World Applied Sciences Journal, 2011, 13（12）: 2536-2544.

［27］ALA G，GIACONIA G C ，GIGLIA G，et al. Design and performance evaluation of a high power-density EMI filter for PWM inverter-fed induction-motor drives［J］. IEEE Transactions on Industry Applications，2016，52（3）：2397-2404.

［28］LUO F，DONG D，BOROYEVICH D，et al. Improving high-frequency performance of an input common mode EMI filter using an impedance-mismatching filter［J］. IEEE Transactions on Power Electronics，2014，29（10）：5111-5115.

［29］HEDAYATI M H，ACHARYA A B，JOHN V. Common-mode filter design for PWM rectifier-based motor drives［J］. IEEE Transactions on Power Electronics，2013，28（11）：5364-5371.

［30］KALAISELVI J，MANISH K.Design of passive common mode attenuation methods for inverter fed induction motor drive with reduced common mode voltage PWM technique［J］. 2020，35（3）：2861-2870.

［31］TAKAHASHI S，OGASAWARA S，TAKEMOTO M，et al. Common-mode voltage attenuation of an active common-mode filter in a motor drive system fed by a PWM Inverter［J］. IEEE Transactions on Industry Applications，2016，55（3）：2721-2730.

［32］MAILLET Y Y，LAI R，WANG S，et al. High-density EMI filter design for DC-fed motor drives ［J］. IEEE Transactions on Power Electronics，2010，25（5）：1163-1172.

［33］ZHAO D，FERREIRA J A，ROCH A，et al. Common-mode DC-bus filter design for variable-speed drive system via transfer ratio measurements［J］. IEEE Transactions on Power Electronics，2009，24（2）：518-524.

［34］YANG Y M，PENG H，WANG Q D. Common model EMI prediction in motor drive system for electric vehicle application［J］. Journal of Electrical Engineering & Technology，2015，10（1）：205-215.

［35］KIM L H，YU J S，LEE W C，et al. Conducted EMI reduction of PWM inverter for AC motor drive systems［J］. International Journal of Applied Electromagnetics & Mechanics，2006，24（3）：195-207.

［36］高润泽，翟丽，阳冬波.电动汽车电机逆变器系统电磁干扰的测试研究［J］.交通节能与环保，2015（4）：18-26.

［37］吴琛，张敏.整车线缆线束信号完整性及电磁干扰仿真分析［J］.机电一体化，2009，15（11）：70-73.

［38］龙海清，郑玲.电动汽车电机驱动系统传导 EMI 预测建模与试验［J］.汽车技术，2014（9）：8-12.

［39］窦汝振，王慧波，苟毅彤，等.电动汽车用电机逆变器系统的电磁兼容技术研究［J］.天津工业大学学报，2011（6）：67-70.

［40］田丽媛，王庆年，田晓川.电动汽车电机逆变器系统的共模电磁干扰［J］.北京理工大学学报，2014（10）：1028-1033.

［41］汪泉弟，安宗裕，郑亚利，等.电动汽车开关电源电磁兼容优化设计方法［J］.电工技术学报，2014（9）：225-231.

［42］PAUL C R，电磁兼容导论［M］.闻映红，等译.北京：机械工业出版社，2006.

［43］郑玲，龙海清.电动汽车电机逆变器系统 EMC 研究综述［J］.汽车工程学报，2014，4（5）：319-327.

4.1　概述

目前在电动车辆领域，大部分的 DC-DC 变换器电磁干扰研究都是针对低压电源 PCB 上的低压 DC-DC 模块进行的。然而，电驱动车辆的高低压 DC-DC 变换器与 PCB 的低压 DC-DC 模块不同，两者之间存在如下差异：首先，高低压 DC-DC 变换器的输入直流电压范围为 200～900V，输出电压为 DC12V 或 DC24V；然而 PCB 上 DC-DC 模块的输入电压范围为 DC12～24V。其次，高低压 DC-DC 变换器给整车所有低压零部件供电，因此具有输入电压高、输出电流和功率大的特点。第三，高低压 DC-DC 变换器高压电源线上的干扰会对其他高压部件产生影响。第四，高低压 DC-DC 变换器的电气负载实时变化，开关技术采用闭环控制以实现对输出电压的实时调节。最后，高低压 DC-DC 变换器输出的低压供电线束较多而且较长，传导发射容易形成辐射发射。因此，预测和抑制高低压 DC-DC 变换器的传导电磁干扰非常重要。

目前，电驱动车辆 DC-DC 变换器传导 EMI 的抑制通常采用工业经典滤波器设计方法，缺乏电动车辆高压系统 150kHz～108MHz 滤波器设计理论和方法。通常在 DC-DC 变换器高压输入端口加装 EMI 滤波器，需要经过多次测试来优化滤波器拓扑结构。这种滤波器只能在产品设计后期加装，费用高、周期长，不易于工程化实现。针对存在的问题，本章重点阐述：

1）建立考虑采用功率半导体寄生参数的零电压开关（ZVS）DC-DC 变换器的高频等效电路模型，不仅可以预测传导电磁干扰，还可以模拟实际的电磁干扰源阻抗和负载阻抗，为预测传导发射提供了模型平台。

2）利用已建立的高频等效电路模型建立关键频点的共模干扰和差模干扰的传递函数，预测高压电源线传导电磁干扰和辐射电磁干扰，并确定影响电磁干扰形成的主要元件参数。

3）根据干扰路径和影响 EMC 的主要元件，针对高低压 DC-DC 变换器产生的三种典型干扰——开关频率谐波干扰、低频差共模干扰和高频共模干扰，提出一种有效的高压端口宽频段传导骚扰抑制方法，降低 150kHz～108MHz 频段的电磁发射，以满足标准限值要求。

4）根据谐振点超标问题，提出一种基于谐振点传导发射抑制的 PCB 板级滤波电路设计方法，不仅可以在控制器内部实现（体积小、成本低、高效），而且在产品不同研发阶段都可以实现。

4.2　DC-DC 变换器传导发射测试

4.2.1　隔离型全桥高低压 DC-DC 变换器的结构

某商用电动汽车高低压 DC-DC 变换器通常采用隔离型全桥拓扑结构，如图 4-1 所示，将动力电池的直流高电压转换成直流低电压，为车载低压电气负载供电。DC-DC 变换器仅采用脉冲宽度（PWM）控制方式时，金属氧化物场效应晶体管（MOSFET）以硬开关模式工作，从而会造成很大的开关损耗。移相 PWM 控制模式是利用变压器漏感与 MOSFET 结电容产生的谐振，实现 MOSFET 的零电压开关（ZVS），有利于提高效率和开关频率，同时减小了由 MOSFET 通断引起的电压、电流的快速变化导致的电磁干扰。DC-DC 变换器的输入电压范围为 DC 400 ～ 900V，输出额定电压为 DC 27V，峰值输出功率可以达到 3.6kW，最大的输入电流可以达到 10A，最大输出电流可以达到 119A。图 4-1 中 DC-DC 变换器的全桥拓扑结构中采用了 4 个 MOSFET，开关频率为 100kHz；C_{DC} 为高压输入侧的滤波电容，$VD_1 \sim VD_4$ 分别为 MOSFET（$V_1 \sim V_4$）的反并联二极管，$C_1 \sim C_4$ 为各 MOSFET 对应的谐振电容，L_r 为谐振电感，L_p 为变压器漏感，L_f 和 C_{out} 分别为低压侧的输出滤波电感和滤波电容，R_L 为低压侧的等效负载电阻，VD_5 和 VD_6 为变压器二次侧整流二极管。

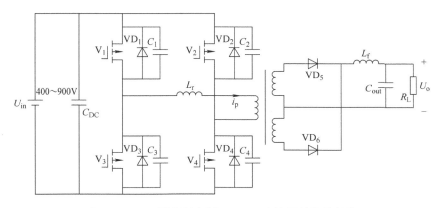

图 4-1　ZVS 隔离型全桥 DC-DC 变换器的拓扑结构

4.2.2　传导电磁发射的测试布置

根据 CISPR 25—2016（GB/T 18655—2018），高低压 DC-DC 变换器的传导发射（电压法）测试布置如图 4-2 所示，主要由高压直流电源、2 个线性阻抗稳定网络（LISN）、1.5m 高压直流电缆、DC-DC 变换器、1m 低压线缆、低压负载设备、低压蓄电池和 EMI 接收机组成。在 DC-DC 变换器正常工作情况下，EMI 接收机可以通过 LISNs 测量 150kHz ～ 108MHz 频段的高压正极电源线和负极电源线的传导骚扰电压，传导骚扰电压要求满足 CISPR 25—2016 定义的限值等级要求。图 4-3 所示为测试平台的实物布置。

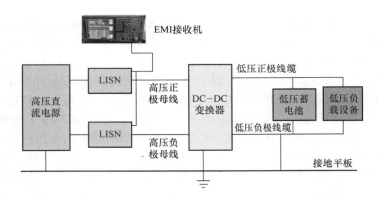

图 4-2　高低压 DC-DC 变换器传导发射（电压法）测试布置图

图 4-4 所示为标准 GB/T 18655—2018 要求的频段 0.15 ～ 0.30MHz、0.53 ～ 1.8MHz、5.9 ～ 6.2MHz、30 ～ 54MHz、48.5 ～ 72.5MHz、68 ～ 87MHz 和 76 ～ 108MHz 的传导骚扰电压试验结果，可以发现高压正极电源线的传导电压超出了标准平均值等级 5 的限值要求。在 800 kHz、900 kHz、1.2MHz、1.3MHz、1.4MHz、1.5MHz、1.6MHz、1.7MHz、1.8MHz、5.9 ～ 6.2 MHz、72MHz 频点（频段）上均有明显的超标现象。因此，为了研究高压电源线上电磁干扰的形成机理，从而较为准确地预测高压电源线传导骚扰电压，需要建立一种高频电路模型，来定量分析传导电磁干扰源和高压电源线传导骚扰电压的关系，以确定影响 EMI 的主要参数。

图 4-3　高低压 DC-DC 变换器传导发射（电压法）测试平台的实物布置

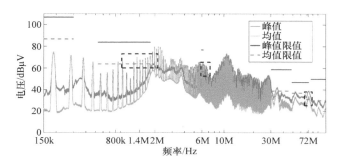

图 4-4　高低压 DC-DC 变换器传导骚扰电压试验结果

4.3　DC-DC 变换器 EMI 的预测

4.3.1　干扰源

高低压 DC-DC 变换器选择使用车用 SiHG17N80E 型 MOSFET，开关频率为 100kHz，主要技术参数见表 4-1。建立考虑寄生参数的 MOSFET 等效电路模型，如图 4-5a 所示，VD 是寄生二极管；MOSFET 的三个结电容，即栅极与源极之间的极间电容 C_{GS}，栅极与漏极之间的极间电容 C_{GD} 和源极与漏极之间的极间电容 C_{DS}；其中，$C_{iss}=C_{GS}+C_{GD}$，$C_{oss}=C_{DS}+C_{GD}$，$C_{rss}=C_{GD}$；L_S 与 L_D 是源极和漏极对外引线上存在的引线电感；R_S 与 R_D 为对应的引线电阻。图 4-5b、c 所示为在理想情况下和实际考虑寄生参数的 MOSFET 漏极和源极之间的电压波形。图 4-6 所示为图 4-5b 中电压波形的频谱，可以看到 MOSFET 导通时间 t_{on}、上升时间 t_r 和上升沿处的振铃对 U_{DS} 频谱的影响。从图 4-6 可以看出，t_{on} 越长，第一个转折频率越低，低频段的电压幅值越大；t_r 越短，第二个转折频率越高，高频段的 U_{DS} 幅值越大。脉冲上升沿振铃使电压频谱在 11MHz 附近出现一个谐振点，随后 U_{DS} 幅值随频率增高而减小。由于 DC-DC 变换器中 MOSFET 的快速通断，在 150kHz ~ 108MHz 较宽频段内，MOSFET 的漏源电压 U_{DS} 都有较高的幅值，通过 DC-DC 系统寄生参数容易形成电磁噪声，最终在 DC-DC 变换器高压母线上形成的传导电磁干扰。对于台架试验工况，MOSFET 的开关频率、导通时间和上升时间通常是不变的，因此 DC-DC 变换器高压母线上的传导骚扰电压主要与骚扰电流传播路径相关。

表 4-1　MOSFET（SiHG17N80E）主要技术参数

参数	典型值	单位	条件
U_{DS}	850	V	$T_J=25℃$
$R_{DS(on)}$	0.25	Ω	$T_J=25℃$
C_{iss}	2408	pF	$U_{GS}=0V$，$U_{DS}=100V$，$f=1MHz$

（续）

参数	典型值	单位	条件
C_{oss}	81	pF	$U_{GS}=0V$，$U_{DS}=100V$，$f=1MHz$
C_{rss}	9	pF	$U_{GS}=0V$，$U_{DS}=100V$，$f=1MHz$
t_r	24	ns	$V_{DD}=480V$，$I_D=8.5A$
t_f	26	ns	$U_{GS}=10V$，$R_g=9.1\Omega$

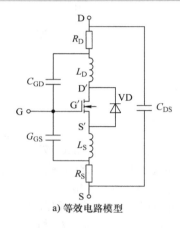

a) 等效电路模型

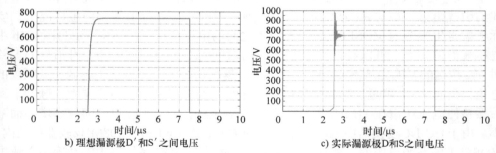

b) 理想漏源极D′和S′之间电压　　　　c) 实际漏源极D和S之间电压

图 4-5　MOSFET 等效电路和漏源极电压

4.3.2　DC-DC 变换器系统传导发射高频等效电路

通过图 4-6 对 MOSFET 漏源极电压的频谱分析，可以发现干扰源信号分布在 150kHz～108MHz 频段，因此必须考虑 DC-DC 变换器系统电路寄生参数的影响。建立 DC-DC 变换器高频等效电路模型，如图 4-7 所示，V_1 和 V_4 的寄生参数见表 4-1，其他主要的高频寄生参数如下：L_S 和 R_S 是 C_{DC} 的高频寄生参数；C_{P1} 和 C_{P2} 为底盘与前后桥臂之间的分布电容；C_{PS1} 和 C_{PS2} 是变压器的分布电容；C_L 是负载和底盘之间的分布电容；L_{P1} 和 L_{P2} 为高压侧直流线缆的等效电感。等效电路模型参数见表 4-2，参数值采用测量法或理论计算法获得。

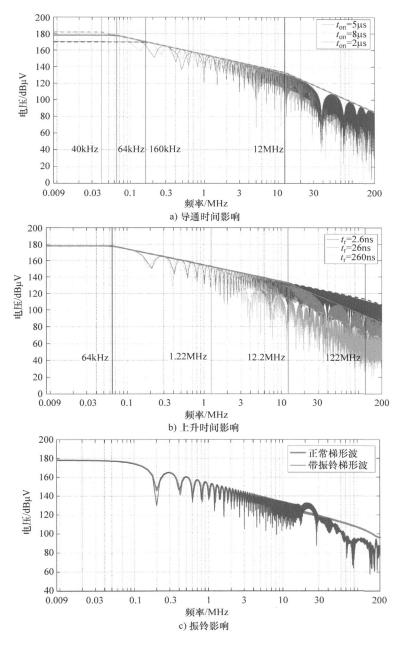

图 4-6　MOSFET 漏源极电压的频谱

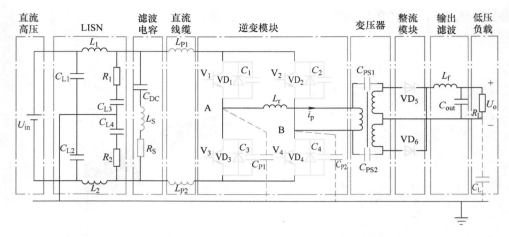

图 4-7　DC-DC 变换器高频等效电路模型

表 4-2　高频等效电路模型参数

参数名称	参数含义	参数值
C_{DC}	高压侧滤波电容	0.4μF
C_1、C_2、C_3、C_4	谐振电容	8nF
L_r	谐振电感	30μH
L_f	低压输出滤波电感	50μH
R_L	负载电阻	0.48Ω
C_{out}	低压输出滤波电容	200μF
R_1、R_2	LISN 标准电阻	50Ω
L_1、L_2	LISN 标准电感	50μH
C_{L1}、C_{L2}	LISN 高压侧电容	5μF
C_{L3}、C_{L4}	LISN 被测设备侧电容	470nF
C_{P1}、C_{P2}	桥臂中点对地（底盘）分布电容	26pF
C_{PS1}、C_{PS2}	变压器寄生电容	60pF
C_L	负载对地分布电容	80pF
L_S	高压侧滤波电容寄生电感	0.4μH
R_S	高压侧滤波电容寄生电阻	0.1Ω
L_{P1}、L_{P2}	高压直流线缆电感	10nH

4.3.3　电磁干扰耦合路径

从图 4-4 可以看出，高压直流电源线的传导电压超标点主要分布在以下三个频段：

1）区域 1（0.53 ~ 1.8 MHz）：在频段 0.15 ~ 0.30MHz、0.53 ~ 1.8MHz，传导电压的尖峰点以 100kHz 频率为间隔分布，如 200kHz、300kHz、…、1.8MHz，这是由于以开关频率 100kHz 工作的 MOSFET 的梯形脉冲串产生的谐波。理论上分析，在 200kHz 时的谐波幅值最大，随着频率的增加谐波的幅值会减小，在 0.53 ~ 1.8 MHz 频段不会出现超标。然而，在 800kHz、900kHz、1.2MHz、1.3MHz、1.4MHz、1.5MHz、1.6MHz、1.7MHz、1.8MHz 频点的谐波电压幅值增加并超出了限值。由于系统寄生参数的存在，在 2MHz 形成谐振，产生了谐振峰值电压，结果导致上述频点谐波电压峰值的增加。因此，该区域的传导电压超标点与 MOSFET 的开关频率 100kHz 的谐波和 2MHz 处产生的谐振有关。因此，重点分析 200kHz 和 2MHz 两个频点下的噪声电流的共模干扰路径和差模干扰路径，确定引起传导电压超标点的电路参数。

2）区域 2：在 5.9 ~ 6.2MHz 频段，传导电压超标 6dB，主要与 MOSFET 的梯形脉冲串产生的谐波和 2MHz 处的谐振有关。

3）区域 3：在 72MHz 频点，传导电压超标，主要与系统谐波在高频寄生参数作用下引起的谐振有关。

综上所述，为了减小高压电源线传导电磁干扰，满足标准的限值要求，只需要定量分析 200kHz 和 2MHz 两个典型频点的传导骚扰电压形成的原因。由于 72MHz 频点超标主要由高频寄生参数引起，难以进行准确的定量分析。

DC-DC 变换器工作时有（1，0）、（0，1）、（0，0）和（1，1）四种开关模式，其中（1，0）和（0，1）两种工作模式形成的电磁干扰源和干扰传播路径是对偶的。因此，MOSFET 的开关在每个桥臂上都可以等效为一个共模干扰源和一个差模干扰源。由于两个桥臂差模干扰源产生的骚扰电流路径是完全一致的，所以实际差模干扰电压为 LISN 测量电阻 R_1 电压 U_{R1} 的 2 倍。然而，两个共模干扰源产生的骚扰电流路径是对称互补的。为了简化分析，以（1，0）模式为例，对共模和差模电流的传播路径进行分析。

（1）200kHz 频点的差模干扰

计算 200kHz 频点等效电路参数的阻抗值，并标在图 4-8 上。将 MOSFET 开关引起的干扰源等效为一个恒流源 I_{DM}。在系统高频电路中形成以下 5 条差模干扰电流传输路径：

1）差模干扰电流路径 1：$I_{DM1} \rightarrow L_{P1} \underset{R_1 \rightarrow C_3}{\overset{L_1 \rightarrow C_1}{\rightleftarrows}} \underset{C_4 \rightarrow R_2}{\overset{C_2 \rightarrow L_2}{\rightleftarrows}} L_{P2}$。

2）差模干扰电流路径 2：$I_{DM2} \rightarrow L_{P1} \rightarrow C_{DC} \rightarrow L_S \rightarrow R_S \rightarrow L_{P2}$。

3）差模干扰电流路径 3：$I_{DM3} \rightarrow L_r \rightarrow L_{PS}$。

4）差模干扰电流路径 4：$I_{\text{DM4}} \to C_{\text{V2}}$。

5）差模干扰电流路径 5：$I_{\text{DM5}} \to C_{\text{V3}}$。

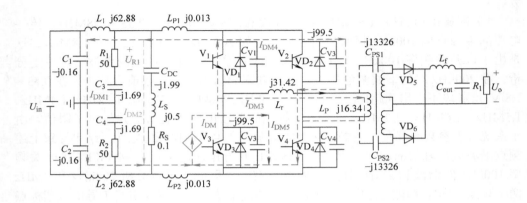

图 4-8　200kHz 频点的差模干扰电流路径

其中，只有路径 1 的差模电流 I_{DM1} 流过 R_1 形成正极电源线差模传导骚扰电压 U_{R1}，实际上，同时考虑两种开关模式，$U_{\text{DM}} = 2U_{\text{R1}} = 2 \times 50 \times I_{\text{DM1}}$。下面分析 DC-DC 变换器高压正极电源线传导骚扰电压 U_{DM} 与 I_{DM} 之间的关系，令

$$Z_1 = \mathrm{j}\omega(L_{\text{P1}} + L_{\text{P2}}) \tag{4-1}$$

$$Z_2 = -\mathrm{j}\frac{1}{\omega C_{\text{DC}}} + \mathrm{j}\omega L_{\text{S}} + R_{\text{S}} \tag{4-2}$$

$$Z_3 = 2(R_1 - \mathrm{j}\frac{1}{\omega C_3}) \mathbin{/\!/} (L_1 - \mathrm{j}\frac{1}{\omega C_1}) \tag{4-3}$$

$$Z_4 = -\mathrm{j}\frac{1}{\omega(C_{\text{V3}} + C_{\text{V4}})} \tag{4-4}$$

$$Z_5 = \mathrm{j}\omega(L_{\text{r}} + L_{\text{P}}) \tag{4-5}$$

$$Z = (Z_1 + Z_2 \mathbin{/\!/} Z_3) \mathbin{/\!/} Z_4 \mathbin{/\!/} Z_5 \; Z_{\text{C3}} = -\mathrm{j}\frac{1}{\omega C_3} \tag{4-6}$$

$$U_{DM} = 2U_{R1} = 2I_{DM}\left[(Z_1 + Z_2//Z_3)//Z_4//Z_5\right]\frac{Z_2//Z_3}{Z_1 + Z_2//Z_3}\frac{R_1}{2(Z_{C3} + R_1)}$$

$$= 2I_{DM}\frac{(Z_1 + Z_2//Z_3)\times Z_4 \times Z_5}{(Z_1 + Z_2//Z_3) + Z_4 + Z_5}\frac{Z_2//Z_3}{Z_1 + Z_2//Z_3}\frac{R_1}{2(Z_{C3} + R_1)}$$

$$= \frac{I_{DM}R_1}{Z_{C3} + R_1}\frac{Z_4 \times Z_5 \times Z_2//Z_3}{(Z_1 + Z_2//Z_3) + Z_4 + Z_5} \qquad (4\text{-}7)$$

$$= \frac{I_{DM}R_1 Z_3 Z_4 Z_5}{Z_{C3} + R_1}\frac{1}{(Z_1 + Z_4 + Z_5)(1 + \dfrac{Z_3}{Z_2}) + Z_3}$$

从式（4-7）可以看出，U_{DM} 与 I_{DM1} 和多个参数都有关系，减小 U_{DM} 和 I_{DM1} 的方法是增大差模电流 I_{DM1} 支路阻抗或者减小其他 4 条差模电流路径的阻抗。

（2）200kHz 频点的共模干扰

如图 4-9 所示，将 MOSFET 开关引起的共模干扰源等效为一个恒压源 U_{CM}，在高频电路中形成以下 4 条共模干扰电流传输路径：

1）共模干扰电流 I_{CM1} 路径 1：$U_{CM1} \rightarrow C_{P1} \rightarrow U_{CM1}$。

2）共模干扰电流 I_{CM2} 路径 2：$U_{CM1} \rightarrow L_{P1} \overset{C_3 \rightarrow R_1}{\underset{C_1 \rightarrow L_1}{\rightleftharpoons}} U_{CM1}$。

3）共模干扰电流 I_{CM3} 路径 3：$U_{CM1} \rightarrow C_{V3} \rightarrow L_{P2} \overset{C_2 \rightarrow L_2}{\underset{C_4 \rightarrow R_2}{\rightleftharpoons}} U_{CM1}$。

4）共模干扰电流 I_{CM4} 路径 4：$U_{CM1} \rightarrow L_r \rightarrow C_{PS1} \rightarrow L_f \overset{C_{out}}{\underset{R_L}{\rightleftharpoons}} C_L \rightarrow U_{CM1}$。

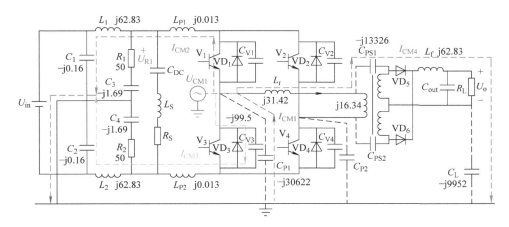

图 4-9　200kHz 频点的共模干扰路径

其中，只有路径 2 的共模电流 I_{CM2} 流过 R_1。实际上，同时考虑两种开关模式，DC-DC 系统高压正极电源线共模传导电压 U_{CM} 由两个桥臂的共模干扰源在 R_1 产生的传导电压叠加形成。另一个桥臂共模干扰源在 R_1 产生的传导电压 U'_{R1} 的电流路径为 $U_{CM2} \rightarrow C_{V2} \rightarrow L_{P1} \overset{C_3 \rightarrow R_1}{\underset{C_1 \rightarrow L_1}{\rightleftharpoons}} U_{CM2}$。

$$U_{CM} = U_{R1} + U'_{R1} = U_{CM1} \frac{\left(R_1 + \dfrac{1}{j\omega C_3}\right) /\!/ \left(j\omega L_1 + \dfrac{1}{j\omega C_1}\right)}{\left(R_1 + \dfrac{1}{j\omega C_3}\right) /\!/ \left(j\omega L_1 + \dfrac{1}{j\omega C_1}\right) + j\omega L_{P1}} \frac{R_1}{R_1 + \dfrac{1}{j\omega C_3}} +$$

$$\qquad\qquad\qquad\qquad\qquad\qquad\qquad\qquad\qquad\qquad\qquad\qquad\qquad\qquad （4\text{-}8）$$

$$U_{CM2} \frac{\left(R_1 + \dfrac{1}{j\omega C_3}\right) /\!/ \left(j\omega L_1 + \dfrac{1}{j\omega C_1}\right)}{\left(R_1 + \dfrac{1}{j\omega C_3}\right) /\!/ \left(j\omega L_1 + \dfrac{1}{j\omega C_1}\right) + j\omega L_{P1} + \dfrac{1}{j\omega C_{V2}}} \frac{R_1}{R_1 + \dfrac{1}{j\omega C_3}}$$

从式（4-8）可以看出，DC-DC 系统共模干扰传导骚扰电压 U_{CM} 与 U_{CM1} 和路径 2 的参数 L_{P1}、C_3、R_1、C_1、L_1、C_{V2} 有关系，减小 U_{CM} 和 IC_{M1} 的方法是增大共模电流 I_{CM2} 路径 2 阻抗。

（3）2MHz 频点的差模干扰

计算 2MHz 频点的等效电路参数的阻抗值，并标在图 4-10 上。将 MOSFET 开关引起的干扰源等效为一个电流源 I_{DM}，在高频电路中形成以下 4 条差模干扰电流传输路径：

1）差模干扰电流路径 1：$I_{DM1} \rightarrow L_{P1} \rightarrow R_1 \rightarrow C_3 \rightarrow C_4 \rightarrow R_2 \rightarrow L_{P2}$。

2）差模干扰电流路径 2：$I_{DM2} \rightarrow L_{P1} \rightarrow C_{DC} \rightarrow L_S \rightarrow R_S \rightarrow L_{P2}$。

3）差模干扰电流路径 3：$I_{DM3} \rightarrow C_{V2}$。

4）差模干扰电流路径 4：$I_{DM4} \rightarrow C_{V3}$。

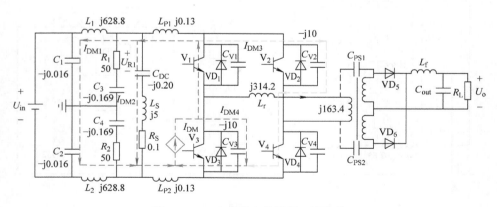

图 4-10　2MHz 频点的差模干扰路径

其中，只有路径 1 的差模干扰电流 I_{DM1} 流过 R_1 形成差模正极电源线传导骚扰电压 U_{R1}，下面分析 DC-DC 变换器高压正极电源线传导骚扰电压 U_{DM} 与 I_{DM} 之间的关系，令

$$U_{DM} = 2U_{R1} = 2I_{DM} \left[(Z_1 + Z_2//Z_3)//Z_4 \right] \frac{Z_2//Z_3}{Z_1 + Z_2//Z_3} \times \frac{1}{2} \frac{R_1}{Z_{C3} + R_1}$$

$$= 2I_{DM} \frac{(Z_1 + Z_2//Z_3) \times Z_4}{(Z_1 + Z_2//Z_3) + Z_4} \frac{Z_2//Z_3}{Z_1 + Z_2//Z_3} \times \frac{1}{2} \frac{R_1}{Z_{C3} + R_1} \qquad (4\text{-}9)$$

$$= \frac{I_{DM} R_1}{Z_{C3} + R_1} \frac{Z_4 \times Z_2//Z_3}{(Z_1 + Z_2//Z_3) + Z_4}$$

在式（4-9）中，由于 R_1、Z_3、Z_{C3} 都是定值，差模干扰源 I_{DM} 为恒流源，所以决定 U_{R1} 的主要变量为 Z_1 和 Z_2，增大 Z_1 和减小 Z_2 的幅值都可以有效减小 U_{R1}。由于 $Z_1 + Z_2 // Z_3 + Z_4 = 0.3267 + 5j + (-5j) = 0.3267$，可以看出 L_S、C_{DC} 和 C_{V3}、C_{V4} 发生并联谐振，$(Z_1 + Z_2 // Z_3) // Z_4$ 虚部为 0，所以 U_{R1} 在 2MHz 附近出现峰值。

事实上，通过改变 Z_1 和 Z_2 的幅值来降低干扰电压 U_{DM} 是两种不同的方法。改变 Z_1 幅值是降低电路中的阻抗值，即 $Z_1 + Z_2 // Z_3 + Z_4$ 实部的值，来使谐振点传导电压的峰值降低，从而降低 U_{DM}。然而，由于 Z_2 中的 L_s、C_{DC} 是与 Z_3 中的 C_{V3}、C_{V4} 产生谐振的最主要元件，改变 Z_2 的幅值实质上是使谐振点从 2MHz 偏移到没有限值要求的高频点，来降低 2MHz 频点处的传导电压幅值。

（4）2MHz 频点的共模干扰

如图 4-11 所示，将 MOSFET 开关引起的共模干扰源等效为一个电压源 U_{CM1}，在高频电路中形成以下 3 条共模干扰电流传输路径：

1）共模干扰电流 I_{CM1} 路径 1：$U_{CM1} \rightarrow C_{P1} \rightarrow U_{CM1}$。

2）共模干扰电流 I_{CM2} 路径 2：$U_{CM1} \rightarrow L_{P1} \rightarrow R_1 \rightarrow C_3 \rightarrow U_{CM1}$。

3）共模干扰电流 I_{CM3} 路径 3：$U_{CM1} \rightarrow C_{V3} \rightarrow L_{P2} \rightarrow R_2 \rightarrow C_4 \rightarrow U_{CM1}$。

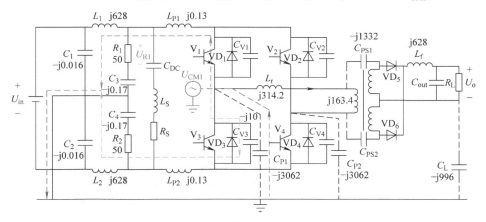

图 4-11　2MHz 频点的共模干扰路径

其中，只有路径 2 的共模电流 I_{CM2} 流过 R_1。同理，另一个桥臂共模干扰源在 R_1 产生的传导电压 U'_{R1} 的电流路径为 $U_{CM2} \rightarrow C_{V2} \rightarrow L_{P1} \rightarrow R_1 \rightarrow C_3 \rightarrow U_{CM2}$。所以

得到

$$U_{CM} = U_{R1} + U'_{R1} = U_{CM1} \frac{R_1}{R_1 + \dfrac{1}{j\omega C_3} + j\omega L_{P1}} + U_{CM2} \frac{R_1}{R_1 + \dfrac{1}{j\omega C_3} + j\omega L_{P1} + \dfrac{1}{j\omega C_{V2}}}$$

$$（4\text{-}10）$$

从式（4-10）可以看出，DC-DC 系统共模传导电压 U_{CM} 和路径 2 的参数 L_{P1}、C_3、R_1、C_{V2} 有关，减小 U_{CM} 和 I_{CM1} 的方法是增大差模电流 I_{CM2} 路径 2 阻抗。

4.3.4　传导 EMI 仿真预测

根据图 4-7，在 MATLAB/Simulink 中建立 DC-DC 变换器高频电路模型，如图 4-12a 所示，来获取系统高压正极电源线传导骚扰电压，仿真结果和试验结果比较如图 4-12b 所示。与试验结果类似，仿真传导电压在频段 1（0.53～1.8 MHz）出现了超标点，并且在 2MHz 附近形成谐振，产生较高的谐振峰值电压。因此可以利用该模型设计传导电磁干扰滤波模块。

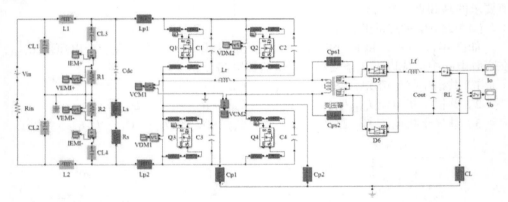

a) 高低压DC-DC变换器高频电路模型

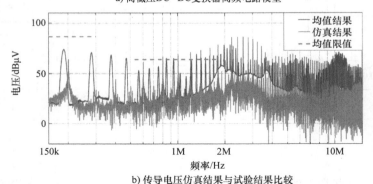

b) 传导电压仿真结果与试验结果比较

图 4-12　高低压 DC-DC 变换器 EMI 建模与仿真

4.4　高压电源 EMI 滤波器

本节主要描述 EMI 滤波器设计的两种方法。

方法一：DC-DC 变换器高压输入端口滤波器设计，是在不清楚电磁干扰源和传播路径的情况下采取的滤波方法，这种方法是产品设计后期 EMC 整改的常用方法。然而，前期工业应用滤波器的研究主要针对频率低于 30MHz 的情况，而针对汽车 150kHz ~ 108MHz 宽频段范围电磁干扰抑制的滤波器研究相对较少。

方法二：根据 GB/T 18655—2018 标准传导发射（电压法）试验获得的测量结果，分析 200kHz 和 2MHz 两个关键频点的共模和差模电流传播路径和主要影响元件参数，在 DC-DC 变换器内部设计滤波电路。

4.4.1　高压输入端口 EMI 滤波器设计

1. EMI 滤波器拓扑选择

滤波器拓扑结构的选择需要考虑源阻抗和负载阻抗，EMI 滤波器安装在高压动力电池供电线缆和车载高低压 DC-DC 变换器高压输入端口之间。EMI 滤波器输入侧接 DC-DC 变换器的高压直流端口，此高压端口装有用于吸收电压纹波的大电容，其为低阻抗。滤波器输出侧接高压动力电池组，呈现容性、低阻抗。因为滤波器的源阻抗和负载阻抗均为低阻抗，所以选择 T 形电路作为差模干扰滤波器的基本电路。在 T 形电路基础上，通过添加共模扼流圈和 Y 电容器，来设计共模干扰滤波器。

2. 滤波器级数及转折频率的确定

滤波器的级数 n 和每一级的转折频率 f_0 主要与频率范围和插入损耗（插损）要求有关。滤波器要求在 150kHz ~ 108MHz 全频率范围对电磁干扰起抑制作用，并要求插损 60dB。一般来说，在转折频率到 10 倍转折频率之间，单级滤波器插损曲线斜率会基本遵循 $20n$ dB/10dec；而在 10 倍频到 100 倍转折频率之间，插损曲线会逐渐偏离理论曲线，但仍能维持 $20n$ dB 的插损；在 100 倍频后，抑制效果会逐渐变差，直至没有滤波效果。由于 150kHz ~ 108MHz 的频率范围很宽，单级滤波器无法满足 60dB 的插入损耗要求。尽管随着滤波器级数的增加，插损效果也会提高，但是会造成滤波器体积的成倍增大，因此初步将滤波器设计为两级 LC 滤波器，如图 4-13 所示。共模滤波电路由电感值相同的 3 个共模扼流圈 L_1、L_2、L_3 和 2 对 Y 电容器（2 个 C_{Y1} 和 2 个 C_{Y2}）组成，抑制共模干扰电流。共模扼流圈的漏感和 2 个 Y 电容器串联构成差模滤波电路，对差模干扰电流进行抑制。

由于基本电路为 T 形电路，只有元件数选择为 3，10 倍频以下插损曲线斜率才能满足 60dB/10dec。所以第一级 LCL 滤波电路的转折频率需低于 15kHz，才能使滤波电路在 150kHz 满足 60dB 的插损要求，最终选择第一个转折频率为 10kHz。第二级转折频率主要考虑在第一级滤波器在 100 倍频抑制效果变差时，对其进行补偿，因此其转折频点应在 1MHz 以下，最终选择为 400kHz。随着频率的升高，滤波器元件寄生参数的影响会导致滤波效果下降，在 10 倍频 10MHz 之后，采用共模扼流圈 L_3 抑制高频传导电压超标点。

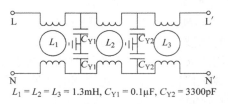

$$L_1 = L_2 = L_3 = 1.3\text{mH}, \ C_{Y1} = 0.1\mu\text{F}, \ C_{Y2} = 3300\text{pF}$$

图 4-13　滤波器拓扑结构

3. 滤波器参数确定

确定滤波器每一级的转折频率后，先根据漏电流的限值要求，确定 Y 电容器的参数，然后再根据式（4-11）计算电感的值。在第一个转折频率 $f_1 = 10\text{kHz}$ 处的 Y 电容器 C_{Y1} 取 $0.1\mu\text{F}$；同理，在第二个转折频率 $f_1 = 400\text{kHz}$ 处的 Y 电容器 C_{Y2} 取 3300pF。

$$f_0 = \frac{1}{2\pi\sqrt{2LC_Y}} \tag{4-11}$$

根据式（4-11）和 C_{Y1} 和 C_{Y2} 的值可知，$L = 1.3\text{mH}$。

根据式（4-12），共模扼流圈的铁心选择锰锌铁氧体，低频时其磁导率较小，但随着频率的升高，磁导率变化较小，因此其具有较好的高频性能。

$$L = \frac{k\mu_0\mu_r N^2 S}{l} \tag{4-12}$$

式中，L 为线圈的电感（取 1.3mH）；l 为线圈沿磁环的长度（取 30mm）；N 为线圈的匝数；S 为线圈的截面面积（取 60mm^2）；μ_0 为真空磁导率（$4\pi \times 10^{-7}\text{H/m}$）；$\mu_r$ 为磁心的相对磁导率（取 5000）；k 为长冈系数（由绕组半径与长度的比值确定，此处取 0.7）。

将数据代入式（4-12）得

$$N = \sqrt{\frac{Ll}{k\mu_0\mu_r S}} = \sqrt{\frac{1.3 \times 10^{-3} \times 30 \times 10^{-3}}{0.7 \times 5000 \times 4\pi \times 10^{-7} \times 60 \times 10^{-6}}} \approx 12 \tag{4-13}$$

通过式（4-13）计算可以得到 $N = 12$。共模扼流圈漏电感为共模电感的 1%，即 13μH。

4. 滤波器实物研制

由于高压直流端口滤波器的工作电压为 400 ~ 1000V，一般的安规电容交流耐压值为 275V，等效为直流电压约为 600V，因此每个 C_{Y1} 和 C_{Y2} 分别需要两个电容串联使用。滤波器模型及实际布置如图 4-14 所示。

a) 滤波器模型

b) 滤波器实际布置

图 4-14　高压电源端口 EMI 滤波器

5. 滤波器插入损耗测量

根据图 4-13 和滤波器插入损耗测量标准，在 ADS 软件中建模仿真，可获得滤波器的共模插入损耗和差模插入损耗，如图 4-15 所示。从图 4-15 中可以看出，在源阻抗和负载阻抗为 50Ω 情况下，插入损耗在 150kHz ~ 108MHz 频段大于 60dB。

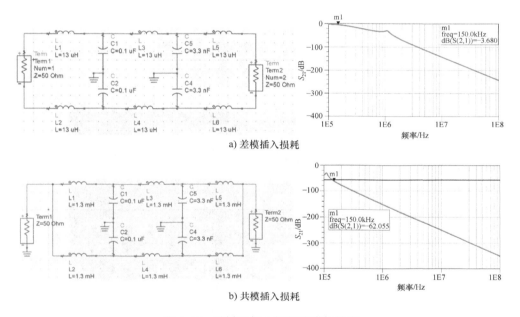

a) 差模插入损耗

b) 共模插入损耗

图 4-15　滤波器插入损耗建模与仿真

利用矢量网络分析仪测量滤波器的实际插入损耗，如图 4-16 所示。$S_{21\text{-}CM}$ 测量布置如图 4-16a 所示，$S_{21\text{-}CM}$ 和 $S_{21\text{-}DM}$ 的幅值测量结果如图 4-16b、c 所示。从图 4-16 中可以看出，$a_{e\text{-}CM}$ 在 10kHz ~ 97MHz 频段插入损耗大于 60dB，97 ~ 108MHz 频段大于 50dB；$a_{e\text{-}DM}$ 在 190kHz ~ 108MHz 频段插入损耗大于 60dB，在 150 ~ 190kHz 频段大于 58dB。

为了验证滤波器的实际抑制效果，需要加入 DC-DC 变换器系统进行验证。

6.滤波器在系统中的插入损耗与试验测量

根据 GB/T 18655—2018，将高压端口滤波器加入 DC-DC 变换器后，进行高压系统传导发射的建模仿真，仿真和试验结果如图 4-17 和图 4-18 所示。可以看出，DC-DC 变换器高压端口加入滤波器后，传导电压大幅度下降，满足标准限值的要求。在 2MHz 时插入损耗大于 60dB。

a) 布置图

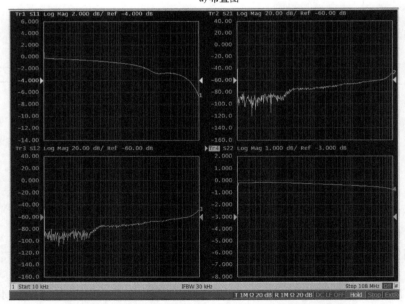

b) DC-DC变换器滤波模块S_{21-CM}参数幅值测量结果(9kHz~108MHz)

图 4-16　DC-DC 变换器滤波模块插入损耗测量

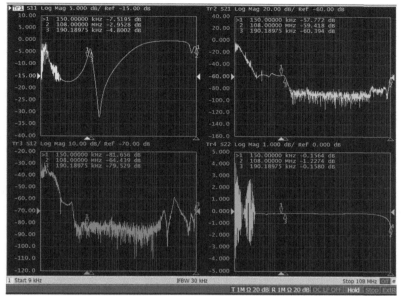

c) DC-DC变换器滤波模块$S_{21\text{-}DM}$参数幅值测量结果(9kHz~108MHz)

图 4-16 DC-DC 变换器滤波模块插入损耗测量（续）

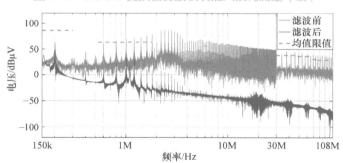

图 4-17 DC-DC 高压系统传导发射仿真结果

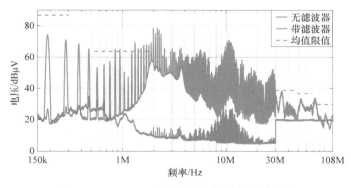

图 4-18 DC-DC 高压系统传导发射试验结果

4.4.2 基于谐振点抑制的滤波电路设计

1. DC-DC 变换器 PCB 的滤波电路设计

根据图 4-4 可以看出，高压电源正极母线传导电压在 800kHz、900kHz、1.2MHz、1.3MHz、1.4MHz、1.5MHz、1.6MHz、1.7MHz、1.8MHz、5.9 ~ 6.2MHz 超标，这主要是由 2MHz 产生的谐振引起的。因此，消除 2MHz 频点处的谐振或减小 2MHz 传导电流的幅值可以使上述超标点传导电压幅值有效降低。根据前面所述的 2MHz 差模和共模干扰电流传播路径影响因素，可以直接在 DC-DC 变换器内部的 PCB 上设计滤波电路。降低 2MHz 处谐振点传导电压主要有以下两种方法：

1）降低直流滤波电容 C_{DC} 的等效寄生电感 L_S，使谐振点从 2MHz 偏移到高频段 10MHz 附近（10MHz 频点标准没有规定限值）；选择在 C_{DC} 旁并联 1μF 的 X 电容器 C_X，其寄生电感 L_{CX} 为 10nF，如图 4-19 和图 4-20 所示。此外，由于并联了电容 C_X，使直流滤波支路的阻抗值减小，通过该支路的差模电流增大，从而使高压直流母线的差模电流和 LISN 上测得的传导电压减小。

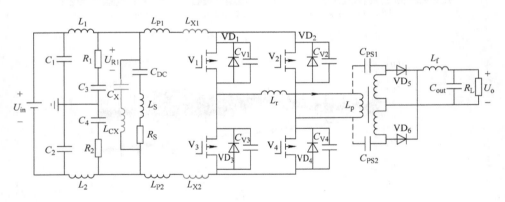

图 4-19　降低谐振点峰值的滤波电路

2）根据式（4-1），增大直流母线寄生电感 L_{P1} 和 L_{P2}，可以增大 Z_1 的幅值，从而降低 2MHz 差模干扰谐振尖峰和传导电压。选择在 DC-DC 变换器 PCB 上的高压直流母线的正负线上分别安装差模电感 L_{X1} 和 L_{X2}，根据公式进行建模仿真，电感值取 1μH，如图 4-19 所示。这种方法可以有效提高 L_{P1} 和 L_{P2} 的值。

针对高频 72MHz 附近出现的超标点，可以在 PCB 上的高压正极和负极母线与地之间加装一对 Y 电容器 CY0，电容值取 3300nF。

在 DC-DC 变换器内部 PCB 上设计滤波电路具有以下优点：体积减小，只有外加滤波器的 1/5（见图 4-20）；可以在产品设计初期进行；成本低、便于工程化，消除了滤波器输入与输出线缆之间电磁耦合的影响。

a) 滤波元件

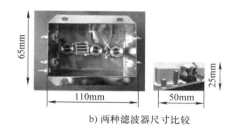

b) 两种滤波器尺寸比较

图 4-20　PCB 上的滤波电路

2. 插入损耗系统仿真

根据图 4-19，在 MATLAB/Simulink 软件中对加入滤波电路的 DC-DC 变换器高压系统进行建模，进行传导发射仿真，仿真结果如图 4-21 所示。

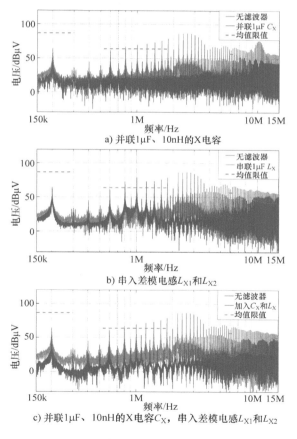

a) 并联1μF、10nH的X电容

b) 串入差模电感L_{X1}和L_{X2}

c) 并联1μF、10nH的X电容C_X，串入差模电感L_{X1}和L_{X2}

图 4-21　系统传导电压抑制效果仿真结果

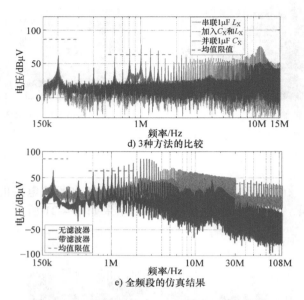

d) 3种方法的比较

e) 全频段的仿真结果

图 4-21　系统传导电压抑制效果仿真结果（续）

　　图 4-21a 为并联寄生电感为 10nH 的 1μF X 电容后的仿真结果。可以看出，2MHz 频点处的谐振峰值消失了，谐振点移到了没有标准限值要求的 10MHz 处。还可以发现，在 800kHz、1.0MHz、1.2MHz、1.4MHz、1.6MHz、1.8MHz 处的传导电压显著下降，满足标准限值要求。此外，由于谐振点的偏移，也使 5.9 ~ 6.2MHz 处的传导电压降低，低于限值要求。

　　图 4-21b 为加入 L_{X1} 和 L_{X2} 后的仿真结果。可以看出，降低了谐振点 2MHz 附近区域的传导电压的幅值，满足标准限值要求；也使 5.9 ~ 6.2 MHz 处的传导电压降低，低于限值要求。然而在 800 kHz、1.0MHz、1.2MHz、1.4MHz 仍存在超标点。

　　图 4-21c 为并联 1μF、10nH 的 X 电容，串入差模电感 L_{X1} 和 L_{X2} 后的仿真结果。可以看出，滤波电路具有较好的电磁干扰抑制作用，在 150kHz ~ 15MHz 之间的传导电压都满足标准要求。

　　图 4-21d 是 3 种方法的对比结果。

　　图 4-21e 为加入了并联 1μF、10nH 的 X 电容器，串入差模电感 L_{X1} 和 L_{X2}，加装一对 Y 电容器 C_{Y0} 后的仿真结果。可以看出，PCB 上的滤波电路在标准要求的 150kHz ~ 108MHz 频段都满足限值要求。

3. 传导发射试验

图 4-22 所示为加入并联 1μF、10nH 的 X 电容器，串入差模电感 L_{X1} 和 L_{X2}，加装一对 Y 电容器 C_{Y0} 后的试验结果，可以看出，超标点处的传导电压显著下降，满足标准限值要求。PCB 上的滤波电路与高压端口滤波器的系统有效插入损耗试验结果相比，可以看出，尽管在某些频段插入损耗低于高压端口滤波器，但仍然满足标准要求，这样可以简化滤波电路的结构，降低尺寸和成本。

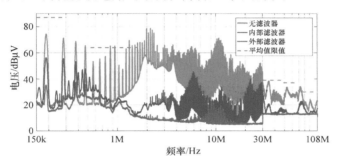

图 4-22　加入滤波器后的传导发射试验结果

4.5　辐射发射

4.5.1　理论分析

辐射发射测试的实质是测试 DC-DC 变换器系统中两种等效天线所产生的辐射信号：

1）一种是等效环路天线，由环路中的差模电流引起，距离环路 D 处所产生的电场强度 E 为

$$E=1.3SI_{D}f^{2}/D \qquad (4-14)$$

式中，I_{D} 为差模电流（A）；S 为环路面积（m^2）；f 为差模电流的频率（Hz）。

从式（4-14）可以看出，电场强度与传导差模电流 I_{D} 有关。

2）另一种是等效单极天线或对称偶极子天线，DC-DC 变换器的电缆可以被等效成这种天线，这是由电缆束上的共模电流 I_{CM} 引起的（电缆的长度为 L），I_{CM} 是研究辐射发射的重点，距离 D 处所产生的辐射电场强度 E_{C} 为

$$E_{C} = 6.28\times10^{-7}\frac{I_{CM}fL}{D} \qquad (4-15)$$

从式（4-15）可以看出，电场强度与传导共模电流 I_{CM} 有关。

由式（4-14）和式（4-15）可以看出，差模电流和共模电流都可以引起辐射发射，控制传导发射可以控制辐射发射；此外，减小传导发射比减小辐射发射更容易些，因为传导发射仅由 DC-DC 变换器电源线或信号线和控制线路径传播。

因此，考虑108MHz以下的辐射发射主要是由线缆引起的，采用传导骚扰的滤波抑制技术来抑制辐射发射。

4.5.2　辐射发射测量

根据测试标准GB/T 18655—2018和GB/T 36282—2018规定的车辆高压零部件、模块辐射发射测量方法，在150kHz～2.5GHz频率范围测量辐射骚扰，辐射发射检验布置如图4-23所示，检验照片如图4-24所示，测试结果如图4-25所示。加入滤波器后的辐射发射均满足标准限值等级3要求，可以看出滤波器不仅可以抑制传导电磁干扰，也可以抑制辐射电磁干扰。

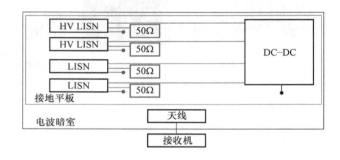

图4-23　辐射发射检验布置图

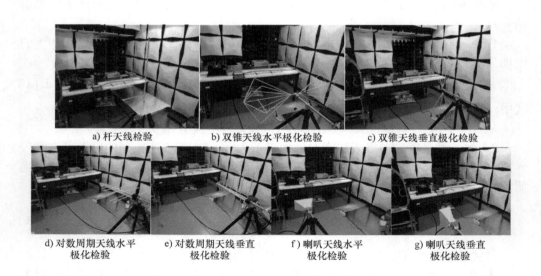

图4-24　DC-DC变换器辐射发射检验照片

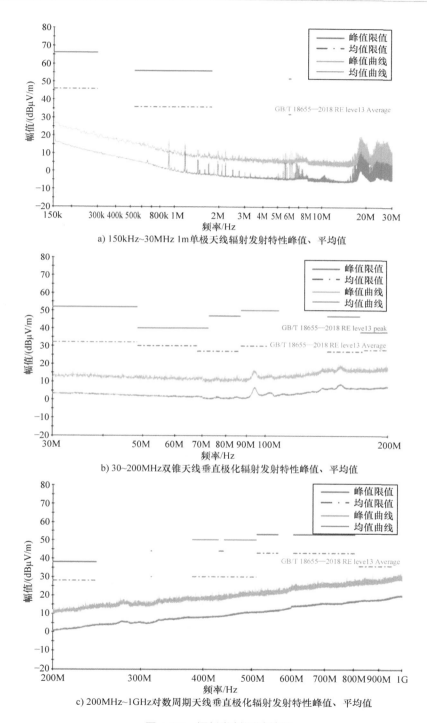

图 4-25　辐射发射测试结果

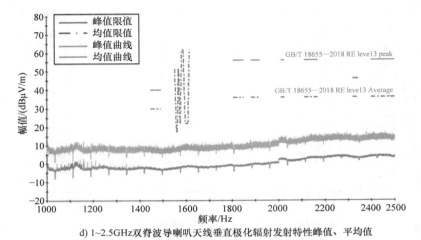

d) 1~2.5GHz双脊波导喇叭天线垂直极化辐射发射特性峰值、平均值

图 4-25　辐射发射测试结果（续）

参 考 文 献

［1］ HAMZA D, PAHLEVANINEZHAD M, JAIN P K. Implementation of a novel digital active EM technique in a DSP-Based DC–DC digit controller used in electric vehicle s（EV）［J］. IEEE Transactions on Power Electronics, 2013, 28（7）: 1211-1228.

［2］ KHODABANDEH M, AFSHARI E, AMIRABADI M. A family of Cuk, Zeta, and SEPIC based soft-switching DC–DC converters［J］. IEEE Transactions on Power Electronics, 2019, 34（10）: 9503-9519.

［3］ YANG G, DUBUS P, SADARNAC D. Double-Phase High-Efficiency, Wide Load Range High- Voltage/Low-Voltage LLC DC/DC Converter for Electric/Hybrid Vehicles［J］. IEEE Transactions on Power Electronics, 2015, 30（4）: 1876-1886.

［4］ HAN D, SARLIOGLU B. Comprehensive study of the performance of SiC MOSFET-based automotive DC–DC converter under the influence of parasitic inductance［J］. IEEE Transactions on Industry Applications, 2016, 52（6）: 5100-5111.

［5］ HEGAZY O, MIERLO J V, LATAIRE P. Analysis, modeling, and implementation of a multidevice interleaved DC/DC converter for fuel cell hybrid electric vehicles［J］. IEEE Transactions on Power Electronics, 2012, 27（11）: 4445-4458.

［6］ SAFAEE A, JAI P K, BAKHSHAI A. An adaptive ZVS full-bridge DC–DC converter with reduced conduction losses and frequency variation range［J］. IEEE Transactions on Power Electronics, 2015, 30（8）: 4107-4118.

［7］ HASAN S U, GRAHAM E TOWN. An aperiodic modulation method to mitigate electromagnetic interference in impedance source DC–DC Converters［J］. IEEE Transactions on Power Electronics, 2018, 33（9）: 7601-7608.

［8］ PARK J, CHOI S. Design and control of a bidirectional resonant DC–DC converter for automotive engine/battery hybrid power generators［J］. IEEE Transactions on Power Electronics, 2014, 29（7）: 3748-3757.

［9］ HUYNH H A, HAN Y B, PARK S, et al. Design and analysis of the DC–DC converter with a frequency hopping technique for EMI reduction［J］. IEEE Transactions on Components, Packaging and Manufacturing Technology, 2018, 8（4）: 546-553.

［10］ ALES A, SCHANEN J L, MOUSSAOUI D, et al. Impedances Identification of DC/DC Converters for Network EMC Analysis［J］. IEEE Transactions on Power Electronics, 2014, 29（12）: 6445-6457.

［11］ ALI M, LABOURÉ E, COSTA F, et al. Design of a Hybrid Integrated EMC Filter for a DC-DC Power Converter［J］. IEEE Transactions on Power Electronics, 2012, 27（11）: 4380-4390.

［12］ GROBLER1 I, GITAU M N. Analysis, modelling and measurement of the effects of aluminium and polymer heatsinks on conducted electromagnetic compatibility in DC–DC converters［J］. IET Science, Measurement & Technology, 2017, 10（4）: 1449-1461.

［13］ GROBLER1 I, GITAU M N. Modelling and measurement of highfrequency conducted electromagnetic interference in DC–DC converters［J］. IET Science, Measurement & Technology, 2017, 11（4）: 495-503.

［14］ BONDARENKO N, ZHAI L, XU B, et al. A measurement-based model of the electromagnetic emissions from a power inverter［J］. IEEE Transactions on Power Electronics , 2015, 30（10）: 5522-5531.

［15］ ZHAI L, ZHANG T, CAO Y, et al. Conducted EMI prediction and mitigation strategy based on transfer function for a high-low voltage DC-DC converter in electric vehicle［J］. Energies, 2018, 11（5）: 1028-1044.

［16］ AN Z Y, WANG Q D, ZHENG Y L. Conducted EMI Noise Prediction in DC Converter System for Electric Vehicle Application［J］. Applied Mechanics and Materials, 2013 : 325-326, 486.

［17］ LAOUR M, TAHMI R, VOLLAIRE C. Modeling and Analysis of Conducted and Radiated Emissions Due to Common Mode Current of a Buck Converter［J］. IEEE Transactions on Electromagnetic Compatibility, 2017, 59（4）: 1260-1267.

［18］ WANG Q, AN Z, ZHENG Y, et al. Parameter extraction of conducted electromagnetic interference prediction model and optimization design for a DC-DC converter system［J］. IET Power Electronics, 2013, 6（7）: 1449-1461.

［19］ PAHLEVANINEZHAD M, HAMZA D, JAIN P K. An improved layout strategy for common-mode EMI suppression applicable to high-frequency planar transformers in high-power DC/DC converters used for electric vehicles［J］. IEEE Transactions on Power Electronics, 2014, 29（39）: 1211-1228.

［20］ HAN D, SARLIOGLU B. Comprehensive Study of the Performance of SiC MOSFETs Based Automotive DC-DC Converter under the Influence of Parasitic Inductance［J］. IEEE Transactions on Industrial Informations, 2016, 52（6）: 5100-5111.

［21］FERBER M，VOLLAIRE C，KRAHENBUHL L，et al. Conducted EMI of DC-DC Converters With Parametric Uncertainties ［J］. IEEE Transactions on Electromagnetic Compatibility，2013，55（4）：699-706.

［22］KOVACEVIC I F，FRIEDLI T，MUSING A M，et al. 3-D Electromagnetic Modeling of Parasitics and Mutual Coupling in EMI Filters ［J］. IEEE Transactions on Power Electronics，2014，29（1）：135-149.

［23］TAN W，CUELLAR C，MARGUERON X，et al. A High Frequency Equivalent Circuit and Parameter Extraction Procedure for Common Mode Choke in the EMI Filter ［J］. IEEE Transactions on Power Electronics，2013，28（3）：1157-1166.

5.1　概述

无线充电是未来电动汽车充电技术的发展趋势，对智能网联电动汽车和无人驾驶车辆的发展都具有推动作用。无线充电系统的效率和功率一直是人们关注的问题。此外，无线充电系统还需要重点关注如下两个方面：电磁安全问题和电磁兼容问题。国内外电动汽车无线充电技术标准和法规（如 SAE J254 和 IEC 61980）都定义了相关泄漏电磁场和电磁干扰的限值。

为提高电动汽车安全性和电磁兼容性，电动汽车无线充电系统耦合线圈的电磁场分布分析与预测，以及电磁干扰抑制十分重要。本章陈述了圆形耦合线圈对齐工作时和偏移时的磁场分布，研究了偏移时功率、效率和电磁场变化，还描述了偏移时功率变化与电磁场分布之间的关系。另外，依据标准，提出详尽的电磁场测量方法，对车辆不同区域的磁场进行测量。首先，建立了双边 LCC 拓扑圆形耦合线圈无线充电系统模型，分析了偏移时耦合装置的功率和效率，以及双边 LCC 拓扑无线充电装置的抗偏移特性；然后，通过建模仿真和测量，描述了耦合线圈对齐和偏移时的电磁场分布；最后，陈述了无线充电系统直流电源线传导电磁干扰建模与抑制、公共电网电源线谐波及抑制方法、无线充电系统车载次级侧电路电磁辐射。

5.2　无线充电系统的结构

5.2.1　系统结构

遵循标准 SAE J2954《Wireless Power Transfer for Light-Duty Plug-in/Electric Vehicles and Alignment Methodology（轻型插电式 / 纯电动车辆无线充电与校准方法）》，将电动汽车无线充电系统分为四个功率等级：3.7kW、7.7kW、11.1kW、22kW。此处以家用轿车常采用的充电等级 3.7kW 的无线充电系统圆形耦合线圈装置及其补偿拓扑结构进行设计与分析。系统设计参数见表 5-1。采用经典、广泛应用的系统方案，原理如图 5-1 所示。系统的输入为电网交流电，经整流器以及功率因数校正（PFC）电路升压后，输出高压直流电，然后通过逆变器将高压直流电变换为频率 85kHz 的交流电。随后，通过初级 LCC 补偿电路、耦合线圈装置和次级 LCC 补偿电路将能量耦合到次级侧，经过整流和滤波，输出直流电给动力电池充电。根据车辆动力电池的荷电状态，通过无线通信控制初级侧逆变器，实现对次级侧输出直流电压的调节。图 5-1 中，初级功率模块（PPM）布置在车辆外部地面和充电装置上，次级功率模块（SEM）布置在车辆底盘上。

表 5-1 无线充电系统的设计参数

设计参数	符号	参数值
输入电网电压	U_{ac}	220V
输入电网电压频率	f_1	50Hz
PFC 输出直流电压	U_{in}	260~425V
输出充电电压	U_b	300~400V
工作频率	f	81.38~90kHz
最大功率	P	3.7kW

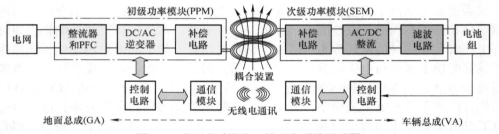

图 5-1 典型电动汽车无线充电系统原理图

5.2.2 系统建模

根据图 5-1，设计了 LCC 无线充电系统，电路由 8 个模块组成，如图 5-2 所示。

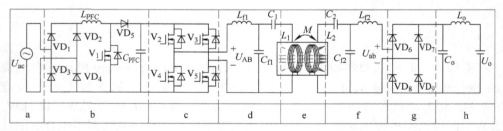

图 5-2 双边 LCC 无线充电系统结构电路

下面对各模块进行简要说明：

1）电网输入：220V，50Hz 交流电。

2）整流及 PFC：全桥整流结构和 Boost 升压 PFC。

3）逆变模块：全桥逆变结构，功率器件为 MOSFET。

4）初级补偿拓扑：采用 LCC 复合补偿拓扑。

5）耦合装置：圆形耦合线圈和轮辐式铁氧体布置。

6）次级补偿拓扑：采用与初级侧一样的 LCC 补偿拓扑。

7）次级整流：全桥整流结构。

8）次级滤波：CL 滤波结构。

下面重点介绍耦合装置和 LCC 拓扑结构的设计步骤。

1. 耦合装置结构设计

耦合装置作为整个无线充电系统能量传输的主要结构，进行合理有效的设计不仅可以提高系统的效率，还能提高耦合线圈抗偏移特性并减少磁场的泄漏。耦合装置的主要结构包括圆形耦合线圈和铁氧体。

（1）圆形耦合线圈

耦合线圈按照极性的情况可以分为极性线圈（PP）和非极性线圈（NPP）。极性线圈由两个以上的线圈组合而成（包括 DDP、DDQP 和 BP 等结构），它们可以产生平行和垂直通量；而非极性线圈则是一对耦合线圈（包括圆形线圈和矩形线圈），它们只能产生垂直通量。其中，非极性圆形耦合线圈不仅结构简单可靠，而且在各个方向上具有相同的抗偏移性能，因此目前是电动汽车静态无线充电中使用最广泛的结构。如图 5-3 所示，圆形耦合线圈有四个主要设计参数，分别为线圈的内径 D_i、外径 D_o、线径 D_w 和线圈匝数 N。耦合线圈的传输间距 d 与线圈的外径 D_o 之间的比例需控制在一定的范围内，这里采用 $D_o/d=4$。圆形耦合线圈的设计参数见表 5-2。线圈采用由多根独立绝缘的漆包线绞合而成的利兹线，能有效减小耦合线圈高频激励电流带来的趋肤效应和邻近效应，以减小导线的等效串联电阻（ESR），从而降低耦合线圈的交流损耗。

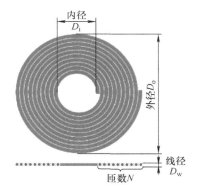

图 5-3　圆形耦合线圈俯视图和截面图

表 5-2　圆形耦合线圈设计参数

项目	选型
绕线选型	800 股利兹线
绕线材料	II（16AWG4*5X24/36）
绕线直径	3.9mm
线圈外半径	300mm
线圈内半径	150mm
匝数	16

（2）铁氧体分布

由于铁氧体的磁阻与空气相比要小很多，所以可以将更多的磁场约束在初级线圈和次级线圈之间的耦合区域，从而使更多的磁感线穿过次级线圈。根据圆形耦合线圈的形状，选择轮辐式铁氧体结构，这种铁氧体结构可以方便地由长方体的铁氧体单体拼接而成，可以提高圆形线圈的磁场耦合能力。如图 5-4 所示，轮辐式铁氧体结构有三种布置方案，分别是长铁氧体布置、短铁氧体布置以及长短铁氧体交错布置。综合考虑三种布置方案的效果和重量成本，选取长短铁氧体交错布置，具体参数见表 5-3。

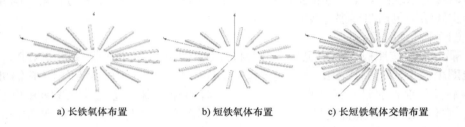

a) 长铁氧体布置   b) 短铁氧体布置   c) 长短铁氧体交错布置

图 5-4　铁氧体结构布置

表 5-3　铁氧体设计参数

项目	选型
单位铁氧体尺寸	60mm × 15 mm × 9 mm
长条铁氧体尺寸	240 mm × 15 mm × 9mm
短条铁氧体尺寸	180 mm × 15 mm × 9 mm
长条铁氧体数量	18
短条铁氧体数量	18
铁氧体排列夹角	10°

根据表 5-2 和表 5-3 线圈与铁氧体的设计参数，利用 ANSYS/Maxwell 软件分别建立线圈和铁氧体的三维模型以及耦合装置的装配结构，如图 5-5 所示。仿真得到耦合线圈自感和耦合系数，见表 5-4。对线圈施加 85kHz、10A 的交流激励信号，可以得到耦合装置的磁场分布，如图 5-6 所示。可以看出，利用一对圆形耦合线圈和分布式铁氧体，磁场分布更为紧密，漏磁场减少，耦合能力增强。

表 5-4　耦合线圈的参数

器件名称	符号	参数值
线圈耦合系数	k	0.3525
发射线圈自感	L_p	226.44μH
接收线圈自感	L_s	226.44μH

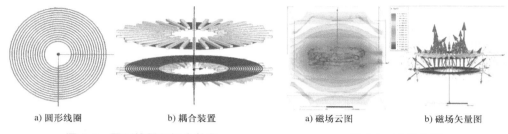

| a) 圆形线圈 | b) 耦合装置 | | a) 磁场云图 | b) 磁场矢量图 |

图 5-5　圆形线圈和耦合装置　　　　图 5-6　磁场分布

2. 双边 *LCC* 拓扑

双边 *LCC* 拓扑是在 *S-S* 串联拓扑基础上，在两侧补偿拓扑中各增加了一个补偿电感（L_1、L_2）和一个补偿电容（C_1、C_2），从而形成了一种 T 形网络，如图 5-7 所示。*LCC* 拓扑与线圈电感一起工作，可以在电路中形成两个谐振腔。在双边 *LCC* 拓扑结构中，L_p、C_p、L_1 与 C_1 和逆变器工作的 MOSFET 开关角频率 ω 满足如下关系：

$$\omega = \frac{1}{\sqrt{L_p C_p}} = \frac{1}{\sqrt{L_s C_s}} \tag{5-1}$$

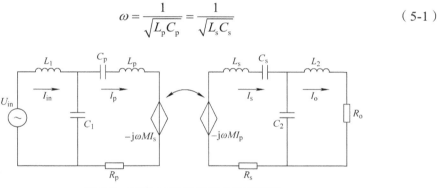

图 5-7　双边 *LCC* 互感耦合电路模型

图 5-7 中，U_{in} 为激励源电压，ω 为激励源角频率，M 为两线圈间互感，L_p 为发射线圈电感，C_p 为初级补偿电容，R_p 为发射线圈电阻，I_p 为初级回路电流；L_s 为接收线圈电感，C_s 为次级补偿电容，R_s 为接收线圈电阻，I_s 为次级回路电流，R_o 为纯电阻负载。

在计算拓扑结构参数时，忽略两侧的内阻。假设初级侧与次级侧补偿电路参数选择相同，则双边 *LCC* 拓扑中可根据式（5-2）计算补偿电感：

$$L_1 = L_2 = \sqrt{\frac{k U_{in} U_{R_0} L_p}{\omega P}} \tag{5-2}$$

式中，P 为传输功率；U_{R_0} 为 R_0 两端电压；R 为线圈耦合系数。

结合式（5-1）可得补偿电容的关系[1]：

$$C_1 = C_2 = \frac{1}{\omega^2 L_1} \tag{5-3}$$

$$C_\mathrm{p} = C_\mathrm{s} = \frac{1}{\omega^2 (L_\mathrm{p} - L_1)} \tag{5-4}$$

根据耦合器功率要求和系统中逆变器控制要求，LCC 拓扑参数见表 5-5。

表 5-5　LCC 拓扑参数

器件名称	参数	设计值	器件名称	参数	设计值
初级补偿电感	L_1	72.1μH	初级补偿电容 2	C_p	17.5nF
次级补偿电感	L_2	72.1μH	次级补偿电容 1	C_2	48.9nF
初级补偿电容 1	C_1	48.9 nF	次级补偿电容 2	C_s	20.7nF

5.2.3　系统性能仿真

为了验证双边 LCC 无线充电系统设计的可行性和正确性，根据图 5-2，利用仿真软件 ANSYS/Simplorer 对无线充电系统进行建模仿真。根据表 5-5 和表 5-6 中的设计参数，在 ANSYS/Simplorer 中建立电路模型，并联合 ANSYS/Maxwell 建立的耦合器模型进行协同仿真，如图 5-8 所示。由于耦合装置模型采用了物理原型 3D 模型，不仅提高了模型精度，还可以使系统电气性能仿真结果更加真实。

表 5-6　电路元件参数

元件名称	元件参数或选型
整流二极管	VS-80APS12-M3
PFC 升压电感 L_PFC	500μH
PFC 电容 C_PFC	1500μF/600V
PFC 二极管	IDW40G65C5SKSA1
逆变功率开关 MOSFET	IPW65R099C6
逆变续流二极管	IDW10G120C5BFKSA7
次级滤波电容 C_o	66μF/650V
次级滤波电感 L_o	158μH

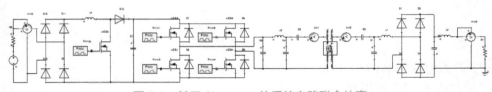

图 5-8　基于 Simplorer 的系统电路联合仿真

逆变模块采用的是 PWM 控制，输出电压为矩形方波，电压幅值为 425V，占空比为 0.46，仿真结果如图 5-9 所示，与分析结果相一致。从图 5-9 可以看到，在系统达到稳定时，接收线圈中的电流比发射线圈中的电流值要大，并且接收线圈中的电流相位超前发射线圈电流 90°，与能量耦合原理相一致。从图 5-10 可知，系统在 4ms 后到达稳定状态，输出稳定的直流电压和电流，输出功率为 3.7kW，满足无线充电系统的设计要求。仿真得到的磁场分布如图 5-11 所示，可以看到，耦合器磁场分布呈周期变化，同样验证了该耦合器模型的磁场耦合性能。

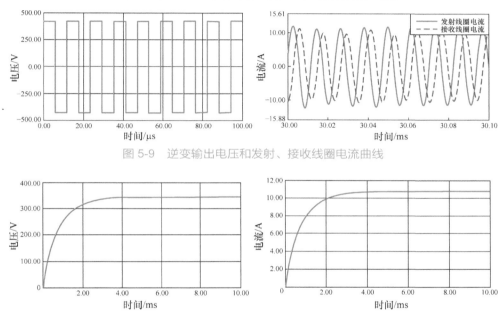

图 5-9　逆变输出电压和发射、接收线圈电流曲线

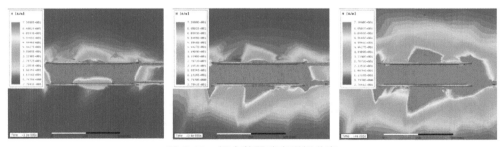

图 5-10　负载电阻的输出电压和输出电流曲线

图 5-11　耦合装置动态磁场分布

5.3　无线充电的工作原理

无线充电技术是利用发射（初级）线圈将高频交流电以高频交变磁场的形式向

空间传输，并以磁场耦合的方式在接收端产生感应电动势进而用于后续电路负载的供电，从而完成电能的无线传输。现阶段针对 WPT 技术的理论研究方法主要包括两种：耦合模理论和电路耦合理论。其中，耦合模理论把两侧耦合线圈作为统一的整体来研究，而电路耦合理论则是利用电路模型对初级侧和次级侧分别进行研究。本文将采用电路耦合理论，通过搭建互感耦合模型来研究线圈偏移对耦合装置输出功率、效率以及 EMF 的影响。

5.3.1 传输功率

采用阻抗分析法，先对双边 LCC 拓扑次级电路进行阻抗分析，其阻抗转换关系如图 5-12 所示。图 5-12 中将接收线圈产生的开路电压记为 U_{oc}，从次级侧左侧（即输入端）向负载端的整体阻抗记为 Z_s，从而可以得到 Z_s 为

$$Z_s = (R_o + Z_{L2}) \mathbin{/\mkern-5mu/} Z_{C2} + Z_{Cs} + Z_{Ls} + R_s \tag{5-5}$$

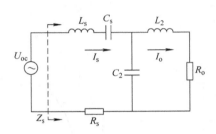

图 5-12　次级侧阻抗转换图

将 $Z_{L2} = j\omega L_2$、$Z_{C2} = 1/j\omega C_2$ 以及式（5-1）代入式（5-5）中，可以得到整体阻抗表达式为

$$Z_s = R_s + \frac{R_o(1 - \omega^2 L_2 C_2) + R_o \omega^2 L_2 C_2}{(1 - \omega^2 L_2 C_2)^2 + R_o^2 \omega^2 C_2^2} + \frac{j(1 - \omega^2 L_2 C_2)\omega L_2 - j\omega C_2 R_o^2}{(1 - \omega^2 L_2 C_2)^2 + R_o^2 \omega^2 C_2^2} \tag{5-6}$$

设次级侧整体阻抗为纯阻性，则虚部取 0，于是 L_2 和 C_2 可表示为

$$(1 - \omega^2 L_2 C_2)L_2 = R_o^2 C_2 \tag{5-7}$$

令 $\omega^2 L_2 C_2 = 1 - 1/\lambda^2$，则 $\lambda \geqslant 1$，代入到阻抗表达式［式（5-6）］的实部中，可以得到

$$Z_s = \lambda^2 R_o + R_s \tag{5-8}$$

由上述公式的推导可知，相较于 $S\text{-}S$ 补偿拓扑，当次级侧整体阻抗为纯阻性时，采用 LCC 拓扑结构能使系统等效负载增加为原来的 λ^2，且参数 λ 是由次级侧的补偿电容 C_2 和补偿电感 L_2 所决定的。

如图 5-13 所示，从系统输入端口方向看进去时对应系统总阻抗 Z_{in} 的表达式为

$$Z_{in} = [(R_p + Z_r) + Z_{Lp} + Z_{Cp}]//Z_{C1} + Z_{L1} \qquad (5\text{-}9)$$

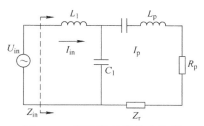

图 5-13　系统整体等效电路图

反映阻抗 Z_r 为

$$Z_r = \frac{\omega^2 M^2}{R_s + \lambda^2 R_o} \qquad (5\text{-}10)$$

结合式（5-9），系统的输入电流经过推导可以表示为

$$\dot{I}_{in} = \frac{\dot{U}_{in}}{Z_{in}} = \frac{\dot{U}_{in}(R_r + Z_r + Z_{C1})}{(R_p + Z_r)(Z_{C1} + Z_{L1}) + Z_{L1}Z_{C1}} \qquad (5\text{-}11)$$

式中，$Z_{L1} = j\omega L_1$，$Z_{C1} = 1/j\omega C_1$。

根据基尔霍夫电流定律，可以整理得到发射线圈中的电流 I_p 与负载输出电流 I_o 的表达式为

$$\dot{I}_p = \frac{\dot{U}_{in}}{(R_p + Z_r)(1 - \omega^2 L_1 C_1) + Z_{L1}} \qquad (5\text{-}12)$$

$$\dot{I}_o = \frac{\omega M \dot{U}_{in}}{(1 - \omega^2 L_1 C_1)(R_p + Z_r) + j\omega L_1} \cdot \frac{1}{\lambda^2 R_o + R_s} \cdot \frac{1}{(1 - \omega^2 L_2 C_2) + j R_o \omega C} \qquad (5\text{-}13)$$

根据 $\omega^2 L_2 C_2 = 1 - 1/\lambda^2$，得到

$$\dot{I}_o = \frac{\omega M \dot{U}_{in}}{(1 - \omega^2 L_1 C_1)[R_p(\lambda^2 R_o + R_s) + \omega^2 M^2] + j\omega L_1(\lambda^2 R_o + R_s)} \cdot \frac{\lambda^2}{1 + j\sqrt{\lambda^2 - 1}} \qquad (5\text{-}14)$$

于是得到了双边 LCC 拓扑下系统的输出功率为

$$P_{LCC\text{-}LCC} = \frac{\omega^2 M^2 U_{in}^2 \lambda^2 R_o}{(1 - \omega^2 L_1 C_1)[R_p(\lambda^2 R_o + R_s) + \omega^2 M^2]^2 + \omega^2 L_1^2(\lambda^2 R_o + R_s)^2} \qquad (5\text{-}15)$$

从表达式（5-15）可以看出，系统的输出功率与参数 λ 有关，若取 $\lambda = 1$，则可以得到 S-S 拓扑结构下的系统输出功率为

$$P_{\text{S-S}} = \frac{\omega^2 M^2 U_{\text{in}}^2 R_{\text{o}}}{[R_{\text{p}}(R_{\text{o}} + R_{\text{s}}) + \omega^2 M^2]^2} \tag{5-16}$$

根据两种拓扑结构下的系统功率表达式可以绘制得到功率 - 频率曲线，如图 5-14 所示。利用图 5-8 进行系统仿真，从而可以得到双边 LCC 和 S-S 拓扑系统输出功率 - 频率曲线，如图 5-15 所示。两种拓扑结构下功率曲线较接近，初级功率曲线略大于次级功率曲线。相同情况下，采用 S-S 拓扑时的高功率频点更多，而采用双边 LCC 拓扑时的高功率频段更宽。

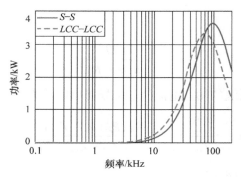

图 5-14　系统输出功率 - 频率曲线

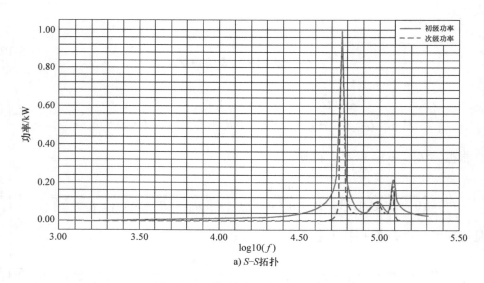

a) S-S 拓扑

图 5-15　系统输出功率 - 频率曲线

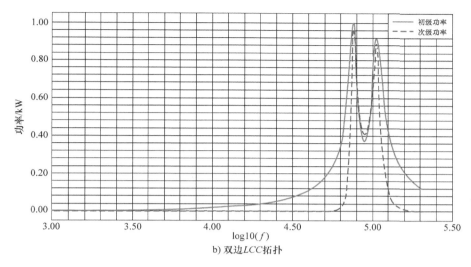

b) 双边LCC拓扑

图 5-15　系统输出功率 - 频率曲线（续）

5.3.2　效率

　　为减少能量的消耗，保证无线充电系统在能量传输时的效率也是十分必要的。结合上述得到的功率表达式，可以对系统效率展开分析，设系统的初级侧效率为 η_p，次级侧效率为 η_s，则有

$$\begin{cases} \eta_p = \dfrac{Z_r}{R_p + Z_r} \\[3mm] \eta_s = \dfrac{\lambda^2 R_o}{\lambda^2 R_o + R_s} \end{cases} \tag{5-17}$$

　　由于系统效率 $\eta = \eta_p \eta_s$，则根据反映阻抗的表达式，可以得到双边 LCC 拓扑下的系统效率为

$$\eta_{\text{LCC-LCC}} = \frac{\omega^2 k^2 L_p L_s \lambda^2 R_o}{(\lambda^2 R_o + R_s)[R_p(\lambda^2 R_o + R_s) + \omega^2 k^2 L_p L_s]} \tag{5-18}$$

　　将系统效率关系式中 $\lambda^2 R_o$ 用 R_o 代替，即当 $\lambda = 1$ 时，可以得到 $S\text{-}S$ 拓扑结构下系统的效率表达式，即

$$\eta_{\text{S-S}} = \frac{\omega^2 k^2 L_p L_s R_o}{(R_o + R_s)[R_p(R_o + R_s) + \omega^2 k^2 L_p L_s]} \tag{5-19}$$

根据两种拓扑结构下系统效率的表达式，可以绘制其效率 - 频率曲线，如图 5-16 所示。两种拓扑下的效率曲线走势基本一致，但双边 *LCC* 拓扑系统效率在 80% 以上的范围比 *S-S* 拓扑要大，能使系统谐振频率具有更大的波动范围。

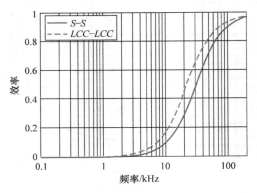

图 5-16　两种拓扑结构的效率 - 频率曲线

在 Simplorer 中仿真得到系统效率 - 频率曲线，如图 5-17 所示。从效率 - 频率曲线中可以看出，两种拓扑结构在工作频点 85kHz 处效率均接近 1，双边 *LCC* 拓扑的高效频段比 *S-S* 拓扑宽。

5.3.3　偏移特性

耦合装置在实际情况下的偏移通常包括多个方向，既有横向偏移也有纵向偏移，耦合线圈采用圆形对称结构，仅用横向偏移来进行说明。当耦合装置发生偏移时，由于耦合线圈的互感参数会发生改变，导致耦合装置的传输效率和磁场分布发生变化，所以对耦合器的偏移特性进行分析，了解耦合器相关参数的变化规律是十分必要的。

无线充电系统中的耦合线圈的互感在经典电磁学中的定义为

$$M = \frac{N\Phi}{I} \tag{5-20}$$

式中，Φ 为链接两个线圈的磁通量，这通常只是松耦合线圈产生的总磁通量的一部分；N 为构成线圈的匝数；I 为初级线圈的激励电流。

Φ 可以通过围绕线圈闭合路径的磁矢势 A 进行线积分获得：

$$\Phi = \int B \cdot \mathrm{d}S = \int (\nabla A) \cdot \mathrm{d}S = \oint A \cdot \mathrm{d}l \tag{5-21}$$

图 5-18 所示为耦合线圈偏移示意图，先考虑线圈为一匝时的情况。线圈水平方向的偏移量为 Δy，位于次级线圈上点 P 处的磁矢势为

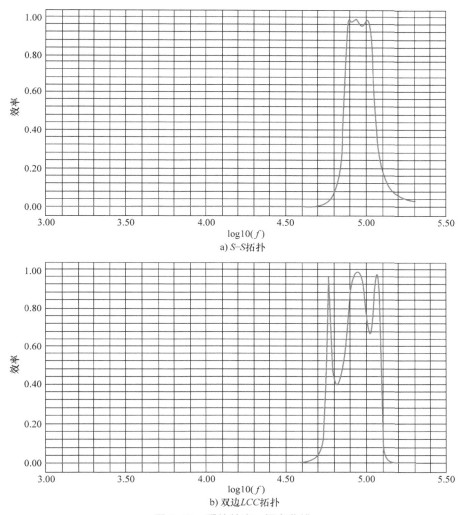

a) S–S拓扑

b) 双边LCC拓扑

图 5-17　系统效率 - 频率曲线

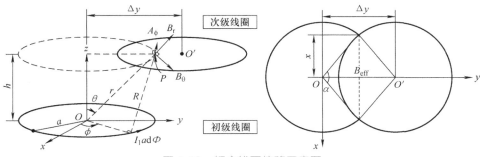

图 5-18　耦合线圈偏移示意图

$$A = \oint \frac{\mu_0 I_1 \mathrm{d}l}{4\pi R} \qquad (5\text{-}22)$$

式中，μ_0 为磁导率。

根据几何关系，可以得到横向距离 x 和角度 α 的关系：

$$x = \sqrt{a^2 - \frac{\Delta y^2}{4}} \qquad (5\text{-}23)$$

$$\alpha = 2\arccos(\frac{\Delta y}{2a}) \qquad (5\text{-}24)$$

线圈的交叉部分定义为磁通量的有效区域 B_{eff}，从 Δy 和半径 a 之间的关系可以获得初级和次级线圈的重叠区域为

$$B_{\text{eff}} = 2\frac{1}{180°}\arccos(\frac{\Delta y}{2a})\pi a^2 - 2\frac{\Delta y}{2a^2}\sqrt{\frac{(\Delta y)^2}{(2a^2)^2 + 1}} \cdot a^3 \qquad (5\text{-}25)$$

然后可以得到互感的关系式为

$$M = \pi a^2 B_{\text{eff}} \frac{\mu_0}{\pi(\sqrt{a^2 + h^2})^3} \qquad (5\text{-}26)$$

对于具有 N 匝的初级线圈和次级线圈，可以通过每个的各个磁通贡献的叠加来计算总磁通：

$$M = \sum_{i=1}^{N}\sum_{j=1}^{N} \frac{\mu_0 \pi a_i^2 B_{\text{eff},j}}{\pi\sqrt{a_j^2 + h^2}} \qquad (5\text{-}27)$$

从式（5-27）可以看出，当偏移量 Δy 增大时，M 会随之减小，降低整个无线充电系统的能量传输效率。M 主要与 Φ、线圈的形状、尺寸和线圈的相对位置等几何量有关。

耦合系数 k 与线圈自感互感的关系为

$$k = \frac{M}{\sqrt{L_1 L_2}} \qquad (5\text{-}28)$$

根据上述公式可知，当忽略偏移带来的线圈自感的变化时，即当线圈自感 L_1、L_2 不变时，耦合系数 k 与线圈互感成正比，则当偏移量增大时，k 会随之减小，传输电磁场的能力也会减弱。

根据无线充电系统的工作特性以及传输功率的定义，可以得到传输功率 P_{tran} 的表达式为

$$P_{\mathrm{tran}} = \left|I_{\mathrm{p}}\right|^2 Z_{\mathrm{r}} = \left|I_{\mathrm{p}}\right|^2 \frac{\omega^2 k^2 L_{\mathrm{p}} L_{\mathrm{s}}}{Z_{\mathrm{s}}} \qquad (5\text{-}29)$$

当耦合线圈发生偏移时，由于系统谐振频率 ω、初级线圈阻抗参数、补偿拓扑和负载恒不变，系统传输功率 P_{tran} 只与初级线圈电流 I_{p} 和耦合系数 k 有关。当耦合线圈发生偏移时，耦合系数 k 会随之变化，次级侧的反映阻抗 Z_{r} 也会随之改变，进而系统传输功率 P_{tran} 会产生较大波动。为此，需要补偿拓扑的初级线圈电流 I_{p} 能够根据耦合系数 k 的变化进行反向等幅度调节，用于抵消 Z_{r} 变化所带来的影响，从而维持系统传输功率 P_{tran} 的相对稳定。初级线圈电流 I_{p} 的这种自动调节特性，可以提高系统抗偏移能力。

根据前面得到的两拓扑结构下的功率表达式，可以得到功率随 k 的变化曲线。当耦合线圈偏移时，初级线圈与次级线圈间的互感会降低，进而 k 也会发生改变次级线圈的接收功率降低，系统效率随之降低。系统效率随耦合系数的变化曲线如图 5-19 所示，可以看出两拓扑效率变化曲线基本一致，当耦合系数大于 0.2 时，系统均有较高效率，可达到 80% 以上。

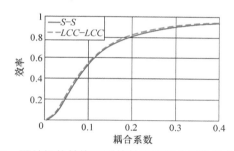

图 5-19　两种拓扑结构下系统效率随耦合系数的变化曲线

5.3.4　偏移对效率的影响

1. S 参数

矢量网络分析仪 E5061B 选配有阻抗分析模块和无线充电模块，能够以设置任意负载阻抗，实时测量耦合装置之间的 S 参数和传输效率。S-S 拓扑 S 参数测试平台如图 5-20a 所示，这里用 10nF 的电容与 5nF 的电容并联得到所需的电容，S 参数测量结果如图 5-20b 所示。从图 5-20b 可以看出，能量能够在 70~100kHz 频段进行传递。

双边 LCC 补偿拓扑的 S 参数测试平台如图 5-21a 所示，这里用 40nF 的电容与 10nF 的电容并联得到所需的电容 C_1，C_1 的测量值为 50nF，用两个 10nF 的电容并联得到所需的电容 C_{p}，S 参数的测量结果如图 5-21b 所示。从图 5-21b 可以看出，能量能够在 60~110kHz 频段进行传递。相较于 S-S 结构能量传输具有更宽的频率范围。

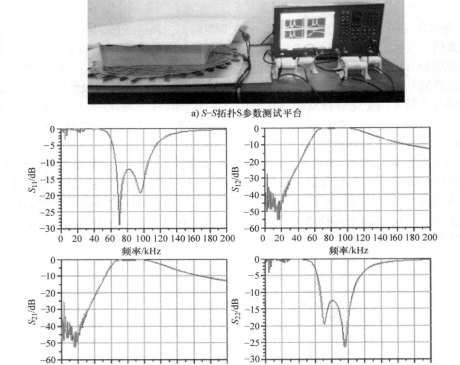

a) S–S拓扑S参数测试平台

b) S参数测量结果

图 5-20　S-S 拓扑 S 参数测量

a) 双边LCC补偿拓扑S参数测试平台

图 5-21　双边 LCC 拓扑 S 参数测量

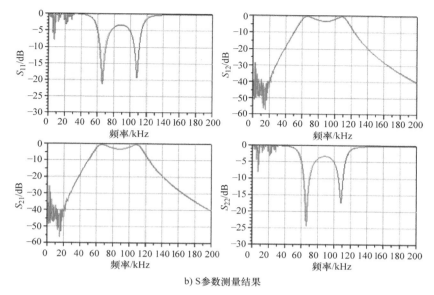

b) S 参数测量结果

图 5-21　双边 *LCC* 拓扑 S 参数测量（续）

2. 效率

利用 E5061B 的无线充电模块，对 S-S 拓扑的效率进行测试，等效电路如图 5-22 所示。耦合装置系统的能量传输效率曲线如图 5-23 所示，曲线在 85kHz 处出现尖峰，峰值效率可达 95%。

通过上述方法可以得到耦合装置系统效率随电阻值 R 和电抗值的变化规律，得到 R 和 X 在 0 ~ 100Ω 范围内系统的效率 map 图，如图 5-24 所示，在 $X=0\Omega$、$R=70\Omega$ 处，耦合装置最大效率接近 95%。

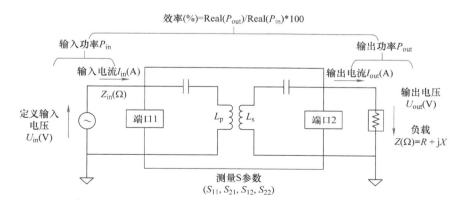

图 5-22　*S-S* 拓扑等效电路

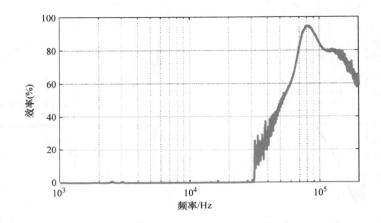

图 5-23 *S-S* 拓扑能量传输效率曲线

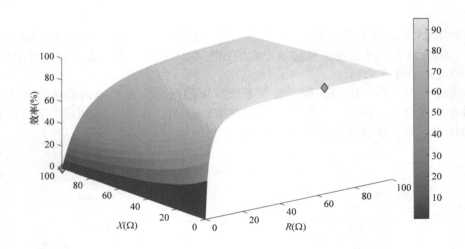

图 5-24 *S-S* 拓扑效率 map 图

同样，对双边 *LCC* 拓扑的效率进行测试，等效电路如图 5-25 所示。能量传输效率曲线如图 5-26 所示，可以看出，与 *S-S* 拓扑不同，效率曲线出现 3 个尖峰，最大效率出现在第二个尖峰处，尖峰频点仍为 85kHz，峰值效率为 95%。3 个尖峰使得线圈在较宽的频段（50~110kHz）效率均较高，平均在 80% 以上。从图 5-27 效率 map 图中可以看出，在 $X=0\,\Omega$、$R=30\,\Omega$ 处，耦合装置最大效率接近 95.7%。

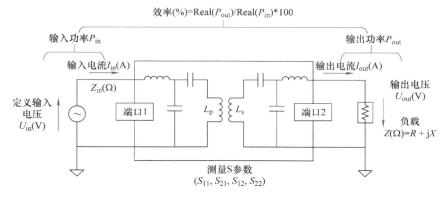

图 5-25　双边 *LCC* 拓扑等效电路

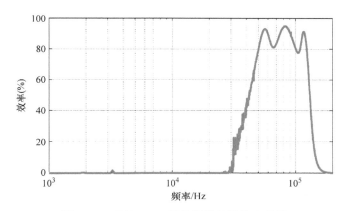

图 5-26　双边 *LCC* 拓扑能量传输效率曲线

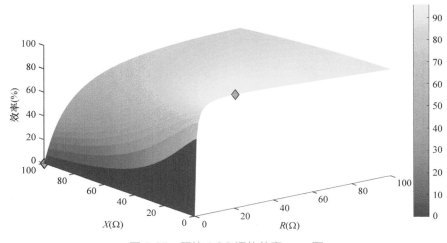

图 5-27　双边 *LCC* 拓扑效率 map 图

3. 偏移对效率的影响

当采用 LCC 拓扑结构时，分别针对线圈对齐、横向偏移 50mm、横向偏移 100mm、横向偏移 150mm、横向偏移 200mm、横向偏移 250mm、横向偏移 300mm、横向偏移 350mm 八种情况，分析偏移对耦合装置系统能量耦合和效率的影响。从图 5-28 可以看出，当线圈对齐时，S_{11} 的幅值在 70~100kHz 频段内小于 −15dB，说明能量从初级侧几乎全部传输到次级侧。随着线圈偏移量增大，S_{11} 的谐振尖峰逐渐减小，在偏移 100mm 时，谐振尖峰变为一个，尖峰频点约为 82kHz，说明能量耦合的频段变窄。最终在偏移达到 1/2 线圈宽度（即 350mm）时，曲线尖峰消失，说明了此时几乎全部能量发生反射，几乎没有能量耦合。图 5-29 和图 5-30 分别是两种拓扑结构在八种不同情况下的效率曲线对比图。

从图 5-29 可以看出，在 0~30kHz 频段，线圈效率接近 0，在 30kHz 左右，效率曲线开始迅速上升，并在 85kHz 频点处达到最大值，随后曲线开始下降。效率曲线在线圈对齐以及偏移 50mm 时基本保持一致，且最大效率可达到 95%，但在偏移 100mm 时效率曲线明显降低，最大效率降到了 75% 左右；还可以发现，尖峰频率与偏移量无关，均为 85kHz。

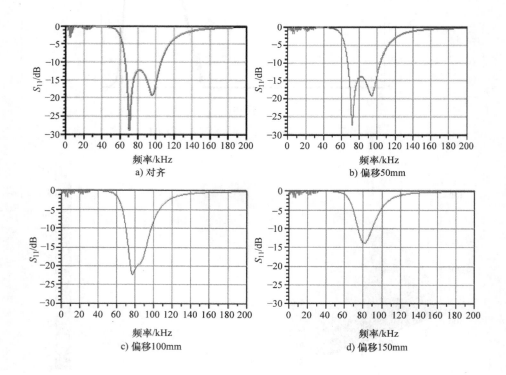

图 5-28　不同偏移下的 S_{11} 曲线

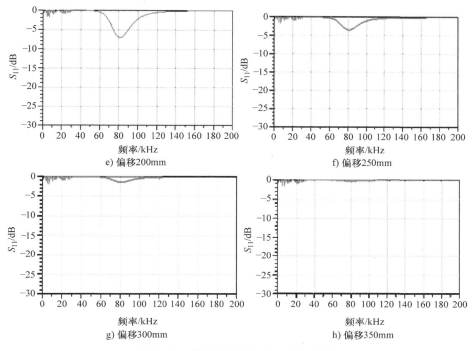

图 5-28 不同偏移下的 S_{11} 曲线（续）

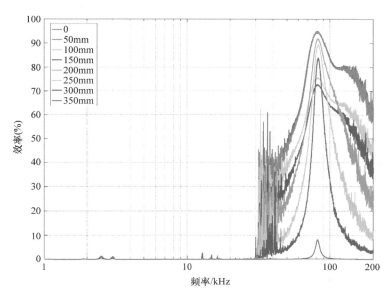

图 5-29 不同偏移下的 S-S 拓扑效率对比

从图 5-30 可以看出，同样在 0~30kHz 频段，双边 *LCC* 拓扑耦合装置系统效率变化与 *S-S* 拓扑类似，不同的是，此时效率曲线呈现 3 个谐振尖峰，并在第二个尖峰（即 85kHz 处）达到峰值效率。经过第三个尖峰后，曲线开始下降。偏移量为 0、50mm、100mm、150mm 的四条效率曲线几乎重合，说明偏移在 150mm 以内时，效率几乎没有影响；而在偏移超过 150mm 时，随着偏移量的增大，效率曲线逐渐降低。在偏移超过 250mm 时，最高效率转移到第一个尖峰所在 60kHz 频点。

从偏移下耦合装置系统的 S 参数和效率可以看出，相较于 *S-S* 拓扑，双边 *LCC* 拓扑结构具有更好的抗偏移特性。

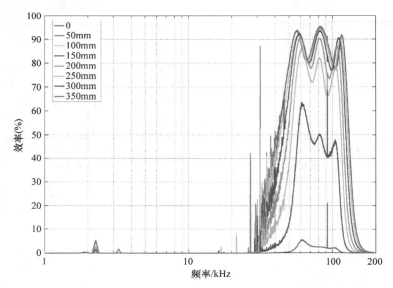

图 5-30　不同偏移下的双边 *LCC* 拓扑效率对比

5.4　磁场分布

由于电动汽车的无线充电系统传输功率大、传输间距大、耦合装置易发生错位等情况，耦合线圈周围会产生较大的磁场，并且可能会发生磁场泄漏。长时间曝露在较大磁场下，会对人体内的神经细胞和其他电气敏感细胞产生影响。

5.4.1　整车模型

根据某乘用车相关尺寸在 3D 建模软件 CATIA 中建立整车模型，如图 5-31a 所示。根据 SAE J2954 模拟车体对磁场的屏蔽作用，车身底盘设置了面积为 1500mm×1500mm、厚度为 1mm 的铝板。将整车模型和耦合装置三维模型导入磁场仿真软件 Maxwell 中，将耦合线圈布置于驾驶人座椅的右下方，且靠近整车前桥，考虑到车辆前轮的定位作用，耦合线圈与车身的相对位置如图 5-31b 所示。

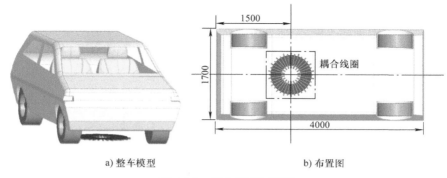

a) 整车模型　　　　　　　　　b) 布置图

图 5-31　耦合线圈布置图

5.4.2　磁场测试点分布

根据 SAE J2954，对三个区域进行测量：区域 2a、区域 2b 和车身内部区域。

对于区域 2a，考虑到该区域距离耦合装置工作区域最近，磁场超标的可能性最大，这里重点对该区域进行测试，选取多个测量点。由于耦合器为对称结构，磁场最大值出现在耦合装置中心横截面，所以选取 X_1 轴所在截面为测量平面，该平面距地 75mm，如图 5-32 所示。在距车身 100mm 的区域选取测量点 P_1（前）、P_2（右）、P_3（左）、P_4（后）。另外，根据耦合器的尺寸在车身侧的前左右三个方向各增加三组测量点 $P_{7\sim9}$、$P_{10\sim12}$、$P_{13\sim14}$。各测试点分布如图 5-32a 所示，测量点 $P_{1\sim4}$ 用来说明车身四个方向的磁场分布，测量点 $P_{7\sim14}$ 用来说明耦合线圈周围的磁场分布。

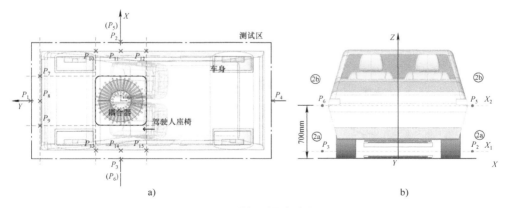

a)　　　　　　　　　　　b)

图 5-32　磁场测量点布置图

对于距地 700mm 的 2b 区域，选取 X_2 轴所在平面为测量平面，同样定义距车身 100mm 且与 X_2 轴相交的点为测量点 P_5（右）、测量点 P_6（左），分别位于测量点 P_2 和 P_3 正上方。

对于车身内部区域，考虑到驾驶人所在区域，这里仅对驾驶人座椅进行测量。选取驾驶人座椅中轴面（即 Z_1 轴）所在平面为测量平面，分别测量座椅位置的头部（P_{16}）、腰部（P_{17}）、座垫（P_{18}）和脚部（P_{19}）位置的磁场强度，四个测量点的相对位置如图 5-33 所示，且各测量点垂直于座椅表面，相对高度为 10mm。

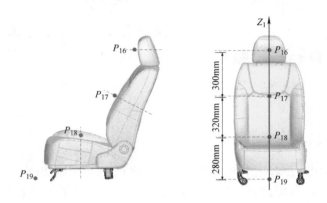

图 5-33　座椅测试点布置图

5.4.3　偏移时的耦合线圈互感

如图 5-34 所示，将初级线圈中轴线与次级线圈中轴线之间的距离定义为偏移量 Δy。

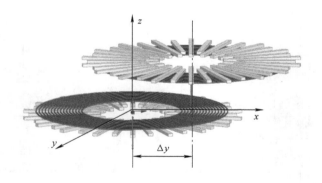

图 5-34　耦合装置偏移三维模型

耦合装置宽度为 700mm，这里选取 50mm 为一次偏移量，研究耦合装置从对齐到偏移 50% 的情况，即分别选取偏移量为 50mm、100mm、150mm、200mm、250mm、300mm、350mm 七种情况分析磁场的分布。利用 Maxwell 可以计算出耦合装置互感和耦合系数，仿真结果见表 5-7。

表 5-7　偏移量与互感和耦合系数的变化关系

偏移量 /mm	互感 /μH	耦合系数
0	95.5	0.392
50	83.2	0.341
100	70.4	0.286
150	55.8	0.254
200	41.7	0.179
250	28.3	0.157
300	16.3	0.076
350	3.7	0.021

　　将耦合线圈固定于指定偏移量位置后，利用电感测试表对偏移下的耦合器进行测量，图 5-35 所示为耦合线圈在完全对齐、偏移 150mm 和偏移 300mm 三种情况下的偏移测试。随着偏移量的增大，互感和耦合系数的测量和仿真结果均呈下降趋势，如图 5-36 所示，与分析的结果一致，并且耦合系数的测量结果和仿真结果之间的偏差较小，验证了耦合装置偏移模型的准确性。

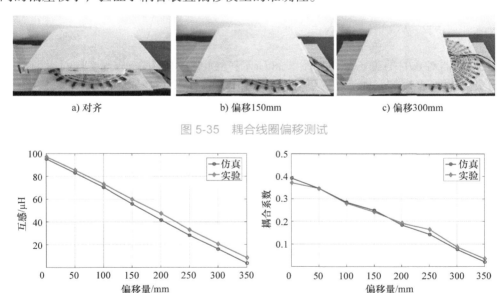

a) 对齐　　　　　　　　b) 偏移150mm　　　　　　　　c) 偏移300mm

图 5-35　耦合线圈偏移测试

图 5-36　互感和耦合系数与偏移量关系对比图

5.4.4　磁场分布分析

　　根据基尔霍夫定律和电流叠加原理可知

$$\dot{I}_{Lp} = \frac{\dot{U}}{j\omega L_p} \qquad (5\text{-}30)$$

当发生谐振时，初级线圈的电流只与输入电压有关，因此当耦合线圈发生偏移时，初级线圈上电流的大小不变，由其生成的磁场强度不变。然而，次级线圈的电流会随着线圈间互感的变化而变化，带来耦合装置周围电磁场的变化。如图 5-37 所示，在 150mm 偏移量内，次级电流变化较小，随着偏移量继续增大，电流降幅增大。

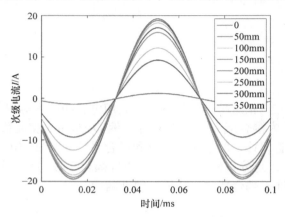

图 5-37　次级电流随偏移量变化曲线

耦合器对齐时的磁场分布如图 5-38 所示，红色空间为耦合装置工作时磁场强度高于标准磁场限值的区域。从磁场分布的正视图和侧视图可以看出，红色区域为磁场强度较大的区域。由于车身对磁场有一定的屏蔽效应，红色区域主要集中在汽车底盘下方。从俯视图可以看出，磁场以耦合线圈为中心向外逐渐扩散，测量点 P_{11} 和 P_{14} 处于绿色区域，其他测量点处于蓝色区域或过渡区域，具体的磁感应强度见表 5-8。

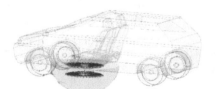

a) 磁场耦合区域

b) 正视图

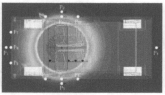

c) 俯视图

d) 侧视图

图 5-38　耦合器对齐时的磁场分布

表 5-8　测量点及磁感应强度

测量点	坐标	磁感应强度 /μT	测量点	坐标	磁感应强度 /μT
P_1	（0,1600,75）	0.77	P_{11}	（850,0,75）	12.80
P_2	（950,0,75）	5.99	P_{12}	（850,−350,75）	7.33
P_3	（−950,0,75）	6.30	P_{13}	（−850,350,75）	8.93
P_4	（0,−2600,75）	0.09	P_{14}	（−850,0,75）	12.10
P_5	（950,0,700）	0.65	P_{15}	（−850,−350,75）	7.59
P_6	（−950,0,700）	0.62	P_{16}	（300,−400,1140）	0.02
P_7	（350,1500,75）	0.97	P_{17}	（300,−300,840）	0.02
P_8	（0,1500,75）	1.20	P_{18}	（300,−150,520）	0.08
P_9	（−350,1500,75）	0.90	P_{19}	（300,300,240）	0.48
P_{10}	（850,350,75）	8.65			

可以看出，测量点 P_{11} 与 P_{14} 磁感应强度最大，分别为 12.80μT 和 12.10μT，处于底盘处的测量点 P_2、P_3、P_{10}、P_{12}、P_{13} 和 P_{15} 处的磁感应强度也处于较高水平。而车内测量点 P_{16-19} 的磁感应强度均小于 1μT，明显小于车外，说明了车身对磁场具有良好的屏蔽效应。综上，耦合线圈完全对齐时，各测量点的磁感应强度均处于限值以内。

如图 5-39 和图 5-40 分别是线圈对齐和线圈偏移 150mm、300mm 时的磁场分布正视图和侧视图。从图 5-39 可以看出，随着偏移量的增大，线圈中轴面的磁场会向左侧移动，磁场的分布变得不规则，红色区域面积也随之减小。从图 5-40 可以看出，随着线圈偏移量的增大，磁场工作区域会向座椅中轴面移动，对座椅处磁场影响会增大。重点对偏移时磁感应强度测量值变化较大的点进行比较，见表 5-9。可以看出，P_{11} 偏移量为 200mm 和 250mm 时达到最大，分别为 32.86μT 和 46.06μT，超过了标准限值。

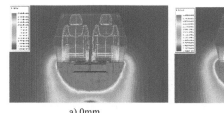
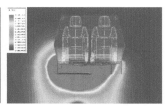

a) 0mm　　　　　　　　　b) 150mm　　　　　　　　　c) 300mm

图 5-39　耦合器偏移磁场分布正视图

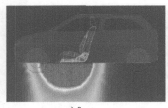
a) 0mm

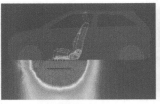
b) 150mm

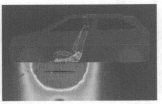
c) 300mm

图 5-40　耦合器偏移磁场分布侧视图

表 5-9　偏移时测量点的磁感应强度　　　　　　　　　　单位：μT

测量点	0mm	50mm	100mm	150mm	200mm	250mm	300mm	350mm
P_2	5.99	7.19	8.20	9.60	11.23	15.39	9.65	7.98
P_3	6.30	5.33	4.71	3.55	2.96	2.14	1.42	0.40
P_{10}	8.65	8.46	8.46	11.59	11.07	10.76	7.97	3.09
P_{11}	12.80	16.76	18.46	20.98	32.86	46.06	28.57	23.93
P_{12}	7.33	9.37	10.67	10.67	9.98	11.35	7.91	3.66
P_{13}	8.93	6.45	5.77	4.11	3.12	3.62	1.77	0.51
P_{14}	12.10	11.2	9.53	7.25	5.65	4.09	2.39	0.71
P_{15}	7.59	6.48	5.65	4.34	3.47	2.22	1.35	0.46

5.4.5　磁感应强度测量

1. 工作频点 85kHz 时的磁场测量

将耦合装置安装在电动汽车底盘下面，构建磁场测量试验平台，如图 5-41 所示。在无线充电系统稳定工作时，使用磁场检测仪分别对车外 15 个测量点与车内驾驶人座椅处 4 个测量点进行磁感应强度测量，如图 5-42 所示。19 个测量点处的磁感应强度测量结果见表 5-10。车外的测量点 P_{11} 与 P_{14} 由于距离底盘较近，磁感应强度最大，分别为 14.83μT 和 15.28μT，另外测量点 P_{10}、P_{12}、P_{13} 和 P_{15} 处的磁感应强度也处于较高水平，均在 10μT 附近。

a) 系统组成

b) 装有无线充电系统的实验车辆

图 5-41　磁场测量试验平台

a) 车外测量点测试图(P_2、P_5、P_{11})

b) 车内测量点测试图(P_{16}、P_{17}、P_{18}、P_{19})

图 5-42　磁感应强度测量

表 5-10　测量点仿真与实验磁场强度　　　　　单位：μT

测量点	仿真	实验	误差	测量点	仿真	实验	误差
P_1	0.77	0.14	−0.63	P_{11}	12.80	14.63	1.83
P_2	5.99	5.21	−0.78	P_{12}	7.33	8.51	1.19
P_3	6.30	5.37	−0.93	P_{13}	8.93	8.73	−0.20
P_4	0.09	0.06	−0.03	P_{14}	12.10	15.28	3.18
P_5	0.65	0.09	−0.56	P_{15}	7.59	9.14	1.55
P_6	0.62	0.02	−0.60	P_{16}	0.02	0.01	−0.01
P_7	0.97	0.32	−0.65	P_{17}	0.02	0.01	−0.01
P_8	1.20	0.48	−0.72	P_{18}	0.08	0.05	−0.03
P_9	0.90	0.27	−0.63	P_{19}	0.48	0.23	−0.25
P_{10}	8.65	8.39	−0.16				

　　使装有无线充电系统的电动车发生横向偏移，纵向不改变，保证位于车辆底盘处的次级线圈与固定在地面的初级线圈分别发生 50mm、100mm、150mm、200mm、250mm、300mm 和 350mm 的偏移，对 19 个测量点分别进行测量。重点对 EMF 安全风险最大的 P_{11} 点进行测量，结果如图 5-43 所示，在偏移 200mm 时，P_{11} 处的磁场强度超过 EMF 限值。因此，无线充电系统应尽量避免 200mm 及以上的偏移，较大的偏移不仅会大幅度降低系统效率，还会对使部分区域磁场强度增大甚至超出 EMF 限值，对人体造成危害。

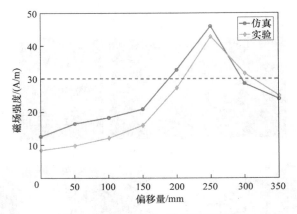

图 5-43　测量点 P_{11} 磁场强度对比

2. 工作频点 85kHz 时的磁场测量

采用频谱分析仪 NF-5035，可以测试随频率变化的电场强度和 XY 方向、YZ 方向和 XZ 方向上的磁场强度和磁感应强度。采用这台设备对低频磁场发射进行了测量，得到了车外 7.5cm 处和 70cm 处不同方向的磁感应强度频谱，如图 5-44 所示，图中电场的单位是 pT，红色曲线表示电场最大值，绿色曲线是瞬态值，黄色曲线为平均值。

从图 5-44 中可以看出，磁场尖峰分别出现在 85kHz、170kHz、255kHz 和 340kHz 频点附近，这些频点是系统工作频率 85kHz 的倍频，且在 85kHz 时磁感应强度最大。因此，对无线充电系统工作时磁场进行分析时，研究工作频点和倍频时的磁场情况能够较好地代表该系统的低频发射特性。

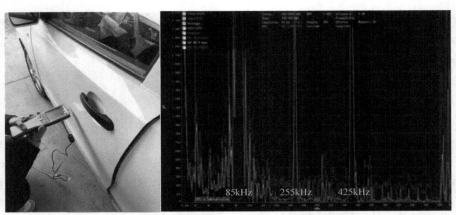

a) 车身外距离地面 70cm 处测试图及磁感应强度频谱

图 5-44　不同位置的磁感应测试图

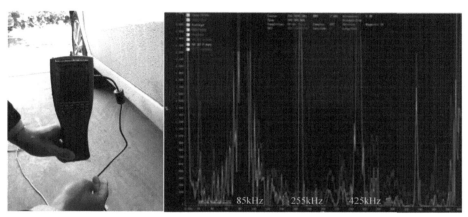

b) 车身外距离地面7.5cm处测试图及磁感应强度频谱

图 5-44　不同位置的磁感应测试图（续）

5.5　电源线传导电磁干扰建模与抑制

电动汽车无线充电系统电磁干扰问题涉及传导发射和辐射发射，此处重点阐述直流供电式无线充电系统直流动力线缆上的传导电磁发射问题。此外，由线缆引起的辐射发射也会对车内外敏感设备造成电磁干扰。

5.5.1　干扰源

无线充电系统逆变器功率开关器件 MOSFET 的高速通断是产生传导骚扰的主要原因，因此建立功率开关器件的高频等效模型分析干扰源信号，对预测传导电磁干扰十分有意义。以逆变器所选 IPW65R099C6 的 N 沟道 MOSFET 为例，MOSFET 的基本特性参数见表 5-11。利用 Simplorer 的动态 MOSFET 模块进行参数设置，并根据手册数据中的特性来拟合出 MOSFET 的转移特性曲线、输出特性曲线以及漏源极二极管特性曲线（见图 5-45），最后还需要设置MOSFET 和二极管热效应曲线。为了对比理想 MOSFET 模型与动态 MOSFET 模型间的差异，分别建立对应的钳位电感开关电路，如图 5-46 所示。

表 5-11　MOSFET 基本特性参数

参数	数值	单位
$U_{DS@}T_{jmax}$	700	V
$R_{DS(on),max}$	0.099	Ω
$Q_{g,typ}$	127	nC
$I_{D,pulse}$	115	A
$E_{oss}@400V$	10	μJ
Body diode di/dt	300	A/μs

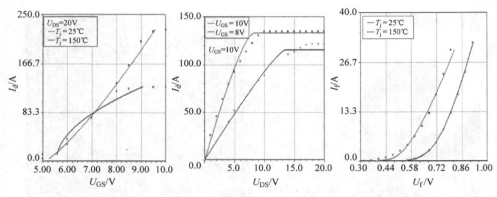

图 5-45　转移特性曲线、输出特性曲线以及漏源极二极管特性曲线

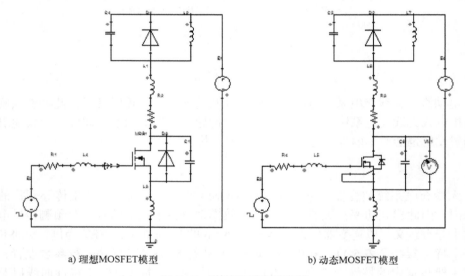

a) 理想MOSFET模型　　　　　　　　b) 动态MOSFET模型

图 5-46　钳位电感开关电路

　　钳位电感开关电路仿真得到的两种 MOSFET 模型动态特性如图 5-47 所示，可以看到，采用动态 MOSFET 时的方波上升沿明显比理想模型平缓，与实际更为相符。

　　验证了动态 MOSFET 模型的开关特性，在 Simplorer 中搭建无线充电系统电路模型，如图 5-48 所示。另外，考虑到 MOSFET 的寄生参数，在源极和漏极之间并联寄生电容，并串联安装过程引起的引脚电感。寄生参数的选取可参考数据手册的输入电容和输出电容，计算出 $C_{DS}=200pF$，引脚电感取 40nH。设置直流电源为 400V，仿真得到 MOSFET 源漏极电压结果如图 5-49 所示。可以看到，电压波形在上升和下降处均有振铃现象，振铃最高处电压为 440V，超出正常工作电压 40V，振铃在 0.4μs 后逐渐趋于稳定。

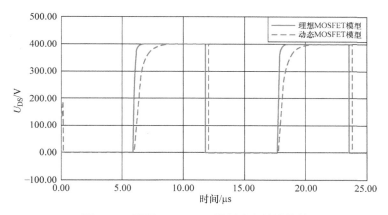

图 5-47　两种 MOSFET 模型动态特性比较

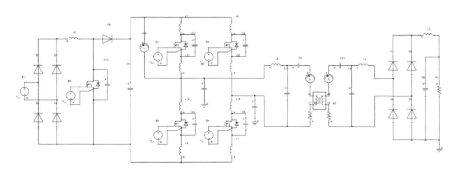

图 5-48　采用动态 MOSFET 模型的无线充电系统电路模型

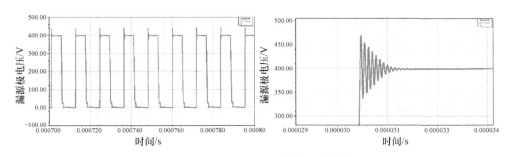

图 5-49　MOSFET 干扰电压波形

5.5.2　电磁干扰机理

1. 寄生参数提取

系统的寄生参数是形成电磁干扰传输的主要元素，可以通过建模与测量相结合的方法提取寄生参数。通常采用测量的方法，通过时域反射仪（Time-Domain

Reflectometry，TDR）和矢量网络分析仪（Vector Network Analyzer，VNA）测量元件或子系统的 S 参数和 Z 参数。无线充电系统的寄生参数见表 5-12，其中 L_{P1}、L_{P2} 为引线电感值；L_P、R_S 为滤波电容 C_7 的寄生电感和等效电阻；R_{L0} 为滤波电容 L_0 的高频寄生电阻；L_{C0} 为滤波电容 C_0 的寄生电感；$C_3 \sim C_6$ 为 MOSFET 的极间电感；R_{L1}、R_{L2} 为耦合线圈对的等效电阻；R_{Lf1}、R_{Lf2} 分别为 L_{f1} 和 L_{f2} 的等效电阻；L_{Cf1}、L_{Cf2} 分别为 C_{f1} 和 C_{f2} 的寄生电感；L_{C1}、L_{C2} 分别为 C_1 和 C_2 的寄生电感；L_{Cable1}、L_{Cable2}、L_{Cable3} 和 R_{Cable1}、R_{Cable2}、R_{Cable3} 分别为连接线缆上的寄生电感和等效电阻；C_{11}、C_{12}、C_{13} 分别为初级线圈、次级线圈和电池组的对地寄生电容；C_{10} 为耦合线圈对之间的互有寄生电容；C_{14}、C_{15} 为逆变器两个桥臂中点的对地寄生电容。

表 5-12　寄生参数

寄生参数	参数值	寄生参数	参数值
L_{P1}/ L_{P2}	10nH	R_{Lf1}/ R_{Lf2}	0.03Ω
L_{C0}	50nF	R_{Lf3}	1μΩ
L_P	0.2μH	R_{L1}/ R_{L2}	115μΩ
L_{Cf1}/ L_{Cf2}	10nH	C_{P1}/C_{P2}	380pF
L_{C1}/ L_{C2}	8nH	$C_3 \sim C_6$	142pF
L_{Cable1}/L_{Cable2}/L_{Cable3}	1.76μH	C_{10}	21.4nF
R_{Cable1}/R_{Cable2}/R_{Cable3}	0.0524Ω	C_{11}/C_{12}	80pF
R_S	0.1Ω	C_{13}	130pF

　　基于表 5-12 的寄生参数，搭建系统的传导骚扰高频等效电路模型，如图 5-50 所示。蓝色器件均为寄生参数，其中 C_{10} 是初级线圈和次级线圈之间产生的寄生电容。另外，连接线缆在高频时也会有寄生参数，如图中的 L_{Cable} 和 R_{Cable}。

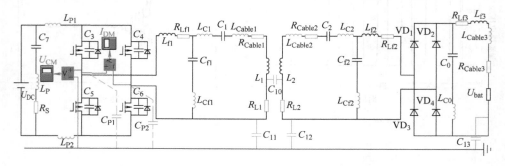

图 5-50　无线充电系统传导骚扰高频等效电路模型

2. 噪声干扰源信号

利用 MATLAB/simulink 搭建图 5-50 所示传导骚扰高频等效电路模型，仿真得到逆变器单桥臂中点处的电磁干扰源信号，如图 5-51 所示。

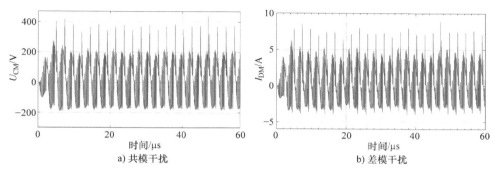

a) 共模干扰　　　　　　　　　　　　　　　b) 差模干扰

图 5-51　干扰源信号

3. 传导骚扰传播路径

（1）差模干扰路径

由于初级线圈和次级线圈间存在寄生电容，所以次级电路中可能会存在差模干扰电流。寄生电容在 150kHz~108MHz 频段的容抗较大。因此，假定差模干扰在初级电路传输。在差模路径分析时，差模干扰源等效为电流源，其干扰电流路径如图 5-52 所示。传导电压是表征传导电磁干扰的重要参数，图中由 R_1、R_2、C_8 和 C_9 组成的是线性阻抗稳定网络（Line Impedance Stability Network，LISN），用于测量系统直流电源线上的传导电压。

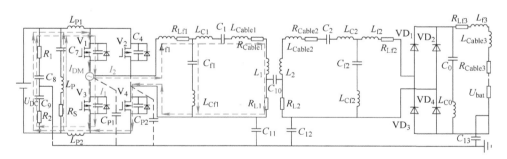

图 5-52　差模干扰电流路径

差模干扰电流 I_{DM} 主要由两条传播路径组成，这两条路径均流经 LISN：

路径 I_1：$I_{DM} \rightarrow C_5 \rightarrow L_{P2} \substack{R_2 \rightarrow C_9 \rightarrow C_8 \rightarrow R_1 \\ \rightleftharpoons \\ R_S \rightarrow L_P \rightarrow C_9} \rightarrow L_{P1} \rightarrow I_{DM}$。

路径 I_2：$I_{DM} \rightarrow L_{f1} \rightarrow R_{Lf1} \substack{L_{C1} \rightarrow C_1 \rightarrow L_{Cable1} \rightarrow R_{Cable1} \rightarrow L_1 \rightarrow R_{L1} \\ \rightleftharpoons \\ R_S \rightarrow L_P \rightarrow C_9} \rightarrow L_{P2} \substack{R_2 \rightarrow C_9 \rightarrow C_8 \rightarrow R_1 \\ \rightleftharpoons \\ R_S \rightarrow L_P \rightarrow C_7}$

$\rightarrow L_{P1} \rightarrow I_{DM}$。

为了分析电磁干扰噪声输入输出变化规律，根据图 5-52 建立阻抗等效电路模型，如图 5-53 所示。其中，各部分阻抗 Z_1~Z_5 用式（3-1）~ 式（3-5）表示。最后，用传递函数的方式表达系统电磁干扰噪声输出与输入关系，即 LISN 上测得的传导电压与干扰源信号之间的函数关系，见式（3-6）。在 150kHz~108MHz 频段，传递函数的幅频特性和相频特性如图 5-54 所示。差模干扰在 150kHz 时的幅值比最大。随着频率的增大，幅值比明显减小。因此，差模干扰在低频段比高频段显著。

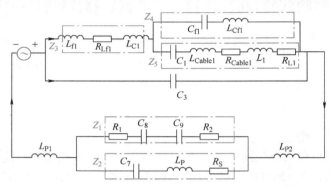

图 5-53　差模干扰路径等效电路模型

$$Z_1 = R_1 + \frac{1}{sC_8} + \frac{1}{sC_9} + R_2 \tag{5-31}$$

$$Z_2 = \frac{1}{sC_7} + sL_P + R_S \tag{5-32}$$

$$Z_3 = sL_{f1} + R_{Lf1} + \frac{1}{sC_1} \tag{5-33}$$

$$Z_4 = sL_{Cf1} + \frac{1}{sC_{f1}} \tag{5-34}$$

$$Z_5 = \frac{1}{sC_1} + sL_{Cable1} + R_{Cable1} + sL_1 + R_{L1} \tag{5-35}$$

$$G(S_1) = \frac{U_{RD}}{U_{DM}} = \frac{Z_1 /\!/ Z_2}{(Z_1 /\!/ Z_2) + [Z_3 + (Z_4 /\!/ Z_5)] /\!/ C_3 + Z_{LP1} + Z_{LP2}} \cdot \frac{Z_{R1}}{Z_1}$$

$$= \frac{3.75 \times 10^{-32} s^4 + 7.5 \times 10^{-26} s^3 + 3.875 \times 10^{-20} s^2 + 2.5 \times 10^{-15} s^1 + 1.25 \times 10^{-9}}{2.25 \times 10^{-63} s^9 + 6.75 \times 10^{-57} s^8 + 2.255 \times 10^{-48} s^7 + 6.75 \times 10^{-42} s^6 + 6.9 \times 10^{-36} s^5 + 2.7 \times 10^{-30} s^4 + 4.525 \times 10^{-25} s^3 + 1.575 \times 10^{-19} s^2}$$

$$\tag{5-36}$$

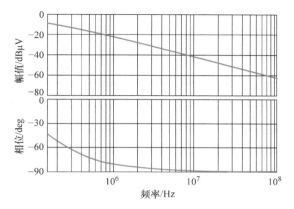

图 5-54　差模传导电压传递函数幅频特性和相频特性

（2）共模干扰路径

共模干扰主要是系统通过对地的分布参数形成的。在分析共模干扰时，需要考虑次级电路部分。无线充电系统的共模干扰路径如图 5-55 所示，其中共模干扰源加在第一桥臂中点与地之间，等效为电压源。共模干扰电流分别包含图中四条路径（$I_1 \sim I_4$），共模干扰电流 I_1 会通过 LISN，形成传导骚扰电压。I_2 和 I_4 是从干扰源流经初级线圈，最终流入大地的一对干扰电流。然而，I_3 在流经谐振线圈 L_1 时，会有一部分干扰电流经过耦合线圈对寄生电容 C_{10} 流到车载侧的次级线圈上，这部分电流分别流经正负极线缆、整流电流、LC 滤波电路和电池，最终流入大地。因此，这部分干扰电流可能会影响车载低压设备的供电性能。I_4 流经寄生电容 C_{14} 从第一桥臂中点流入大地。各路电流流经元件的顺序路线如下：

路径 I_1：$I_{CM} \begin{array}{c} C_5 \to L_{P2} \to R_2 \to C_9 \\ L_{P1} \to R_1 \to C_8 \end{array} \to \text{GND} \to I_{CM}$。

路径 I_2：$I_{CM} \begin{array}{c} E_1 \to R_{L1} \\ C_5 \end{array} \to C_{11} \to \text{GND} \to I_{CM}$。

路径 I_3：$I_{CM} \to E_1 \to C_{10} \begin{array}{c} E_2 \to E_3 \to U_{bat} \to C_{13} \\ R_{L2} \to C_{12} \end{array} \to \text{GND} \to I_{CM}$。

路径 I_4：$I_{CM} \to C_{P1} \to \text{GND} \to I_{CM}$。

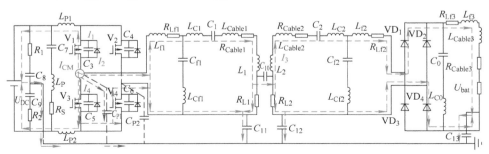

图 5-55　共模干扰路径图

其中，E_1 表示电流流经路线为 $L_{f1} \rightarrow R_{Lf1} \rightarrow L_{C1} \rightarrow C_1 \rightarrow L_{Cable1} \rightarrow R_{Cable1} \rightarrow L_1$；$E_2$ 表示电流流经路线为 $L_2 \rightarrow L_{Cable2} \rightarrow R_{Cable2} \rightarrow C_2 \rightarrow L_{C2} \rightarrow L_{f2} \rightarrow R_{Lf2}$；$E_3$ 表示电流流经路线为 $R_{Lf3} \rightarrow L_{f3} \rightarrow L_{Cable3} \rightarrow R_{Cable3}$。

如图 5-56 所示，共模干扰路径等效电路的阻抗由 $Z_1 \sim Z_6$ 组成。$Z_1 \sim Z_6$ 分别表示一部分的电路阻抗值，各部分阻抗用式（5-37）~ 式（5-42）表示。共模电磁干扰噪声的输出与输入关系用式（5-43）表示。

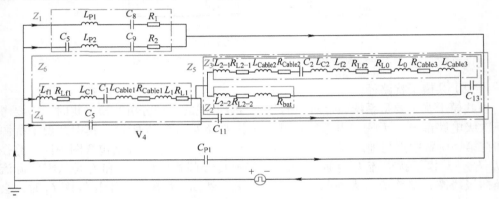

图 5-56　共模干扰路径等效电路

$$Z_1 = (R_1 + \frac{1}{sC_8} + sL_{P1}) \,/\!/\, (sL_{P2} + \frac{1}{sC_9} + R_2 + \frac{1}{sC_5}) \tag{5-37}$$

$$Z_2 = sL_{2-2} + R_{2-2} + R_{bat} \tag{5-38}$$

$$Z_3 = sL_{2-1} + R_{2-1} + sL_{Cable2} + R_{Cable2} + sL_{f2} + R_{Lf2} + sL_0 + R_{L0} + \frac{1}{sC_2} + sL_{C2} + sL_{Cable3} + R_{Cable3} \tag{5-39}$$

$$Z_4 = sL_{Cf1} + R_{Lf1} + sL_{C1} + \frac{1}{sC_1} + sL_{Cable1} + R_{Cable1} + sL_{C1} + R_{L1} \tag{5-40}$$

$$Z_5 = (Z_2 /\!/ Z_3) + Z_{C13} \tag{5-41}$$

$$Z_6 = \left[(Z_5 + Z_4) /\!/ Z_{C5} \right] + Z_{C11} \tag{5-42}$$

$$G(S_2) = \frac{U_{RC}}{U_{CM}} = \frac{(Z_6 /\!/ Z_{CP1}) R_1}{(Z_1 /\!/ Z_6 /\!/ Z_{CP1})^2 (Z_{CP1} + Z_{C8} + R_1)} \tag{5-43}$$

$$= \frac{7.32 \times 10^{-3} s^4 + 2.446 \times 10^5 s^3 + 2.078 \times 10^{10} s^2 + 4.4418 \times 10^{14} s^5}{7.294 \times 10^4 s^7 + 1.23 \times 10^{12} s^6 + 1.56 \times 10^{17} s^5 + 6.631 \times 10^{21} s^4 + 9.4 \times 10^{25} s^3}$$

共模干扰电压传递函数的幅频特性和相频特性如图 5-57 所示。可以看出，共模干扰在 150kHz~ 108MHz 频段内差异不大，全频段在 −5 ~ 0dB 间变化。相较于差模干扰，共模干扰在整个频段都比较显著。

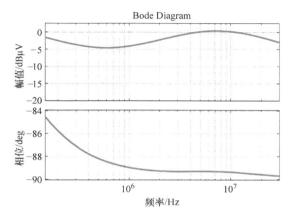

图 5-57　共模干扰电压传递函数的幅频特性和相频特性

5.5.3　传导骚扰预测

1. 差模传导骚扰

差模干扰电路模型如图 5-58a 所示，注入差模干扰电流，LISN 上仿真得到传导电压，如图 5-58b 所示。可以看出，在 150kHz ~ 108MHz 频率范围内，差模干扰在 170kHz（2 倍频）时传导电压最大，幅值为 78.46dBμV，超出标准限值 8.46dBμV；相邻各次谐波之间相差 85kHz（工作频率），在 8 倍频 680kHz 时的超标量为全频段最大，超出标准限值 16.37dBμV；在 30MHz 处发生谐振，超标量为 12.46dBμV。

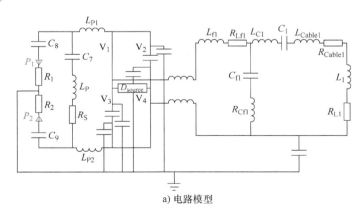

a) 电路模型

图 5-58　差模传导电压仿真预测

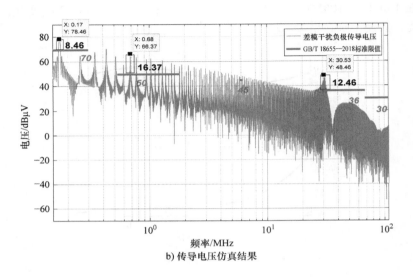

b) 传导电压仿真结果

图 5-58　差模传导电压仿真预测（续）

2. 共模传导骚扰

共模干扰电路模型如图 5-59a 所示，注入共模干扰电压，LISN 上仿真得到传导电压，如图 5-59b 所示。由于电路的对称性，注入共模干扰源 S_1 和 S_2 具有相同的特性，所以仅对注入共模干扰源 S_1 情况分析共模干扰，共模干扰在 170kHz 时传导电压最大，幅值为 81.96dBμV，超出限值 11.96dBμV；相邻各次谐波之间相差 85kHz，同样在 8 倍频 680kHz 时超标量最大，超出限值 19.89dBμV；在 30MHz 处发生谐振，此时超出标准限值 15.17dBμV。

3. 共差模传导骚扰电压

为了更好地预测实际情况，在 CST 软件建立的仿真模型中同时注入共模干扰源和差模干扰源，如图 5-60 所示，其中端口 1 是共模干扰源的注入端口，端口 2 是差模干扰源的注入端口。

三种模式的传导电压仿真比较如图 5-61 所示，其中黑色曲线表示共模和差模同时作用时的传导电压仿真结果，蓝色曲线表示只有共模作用下的传导电压仿真结果，红色曲线表示只有差模作用下的传导电压仿真结果。

从图 5-61 中可以看出，在 170kHz、430kHz、1.6MHz、30MHz 频点时，三条曲线均表现出谐振现象，这四个频点共模仿真时的传导电压结果与共差模一起仿真时的传导电压更接近。然而，在全频段下，共差模一起的仿真结果比差模仿真结果要大，在高频时尤其是 30~108MHz 频段差异更为明显，谐振点发生偏移且传导电压值均有所不同。

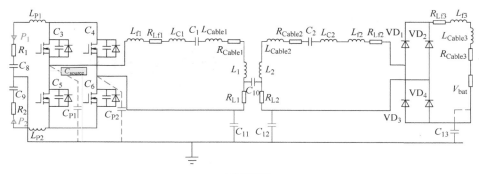

a) 电路模型

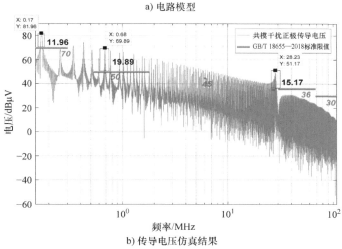

b) 传导电压仿真结果

图 5-59　模传导电压仿真预测

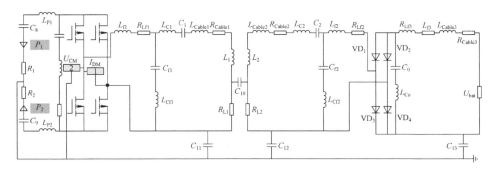

图 5-60　共模和差模仿真电路模型

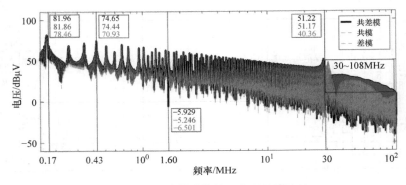

图 5-61　三种模式的传导电压仿真比较

所以，从传导电压的仿真结果层面分析，共模干扰下的传导电压与共差模都作用的实际传导电压更为接近，而差模传导电压与共差模都作用的实际传导电压相差较大。从高频段（30~108MHz）可以看出，共模传导电压要比差模传导电压值大，这与传递函数的计算结果具有一致性。因此，共模干扰是无线充电系统产生传导骚扰的主要模式，故在对无线充电系统的传导电磁干扰进行抑制时，可优先考虑抑制共模传导电压，再考虑抑制差模传导电压。

5.5.4　EMI 滤波器

1. 滤波器拓扑

尽管滤波器的重要参数相同，但其拓扑结构也关系到滤波器的作用效果。为了选择最佳的滤波器拓扑，通过仿真分析分别对不同拓扑结构滤波器的抑制效果进行比较，进而确定最佳滤波器拓扑。滤波器设计在 LISN 和受测设备 EUT 的中间位置，如图 5-62 所示。

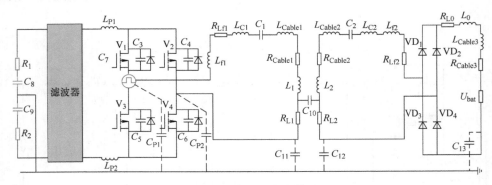

图 5-62　滤波器电路模型

在设计滤波器时，可优先考虑设计共模滤波器，然后再考虑设计差模滤波器和共模差模混合式滤波器（若共模滤波器可以满足设计需求，则不再设计差模滤波器）。为了选择最佳抑制效果的共模滤波器拓扑结构，同时考虑滤波器空间尺寸和重量的问题，设计了 *LC*、*CL* 和 *CLC* 三种拓扑结构的共模滤波器，并分别建立等效电路模型进行仿真分析，如图 5-63 所示。

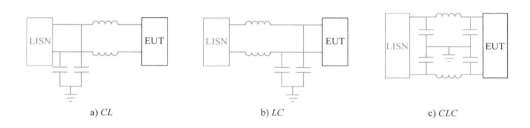

| a) *CL* | b) *LC* | c) *CLC* |

图 5-63　共模滤波器拓扑结构电路模型

假设 $C_Y = 500\text{nF}$，$L_C = 265\mu\text{H}$。*CL*、*LC* 和 *CLC* 三种拓扑结构的共模滤波器仿真结果如图 5-64 所示。在低频带中出现了一些谐波，第 *n* 次谐波（2th = 170kHz，3th = 255kHz，4th = 340kHz，5th = 425kHz）和 1MHz 的传导电压在表 5-13 中列出。很明显，传导电压和谐波含量最小是出现在 *CL* 拓扑的滤波器的电路中。使用 *LC* 拓扑的滤波器引起了不期望的新谐振现象并且在 1MHz 处仍然超过标准限值。使用 *CLC* 拓扑的滤波器后，传导电压在研究频段被较好抑制，满足限值要求，但是 *CLC* 拓扑的滤波器的成本和体积比另外两种滤波器要大。因此，与 *CL* 和 *CLC* 拓扑相比，由于 *CL* 拓扑具有最佳的抑制量、最小的组件数量、最小的体积和重量，所以 *CL* 拓扑是共模滤波器的最佳选择。

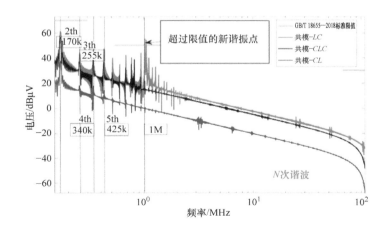

图 5-64　共模滤波器的抑制效果比较

表 5-13　无线充电系统三种拓扑滤波器比较

滤波器拓扑	传导电压 /dBμV					特征
	170kHz	255 kHz	340kHz	425kHz	1MHz	
LC	61.12	43.91	43.91	47.14	55.18	较少组件，但产生新的谐振点并超标
CLC	56.48	36.86	37.83	36.32	24.70	较多组件，体积较大，抑制效果良好
CL	38.57	18.26	18.03	14.43	6.36	较少组件，最佳抑制效果

2. 优先式滤波器设计方法验证

为了再次验证优先共模干扰抑制滤波器设计的有效性，下面将设计混合式滤波器，并比较混合滤波器与优先滤波器的抑制效果。

（1）差模滤波器拓扑结构选择

差模滤波器一般由差模电容 C_X 和电感 L_X 组成，LC、CL 和 LCLC 三种不同拓扑结构的电路模型如图 5-65 所示。图 5-66 所示为三种拓扑滤波器加入系统后的直流输入线缆上的传导骚扰电压。从图中可以看出，采用 LC 拓扑的滤波器的传导电压仿真结果在全频段有明显下降，但是在低频段出现了新的谐振点且传导电压峰值较大。采用 CL 拓扑的滤波器的传导电压在全频段有所下降，但是在 30MHz 谐振点处仍然超标，且在高频段出现了新的谐振点。采用 LCLC 拓扑的滤波器的传导电压在全频段明显下降，无谐振点出现且最大值不超过 60dBμV。通过对采用 LC、CL 和 LCLC 拓扑的滤波器的传导电压与差模干扰的仿真结果对比，蓝色曲线表示的 LCLC 拓扑滤波器的抑制效果最佳，无谐振点产生且电磁干扰电压明显下降。

综上所述，差模滤波器最佳的拓扑结构是 LCLC，共模滤波器最佳的拓扑结构是 CL。然而，两种滤波器在同一电路中的位置和顺序也会对无线充电系统整体的 EMI 滤波效果产生影响。

（2）混合滤波器拓扑结构选择

三种差共模混合滤波器拓扑电路模型如图 5-67 所示，在 CST 仿真软件中建模并仿真，共差模混合滤波器布置在 LISN 和 EUT 中间，仿真结果如图 5-68 所示。从图中可以看出，带有混合滤波器的无线充电系统传导骚扰电压均受到抑制，且效果明显，其中拓扑了装置的滤波效果最好。

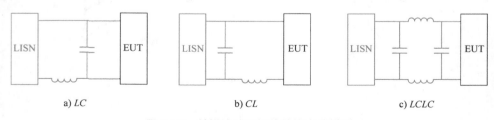

a) LC　　　　　　　　　b) CL　　　　　　　　　c) LCLC

图 5-65　差模滤波器拓扑结构电路模型

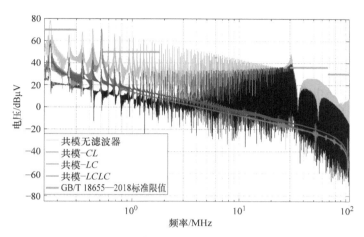

图 5-66　差模滤波器的 EMI 抑制效果比较

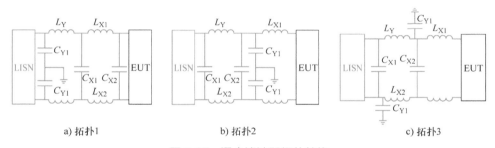

a) 拓扑1　　　　　　　　b) 拓扑2　　　　　　　　c) 拓扑3

图 5-67　混合滤波器拓扑结构

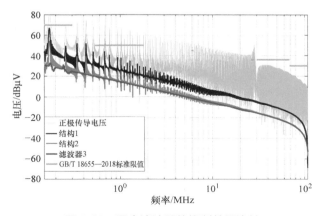

图 5-68　混合滤波器的抑制效果比较

（3）混合滤波器与优先式滤波器比较

将优先式滤波器和混合滤波器的传导电压仿真结果进行比较（见图 5-69），可以发现：

1）优先式滤波器的元件组成为 1 个电容和 1 个电感，混合滤波器的元件组成为 3 个电容和 3 个电感，从元件数量上，混合滤波器是优先式滤波器的 3 倍，那么滤波器体积、重量和成本都会增加。

2）尽管混合滤波器元件数量增加，在 150kHz ~ 108MHz 频域内抑制效果较好，但抑制量几乎全部低于优先式滤波器 15dB。仅在 170kHz 时传导电压低于优先式滤波器约 5dB。

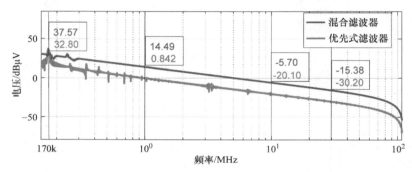

图 5-69　加滤波器后直流动力线缆传导骚扰电压仿真结果

5.5.5　传导骚扰电压测量

1. 电气功能测试

在进行无线充电系统电磁干扰测量之前，需要先对系统的充电功能进行测试。安装有 3.7kW 无线充电器的电动汽车如图 5-70a 所示。当系统稳定工作后，读取充电信息。如图 5-70b 所示为电动汽车正在进行无线充电时的仪表盘信息，可以看出此时快充的电压和电流分别为 400V 和 9A，当前电量可以达到的续驶里程是 148km。因此，建立的无线充电系统能够实现向车载电池充电的功能。

2. 电源线传导电磁干扰试验

（1）传导发射平台搭建

在电磁兼容实验室搭建适用于电动汽车直流式供电无线充电系统的高频传导骚扰实

a) 3.7kW无线充电车辆

b) 无线充电时仪表盘信息

图 5-70　无线充电实验车辆

验平台，试验结构如图 5-71 所示。实验台主要由直流电压源、两根 2m 直流屏蔽电源线、两个 LISN、无线充电控制器、圆形耦合线圈、EMI 接收机和上位机组成。在无线充电控制器与耦合线圈间采用两根 1.5m 长的屏蔽电缆。使无线充电系统在工作频率为 85 kHz、工作间隙为 150mm 的情况下工作，EMI 接收器上采集到直流电源线上的传导骚扰电压。

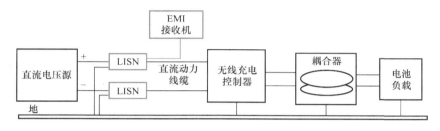

图 5-71　无线充电系统传导电磁干扰试验结构图

（2）传导发射试验

按照图 5-71，在暗室下搭建直流供电式无线充电系统传导发射试验平台，如图 5-72 所示。依据 GB/T 18655—2018 要求的测试频段（150kHz ~ 108MHz）在无线充电系统给电池充电的正常工况下，通过 EMI 接收机测得的传导发射试验结果，如图 5-73 所示。可以看出传导骚扰电压在 500kHz ~ 2MHz 和 30~108MHz 的频率区间段上超出了标准规定的限值。传导电压在 30MHz 时出现谐振现象，且高频段超标更为明显。

传导骚扰电压试验结果与仿真结果的比较如图 5-74 所示，传导电压试验结果与仿真结果基本吻合，在 170kHz 处出现了 2 次谐波，在 30MHz 附近出现了谐振现象。两者同样在 500kHz~2MHz 和 25~30MHz 频段上出现超标现象。然而，30~108MHz 频段上的实验法和仿真法得到的传导电压存在差异，主要是由忽略了一些高频寄生参数引起的，后续有待研究完善。

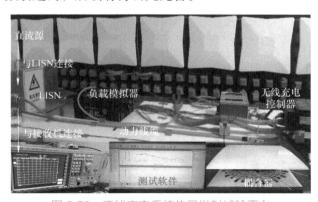

图 5-72　无线充电系统传导发射试验平台

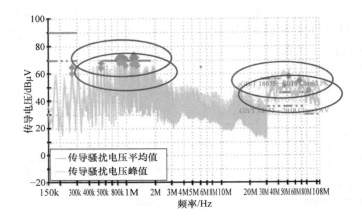

图 5-73　传导发射试验结果

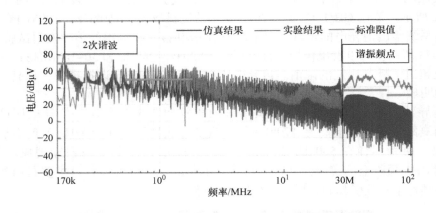

图 5-74　传导骚扰电压试验结果与仿真结果比较

（3）EMI 滤波器插入损耗试验

系统加入 CL 优先式滤波器后，测试得到的传导电压结果如图 5-75 所示，在全频段上传导电压的峰值和均值均低于 GB/T 18655—2018 中的标准限值，满足标准要求。

滤波器的抑制频点为 30MHz，传导电压衰减量设计为 21.17dBμV。如图 5-76 所示，加入滤波器后无线充电系统直流动力线缆上的传导电压衰减量为 21.4dBμV。实验中实际的衰减量与仿真中设计的衰减量基本相同，说明了提出的 CL 优先共模滤波器设计方法是有效的。

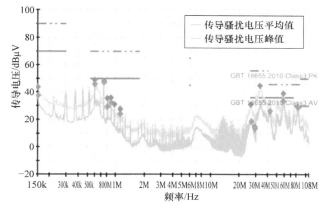

图 5-75　加入 *CL* 优先式滤波器后的传导电压测试结果

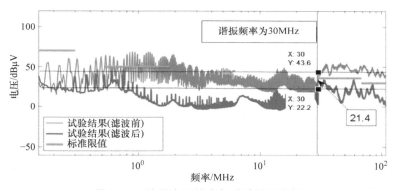

图 5-76　传导电压仿真与试验结果比较

5.6　公共电网电源线谐波

无线充电系统工作时，会在公共电源线产生大量谐波，污染电网，影响联网的用电设备正常工作。SAE J2954 标准中对无线充电系统公共电源线的谐波做了明确的规定，具体规定见表 5-14。

表 5-14　SAE J2954 标准连接电网电源线的谐波规定

奇次谐波次 n	最大允许谐波电流 /A	偶次谐波次 n	最大允许谐波电流 /A
3	2.30	2	1.08
5	1.14	4	0.43
7	0.77	6	0.30
9	0.40	$8 \leqslant n \leqslant 40$	$0.23 \times 8/n$
11	0.33		
13	0.21		
$15 \leqslant n \leqslant 39$	$0.15 \times 15/n$		

5.6.1 谐波分析

由于无线充电系统中存在开关型的逆变器，其中不可控整流电路工作时，会出现循环导通和关断；另外，由于后端存在的大电容，还会出现当后端大电容电压瞬时电压高于前端电网输入电压时，不可控整流电路全部断开的情况，致使电网输入的 50Hz 正弦工作电流发生严重的畸变，从而导致失真，产生大量电流谐波。设总电流的有效值为 I_{rms}，基波的电流有效值为 I_{H1}，k 次谐波的电流有效值为 I_{Hk}，那么电路中的电流存在以下关系：

$$I_{rms} = \sqrt{I_{H1}^2 + I_{H2}^2 + I_{H3}^2 + \cdots + I_{Hk}^2 + \cdots} \tag{5-44}$$

设 $I(t)$ 为是电网输入的 50Hz 时域变化电流，那么可以将 $I(t)$ 进行傅里叶变换，得到如下以工频 50Hz 为基波的谐波关系：

$$I(t) = \sum_{n=1}^{\infty} \sqrt{2} I_{Hn} \sin(100\pi nt) \tag{5-45}$$

5.6.2 传统整流滤波升压电路系统的谐波

传统的开关电源一般采用升压（Boost）电路和整流大电容滤波，升压电路并没有对开关管进行闭环功率因素校正（PFC）的控制，这种电路的工作功率因数低、谐波分量大、效率低，并且对电网有极大的污染。在 MATLAB/Simulink 软件中建立图 5-77 所示无线充电系统电路模型，即升压电路的功率开关管是在固定占空比和频率脉冲下工作的。通过仿真可以得到图 5-78 所示输出充电电流以及图 5-79 所示输出充电电压，满足输出功率 3.68kW 和 400V 充电电压的要求。电网输入的电流和电压如图 5-80 和图 5-81 所示，可以看出，电网输入的电压还是正常工作的正弦波形，但是由于大电容 C_{PFC4} 的存在，导致前端的全桥整流二极管在某些时段并未开通，出现了电网输入正弦电流的畸变，导致功率因数降低，在输出端同样需要达到 3.7kW 功率的情况下，电网侧需要输入更大的电流。由于电流畸变产生大量谐波，先取前 15 次谐波进行分析，2~15 次谐波电流的仿真结果如图 5-82 所示，相关参数见表 5-15。可以看出，偶次谐波电流没有超过标准限值，但是奇次（3、5、7、9、11、13 和 15 次）谐波电流全部超过标准限值。

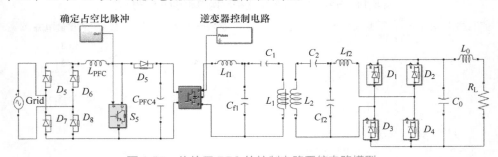

图 5-77　传统无 PFC 的控制电路系统电路模型

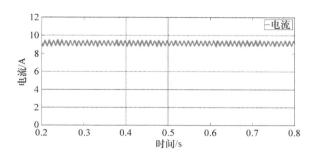

图 5-78　充电电流仿真结果

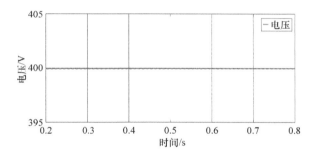

图 5-79　充电电压仿真结果

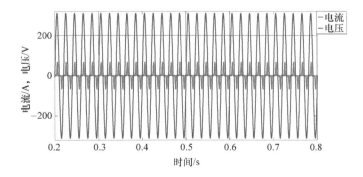

图 5-80　电网输入的电流和电压

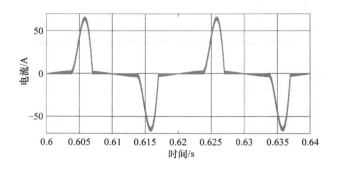

图 5-81　电网输入的电流放大图

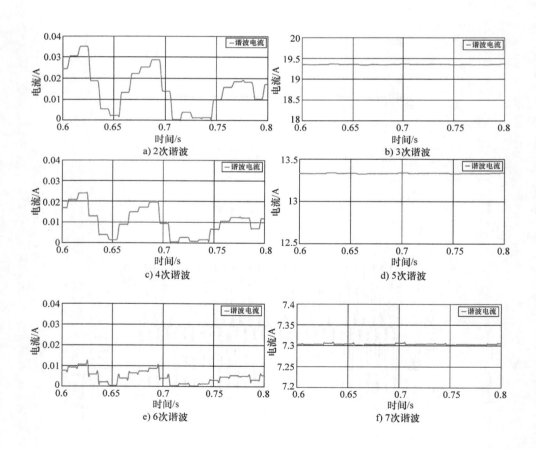

图 5-82　各次谐波电流的仿真结果

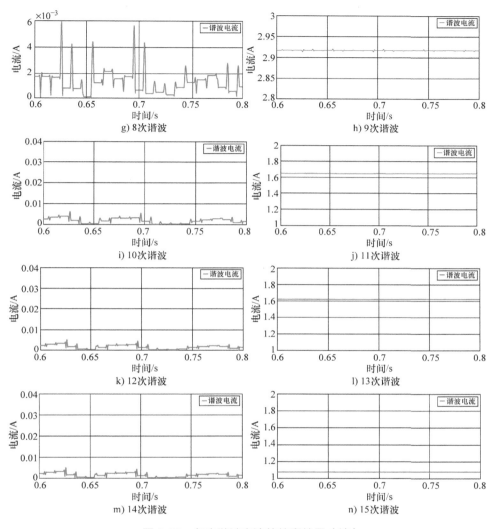

图 5-82 各次谐波电流的仿真结果（续）

表 5-15 采用传统的整流滤波升压电路系统的谐波电流仿真结果

奇次谐波	实际谐波电流 / A	最大允许谐波电流 /A	偶次谐波	实际谐波电流 / A	最大允许谐波电流 /A
3	19.40	2.30	2	0.035	1.08
5	13.35	1.14	4	0.024	0.43
7	7.31	0.77	6	0.012	0.30
9	2.92	0.40	8	0.006	0.23
11	1.63	0.33	10	0.005	0.18
13	1.61	0.21	12	0.005	0.15
15	1.04	0.17	14	0.004	0.13

从仿真结果可以看出，传统的整流滤波升压电路系统谐波电流大、功率因数低，不仅导致效率低，还会污染公共电网。

5.6.3　采用 PFC 电路系统的谐波

通过以上分析可知，应用传统的整流大电容滤波电路的系统功率因数低、谐波分量大、效率低，并且对电网有极大的污染，因此这里采用高频 PFC 闭环控制电路进行谐波抑制、功率因数校正以及升压。高频 PFC 闭环控制系统电路模型如图5-83 所示，其中 PFC 控制电路的闭环控制策略如图 5-84 所示，采用的是电压跟随控制，属于高频有源功率因数校正技术，主要是基于 PFC 模块升压目标电压、PFC模块实际输出电压、电网输入电压和输入电流做双 PI 控制，控制输入电流跟随电压呈正弦变化，并且相位也跟随电压变化。

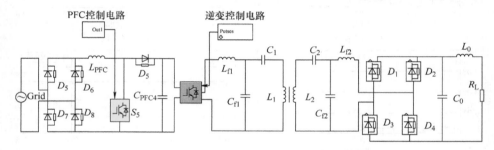

图 5-83　高频 PFC 闭环控制系统电路模型

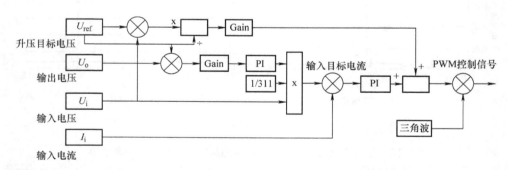

图 5-84　PFC 控制电路的闭环控制策略（电压跟随控制）

利用高频 PFC 闭环控制系统电路模型，仿真得到系统图 5-85 和图 5-86 所示的输出充电电流和充电电压，可以看出满足设计要求。同时，通过图 5-87 和图 5-88公共电网输入系统的电流和电压的仿真结果可以看出，电流和电压的相位一致，实现了功率因数的校正，功率因数达到接近 1 的高功率因数，实现了效率的提升，当然还实现了谐波的抑制。

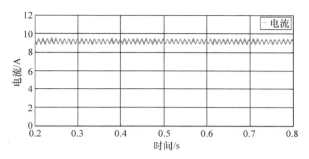

图 5-85　充电电流仿真结果

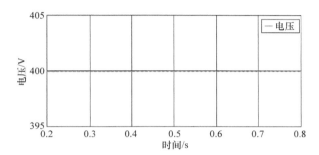

图 5-86　充电电压仿真结果

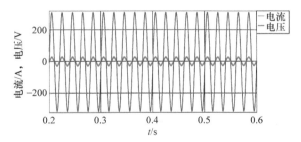

图 5-87　公共电网的输入电压和电流

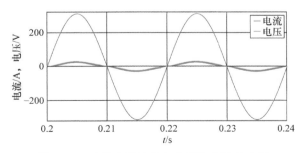

图 5-88　公共电网的输入电压和电流放大图

2~15 次谐波电流的仿真结果如图 5-89 所示，相关数据见表 5-16。可以看出，相比于传统的整流滤波升压电路，所有的奇数次谐波都有了很大的改善。所有奇数次谐波电流明显降低，其中 3 次谐波电流由 19.40A 降到了 1.8A，5 次谐波电流由 13.35A 降到了 0.94A，7 次谐波电流由 7.31A 降到了 0.79A，9 次谐波电流由 2.92A 降到了 0.19A，11 次谐波电流由 1.61A 降到了 0.08A，13 次谐波电流由 1.61A 降到了 0.25A，15 次谐波电流由 1.04A 降到了 0.164。虽然各次谐波都得到明显改善，但是在 3、7 和 13 次谐波电流仍然轻微超标，需要进一步对系统进行完善优化。

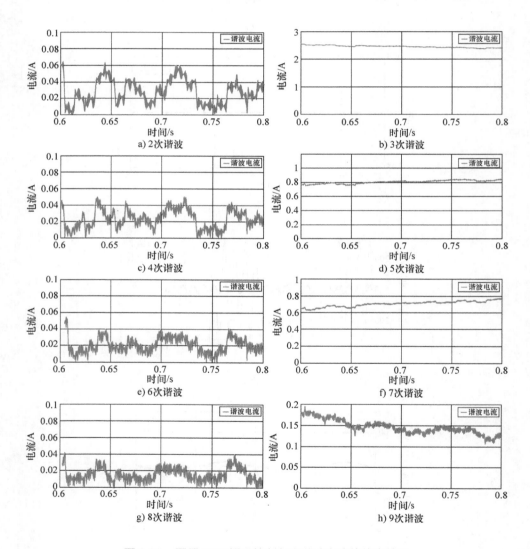

图 5-89　采用 PFC 闭环控制各次谐波电流的仿真结果

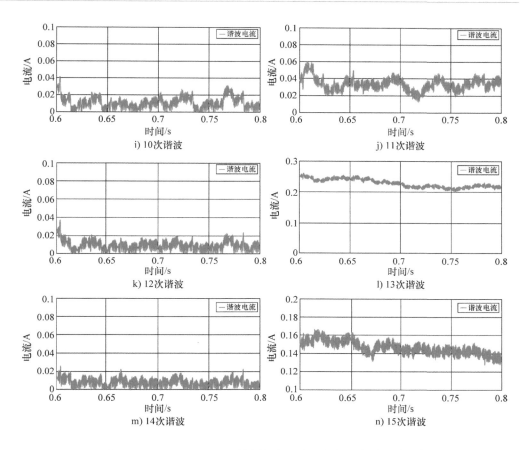

i) 10次谐波　　　　　　　　　　　j) 11次谐波

k) 12次谐波　　　　　　　　　　　l) 13次谐波

m) 14次谐波　　　　　　　　　　　n) 15次谐波

图 5-89　采用 PFC 闭环控制各次谐波电流的仿真结果（续）

表 5-16　采用 PFC 闭环控制电路系统的谐波电流仿真结果

奇次谐波	实际谐波电流 /A	最大允许谐波电流 /A	偶次谐波	实际谐波电流 /A	最大允许谐波电流 /A
3（超标）	2.50	2.30	2	0.063	1.08
5	0.85	1.14	4	0.055	0.43
7（超标）	0.79	0.77	6	0.055	0.30
9	0.19	0.40	8	0.042	0.23
11	0.06	0.33	10	0.042	0.18
13（超标）	0.25	0.21	12	0.039	0.15
15	0.164	0.17	14	0.034	0.13

5.6.4 系统谐波抑制方法

3 次谐波电流的频点是 150Hz，电流超标了 0.2A（46.0dBmA），7 次谐波电流的频点是 350Hz，电流超标了 0.02A（86dBμA），13 次谐波电流的频点是 650Hz，电流超标了 0.04A（92dBμA）。下面以 13 次谐波的频点为例，设计谐波抑制滤波器。衰减量 = 实际幅值 − 标准值 +6dBμA（余量）。13 次谐波作为目标衰减频率，13 次谐波目标衰减 9.1dBμA 并余量 6dBμA，即衰减量 = 9.1dBμA+6 dBμA =15.1dBμA。根据滤波器计算公式，得到谐波 LC 差模滤波器的元件参数为 $L_{D1}=L_{D2}=340\mu H$、$C_X=500\mu F$，谐波 LC 差模滤波器的结构如图 5-90 所示。

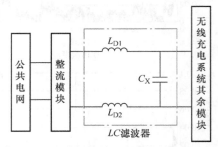

图 5-90　谐波 LC 差模滤波器的结构

将图 5-90 所示滤波器加到系统仿真模型中，得到公共电网连接电源线的谐波优化情况，2~15 次谐波滤波前后的谐波仿真结果如图 5-91 所示。可以看出，加了滤波装置后，原先超标的 3、7 和 13 次谐波得到了明显抑制，满足了标准限值要求。另外，其余各次谐波也得到了明显的抑制。

各次谐波的仿真结果数据见表 5-17，可以看出未加滤波器抑制措施的 3、7 和 13 次的超标谐波。在加了设计的 LC 滤波器后，得到了明显改善，3 次谐波电流从滤波前的 2.50A 降到了 1.50A，7 次谐波从原先的 0.79A 降到了 0.38A，13 次谐波

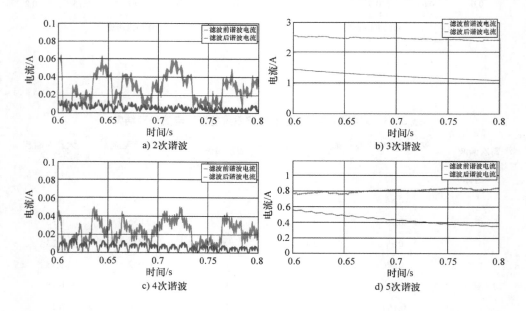

图 5-91　滤波前后各次谐波对比

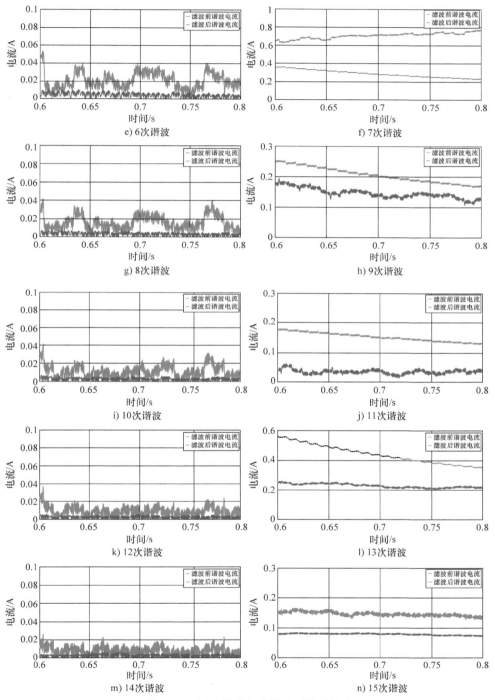

图 5-91　滤波前后各次谐波对比（续）

表 5-17　PFC 闭环控制电路系统加装滤波器前后谐波电流仿真结果

谐波次数	滤波前谐波电流 /A	是否超标	滤波后谐波电流 /A	最大允许谐波电流 /A	是否超标
3	2.50	是	1.50	2.30	否
5	0.94	否	0.56	1.14	否
7	0.79	是	0.38	0.77	否
9	0.19	否	0.018	0.40	否
11	0.06	否	0.18	0.33	否
13	0.25	是	0.056	0.21	否
15	0.17	否	0.08	0.17	否
2	0.065	否	0.016	1.08	否
4	0.05	否	0.018	0.43	否
6	0.06	否	0.01	0.30	否
8	0.042	否	0.008	0.23	否
10	0.05	否	0.006	0.18	否
12	0.041	否	0.005	0.15	否
14	0.028	否	0.005	0.13	否

也从加滤波装置前的 0.25A 降到了 0.056A，全部符合标准规定的限值。2~15 次的其余谐波相比于未加滤波装置前都得到了明显的改善，其中偶次谐波降低最明显的是 2 次谐波，从滤波前的 0.065A 降到了 0.016A，其余的偶次谐波也得到了非常好的抑制效果，降低了对公共电网的污染；另外奇次谐波抑制最明显的是 3 次谐波，从滤波前的 2.50A 降到了 1.50A，极大地抑制了谐波的干扰。从表 5-17 中总结的结果也能很清楚看出，所有谐波都符合标准规定的限值，抑制了谐波干扰，提高了系统的性能，同时也提高了系统的效率，降低了对公共电网的污染和干扰。

5.7　无线充电系统次级侧电路电磁辐射

5.7.1　辐射发射系统建模

在软件 CST cable 工作室中搭建整车三维模型和无线充电系统模型，如图 5-92a 所示；图 5-92b 所示按照车辆零部件辐射发射测试要求建立的线束仿真模型，1.5m 屏蔽线、电场探头分别放置在线束中点位置两侧 1m 处。将上述模型与 CST design 电路设计工作室进行协同仿真，如图 5-93 所示。在电路的端口 1 和端口 2 处分别注入传导发射仿真提取的次级正负极线缆传导电压，仿真获取车辆系统次级侧线束辐射发射。

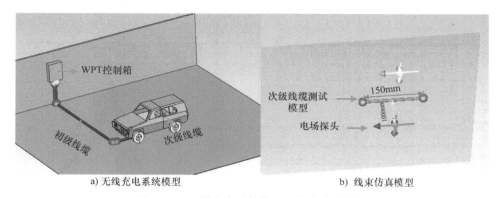

a) 无线充电系统模型　　　　　　　　b) 线束仿真模型

图 5-92　无线充电系统模型和线束仿真模型

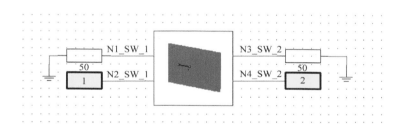

图 5-93　无线充电系统协同仿真信号激励电路

5.7.2　次级侧充电电缆辐射发射

图 5-94 所示为仿真得到的线束 1m 外的电场频域分布，包括 X 方向、Y 方向、Z 方向和合成矢量的电场值。X 方向的电场 $>Y$ 方向的电场 $>Z$ 方向的电场，且 X 方向电场强度幅值最接近合成电场强度幅值。电场强度在 29.7MHz（实际为 29.701MHz）时达到峰值为 48.274dBμV/m，超出了标准限值 44dBμV/m，此后，电场强度呈下降趋势。因此，需要对 29.7MHz 频点的辐射发射进行抑制。

如图 5-95 所示，从电场分布云图分析 1MHz、10MHz、30MHz 和 100MHz 时的场强分布情况。在低频时，电场主要集中在线束端口处，且 1MHz 和 10MHz 时的电场变化不明显。当频率高达 30MHz 时，电场强度幅值显著增加，电场不仅分布在线束端口，在线束周围空间也有所增加。但在 100MHz 时，电场强度又明显降低。电场分布云图的变化规律与频域曲线显示的电场分布特性基本吻合。

线缆空间辐射可以用天线的增益和方向性来说明，图 5-96 所示为通过远场探测器监测到的 1MHz、10MHz、30MHz 和 100MHz 频率时辐射发射远场特性。可以看出，在 1MHz 和 10MHz 时，天线分布近似球形，说明线缆产生的辐射发射在各个方向上均有分布，且分布密度基本相同。在 30MHz 时，天线增益最大。

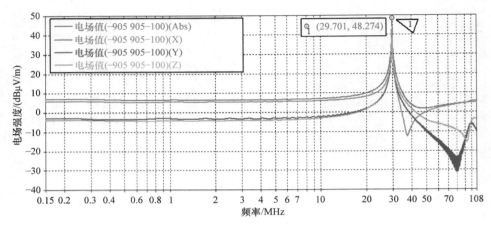

图 5-94　电场频域分布

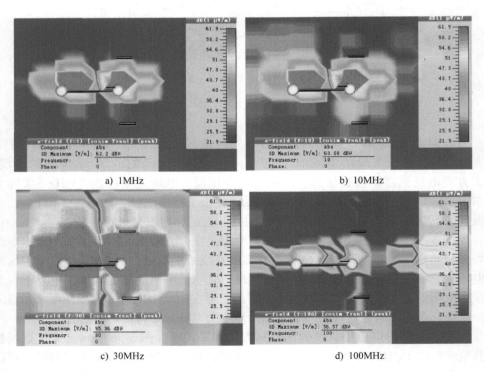

a) 1MHz　　　　　　　　　　b) 10MHz

c) 30MHz　　　　　　　　　　d) 100MHz

图 5-95　电场分布云图

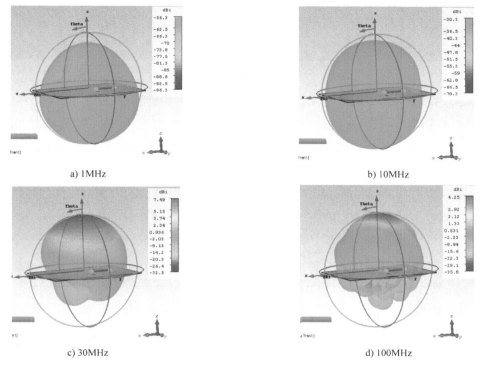

a) 1MHz

b) 10MHz

c) 30MHz

d) 100MHz

图 5-96　辐射发射远场特性

5.7.3　辐射 EMI 抑制

对于次级线束上的传导骚扰电压产生的辐射 EMI 问题，抑制辐射 EMI 的方法可以是对辐射线缆进行屏蔽处理，根本有效的方法是对辐射干扰源信号进行抑制。因此，本节采用已设计的优先式共模滤波器进行辐射 EMI 抑制，通过采用滤波器降低次级线缆的传导骚扰电压，从而降低由辐射发射引起的 EMI。

1. 干扰源提取

在 CST design 工作室中搭建带有滤波器电路的高频电路模型，绿色元件表示的 LISN 电路加在次级线圈后以采集的传导骚扰电压信号。加入 CL 滤波器的无线充电系统高频电路模型如图 5-97 所示，图 5-98 为次级侧电源线正极传导骚扰电压和负极传导骚扰电压仿真结果。从图中可以看出，加入滤波器后，传导骚扰电压频域曲线不再出现谐振现象，正负极传导电压的最大值明显由无抑制时的 80dBμV/m 减小至 40dBμV/m。

2. 有滤波器次级侧充电线辐射发射

图 5-99 所示为系统加入滤波器后次级线缆 1m 处的电场频谱分布，电场强度在 29.162MHz 时达到峰值 42.296dBμV/m，满足标准限值。电场强度几乎在全频段下降 6dBμV/m。从频域特性上分析，加入传导骚扰滤波器可以有效地抑制线缆辐射发射。

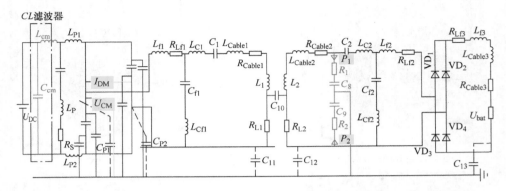

图 5-97　带有 *CL* 滤波器的无线充电系统高频电路模型

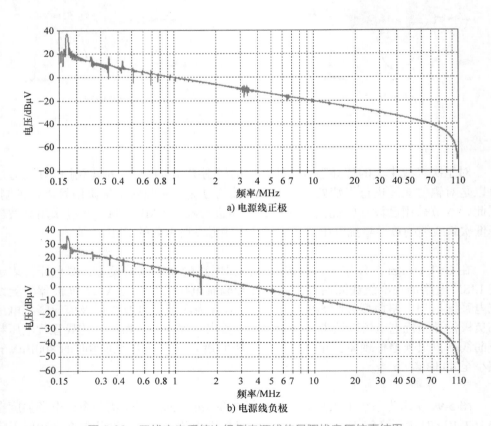

图 5-98　无线充电系统次级侧电源线传导骚扰电压仿真结果

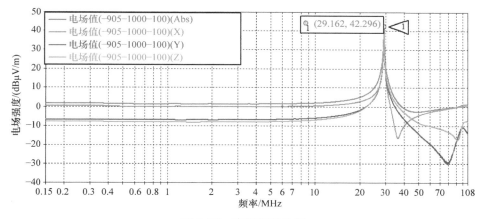

图 5-99　电场频谱分布

　　30MHz 频点电场分布云图如图 5-100 所示，电场强度最大值为 58.2dBμV/m，与无滤波器时电场强度幅值 61.9dBμV/m 相比，下降了 3.7dBμV/m。加入滤波器后，通过远场探测器监测到的 30MHz 频点辐射发射远场特性如图 5-101 所示，可以看出，天线方向性基本不变，天线增益最大值为 6.54dBi，比未加入滤波器前减小 0.95dBi。

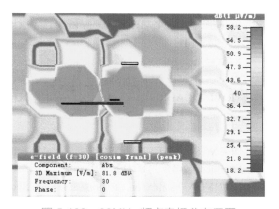

图 5-100　30MHz 频点电场分布云图

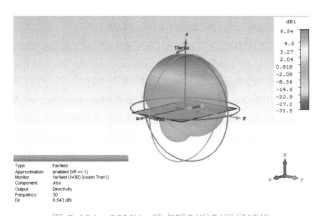

图 5-101　30MHz 频点辐射发射远场特性

综上所述，从辐射发射频域分布曲线、30MHz 频点电场分布云图和辐射发射远场特性，可以看出，加入滤波器对无线充电系统次级侧电源线辐射发射有较好的抑制作用。

参 考 文 献

［1］ 徐寅秀，等. 无线充电技术和电力传输的未来［M］. 翟丽，译. 北京：理工大学出版社，2018.

［2］ ESTEBAN B，SID A. A Comparative Study of Power Supply Architectures in Wireless EV Charging Systems［J］. IEEE Transactions on Power Electronics，2015，30：6408-6422.

［3］ ROZMAN M，FERNANDO M. Combination of Compensations and Multi-Parameter Coil for Efficiency Optimization of Inductive Power Transfer System［J］. Energies，2017，10（12）：2088.

［4］ GENG Y，LI B，YANG Z. A High Efficiency Charging Strategy for a Super capacitor Using a Wireless Power Transfer System Based on LCC Compensation Topology［J］. Energies，2017，10：135-147.

［5］ XIAO C Y，LIU Y F. New Insight of Maximum Transferred Power by Matching Capacitance of a Wireless Power Transfer System［J］. Energies，2017，10：688-699.

［6］ TRIVIÑOCABRERA A，LIN Z，AGUADO J A，et al. Impact of Coil Misalignment in Data Transmission over the Inductive Link of an EV Wireless Charger［J］. Energies，2018，11（3）：538-548.

［7］ LEE W S，KIM J H，CHO S Y，et al. An Improved Wireless Battery Charging System［J］. Energies，2018，11（4）：791-802.

［8］ CHRIST A. Evaluation of wireless resonant power transfer systems with human electromagnetic exposure limits［J］. IEEE Transactions on Electromagnetic Compatibility，2013，55（2）：265-274.

［9］ ZENG H，LIU Z，HOU Y，et al. Optimization of magnetic core structure for WPT coupler［J］. IEEE Transactions on Magnetics，2017，53（6）：17-29.

［10］ MAHMOUD H，ELMAHMOUD W，BARZEGARAN M，et al. Efficient wireless power charging of electric vehicle by modifying the magnetic characteristics of the transmitting medium［J］. IEEE Transactions on Magnetics，2017，53（6）：1-10.

［11］ KIM H，SONG C，KIM D，et al. Coil Design and Measurements of Automotive Magnetic Resonant WPT System for High-Efficiency and Low Magnetic Field Leakage［J］. IEEE Transactions on Microwave Theory & Techniques，2014，64（2）：383-400.

［12］ MOON H，KIM S，PARK H H，et al. Design of a resonant reactive shield with double coils and a phase shifter for WPT of electric vehicles［J］. IEEE Transactions on Magnetics，2015，51（3）：1-4.

［13］ KIM S，PARK H H，KIM J，et al. Design and analysis of a resonant reactive shield for a wireless power electric vehicle［J］. IEEE Transactions on Microwave Theory & Techniques，2014，62（4）：1057-1066.

［14］HUI S Y R，ZHONG W，LEE C K. A Critical Review of Recent Progress in Mid-Range Wireless Power Transfer［J］. IEEE Transactions on Power Electronics，2014，29（9）：4500-4511.

［15］CHUNG Y D，PARK E Y，LEE W S，et al. Impact Investigations and Characteristics by Strong Electromagnetic Field of Wireless Power Charging System for Electric Vehicle under Air and Water Exposure Indexes［J］. IEEE Transactions on Applied Superconductivity，2018，28（3）：35-45.

［16］DE SANTIS V，CAMPI T，CRUCIANI S，et al. Assessment of the Induced Electric Fields in a Carbon-Fiber Electrical Vehicle Equipped with a Wireless Power Transfer System［J］. Energies，2018，11（3）：684-693.

［17］HWANG K，CHO J，KIM D，et al. An Autonomous Coil Alignment System for the Dynamic Wireless Charging of Electric Vehicles to Minimize Lateral Misalignment［J］. Energies，2017，10（3）：315-334.

［18］DAI X，LI Y，et al. A Maximum Power Transfer Tracking Method for Wireless charging systems with Coupling Coefficient Identification Considering Two-Value Problem［J］. Energies，2017，10（3）：1665-1677.

第6章 整车控制器信号完整性与电磁兼容

6.1 概述

整车控制器（VCU）是电动汽车的关键部件，它管理和控制车载各种高低压电控设备，信号完整性和电磁兼容性是保障整车控制器安全可靠工作的重要性能指标。随着以太网和车联网在智能网联电动汽车上的应用，带来了通信速率的提高，对整车控制器电子电气架构、电源完整性、信号完整性和电磁兼容性设计提出了新的要求。

本章主要介绍整车控制器的功能与结构、硬件电磁兼容设计，包括电磁发射和电磁敏感性设计，电源分配网络（PDN）等效电路建模及去耦电容优化方法，基于以太网的PCB信号完整性建模分析，PCB电磁发射及以太网整车控制器的电源线传导骚扰抑制方法。

6.2 整车控制器的功能与结构

整车控制器的具体功能包括：

1）车辆状态与行驶信息采集、系统信息显示。采集车辆状态和行驶信息，判断整车的工作状态。

2）网络管理。整车控制器是车载网络的一个节点，通过CAN总线或车载以太网实现各子控制器之间的通信，负责组织和传输信息、网络状态监测、故障诊断和处理。

3）驾驶人驾驶意图信息采集。整车控制器可以根据采集到的加速踏板信息、制动踏板信息、方向盘信息、档位开关信息等，结合动力电池的荷电状态来决策驱动电机应输出的驱动转矩和功率、制动转矩和回收功率，动力电池是否需要充电等。

4）系统协调控制与能量管理。整车控制器通过对电机驱动系统、电池管理系统以及其他汽车仪表、前照灯、空调等车载耗能系统的协调管理，获得最高的能量利用率。

5）故障诊断与处理。整车控制器可以监控自身故障、CAN总线或以太网状态和总线上各种相连接单元的故障。在协议层，将故障内容进行分级处理，赋予其不同的优先级。

整车控制器的系统功能结构如图6-1所示。整车控制器的主要输入量应包括以太网信号、开关信号、模拟信号、逻辑脉冲信号、CAN总线信号等。开关量信号包括停车档位信号（P）、倒车档位信号（R）、前进档位信号（D）、低速档位信号（L）、高速档位信号（H）、充电开关信号、制动踏板开关信号、加速踏板开关信号等。模拟信号主要为各传感器（主要为加速踏板传感器、制动踏板传感器与方向盘转角传感器）的信号，这三个传感器向整车控制器输出连续的电压信号，整车控制器根据信号电平计算得出踏板开度，判断驾驶人的加速或制动意图，通过电机驱动器对电机进行控制。逻辑脉冲信号包括钥匙信号、高档切换信号、低档切换信号等。整车控制器输出信号包括以太网信号、CAN 总线信号和执行命令信号。

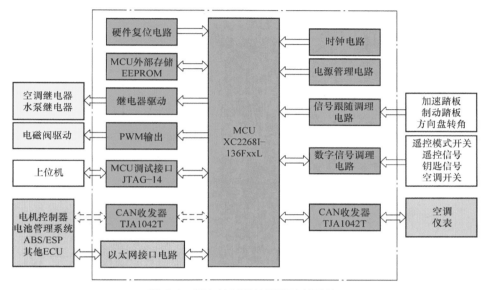

图 6-1　整车控制器的系统功能结构

6.3　整车控制器硬件电磁兼容性设计

　　整车控制器作为车辆上的核心部件，不仅受车载电子设备产生的传导骚扰和辐射骚扰的影响，VCU 内部 PCB 上的高速数字芯片、直流调压模块（DC-DC 模块）、晶振以及 PWM 模块也是电磁干扰源。由 VCU 内部干扰源产生的电磁噪声不仅影响 PCB 的电源完整性和信号完整性（例如 CAN 总线信号、以太网总线信号、高速数据总线信号、电源信号等），还会通过空间和线束形成传导和辐射电磁干扰，对车载设备、邻车和车外接收机产生影响。

6.3.1　电源线电磁抗扰度

1. 沿电源线的电瞬态骚扰抗扰度

　　车载低压设备供电电源的正极连接在一起，负极连接在一起搭铁。车载低压设备工作时沿电源线会产生瞬态脉冲，可以通过电源线缆传输给整车控制器。GB/T 21437.2—2008（ISO 7637.2）《道路车辆由传导和耦合引起的电骚扰 第 2 部分：沿电源线的电瞬态传导》规定了道路车辆零部件传导骚扰抗扰度的试验方法，图 6-2 所示为 GB/T 21437.2—2008 规定的瞬态脉冲信号。

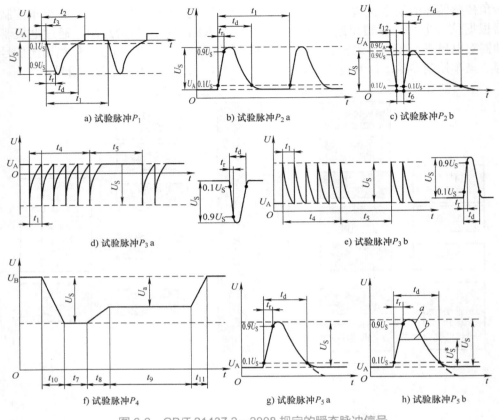

图 6-2　GB/T 21437.2—2008 规定的瞬态脉冲信号

2. 静电放电抗扰度

静电是由机载电荷积累或人体接触车内导体尖端形成的，大量电荷通过 VCU 的电源插接器端子进入 PCB。静电放电属于高压快速脉冲干扰，GB/T 19951—2019（ISO 10605：2001）《道路车辆 电气 / 电子部件对静电放电抗扰性的试验方法》规定了车载电子模块分别在通电与不通电时应承受的电压等级，见表 6-1。静电放电模拟波形如图 6-3 所示，放电脉冲上升沿为纳秒级别。

表 6-1　静电放电电压等级

放电类型	模块状态	严酷程度等级 /kV			
		I	II	III	IV
接触放电	通电	±4	±6	±7	±8
空气放电	通电	±4	±8	±14	±15
接触放点	不通电	±4	±6	±8	
空气放电	不通电	±4	±15	±25	

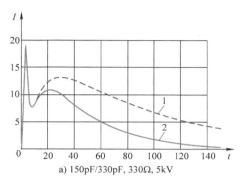
a) 150pF/330pF, 330Ω, 5kV

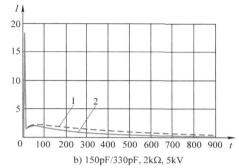
b) 150pF/330pF, 2kΩ, 5kV

图 6-3　静电放电模拟波形

1—330pF　2—150pF

3. 沿电源线浪涌冲击和电快速脉冲群抗扰度

由雷电和开关通断产生的瞬间过电压引起的单极性浪涌（冲击）和机械开关在切换过程（切断感性负载、继电器触点弹跳等）时所产生的电快速脉冲群干扰会对 VCU 产生严重干扰。

4. 电源线干扰抑制电路设计

综上所述，可以将沿 VCU 电源线电磁干扰分为三个类别：正向高压脉冲、反向脉冲、正向大电流。分别对应起动系统、交流发电机、负载切换、开关抖动、抛负载产生的干扰，设计了防反接电路、脉冲干扰泄放电路、静电放电防护电路。

（1）静电电容

在电源线上采用两个 1μF/200V 静电电容串联布置，防止一个电容失效后短路；布局上采用十字布局的方法，防止应力引起的短路损坏。

（2）瞬态抑制二极管（Transient Voltage Suppressor，TVS）

在电源输入端口正极和负极之间安装瞬态抑制二极管以抑制各类瞬态干扰脉冲，将高压瞬态脉冲干扰钳位到 PCB 电源系统可接受的范围内。

（3）防反接二极管

VCU 电源线上并联的感性负载突然断开会产生较大的反向脉冲电压，除了采用双向 TVS 吸收外，使用整流二极管作为防反接电路，例如选用稳压二极管 1N4007，其最大反向耐压为 1000V。

（4）共模扼流圈

PCB 上的共模电流易形成传导发射和辐射发射，为了抑制电源线上的共模电流，采用共模扼流圈，其耐压为 500V。

（5）滤波电容

在 PCB 电源线正极和负极之间安装吸收电容以抑制瞬态脉冲群，采用一个电解电容和两个去耦电容。

综上，电源线传导骚扰抑制电路模型如图 6-4 所示。

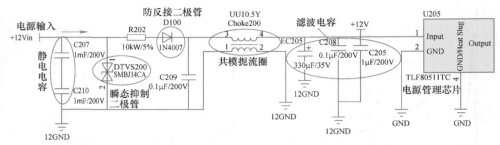

图 6-4　电源线传导骚扰抑制电路模型

6.3.2　PCB 电源完整性

PCB 电源完整性主要包括电源分割与去耦电容设计。

（1）电源分割

VCU 的内部电源包含 +5V 逻辑电源、+3.3V 逻辑电源、+5V CAN 总线芯片电源、+5V 模拟电源四部分，各部分的电源与地必须分割布置，否则一个电源区域上的噪声很容易传播到另一个电源区域，并且最终采用单点接地的方式接地。

使用隔离型 DC-DC 芯片将 +5V 的逻辑电源 / 地转换为隔离后的模拟芯片以及 CAN 总线芯片电源 / 地，如图 6-5 与图 6-6 所示，并且在 DC-DC 芯片的电源输出引脚上使用 10μF 的电解电容与 0.1μF 的贴片电容进行基本的电源网络去耦。

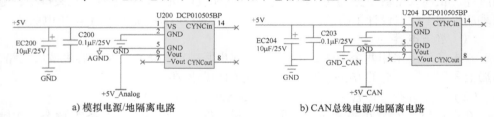

a) 模拟电源/地隔离电路　　　　　　　　b) CAN总线电源/地隔离电路

图 6-5　电源隔离电路模型

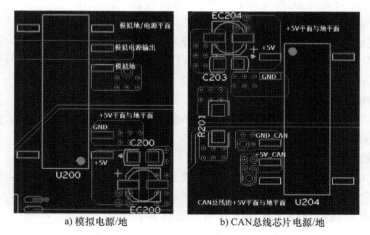

a) 模拟电源/地　　　　　　　　b) CAN总线芯片电源/地

图 6-6　CAN 总线芯片电源 / 地隔离

PCB 四层板采用电源平面与地平面为芯片供电，因此除了使用隔离型 DC-DC 芯片为 CAN 总线芯片与模拟芯片提供单独的电源／地之外，还将逻辑 +5V、CAN 总线芯片 +5V、模拟信号 +5V 以及 +3.3V 的电源平面分割开来，地平面与电源平面的划分类似。平面分割时，边缘的转角处采用 45° 形式，避免在平面尖端形成阻抗不连续，导致电磁辐射的加剧。电源与地平面分割如图 6-7 所示。

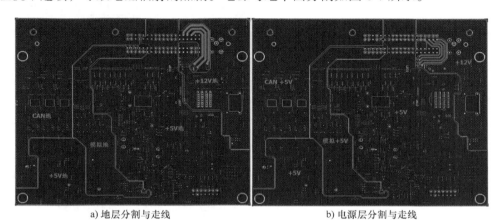

　　　a) 地层分割与走线　　　　　　　　　　　　　b) 电源层分割与走线

图 6-7　PCB 电源与地平面分割

（2）去耦电容设计

PCB 板级同步开关噪声和电源通道阻抗过高会带来电源完整性问题（例如电压降过大、电磁辐射、发热、能量损耗大），会给器件及系统工作稳定性带来严重影响。在设计初期需要对每个逻辑芯片进行去耦电容设计。+5V 逻辑芯片电源为主控芯片、EEPROM 外部存储芯片、数字信号采集芯片供电，对每个芯片每个电源引脚均进行去耦电容设计，如图 6-8～图 6-10 所示。每个电容安装位置尽可能接近芯片电源脚。

同样，对 +3.3V 供电的以太网接口芯片和 CAN 总线收发器芯片、CAN 隔离芯片以及模拟信号处理电路中的信号跟随芯片进行去耦电容设计，如图 6-11～图 6-14 所示。

6.3.3　信号完整性

若 PCB 走线不连续，会使阻抗发生变化，导致信号的反射和延时。当信号的走线间距与走线方向控制不当时，邻近信号线或相邻网络之间会产生串扰耦合。信号完整性设计主要包括以太网、CAN 总线通信带来的信号完整性问题。

（1）以太网的信号完整性

对于以太网芯片的供电，采用线性稳压芯片对 +5V 电源进行降压得到 +3.3V 电源，并通过铁氧体磁珠抑制噪声，如图 6-15 所示。

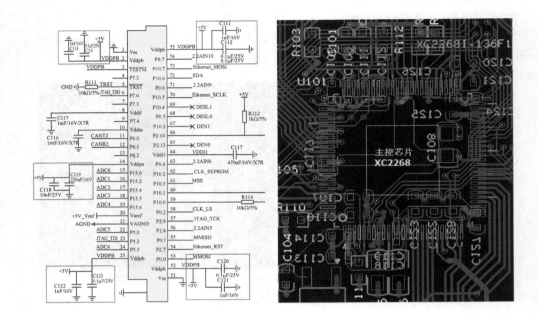

图 6-8　主控芯片的去耦电容设计

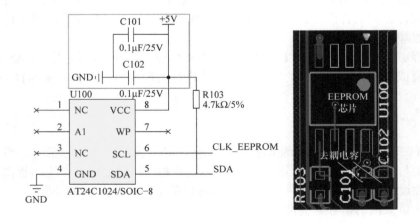

图 6-9　EEPROM 外部存储芯片的去耦电容设计

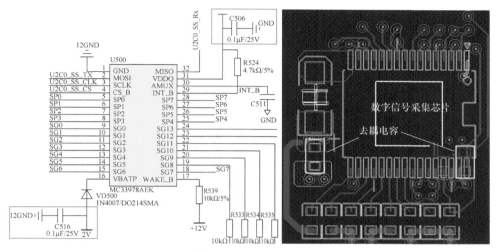

图 6-10　数字信号采集芯片的去耦电容设计

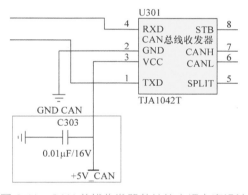

图 6-11　CAN 总线收发器芯片的去耦电容设计

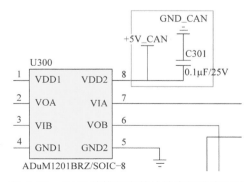

图 6-12　CAN 总线隔离芯片的去耦电容设计

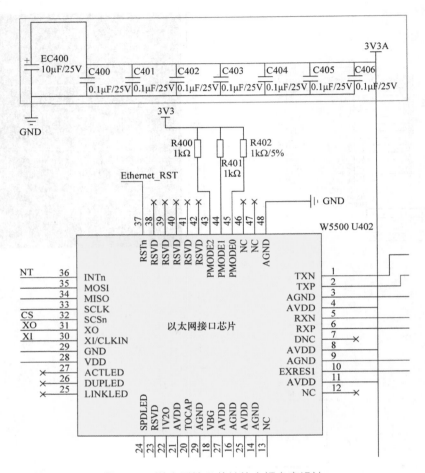

图 6-13　以太网接口芯片的去耦电容设计

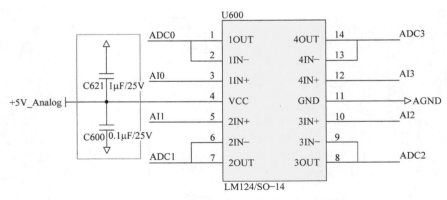

图 6-14　模拟电压跟随芯片的去耦电容设计

图 6-15　使用铁氧体磁珠抑制以太网电源噪声

以太网的差分阻抗为 100Ω，通过调整以太网的走线线宽、线间距以及板各层厚度控制差分线的阻抗。为了抵抗静电等高压脉冲的干扰，使用 TVS 阵列对信号线进行保护，如图 6-16 所示。以太网的差分对走线采用等长与等间距设计，如图 6-17 所示。

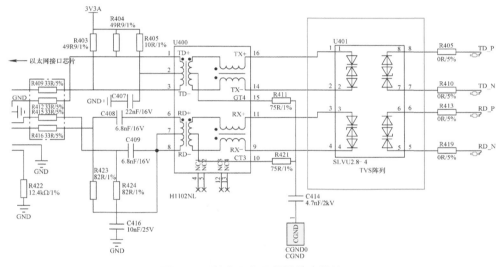

图 6-16　以太网信号线抗静电措施

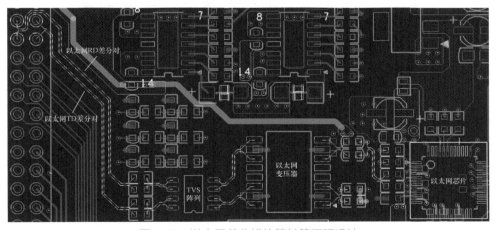

图 6-17　以太网差分线的等长等间距设计

（2）CAN 总线电磁兼容设计

在 $1 \sim 2km$ 的传输范围内，标准的 $1.5mm^2$ 线径的屏蔽双绞线特性阻抗为 120Ω，即 CAN 总线线缆的特性阻抗为 120Ω，为了避免差分信号在走线末端遇到阻抗突变产生反射，在总线最远的两端接上 120Ω 电阻，如图 6-18a 所示，电阻安装位置尽量接近 CAN 总线收发器，如图 6-19 所示。除了阻抗匹配之外，CAN 总线的差分对可能承载共模电流，形成辐射发射源或传导发射源，采用共模电感以抑制共模电流，如图 6-18b 所示。

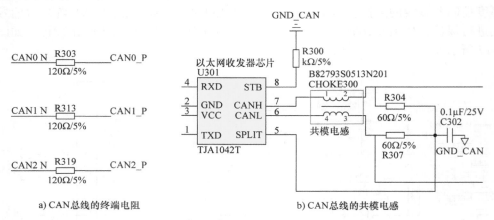

图 6-18　CAN 总线的终端电阻与共模电感

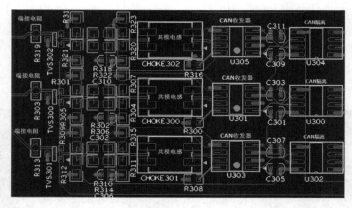

图 6-19　CAN 总线接口电路 PCB 图

为了减少 CAN 总线差分信号线的不对称性、减小共模噪声，采用蛇形走线的形式保证差分对等长，如图 6-20 所示。为了避免邻近信号线间的串扰，将数字信号走线之间的最小线间距限制为 3 倍线宽，数字信号与模拟信号走线之间的最小线间距为 5 倍线宽。为了尽量避免顶层与底层信号共用平面回流路径造成噪声耦合，顶层主要为横向走线，底层主要为纵向走线，如图 6-21 所示。

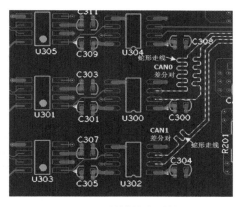

图 6-20　CAN 总线差分对蛇形走线

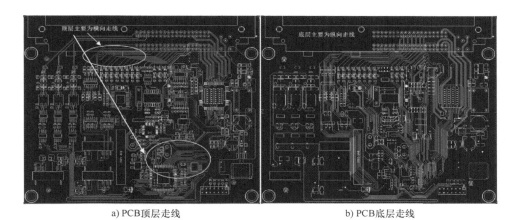

a) PCB顶层走线　　　　　　　　　　b) PCB底层走线

图 6-21　PCB 的顶层与底层走线方向互相垂直

6.4　电源分配网络等效电路

为了研究去耦电容的优化对电源分配网络（PDN）阻抗的影响，建立 PDN 的等效电路模型以便分析电路参数。PCB 的电源分配网络频段分成几部分。在低频段，电源噪声主要靠电源转换芯片 VRM 来滤波。在几到几百兆赫兹的频段，电源噪声主要由板级分立电容和 PCB 的电源地平面对来滤波。在高频部分，电源噪声主要由 PCB 的电源地平面对和芯片内部的高频电容来滤波。目前对低频和高频部分的仿真精度都还不准确，真正有意义的频段主要还是在几到几百兆赫兹。

6.4.1　芯片电源分配网络等效电路

典型的电源分配网络如图 6-22 所示，由 VRM、去耦电容（包含体电容与分立表贴电容）、电源／地平面、封装焊盘、封装电源／地平面、芯片片上电容、扩散电容、扩散电感等组成。PDN 的功能是在各个频段上保持电源通道的低阻抗，在频域通常将 PDN 作用区间划分为 5 个部分：0（DC）~10kHz、10 ~ 100kHz、100kHz~100MHz、100MHz~1GHz、1GHz 以上。

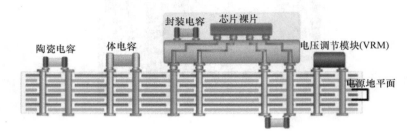

图 6-22　典型的电源分配网络

以图 6-23 所示以太网接口电路的 3.3V 电源网络为研究对象，进行电源分配网络的等效电路建模。

0（DC）~ 10kHz 区间为 VRM 作用范围，VRM 决定了从芯片向 PDN 看去的阻抗值，VRM 等效串联电阻决定了整个 PDN 的阻抗下限。

10 ~ 100kHz 频率范围内，VRM 无法维持快速变化的电流，需要添加体电容以维持电源快速反应能力，这个范围内使用电解电容或钽电容可以使 PDN 保持低阻抗，但由于体电容自身寄生电感较大，限制了体电容的自谐振频率，所以体电容去耦范围为 10~100kHz。图 6-24 所示为一个470μF 电解电容的阻抗频率分布，自谐振频率约为 76kHz，在 76kHz 以下可以保持电容的容性，达到去耦效果；76kHz 以上便开始呈现感性，影响去耦效果。

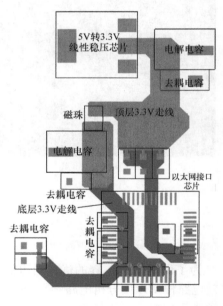

图 6-23　以太网接口芯片与 3.3V 电源网络

100 ~ 100kHz 频段范围是电源／地平面和多层陶瓷贴片电容发挥作用的频率范围。与体电容相同，贴片电容的去耦范围也受自身的寄生电感与安装电感影响。

100MHz ~ 1GHz 频率范围主要由电源／地平面以及芯片封装的寄生电容对 PDN 的阻抗起作用。

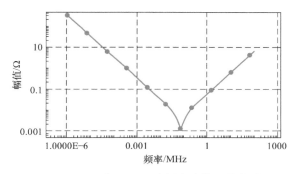

图 6-24　一个 470μF 电解电容的阻抗曲线

1GHz 以上的 PDN 最低阻抗则由封装寄生参数与芯片的片上电容及寄生参数共同决定。封装级别的寄生电感在高频时通常表现为感性，成为 PDN 的高阻抗路径，因此封装所作用的频率决定了 PDN 设计的频率上限，通常为 1GHz。在 10kHz~1GHz 频率范围是板级 PDN 设计范围，即体电容、贴片去耦电容、电源 / 地平面的频率设计范围。

通过以上分析，结合在 Cadence 软件中绘制的 PCB 的以太网电源分配网络结构，建立 VCU 以太网 +3.3V 电源分配网络的集总电路模型，如图 6-25 所示。接下来分别对各部分模型进行建模，其中部分参数使用 Q3d Extractor 软件直接提取。

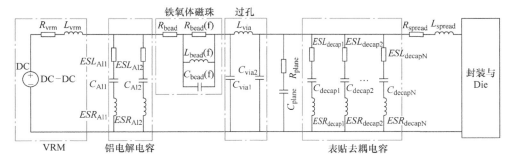

图 6-25　+3.3V 电源分配网络的集总电路模型

（1）VRM 模型

VCU 使用的 VRM 通常为直流电压变换器（DC-DC 变换器），输入电压为 12V 或 24V，输出电压常见为 5V、3.3V。VRM 供电带宽为 1kHz 至几百千赫兹，当电流频率高于此带宽频率时，VRM 对该频率电流分量呈现高阻抗。等效电路模型如图 6-26 所示，VRM 内部有电压调节电感，以应对大电流变化的冲击，在安装时会产生安装电感。VRM 的串联电感 L_{vrm} 由以上两部分组成，内部电压调节电感通常为几十纳亨，这里内部电压调节电感为 30nH，安装电感为 2nH。VRM 的内阻 R_{vrm} 大约为 1mΩ。

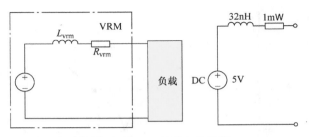

图 6-26　VRM 等效电路模型

　　根据图 6-26，在 CST 软件中建模仿真，得到 VRM 模型的阻抗曲线频域分布，如图 6-27 所示。VRM 的最低阻抗为内阻 1mΩ，由于电感的存在，在 1MHz 以上频段 VRM 的阻抗已经超过 0.2Ω，随着频率升高，VRM 已经不能保持 PDN 的低阻抗，因此不能单独使用 VRM 进行 PDN 去耦。

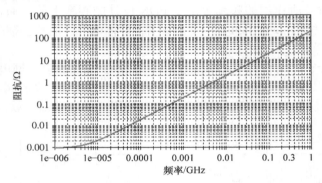

图 6-27　VRM 等效电路模型频域阻抗

（2）过孔模型

　　PCB 中的过孔可以为换层与布线提供更多方便，但过孔本身含有寄生参数，当高频信号或高频噪声通过过孔时，可能会产生谐振。过孔可以等效为一个电感与两个电容的串联，如图 6-28 所示。

　　每个过孔都有对地寄生电容。如果已知过孔直径为 d（in$^{\ominus}$），过孔焊盘直径为 D（in$^{\ominus}$），过孔长度为 h（in$^{\ominus}$），板基材相对介电常数为 ε_{r}，则过孔寄生电容 C（pF）为

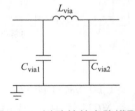

图 6-28　过孔等效电路模型

$$C = \frac{1.41\varepsilon_{\mathrm{r}}hd}{D-d} \qquad (6\text{-}1)$$

　　过孔的寄生电容有一定的去耦作用，作用频率为几百兆赫兹以内，随着焊盘直径与过孔直径比 D/d 的减小，过孔的等效寄生电容会增加；当过孔的长度增加时，

　　$\ominus$　1in=0.0254m。

寄生电容将增大。

过孔的寄生电感（nH）近似为

$$L = 5.08h\left(\lg\frac{4h}{d} + 1\right) \tag{6-2}$$

过孔焊盘外径对寄生电感并没有影响，而随着过孔孔径的增大，寄生电感将会减小；随着过孔深度 h 的增加，寄生电感将会增大。图 6-29 所示为一直径 10mil $^{\ominus}$ 过孔（寄生电容 0.35pF，寄生电感 0.77nH）的频域阻抗曲线，过孔寄生电容对过孔本身阻抗的抑制作用微乎其微，在 100MHz 处过孔的阻抗已经达到接近 1Ω，随着频率升高，过孔的阻抗增大。抑制这个效应的方法就是不用过孔或使用大孔径的过孔，如图 6-30 所示。

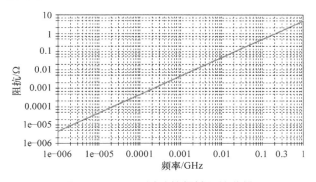

图 6-29　10mil 过孔的频域阻抗曲线

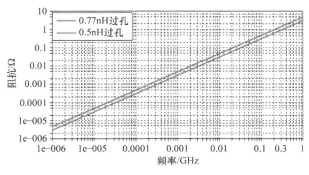

图 6-30　大孔径过孔与小孔径过孔的阻抗对比

（3）去耦电容模型

去耦电容的种类繁多，VCU 通常使用陶瓷贴片电容、铝电解电容、钽电解电容进行 PDN 去耦。去耦电容材料各不相同。与理想电容不同，去耦电容的实际等

$\ominus$　1mil=2.54 × 10^{-5}m。

效电路模型为一个电容 C 与等效串联电感 ESL、等效串联电阻 ESR 组成的一阶模型，如图 6-31 所示，形成了 LC 谐振电路，其阻抗特性可以由式（6-3）表示。在同一频率、同一容值的情况下，随着 ESL 的增加，电容的阻抗增大，不能为 PDN 提供低阻抗路径；当 ESL 与容值固定、感抗与容抗值相等时，阻抗减小到 ESR 最小值，这时的频率 f 为自谐振频率 f_{SRF}，见式（6-4）。

$$Z = ESR + \mathrm{j}2\pi f \times ESL + \frac{1}{\mathrm{j}2\pi fC} = ESR + \mathrm{j}\left(2\pi f \times ESL - \frac{1}{2\pi fC}\right) \qquad (6\text{-}3)$$

$$f_{SRF} = \frac{1}{2\pi\sqrt{ESL \times C}} \qquad (6\text{-}4)$$

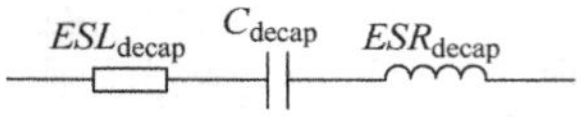

$$ESL_{decap} \quad C_{decap} \quad ESR_{decap}$$

图 6-31　电容的 RLC 等效模型

去耦电容 ESR 的存在是由于电容本身的寄生电阻，大小一般在零点几毫欧至几百毫欧之间。一个电容的 ESR 与电容的多层结构有关，对于瓷片电容，ESR 可以通过式（6-5）简单估算。

$$ESR \approx \frac{180\mathrm{m}\Omega}{2.5^{\lg C}} \qquad (6\text{-}5)$$

式中，C 为电容的电容值（nF）；ESR 为电容等效串联电阻（$\mathrm{m}\Omega$）。

在实际使用电容时，与理想电容串联的电感包括寄生电感 L_{cap} 和安装电感 L_{mount}，因此电容的总串联电感为

$$ESL = L_{cap} + L_{mount} \qquad (6\text{-}6)$$

对于 BGA 封装的芯片去耦电容的安装结构，它由以下四个部分组成：

1）表面走线与平面腔顶层的回路电感。

2）从电容焊盘到腔平面几个过孔的回路电感。

3）从电容过孔到 BGA 过孔之间的扩散电感。

4）从封装下的平面腔到封装引脚或焊球的回路电感。

但是，对于贴片封装的 IC，焊盘是贴片焊盘，并没有使用 BGA，所以安装电感 L_{mount} 只包括电容走线、过孔电感以及电容与负载芯片之间的电源平面和地平面之间的回路电感。

（4）磁珠建模

磁珠可以作为低通滤波器滤除 VRM 输出端口处电源走线上的高频噪声，将电磁噪声以热能的形式耗散掉。磁珠的等效电路模型由四个寄生参数组成（图6-32）。

（5）电源 / 地平面建模

电源 / 地平面是四层以上的 PCB 中必须有的中间层，在 PDN 中表现为高频电容，在中高频段提供低阻抗通路，封装的电源 / 地平面主要对中频和高频噪声起作用。虽然平面可以对 PDN 的性能做出很大改善，但是当平面出现电磁谐振腔时，在激励作用下，将会产生一个新的干扰源。平面的建模方法分为集总式建模与分布式建模，其中集总式建模方法主要有 PEEC 法与局部电感电阻法。分布式建模方法包括有限元法、有限差分法、有限时域差分法、传输矩阵法和格林函数法等。这里采用简化的集总式模型，在几百兆赫兹以内通常使用图 6-33 所示模型等效平面电容。

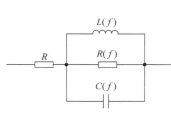

图 6-32　磁珠的等效电路模型

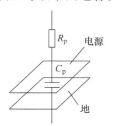

图 6-33　电源 / 地平面近似等效电路模型

图 6-33 中，平面电容与平面电阻为

$$\begin{cases} C_p = 0.225\varepsilon_r \dfrac{A}{h} \\ R_p = 0.0026 \dfrac{W}{l} \end{cases} \tag{6-7}$$

式中，ε_r 为介质材料的介电常数；A 为平面的面积（in^2）；h 为平面间的介质厚度（mil）；W 为平面的宽度（mil）；l 为平面的长度（mil）。

（6）PDN 集总电路建模

根据以上分析与计算，得到图 6-25 所示 PDN 集总电路模型的参数，见表 6-2。在 ADS 仿真软件中建立该以太网芯片电源分配网络集总参数模型的等效电路模型，用于阻抗仿真分析以及去耦电容的优化。

表 6-2　等效电路模型中的参数值

参数名称	参数含义	参数值	单位
R_{vrm}	VRM 的输出电阻	1	mΩ
L_{vrm}	VRM 的输出电感	32	nH
ESL_{Al1}	铝电解电容 1 的等效串联电感	1.79	nH
ESL_{Al2}	铝电解电容 2 的等效串联电感	0.786	nH
C_{Al1}	铝电解电容 1 的电容值	100	nF
C_{Al2}	铝电解电容 2 的电容值	10	μF
ESR_{Al1}	铝电解电容 1 的等效串联电阻	0.06	mΩ

（续）

参数名称	参数含义	参数值	单位
ESR_{Al2}	铝电解电容 2 的等效串联电阻	0.004	mΩ
R_{bead}	磁珠的固定电阻	0.045	Ω
$R_{bead}(f)$	磁珠的频域电阻（100MHz）	121	Ω
$L_{bead}(f)$	磁珠的频域电感（100MHz）	133	nH
$C_{bead}(f)$	磁珠的频域电容（100MHz）	10	pF
L_{via}	过孔寄生电感	0.59	nH
C_{via1}	过孔寄生电容 1	0.53	pF
C_{via2}	过孔寄生电容 2	0.53	pF
R_{plane}	平面电阻	1	mΩ
C_{plane}	平面电容	3	nF
ESL_{decap}	去耦电容等效串联电感	1.84	nH
C_{decap}	去耦电容	100	nF
ESR_{decap}	去耦电容等效串联电阻	0.1	mΩ
R_{spread}	回路扩散电阻	1	mΩ
L_{spread}	回路扩散电感	1	nH

6.4.2　以太网芯片电源分配网络集总参数模型

通过网络分析方法对以太网芯片电源分配网络集总参数模型进行特性分析，得到二端口网络模型的散射参数（Scatter Parameter，S 参数）与阻抗参数（Z Parameter，Z 参数），实现阻抗分析的需求。目前，较多采用基于阻抗峰值频点添加去耦电容的方法来优化 PDN 阻抗，这种方法将引入新的寄生参数，产生反谐振回路，形成新的阻抗尖峰，因此在设计 PDN 的阻抗优化方法时，不仅要考虑去耦电容的安装位置，还要考虑安装去耦电容的寄生参数的影响。

如图 6-34 所示，在 ADS 仿真软件中建立以太网集总式电源分配网络的二端口网络模型。S 参数与 Z 参数仿真结果如图 6-35 所示。Z_{21} 在 1MHZ 频率处均存在反谐振点，在 100kHz~1GHz 范围内达到阻抗最低值；在 1MHz 以上，随着频率升高，

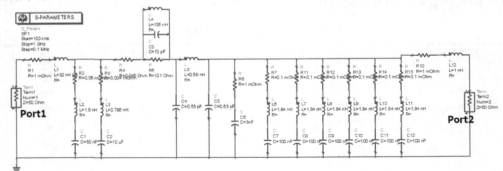

图 6-34　ADS 软件中建立的 +3.3V 电源分配网络模型

在 3~4MHz 之间存在一个较小的谐振尖峰；之后阻抗随着频率的升高而增大，这是电路中串联的感性元件造成的。随着频率的升高，S_{21} 增大，即插入损耗减小，在 400MHz 以上 S_{21} 的值较大，寄生参数对 S 参数的影响较小。

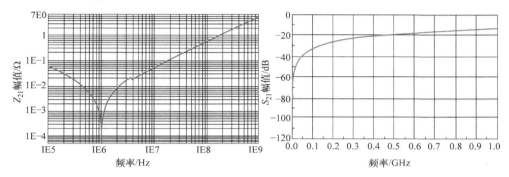

图 6-35　以太网芯片二端口网络模型的 Z_{21} 与 S_{21} 仿真结果

6.5　PCB 去耦电容优化方法

芯片内部多个晶体管同一时间开通和关断，由此产生的电流变化会引起电源分配网络（PDN）的电压波动，这就是同步开关噪声。同步开关噪声在电源平面和地平面上形成谐振腔，引发辐射发射。因此，要降低 PCB 的辐射发射，首先要减小 PCB 的同步开关噪声，需要使用去耦电容、平面电容等来降低 PDN 的阻抗与谐振。

整车控制器的晶振频率、芯片主频均不高，通常在每个电源引脚添加一个 0.1μF 的去耦电容，但车载以太网整车控制器通信速率升高，以太网芯片的电压容限较低，同步开关噪声更加严重。当前的整车控制器去耦电容设计方法并不能有效地保证芯片的电源完整性。因此，为了保证以太网整车控制器 PCB 的电源完整性，提出降低整车控制器 PCB 的 PDN 阻抗的设计方法。

6.5.1　整车控制器 PCB 电源分配网络阻抗

1. 电源分配网络的目标阻抗

目标阻抗设计是电源完整性设计的重要内容，需要对不同电压的电源分配网络进行独立设计。由于同步开关噪声的存在，芯片汲取的电流中包含许多高频噪声，所以设计目标阻抗时要考虑电源电流的频谱。

在图 6-36 所示的简易 PDN 模型中，$Z_{PDN}(f)$ 为从芯片焊盘向 PDN 看过去的复阻抗，包括阻性阻抗、容性电抗与感性电抗。当具有一定带宽的电流 $I(f)$ 通过 PDN 时，PDN 的焊盘及连接线上产生的电压降 $\Delta U(f)$ 需要满足

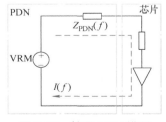

图 6-36　简易 PDN 模型

$$I(f)Z_{\text{PDN}}(f) = \Delta U(f) < U_{\text{ripple}}$$

$$Z_{\text{PDN}}(f) < Z_{\text{target}}(f) = \frac{U_{\text{ripple}}}{I(f)} \tag{6-8}$$

式中，U_{ripple} 为电压噪声容限；$Z_{\text{target}}(f)$ 为目标阻抗。
又有

$$I_{\text{transient}} < I_{\text{max}} \tag{6-9}$$

式中，$I_{\text{transient}}$ 为最坏情况下的瞬时电流；I_{max} 为芯片汲取的最大电流。根据经验法则估计，得到

$$I_{\text{transient}} \approx \frac{1}{2} I_{\text{max}} \tag{6-10}$$

那么，目标阻抗的计算式为

$$Z_{\text{target}} \leqslant \frac{U_{\text{ripple}}}{I_{\text{transient}}} \approx \frac{V_{\text{dd}} k_{\text{ripple}} \times 100\%}{I_{\text{transient}}} = 2 \times \frac{V_{\text{dd}} k_{\text{ripple}} \times 100\%}{I_{\text{max}}} \tag{6-11}$$

式中，V_{dd} 为芯片的工作电压；k_{ripple} 为纹波系数。
目标阻抗的计算式可以用芯片的最大功率 P_{peak} 表达：

$$Z_{\text{target}} \leqslant 2 \times \frac{V_{\text{dd}}^{\ 2} k_{\text{ripple}}}{P_{\text{peak}}} \times 100\% \tag{6-12}$$

通过式（6-12）可得到 PCB 所有芯片的目标阻抗，见表 6-3。可见，以太网整车控制器对目标阻抗要求较高的芯片有以太网通信接口芯片、MCU 芯片、CAN 收发器芯片以及 EEPROM 芯片。考虑到以太网芯片的信号特征，对其目标阻抗应进行更严格的要求，将纹波要求限制为 1%，则更严格的目标阻抗为 $0.2\,\Omega$。

表 6-3　整车控制器各芯片目标阻抗

芯片	V_{dd}/V	k_{ripple}	I_{max}/A	Z_{target}/Ω
微控制单元（MCU）	5	3%	0.14	2.14
以太网接口芯片	3.3	10%（1%）	0.132	5.00（0.2）
CAN 收发器芯片	5	10%	0.07	14.29
CAN 数字隔离器芯片	5	10%	0.007	142.86
数字开关检测芯片	5	5%	0.005	100.00
高边驱动芯片	12	—	—	—
低边驱动芯片	5	10%	0.02	50.00
EEPROM 芯片	5	10%	0.05	20.00

2. PCB 阻抗建模仿真

（1）主控芯片的阻抗仿真

主控芯片 XC2268I 的电源引脚分布在芯片的 2、3、14、25、27、50、52、75、77、100 引脚，如图 6-37 与图 6-38 所示。从各引脚焊盘向 PDN 看去，阻抗仿真结果如图 6-39 所示。电源引脚 2/3/100、25/27、50/52、75/77 分别为四对电源回流路径接近的引脚，电源路径越接近，电源分配网络的寄生参数越接近，所以阻抗曲线越接近。MCU 芯片的目标阻抗为 2.14Ω，可见在 100MHz 以下所有 10 个电源通道均满足目标阻抗要求，但是所有电源引脚阻抗在 100MHz 附近开始大于目标阻抗，在 1GHz 时最大阻抗为 20.1Ω，可见中高频的 PND 不能满足设计要求。

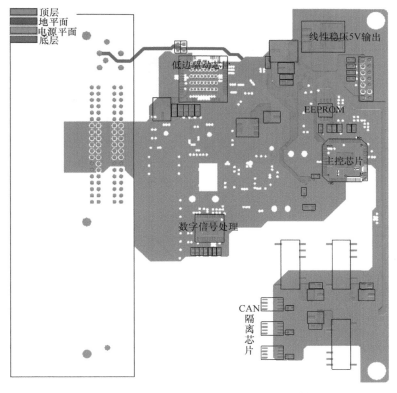

图 6-37　+5V 电源分配网络结构及关键芯片布局

（2）以太网接口芯片的阻抗仿真

以太网接口芯片拥有 6 个 3.3V 电源通道，如图 6-40 所示，每个通道的允许供电范围为 2.97～3.63V，芯片的目标阻抗为 5Ω。由于整个系统中只有一个芯片使用 3.3V 的电源供电，故在设计时没有使用电源平面供电，直接使用蚀刻线供电，3.3V 地也没有连接到地平面。图 6-41 所示为 3.3V 电源 6 个引脚的阻抗仿真结果，在低频时满足目标阻抗要求，在高于 1MHz 的频率范围内阻抗随频率升高而升高，在大于 260MHz 频率时超出目标阻抗。另外，引脚 4、8、11、15、17 的阻抗曲线基本相同，只有 21 引脚的阻抗在 3MHz 处超过了目标阻抗，且有谐振产生。

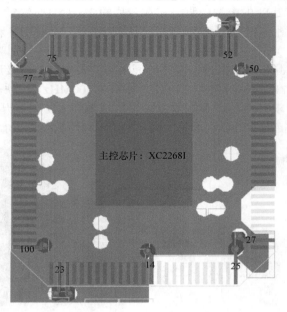

图 6-38　XC2268I 芯片的电源引脚分布

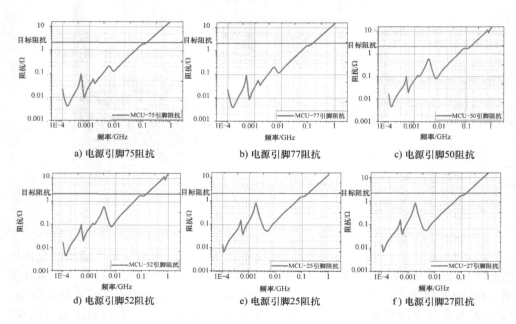

图 6-39　MCU 芯片 XC2268I 各电源引脚的阻抗仿真结果

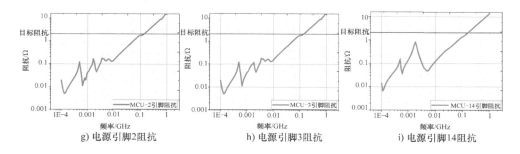

g) 电源引脚2阻抗　　　h) 电源引脚3阻抗　　　i) 电源引脚14阻抗

图 6-39　MCU 芯片 XC2268I 各电源引脚的阻抗仿真结果（续）

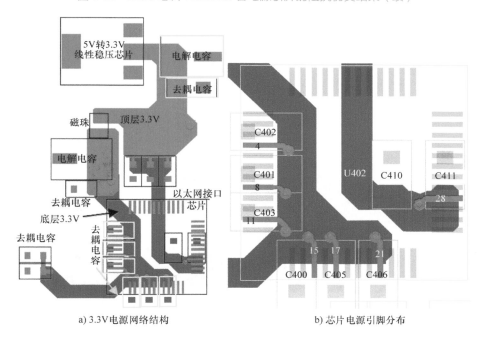

a) 3.3V电源网络结构　　　　　b) 芯片电源引脚分布

图 6-40　PCB 中的 3.3V 电源网络结构

（3）CAN 收发器芯片的阻抗仿真

CAN 收发器芯片的供电是由 5V 电源经过一个带稳压功能的 5V 转 5V DC-DC 芯片形成的 +5V_CAN 电源网络提供的，实现与前级的 5V 电源隔离，并安装了体电容、去耦电容。3 块 CAN 收发器芯片以及 +5V_CAN 的结构如图 6-42 所示。CAN 收发器芯片的阻抗仿真结果如图 6-43a 所示。目标阻抗为 14.29Ω，CAN 总线接口电路采用了电源 / 地平面供电，可见在 1GHz 频率范围内阻抗均小于目标阻抗。CAN 数字隔离器芯片的阻抗仿真结果如图 6-43b 所示，最高阻抗在 1GHz 时为 17Ω，在 0（DC）~ 1MHz 范围内存在两个谐振尖峰，但整频段阻抗满足目标阻抗 142Ω 的要求。

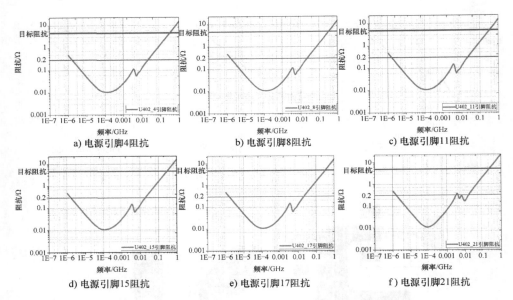

图 6-41　以太网接口芯片各电源引脚的阻抗仿真结果

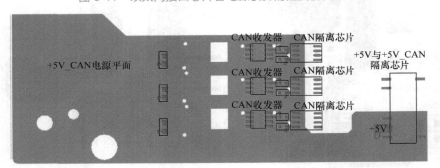

图 6-42　CAN 收发器芯片所在电源分配网络 (+5V_CAN) 结构

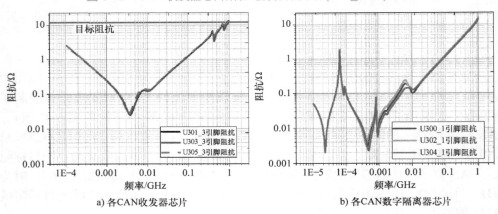

图 6-43　CAN 总线电路各芯片的电源阻抗仿真结果

（4）其他芯片的阻抗仿真

MCU 芯片外接的 EEPROM 芯片的目标阻抗为 20Ω，它的电源阻抗仿真结果如图 6-44 所示，在 1GHz 内的最大阻抗为 10Ω，满足目标阻抗要求。数字开关检测芯片与低边驱动芯片的电源阻抗仿真结果如图 6-45 所示，阻抗均小于目标阻抗。

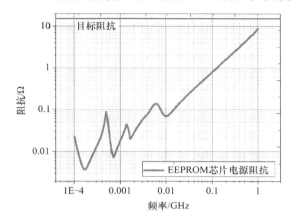

图 6-44　EEPROM 芯片的电源阻抗仿真结果

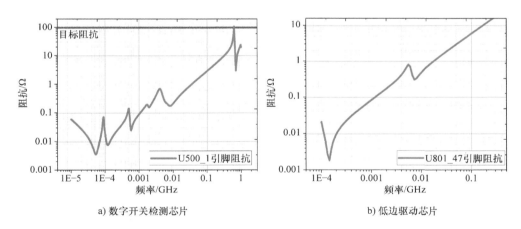

a) 数字开关检测芯片　　　　　　　　b) 低边驱动芯片

图 6-45　数字开关检测芯片与低边驱动芯片的电源阻抗仿真结果

通过以上仿真分析可知，在原有的 PCB 去耦电容与电源平面设计的基础下，MCU 和以太网芯片的电源阻抗均超标，具体结果见表 6-4。

表 6-4　电源分配网络阻抗超标情况

芯片	目标阻抗 /Ω	最大阻抗 /Ω	是否超标	超标量
微控制单元（MCU）	2.14	15.6	是	629%
以太网接口芯片	5.00（0.2Ω）	20.1	是	302%

（续）

芯片	目标阻抗/Ω	最大阻抗/Ω	是否超标	超标量
CAN 收发器芯片	14.29	13	否	0
CAN 数字隔离器芯片	142.86	19.8	否	0
数字开关检测芯片	100.00	98	否	0
低边驱动芯片	50.00	16.0	否	0
EEPROM 芯片	20.00	11.0	否	0

6.5.2　PDN 去耦电容优化

1. 常用去耦电容设计方法

优化去耦电容主要有两种思路：第一种是优化等效串联电感 ESL，包括走线、封装、过孔，以及去耦电容自身的寄生电感，这对于加宽去耦电容的作用频带是十分重要的；第二种是使用优化算法设计去耦电容的容值与数量来降低传输阻抗。

常用的去耦电容设计方法有传统的 BIG-V 法、Multi-Pole（MP）法，以及近几年逐渐兴起的使用各种数学优化方法的去耦电容设计方法。

在近几年，去耦电容设计方法得到了巨大的发展，开始使用优化算法进行去耦电容设计，例如将遗传算法、Nature-Inspired 算法等应用到去耦电容设计中。目前，在各类 PDN 仿真软件中，已经嵌入了去耦电容的优化算法，如在 CST 软件中可以使用遗传算法或 Nealder-Mead 算法来优化去耦电容的容值。

2. 电容寄生参数对电容阻抗的影响

实际的电容可以等效为一个 *RLC* 串联模型（图 6-31），其中 *ESR* 为电容本身的寄生参数，*ESL* 包括安装电感与电容本身的寄生电感两部分。设计去耦电容时，主要需要考虑容值、寄生电感、电容数量，先研究 *ESR*、*ESL*、*C* 对电容频域传输阻抗的影响。

（1）*C* 对电容传输特性的影响

首先考虑一个 0.1μF 电容的等效电路模型（图 6-46），*ESR* = 0.01mΩ，*ESL* = 1nH，首先分析 *ESR* 与 *ESL* 不变的情况下，电容值 *C* 的变化对去耦电容传输特性的影响，如图 6-47 所示。

由图 6-47 可见，随着 *C* 的增加，电容的自

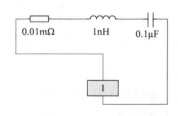

图 6-46　0.1μF 电容等效电路模型

谐振频率逐渐降低，1000μF "大电容" 的自谐振频率低至 160kHz，1pF "小电容" 的自谐振频率高至 5.2121GHz；随着 *C* 的增加，电容可去耦的频带不断增加，但是这并不代表着使用高自谐振频率的电容会得到更好的 PDN；随着 *C* 的减小，电容在宽频带范围内的平均阻抗呈升高趋势，例如 100pF 的电容，其自谐振频率为 530MHz 附近，在自谐振频点时电容总阻抗约为

0.33Ω，而在自谐振频率之前接近自谐振点频率处，100pF 电容的阻抗已经高至几欧甚至几十欧。但其在低阻抗的频率范围内仍然可以发挥去耦作用，假设电容的阻抗在 1Ω 以下且呈容性时可以发挥较好的去耦作用（0.01mΩ 等效串联电阻，1nH 等效串联电感的条件下），从图 6-47 中还可以看出，在频率接近 500MHz 时 100pF 电容已经不能发挥其容性作用，而其他容值更大的电容已经呈感性状态。自谐振频率在 500MHz 之后，低于 100pF 的电容的去耦作用效果会更加不明显。因此，在设计时需要保守估计，去耦电容的截止频率为 200MHz，自谐振频率在这附近的电容为 1nF。在低频时，大电容保持低阻抗效果更好。

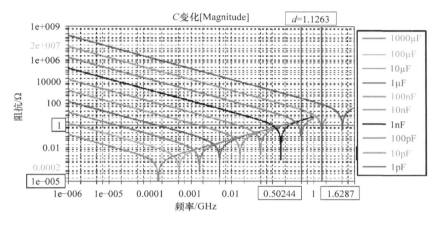

图 6-47　C 对电容传输特性的影响

（2）ESR 对电容传输特性的影响

ESR 一般在零点几毫欧至几百毫欧之间，取 1mΩ ～ 1Ω 区间的 10 倍频程 ESR 进行对比，如图 6-48 所示。可见随着 ESR 的增大，电容的阻抗曲线趋于平缓，自谐振频率处阻抗不断增大，当 ESR 极小时，电容的自谐振尖峰明显，易与其他不同容值的电容产生并联谐振。图 6-49 所示为不同 ESR 的 0.1μF 电容与 10nF 电容产生并联谐振的仿真电路，仿真结果如图 6-50 所示，可以看到，当电容的 ESR 变小时，两个电容并联产生的谐振明显加强。因此，选取电容时，ESR 在 10mΩ 到几十毫欧之间即可。

（3）ESL 对电容传输特性的影响

等效串联电感 ESL 包含两部分：寄生电感与安装电感。0603 与 0805 封装的贴片电容的寄生电感通常在 0.5 ～ 2nH，其中 1nH 左右的电容居多。安装电感通常在几百皮亨的数量级，因此可以估算一个 ESL 的范围为 0.5 ～ 2.5nH。从图 6-51 中可以看出，随着 ESL 的增大，电容的自谐振频率呈下降趋势。另外，随着 ESL 的减小，电容的阻抗曲线呈平滑趋势，有利于抑制并联谐振尖峰。ESL 从 2nH 变化到 0.5nH 时，电容的自谐振频率从 10MHz 附近增加到 20MHz 附近，可见 ESL 对电容自谐振频率的影响极大，实际应用中若安装电感变化 0.1nH，就可能导致电容自谐振频率变化几兆赫兹。因此在设计中，因尽量选取小寄生电感的电容，安装去耦电容时应尽量减小安装电感的影响。

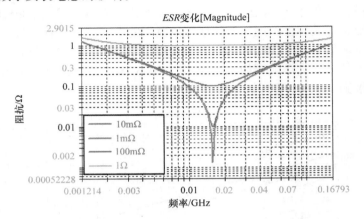

图 6-48　*ESR* 对电容传输特性的影响

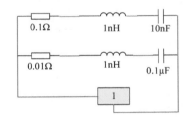

图 6-49　不同 *ESR* 电容的并联

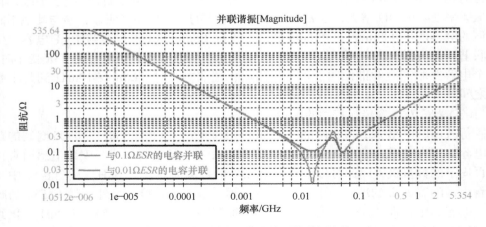

图 6-50　不同 *ESR* 电容并联的谐振尖峰

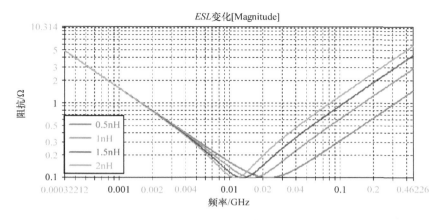

图 6-51　*ESL* 对电容传输特性的影响

3. 去耦电容对降低阻抗的实际效果

前文已经分析了 *C*、*ESR*、*ESL* 对电容频域阻抗特性的影响，下面分析去耦电容对降低阻抗的实际效果。

标称瓷片电容的容值包括 1、1.5、1.8、2、2.2、2.7、3.3、4.7、5.6、6.8、8.2 系列，电解电容的标称值通常包括 1、2.2、3.3、4.7、6.8 系列，若要实现去耦电容的快速设计方法，需要制定电容的种类。图 6-52 所示为 1nF、1.5nF、1.8nF……27nF、33nF、47nF、100nF 电容的阻抗曲线，10nF 以下的小电容的自谐振频率是十分接近的，因此 10nF 以下的 11 种电容可以用 3 种平均分布的容值的电容代替，10 ～ 100nF 的区间范围同理。

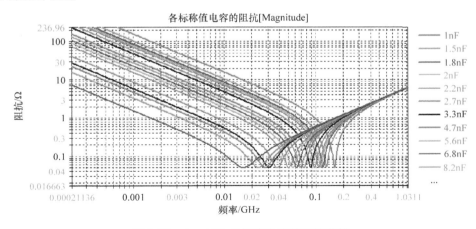

图 6-52　1 ～ 100nF 标称电容的阻抗曲线

图 6-53 所示为 100nF ～ 1μF 区间所有标称电容的阻抗曲线，电容值越大，阻抗曲线越平滑。470nF 与 560nF 电容的自谐振频率很接近，但是两倍容值的电容的阻

抗曲线差别就会较大，如 220nF、470nF、1μF 电容的自谐振频率分别相差几兆赫兹，为了使用更少的电容种类覆盖更高的低阻抗频段，在 100nF～1μF 的区间范围内，优先使用 100nF、220nF、470nF 的电容。图 6-54 所示为 1μF 以上部分标称电容的阻抗曲线，可见在 ESR 与 ESL 相同的情况下，电容值越大，可覆盖的低阻抗范围越宽，因此在 3MHz 以下的频段范围内，应尽量使用容值较大的电解电容进行去耦。

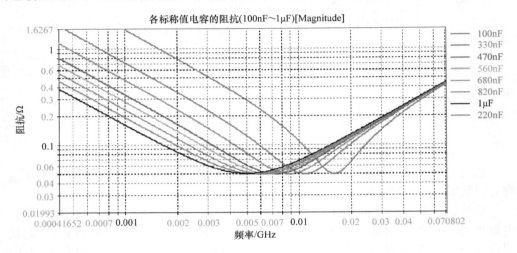

图 6-53　100nF～1μF 标称电容的阻抗曲线

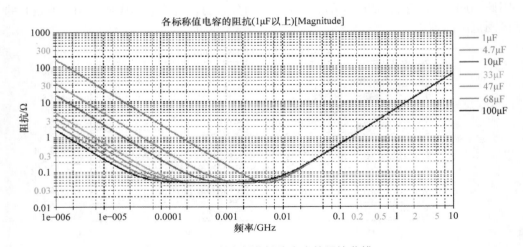

图 6-54　1μF 以上部分标称电容的阻抗曲线

从所设计 PCB 的大量阻抗仿真结果中取一个最具代表性的阻抗曲线，如图 6-55 所示，设目标阻抗为 0.5Ω。低于 750kHz 和高于 162MHz 时的阻抗大于目标阻抗，另外在 11MHz 处存在一谐振点，谐振点处阻抗为 0.19Ω。

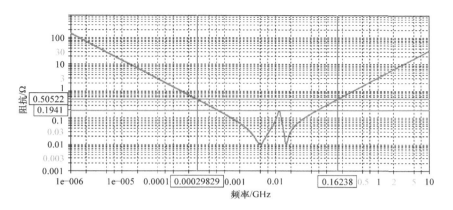

图 6-55　PCB 中一个电源的阻抗曲线

　　不同电容值的去耦电容带来的影响如图 6-56 与图 6-57 所示。在低于 10MHz 范围内，1μF 以上电容的作用十分明显，1μF、10μF、100μF、330μF 电容器对降低阻抗的效果依次增强，330μF 的电容使得阻抗在 1kHz-10MHz 范围内均达到了目标阻抗要求。但是对 11MHz 处的谐振尖峰作用不明显，根据对 330μF 电容的阻抗曲线分析，其在 10MHz 以上阻抗开始增加，故不能实现更高频率的去耦要求。对于 11MHz 以上谐振点的分析，见图 6-57，去耦效果最好的曲线是 220nF 电容，其次分别为 330nF、680nF、68nF，220nF 电容，它们的自谐振频率略高于 11MHz，因此 220nF 电容在 11MHz 处呈现容性低阻抗，而 330nF、680nF 电容均呈现感性低阻抗，68nF 电容阻抗较高。在高于 20MHz 处，以上各电容器的效果相似。因此，在使用去耦电容降低 PDN 阻抗时，电容器的自谐振频率应稍大于要抑制的频率，以保证低阻抗的情况下电容呈容性。

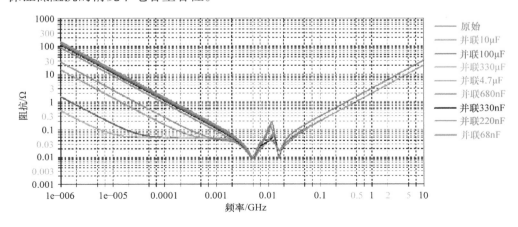

图 6-56　68nF ~ 330μF 去耦电容的实际效果（一）

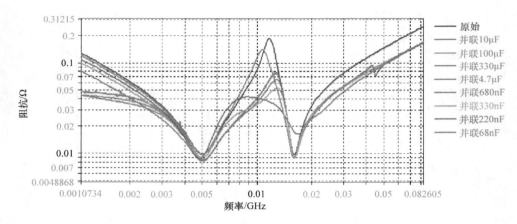

图 6-57　68nF ~ 330μF 去耦电容的实际效果（二）

4. 去耦电容设计方法

根据去耦电容的种类、低频段及高频段的电容去耦特性，提出一种适用于工程应用的去耦电容设计方法。

第一步：通过计算确定电源通道的目标阻抗。

第二步：对没有安装去耦电容的电路进行建模仿真，找出阻抗超标频段，设第 n 段超标的起始频率为 $f(n)_a$，终止频率为 $f(n)_b$，如果在这一节频段上存在谐振尖峰，则谐振尖峰的频率为 $f(n)_c$。

第三步：设计去耦电容的容值及种类。若去耦电容起作用的截止频率为 200MHz，考虑到 ESL 的影响，1nF 以下的电容均不考虑使用。考虑到低频范围电解电容的阻抗特性更佳，所以 1μF 以下使用瓷片电容，1μF 以上使用电解电容。在基于 Decades 方法的基础上，改进了去耦电容的种类。绘制所有电容的频域阻抗曲线图谱，如图 6-58 所示。

第四步：依次计算每种电容的自谐振频率，并根据自谐振频率由低至高将电容排序 $C(m)$，m 为去耦电容的总个数，其对应自谐振频率为 $f_{SRF}(m)$。

第五步：低频段去耦电容设计。1μF 电容的自谐振频率在 5MHz 左右，设 100kHz ~ 5MHz 为低频段去耦范围。如果某个阻抗超标点的区间 $f(n)_a < f(n)_b \leqslant$ 5MHz，那么在 $f(n)_a$ 和 $f(n)_b$ 之间的频段使用 One per decade 方法设计电解电容，不同的是容值最大的电容的自谐振频率接近 $f(n)_a$，容值最小的电容为 1μF，期间每个 10 倍程选取一个电容。

第六步：在 5 ~ 200MHz 范围内，找到阻抗超标的频率。根据电容阻抗曲线，在超标的频率区间内找到所有阻抗值低于 Z_{target} 的电容的频率范围，电容在 $f_{decouple}(m)_a \sim f_{decouple}(m)_b$ 的频率范围内自身阻抗小于目标阻抗。随着频率的升高，当第一个电容呈感性时，选取第二个呈容性的电容，以此类推。

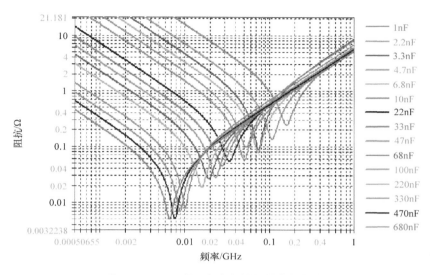

图 6-58　1μF 以下电容频域阻抗曲线图谱

第七步：计算每个频段去耦电容的数量。前面已经分析了 ESL 对电容阻抗的影响，为了得到理想的低阻抗，ESL 必须被控制在一定范围内。这里取平均值 $L_{mount} = 0.65\text{nH}$，总等效串联电感必须满足

$$ESL_{max} = \frac{ESL}{N} \leqslant \frac{Z_{target}}{2\pi f}$$

$$N \geqslant \frac{ESL \cdot 2\pi f}{Z_{target}}$$

（6-13）

式中，ESL_{max} 为电容并联后的总等效串联电感（nH）；ESL 为单个电容的等效串联电感（nH）；N 为同种类电容的数量；f 为该种类去耦电容作用频段的最高频率。

第八步：重复第五~七步，直至 PDN 阻抗完全低于目标阻抗。

6.5.3　频域阻抗验证

使用综合控制器中以太网 3.3V 电源 PDN 的 PSPICE 模型验证该方法的有效性。以太网接口电路在最初设计时没有考虑电源完整性的问题，仅在每个电源引脚处并联了一个 0.1μF 的电容，VRM 电源输出端安装了一个 100nF 和 10μF 电解电容，在此使用提出的方法对去耦电容与体电容进行重新设计，对象是以太网接口芯片的 21 号电源引脚，阻抗曲线如图 6-58 所示。经过第一~八步的过程，最终得到以下电容组合，见表 6-5。

在电路板图上以就近位置安装以上去耦电容，如图 6-59 所示，去耦效果如图 6-60 所示，在 200MHz 以内的阻抗均降到 0.2Ω 以下。

表 6-5 设计方法的电容选取

电容值	数量	电容值	数量
1nF	3	100nF	1
3.3nF	2	470nF	1
4.7nF	2	100μF	1
33nF	1		

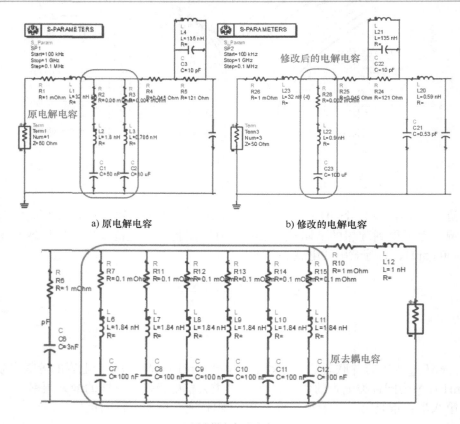

a) 原电解电容　　　　　　　　　　　　b) 修改的电解电容

c) 原去耦电容(小电容)

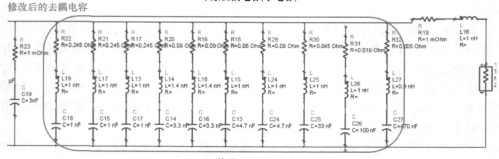

d) 修改后的去耦电容

图 6-59 优化前后的去耦电容对比

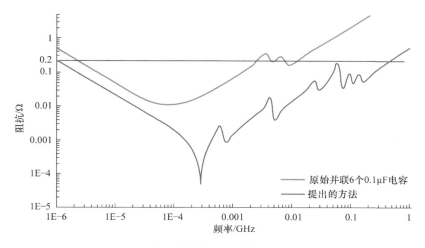

图 6-60　去耦电容优化方法的阻抗抑制效果

6.6　PCB 信号完整性建模与分析

未来车载域控制器使用的以太网是基于 TSN（Time-Sensitive Networking）标准的以太网协议。基于 TSN 的以太网对时延和时延抖动有严格的要求，应对其进行充分的信号完整性分析与验证。

对 VCU 以太网的差分走线进行传输线建模，分析以太网差分传输线的反射和延时，以及以太网信号对邻近信号线信号的串扰影响。

6.6.1　车载以太网信号与 CAN 总线信号频谱

目前的车载总线主要有 CAN、LIN、FlexRay、MOST 等，其中 CAN 总线的应用最为广泛。一般 CAN 总线的速率为 2Mbit/s，符合 CAN FD 标准的 CAN 总线最高可以达到 8Mbit/s 的通信速率，而以太网的传输速率可达到 1000Mbit/s。在物理层上，以太网总线的频率远高于 CAN 总线，图 6-61 为 1MHz 与 1GHz 梯形波信号的波形，分别近似等效 CAN 总线信号与以太网信号。

对于一个幅度为 A、上升时间为 t_r、下降时间为 t_f、脉冲宽度为 τ、周期为 T 的梯形波，且 $t_r = t_f$，梯形波的傅里叶系数为

$$F_n = \frac{c_n^{(2)}}{(jn\omega_0)^2} = \frac{\tau}{T} A \left(\frac{\sin \frac{n\omega_0 t_r}{2}}{\frac{n\omega_0 t_r}{2}} \right) \left(\frac{\sin \frac{n\omega_0 \tau}{2}}{\frac{n\omega_0 \tau}{2}} \right) e^{-j\frac{n\omega_0(t_r+\tau)}{2}} \qquad (6\text{-}14)$$

式中，n 为第 n 次谐波，c_n 为 n 次谐波处的谐波分量（dBμV）；ω_0 为谐波频率；τ 为单个周期内半幅度点处（$A/2$）上升沿和下降沿的时间跨度；t_r 为脉冲上升时间。

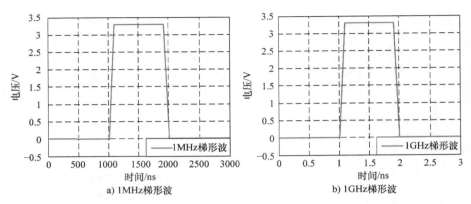

a) 1MHz梯形波　　　　　　　　　b) 1GHz梯形波

图 6-61　1MHz 与 1GHz 梯形波信号

从傅里叶系数的公式中可以得到频谱幅度的包络，为

$$E(f) = |c_n| = 2|F_n| = \frac{2\tau}{T} A \left(\frac{\sin \frac{n\omega_0 t_r}{2}}{\frac{n\omega_0 t_r}{2}} \right) \left(\frac{\sin \frac{n\omega_0 \tau}{2}}{\frac{n\omega_0 \tau}{2}} \right) e^{-j\frac{n\omega_0(t_r+\tau)}{2}} \qquad （6-15）$$

图 6-62 所示为 1MHz 与 1GHz 梯形波在 50GHz 内的幅频特性，可见在低频（10MHz 以内）范围内，1MHz 与 1GHz 的频率分量幅度相似，随着频率升高，1MHz 梯形波的频率分量迅速减小，而 1GHz 梯形波分量幅度的减小较为缓慢，在 1GHz、1.5GHz、2GHz、2.5GHz 等高频频点处有较大幅值的分量存在。总体来讲，1GHz 梯形波的频带宽度高于 1MHz 梯形波的频带宽度，且 1GHz 梯形波的高频分量能量远高于 1MHz 梯形波。相比于 CAN 总线，以太网信号拥有更丰富的高频分量，容易形成高频电磁噪声。

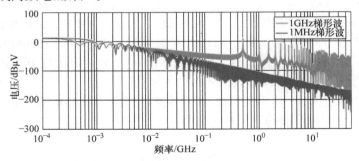

图 6-62　1MHz 与 1GHz 梯形波的幅频特性

6.6.2　反射建模与仿真

1. 反射形成机理

信号以电磁波形式沿传输线传输，每时每刻都会感受到一个瞬态阻抗，这个阻

抗可能是传输线本身的，也可能是中途或末端其他元件的。如图 6-63 所示，第一个区域的瞬态阻抗为 Z_1，第二个区域的瞬态阻抗为 Z_2，在分界面处，一部分信号正向传播，一部分信号反向传播，信号的入射电压为 U_{incident}，反射电压为 $U_{\text{reflected}}$，穿过分界面的传输电压为 $U_{\text{transmitted}}$，反射信号与入射信号幅值之比为

$$\frac{U_{\text{reflected}}}{U_{\text{incident}}} = \frac{Z_2 - Z_1}{Z_2 + Z_1} = \rho \qquad (6\text{-}16)$$

式中，ρ 为电压的反射系数。

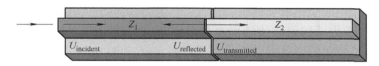

图 6-63　反射形成机理

　　阻抗的差异越大，反射的电压就越大，如果反射的电压过大，可能会引起信号回勾或二次采样等不希望的结果，其中一种结果就是产生振铃。信号在驱动端和远端负载之间多次反射是振铃形成的原因。大多数芯片的输出阻抗都很小，如果输出阻抗小于 PCB 走线的特性阻抗，那么在没有源端端接的情况下，必然产生信号振铃，如图 6-64 所示。较大的振铃会导致信号的误判或多次触发，影响电路的正常工作。

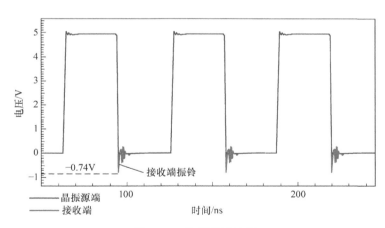

图 6-64　信号振铃波形

2. 车载差分线互连建模

　　由于差分互连的稳定性高于单端互连，目前的高速信号几乎均使用差分互连形式。但差分互连结构也有一个明显的缺陷，在遇到互连阻抗不匹配时，将产生不期望的共模电流，从而在导线上引发电磁干扰问题，差分互连结构如图 6-65 所示。

差分信号与共模信号分别可表示为

$$\begin{cases} U_{\mathrm{diff}} = U_+ - U_- \\ U_{\mathrm{comm}} = \dfrac{U_+ + U_-}{2} \end{cases}$$ （6-17）

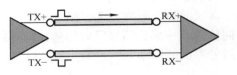

图 6-65　差分互连结构示意图

式中，U_+ 为差分驱动器输出的正极信号；U_- 为差分驱动器输出的负极信号，两个信号得极性相反。

差分信号有两种传输模式：奇模与偶模。两条差分线电压相反的传输模式称为奇模，传输电压相同的则称为偶模。

图 6-66 所示为采用微带线的集总参数模型，可以看出，该模型由若干图 6-67 所示单位长度微带线的等效模型组成。根据图 6-66 和图 6-67 进行差分传输线建模，并采用解析近似式法可以计算微带线的特性阻抗。

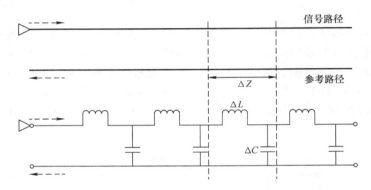

图 6-66　微带线的集总参数模型

特征阻抗通用近似式表示为

$$Z_0 = \frac{87\Omega}{\sqrt{1.41 + \varepsilon_{\mathrm{r}}}} \ln \frac{5.98h}{0.8w + t}$$ （6-18）

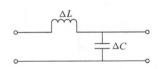

图 6-67　单位长度微带线的等效模型

式中，Z_0 为特性阻抗；h 为信号线与平面之间的介质层厚度（mil）；w 为线宽（mil）；t 为微带线厚度（mil），ε_{r} 为介电常数。

信号在 PCB 上的传输速度为

$$v_{\mathrm{p}} = \frac{c}{\sqrt{\mu_{\mathrm{r}} \varepsilon_{\mathrm{r}}}}$$ （6-19）

式中，v_{p} 为信号的传播速度；c 为光速；μ_{r} 为磁导率，如果介质不是铁磁性材料，则 $\mu_{\mathrm{r}} = 1$；ε_{r} 为介电常数，FR4 板材的介电常数为 4。

根据式（6-19）可计算得到 $v_{\mathrm{p}} \approx 6\mathrm{in/ns}$。已知

$$Z_0 = \sqrt{\frac{L_L}{C_L}} \qquad (6\text{-}20)$$

$$v_p = \frac{1}{\sqrt{C_L L_L}} \qquad (6\text{-}21)$$

联立式（6-19）~ 式（6-21），得到由特性阻抗与传输速度表示的单位长度电感 L_L 与单位长度电容 C_L：

$$L_L = \frac{Z_0}{v_p} = \frac{Z_0}{c}\sqrt{\varepsilon_r} = 0.083 Z_0 \sqrt{\varepsilon_r}\,(\text{nH/in})$$

$$C_L = \frac{1}{v_p Z_0} = \frac{1}{cZ_0}\sqrt{\varepsilon_r} = \frac{83}{Z_0}\sqrt{\varepsilon_r}\,(\text{pF/in}) \qquad (6\text{-}22)$$

微带线集总模型的总电感 L_{total} 与总电容 C_{Cotal} 可以直接求得：

$$C_{\text{total}} = C_L L_{en}$$

$$L_{\text{total}} = L_L L_{en} \qquad (6\text{-}23)$$

式中，L_{en} 为走线的等效长度。

整车控制器的以太网通过车载插接器与其他控制器通信，为四线制以太网，以太网差分走线在 PCB 中的布置如图 6-68 所示，四条信号线由上至下分别为 RD−、RD+、TD−、TD+，即两对差分线。为了保证车载控制器壳体屏蔽效能与恶劣环境（盐雾环境、高湿度环境）耐受性，没有使用 RJ45 接口。

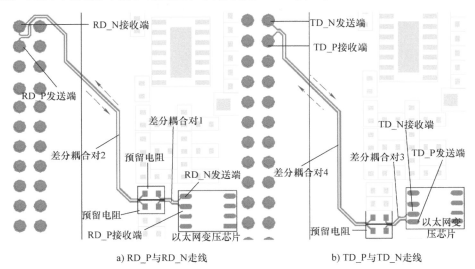

a) RD_P与RD_N走线　　　　　　b) TD_P与TD_N走线

图 6-68　以太网差分走线布局图

以太网差分对的特征阻抗是 100Ω，单端信号线的特征阻抗是 50Ω，过孔特征阻抗为 40Ω。根据以上分析，建立图 6-69 所示以太网差分走线等效电路模型。

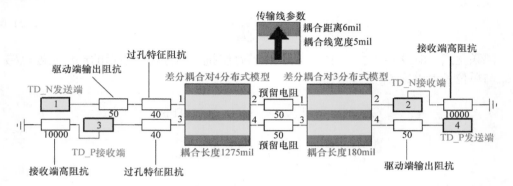

a) 以太网TD差分对

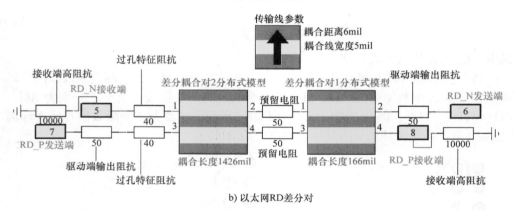

b) 以太网RD差分对

图 6-69　以太网差分走线等效电路模型

3. 以太网信号反射与延时

对以太网差分走线等效电路模型进行仿真，分析以太网两对耦合差分线的反射与延时特性。图 6-70 所示为 TD 差分对的反射仿真结果，可见在未进行端接时，TD+ 与 TD- 信号反射严重，两个信号在信号跳变沿均存在着大于 0.8V 的过冲 / 下冲，在信号上升和下降时形成振铃。由于以太网差分对的布线采取等长设计，差分对的延时接近，TD- 的延时为 0.163ns，TD+ 的延时为 0.169ns，所以 TD 差分对两条线之间的时间差为 0.006ns，在可接受范围内。

图 6-71 所示为 RD 差分对的反射仿真结果，可见 RD- 与 TD- 相比，在信号的上升沿与下降沿均存在更大的过冲与下冲，最大过冲电压接近 1V，已经超过一倍差分信号电平，且 RD- 信号同样有振铃的存在。

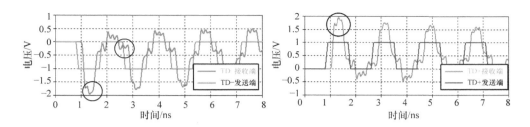

图 6-70　TD 差分对的反射仿真结果

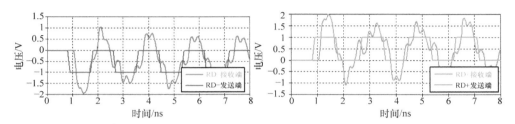

图 6-71　RD 差分对的反射仿真结果

对比 RD+/TD+ 与 RD–/TD– 信号接收端的波形，如图 6-72 所示，可见 RD+ 与 TD+ 的波形很接近，RD+ 的下冲更严重，RD– 与 TD– 相比过冲更严重一些，因此以 RD+/RD– 差分对为研究对象，进行反射的抑制。

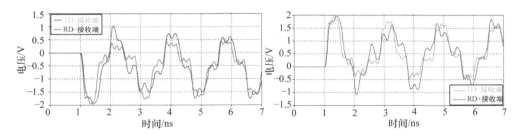

图 6-72　RD+/TD+ 与 RD–/TD– 信号接收端波形对比

4. 传输线 Z 参数分析与反射改善方法

反射主要是由阻抗不匹配造成的，包括三种阻抗不匹配的形式：信号驱动端（输出端）与传输线的阻抗不匹配、信号接收端与传输线的阻抗不匹配、传输线中出现的阻抗突变。除了差分信号会发生反射之外，差分对中流经的共模信号也会发生反射，因此分析差分对的反射问题时需要将信号分为差分信号与共模信号进行研究。在奇模传输模式中，差分信号作用下的阻抗都是奇模阻抗。如图 6-73 所示，差分对两个单端

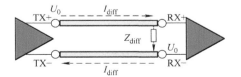

图 6-73　差分电流与差模阻抗

信号在传输过程中跳变方向相反，经过每条单端信号线的电流为

$$I_0 = \frac{U_0}{Z_0} \tag{6-24}$$

式中，U_0 为在单端信号上施加的电压；Z_0 为单端阻抗（Ω）；I_0 为单端信号上传输的电流，两条差分线的电流方向相反，因此差分信号的回流路径是图 6-73 所示的顺时针环路。

且 $I_{\text{diff}} = I_0$，那么对于差分信号来说，其遇到的阻抗为

$$Z_{\text{diff}} = \frac{U_{\text{diff}}}{I_{\text{diff}}} = \frac{2U_0}{I_0} = 2Z_{\text{odd}} \tag{6-25}$$

式中，Z_{odd} 为奇模阻抗，在奇模传输模式中，Z_{odd} 等于单端传输线的特征阻抗。

当差分线耦合时，对于 FR4 材料的微带线，差分阻抗近似为

$$Z_{\text{diff}} = 2Z_0 \left[1 - 0.48 \exp\left(-0.96 \frac{s}{h} \right) \right] \tag{6-26}$$

式中，Z_0 为单端阻抗；s 为信号线的边沿间距（mil）；h 为信号线与返回平面间的介质厚度（mil）。

共模信号与差分信号类似，两个单端走线的共模分量相同。图 6-74 所示为共模信号的回流路径，共模阻抗是每条线特性阻抗的并联。

对于共模信号来说，其遇到的阻抗为

$$Z_{\text{comm}} = \frac{Z_{\text{even}} Z_{\text{even}}}{Z_{\text{even}} + Z_{\text{even}}} = \frac{Z_{\text{even}}}{2} \tag{6-27}$$

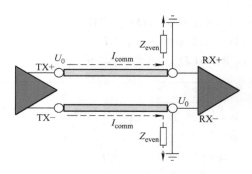

图 6-74　共模电流与共模阻抗

式中，Z_{comm} 为共模阻抗；Z_{even} 为差分对处于偶模状态（两条线驱动电压相同）时单端传输线的阻抗，即

$$Z_{\text{even}} = \frac{U_{\text{comm}}}{I_{\text{comm}}} \tag{6-28}$$

当传输线由两条无耦合的 50Ω 传输线构成时，奇模阻抗与差模阻抗是相同的。当差分对为紧耦合时，奇模阻抗约为 50Ω，偶模阻抗约为 55Ω。

要解决信号的反射问题，最直接的方法就是使信号的传输路径中阻抗匹配，其中最常用的方法是在传输线末端进行终端匹配和调整传输线拓扑结构。

差分对的端接方法主要有四种，均为在传输线末端进行端接，如图 6-75 所示。

1）第一种端接方法如图 6-75a 所示，在两段差分传输线的末端并联一个电阻

接地，两个端接电阻阻值均为 Z_0（即单条线的特征阻抗），这样差分信号到达端接位置时，感受到的阻抗为 $2Z_{odd} = Z_{diff}$，这样在传输线末端就不会发生反射。这种结构只端接了差分信号。

2）第二种端接方法如图 6-75b 所示，与第一种方法的原理相同，这种不接地的端接方式在工程中更加常用。这种结构也只端接了差分信号。

3）图 6-75c 所示端接方法称为 T 形端接，可以对差分信号与共模信号同时端接，其中

$$\begin{cases} R_1 = Z_{odd} \\ R_2 = \dfrac{Z_{even} - Z_{odd}}{2} \end{cases} \quad (6\text{-}29)$$

对差分信号而言，其流经两个 R_1，相当于第一种与第二种端接方法；对共模信号而言，其流经两个并联的 R_1 与一个串联的 R_2，完成了共模端接。

4）图 6-75d 所示端接方法称为 π 形端接，其中

$$\begin{cases} R_1 = \dfrac{2Z_{even}Z_{odd}}{Z_{even} - Z_{odd}} \\ R_2 = Z_{even} \end{cases} \quad (6\text{-}30)$$

差分信号流经 R_1 并联两个 R_2 的电路，感受到的阻抗正好是 Z_{diff}，完成了差分阻抗匹配。共模信号流经两个 R_2 的并联，感受到的阻抗为 $R_2/2 = Z_{even}/2$，同样对共模信号完成了阻抗匹配。

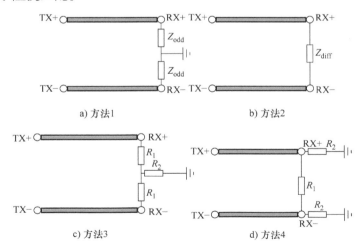

图 6-75　四种差分端接方法

5. 反射改善措施

本文中车载以太网是紧耦合的差分对，奇模阻抗 $Z_{odd} = 50\,\Omega$，偶模阻抗 $Z_{even} = 55\,\Omega$。

使用 π 形端接，$R_1 = 1100\,\Omega$，$R_2 = 55\,\Omega$，对 RD+/RD– 与 TD+/TD– 两对差分线进行 π 形端接，端接前后的反射仿真对比如图 6-76 所示，端接后的信号电平回归 $0\sim1\mathrm{V}$ 或 $-1\sim0\mathrm{V}$ 的正常范围，信号的过冲/下冲与振铃也得到了改善，波形接近理想的发送信号，最大反射电压小于信号电压的 15%。

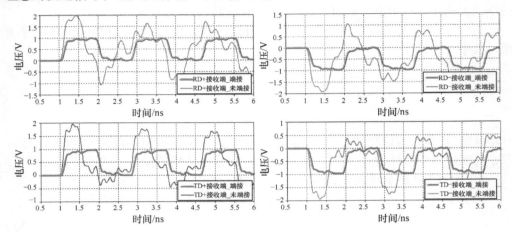

图 6-76 RD+/RD– 与 TD+/TD– 两对差分线端接前后反射仿真对比

6.6.3　串扰建模与仿真

串扰是两条信号线之间的耦合、信号线之间的互感和互容引起线上的噪声。串扰噪声会拉高或拉低信号的电平，对信号质量造成影响。本节主要分析整车控制器加入车载以太网后，车载以太网的高频信号对整车控制器原有信号的串扰影响。

1. 串扰形成机理

信号在传播过程中，信号线与其返回路径之间的回路将形成电磁场，这些电磁场将对信号线与返回路径周围的电路产生影响，称为边缘场。边缘场将在场内其他信号线上产生噪声，噪声通过信号线间的互感与互容耦合到受害线上，如图 6-77 所示。攻击线通过容性或感性耦合在受害线上产生串扰，与攻击线信号流向相同的是远端串扰，与攻击线信号流向相反的是近端串扰。

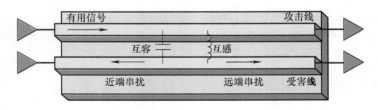

图 6-77　串扰的形成机理

当串扰噪声叠加在受害信号的跳变边沿位置时，会产生边沿的抖动，影响信号的时序、边沿或幅度。信号噪声容限通常为信号电压幅度的 15%，其中 5% 是串扰的噪声容限，对于 1V 的信号，可以忍受的串扰为 50mV，所以在设计信号的走线时，预估串扰的幅度以及减小串扰是非常必要的。

2. 车载 CAN 总线信号线串扰仿真

（1）信号选择

PCB 中有三处走线需要考虑串扰问题，如图 6-78 与图 6-79 所示。其中，走线 2 与走线 3 均是不同 CAN 总线差分对的平行走线，走线 1 是由主控 MCU 发送、CAN 收发器接收的 TTL 电平信号。在三部分可能发生串扰的走线中，走线区域 1 的信号线频率最高且邻近走线的平行长度最长，因此走线 1 发生串扰的可能性最大。又由于差分对对临近串扰的抵抗能力比单端信号强，故区域 1 的信号线可能接受的串扰噪声最大，因此选择区域 1 的四条平行走线 CANTX1、CANRX1、CANTX0、CANRX0 进行串扰分析。

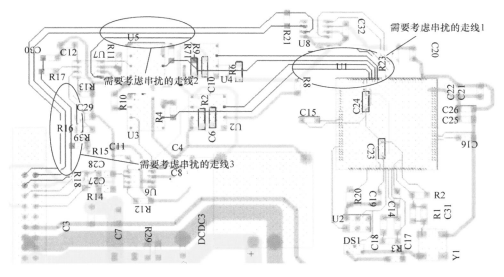

图 6-78　需要考虑的串扰走线

（2）CAN 总线串扰的建模与仿真

区域 1 为四条 TTL 电平信号走线，如图 6-80 所示，由上至下分别为 CANTX1、CANRX1、CANTX0、CANRX0。相邻两条信号线之间的距离为 3 倍线宽。CANTX1、CANTX0 以 MCU 为发送端，以 CAN 收发器为接收端。CANRX1、CANRX0 以 MCU 为接收端，以 CAN 收发器为发送端。

串扰主要考虑图中点画线框标出的平行走线部分。四条信号线中均传输 TTL 信号，其拓扑结构如图 6-81 所示。图中，1、2、3、4 为四条相互耦合的信号线的剖面图。

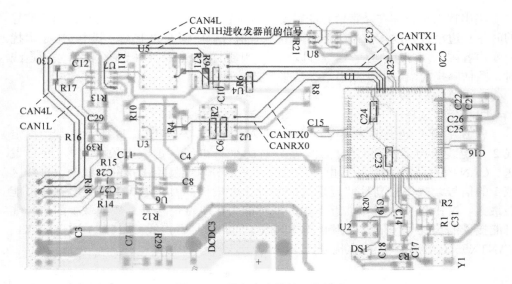

图 6-79　需考虑走线的具体信号

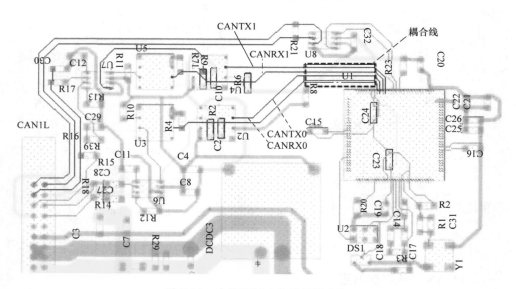

图 6-80　走线区域 1 的信号线分布

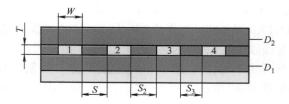

图 6-81　四条线的串扰模型截面图

具体的串扰耦合仿真模型如图 6-82 所示。最左端的点画线框中为 MCU 端的驱动器/接收器，中间为微带线与耦合部分的传输线模型，最右边为四个 CAN 收发器的驱动器/接收器。每个信号经过驱动器发出，经过一段没有耦合的走线，然后经过一段耦合串扰的走线，再经过一段没有耦合串扰的走线，最后到达接收端。

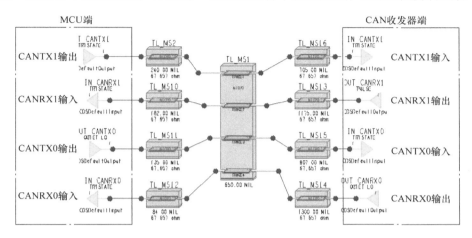

图 6-82　串扰耦合仿真模型

（3）串扰的仿真结果与分析

1）CANRX1 信号跳变时，信号线 CANTX0、CANRX0 上的串扰电压幅度。

上升沿信号对稳定高电平信号的串扰，仿真参数设置为：CANRX1 信号是上升时间为 5ns 的方波脉冲，CANTX0 与 CANRX0 信号为保持 5V 高电平信号。CANTX0、CANRX0 保持高电平的仿真结果如图 6-83 所示，可以看出，信号线 CANTX0 受到的串扰最大值为 21mV；信号线 CANRX0 受到的串扰最大值为 7mV。可以看出串扰对高电平信号的干扰很小，叠加串扰信号满足 3.5V 高电平的门限值。

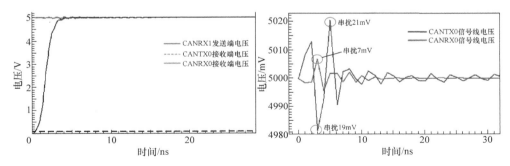

图 6-83　上升脉冲对稳定高电平信号的串扰 CANTX0 与 CANRX0 的接收端电压

上升沿信号对稳定低电平信号的串扰，仿真参数设置为：CANRX1 信号是上升时间为 5ns 的方波脉冲，CANTX0 与 CANRX0 信号为保持 0V 低电平的信号。

CANTX0、CANRX0 保持低电平的仿真结果如图 6-84 所示，可以看出，信号线 CANTX0 受到的串扰最大值为 30.6mV；信号线 CANRX0 受到的串扰最大值为 6.9mV。

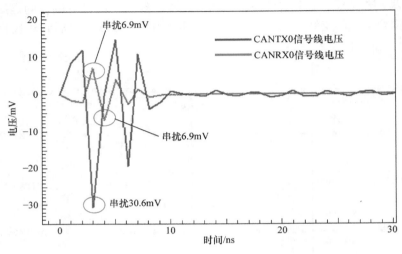

图 6-84　CANTX0 与 CANRX0 的接收端电压

2）CANTX1、CANRX1、CANRX0 三条信号线信号跳变时，信号线 CANTX0 的串扰电压幅度。

三条信号线上升脉冲对信号线保持低电平的串扰，仿真参数设置为：CANTX1、CANRX1、CANRX0 三个信号是上升时间为 5ns 的方波脉冲，CANTX0 信号为保持 0V 低电平信号。CANTX0 保持低电平仿真结果如图 6-85 所示，可以看出，当存在三条攻击线同时串扰时，信号线 CANTX0 受到的串扰最大值为 57.2mV。

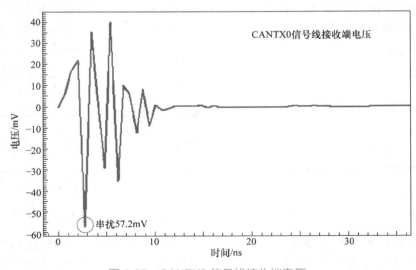

图 6-85　CANTX0 信号线接收端电压

3. 抑制串扰的方法与仿真验证

CAN 信号线采用微带线，串扰仿真结果如图 6-86 所示，红色为攻击线，蓝色为受害线。

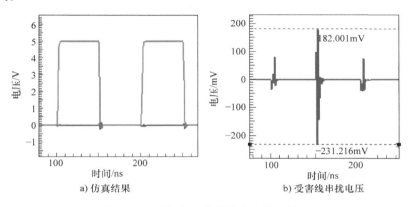

a) 仿真结果　　　　　　　　b) 受害线串扰电压

图 6-86　两条邻近微带线串扰仿真结果

加宽线间距后，对一条线加载频率为 10MHz、固定占空比的脉冲信号，另一条受害线上的串扰仿真结果如图 6-87 所示。

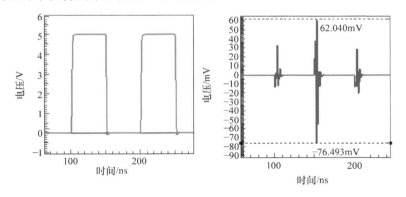

图 6-87　加宽线间距后的串扰仿真结果

使用带状线，对一条线加载频率为 10MHz、固定占空比的脉冲信号，另一条受害线上的串扰仿真结果如图 6-88 所示。

从图 6-87 和 6-88 可以看出，同样参数、同样线间距（10mil）条件下，带状线耦合的最大串扰电压为 84.247mV，而微带线耦合的最大串扰电压为 231.216mV，可见带状线比微带线有更优异的抗串扰特性。

4. 车载以太网与临近信号线串扰仿真

例如，整车控制器中以太网的差分对附近只有两条开关信号输入线，如图 6-89 所示，SP2 与 SP3 为开关信号输入走线。影响串扰电压的主要因素是耦合距离与攻

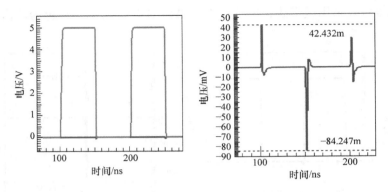

图 6-88　两条邻近带状线串扰仿真结果

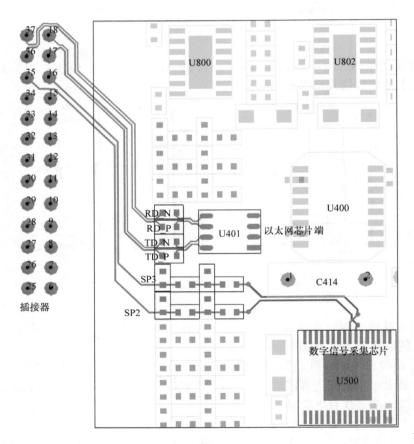

图 6-89　串扰耦合信号线

击信号频率，随着线间距减小，传输线之间的互容与互感增加，耦合的串扰噪声也就增加。两以太网差分对与信号线之间的最小间距见表 6-6。

表 6-6　差分对与开关信号线之间的最小间距　　　　　单位：mm

信号线	RD_N	RD_P	TD_N	TD_P
SP3	2.1	1.7	1.15	0.75
SP2	2.5	2.1	1.55	1.15

图 6-90 所示为在 CST 中搭建的串扰仿真模型，该黑箱模型可以仿真串扰的电磁场耦合，耦合线为两对差分线与两条开关信号输入线 SP2、SP3，可通过这个模型研究单条或多条以太网传输数据时对开关信号线的串扰影响。以太网的信号波形为频率 1GHz、幅值 1V 的梯形波。

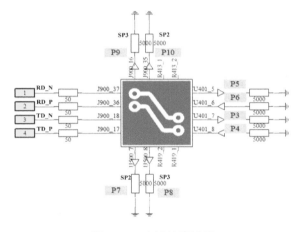

图 6-90　串扰仿真模型

以太网各差分线单独对 SP2、SP3 信号线的串扰如图 6-91 所示。单根以太网信号线单独工作时，产生的串扰电压见表 6-7。距离受害线最近的 TD_P 信号线产生的串扰电压是其他以太网信号线的 2 ~ 9 倍。

两条电压变化相反的差分线 TD_N 与 TD_P 同时工作时在 SP2、SP3 信号线上产生叠加串扰，如图 6-92 所示。SP2 上的串扰电压最大值为 5.2mV，SP3 上的串扰电压最大值为 6.9mV，约等于 TD_N 与 TD_P 分别在 SP2、SP3 上产生的串扰电压之差。

四条差分线 RD_N、RD_P、TD_N、TD_P 同时工作时，在 SP2、SP3 信号线上产生的串扰如图 6-93 所示。其与 TD_N、TD_P 同时工作时产生的串扰相似，但电压幅值大一些，SP2 上的串扰电压最大值为 5.5mV，SP3 上的串扰电压最大值为 7.2mV。

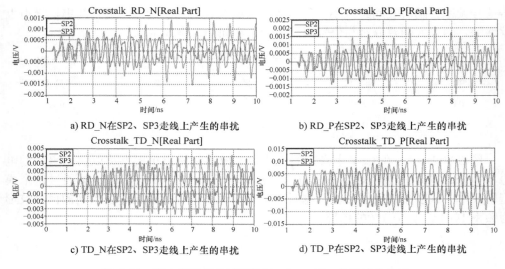

a) RD_N在SP2、SP3走线上产生的串扰 b) RD_P在SP2、SP3走线上产生的串扰

c) TD_N在SP2、SP3走线上产生的串扰 d) TD_P在SP2、SP3走线上产生的串扰

图 6-91　以太网各差分线单独对 SP2、SP3 信号线的串扰

表 6-7　以太网各单独信号线在 SP2、SP3 上产生的串扰电压　　　单位：mV

信号线	RD_N	RD_P	TD_N	TD_P
SP2	0.9	1.2	3.2	8.8
SP3	1.5	2	4.1	10.2

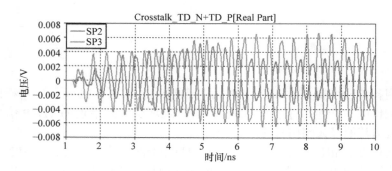

图 6-92　TD_N 与 TD_P 同时工作时产生的串扰

　　在整车控制器实际工作时，以太网的一对差分线是同时工作的，差分对对受害线的串扰相互抵消，因此预计在实际工作时，以太网对 1 ~ 2mm 线间距范围的信号线的串扰电压为 5.5 ~ 12.4mV，SP2 与 SP3 的信号电平为 12V，串扰电压幅值占信号电平的 0.1%，不会对 12V 信号造成影响。在实际布线时，保证以太网与周围走线保持 3 倍线宽的规则可以满足串扰电压不干扰邻近信号线。

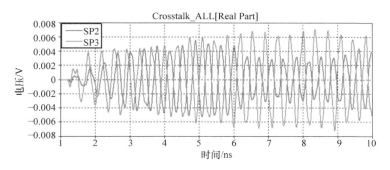

图 6-93　以太网两对差分线同时工作时产生的串扰

6.7　PCB 电磁辐射

6.7.1　电磁辐射机理

以太网采用差分双线传输系统，在传输线上形成共模电流与差模电流。差模电流与共模电流均会形成电磁场，对临近走线或元器件产生电磁辐射。不同的是，共模电流产生的电磁辐射远大于差模电流。设想有一对平行导线，如图 6-94 所示，线上流经电流 I_1 与 I_2，两个电流可以分解为共模电流 I_C 与差模电流 I_D 的叠加

图 6-94　差分传输线上的共模电流与差模电流

$$I_1 = I_C + I_D$$
$$I_2 = I_C - I_D \tag{6-31}$$

由式（6-31），可以等到

$$I_D = \frac{1}{2}(I_1 - I_2)$$
$$I_C = \frac{1}{2}(I_1 + I_2) \tag{6-32}$$

可见，共模电流 I_C 的数值大于差模电流 I_D。在研究差分传输线的电磁场时，每个电流产生的电场 $\hat{E}$ 叠加得到总辐射电场，如图 6-95 所示。两个差模电流产生的电场方向相反相互抵消，共模电流产生的电场方向相同而互相叠加，因此一个很小的共模电流可以与一个很大的差模电流产生相同强度的电场。对以太网来说，差分信号是有用信号，因此应尽量减少共模电流的存在。

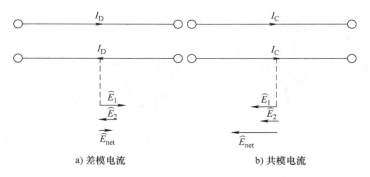

a) 差模电流　　　　　　　　　b) 共模电流

图 6-95　共模电流与差模电流的辐射电场差异

当 PCB 差分信号的共模电流较大时，相应整个 PCB 的电磁辐射会较大。此外，在没有良好抑制措施的情况下，PCB 共模电流通过线缆还会对外形成传导发射或辐射发射，如图 6-96 所示。

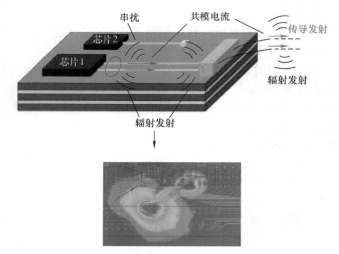

图 6-96　共模电流过大引起的电磁干扰问题

6.7.2　PCB 电磁辐射分析

电磁干扰通过空间传输，实质上是骚扰源的电磁能量以场的形式向四周空间传播。感应场指一部分电磁场能量在辐射源周围空间与辐射源之间周期性地来回流动，不向外发射。辐射场指另一部分电磁场能量脱离辐射体，以电磁波的形式向外发射。一般而言，以场源为中心，3 个波长范围内的区域称为近场，也可称为感应场；在以场源为中心，3 个波长之外的空间范围称为远场，也可称为辐射场。

可以利用电磁仿真软件仿真预测以太网整车控制器 PCB 的电磁辐射特性。ANSYS/SIwave 软件可以对 PCB 进行三维电磁场仿真，自动计算 PCB 的寄生参数、材料特性和空间特性。通过 SIwave 软件在每条以太网信号线的首末端施加信号幅度为 1V 的电压源作为信号激励源，研究不同信号频率与不同走线数量下以太网线的电磁场分布。

（1）电场

图 6-97 所示为 PCB 车载以太网走线在激励源作用下，在 66MHz、100MHz、600MHz 和 1GHz 频率下的电场分布，其中 66MHz、600MHz 为车载以太网物理层协议 100BASE-T1 与 1000BASE-T1 规定的双绞线频率。可以看出，以太网走线的两端电场较强，信号线与接插件的连接点处电场强度最大，这是由于信号线遇到过孔阻抗突变，导致共模电流的产生，从而形成较大的电场。另外，随着频率升高，电场强度逐渐减小，电场强度最大值依次为 14.6V/m、14.0V/m、12.9V/m、12.3V/m，66MHz 处的电场强度最大。

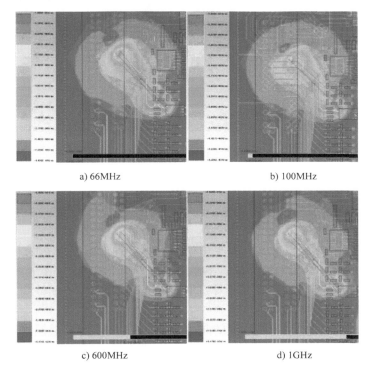

a) 66MHz　　　　　　　　　　　　　b) 100MHz

c) 600MHz　　　　　　　　　　　　　d) 1GHz

图 6-97　PCB 车载以太网走线（RD-）在激励源作用下的电场分布

（2）磁场

图 6-98 所示为 PCB 车载以太网走线在激励源作用下，在 66MHz、100MHz、600MHz 和 1GHz 频率下的磁场分布。可以看出，磁场强度随着频率的升高而减小，

在 66MHz 与 100MHz 处强度均较大，在 66MHz 时的最大磁场强度约为 9.8A/m，100MHz 的最大场强为 8.2A/m。

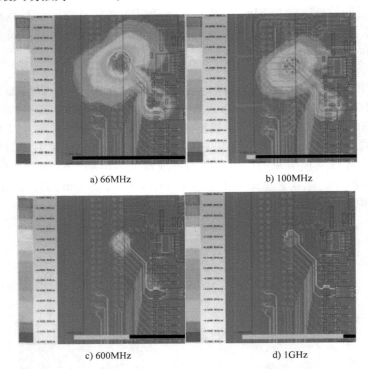

a) 66MHz   b) 100MHz

c) 600MHz   d) 1GHz

图 6-98　PCB 单根以太网走线（RD-）在激励源作用下的磁场分布

6.8　以太网整车控制器电源线传导 EMI 抑制

为了降低太网整车控制器电源线传导 EMI，重点采用抑制 PCB 共模电流的方法。以抑制 100MHz 共模电流为例，主要采取以下两个措施：

1）使用阻抗匹配方法，重新计算选取差分匹配电阻。

2）设计高频共模滤波器。

针对上述 PCB 以太网走线产生的共模电流，可以采用 LC 共模滤波器。共模滤波器的共模电感 L_C 取值为 6.8μH；共模电容 C_Y 取值为 3300 pF。

根据 GB/T 18655—2018《车辆、船和内燃机　无线电骚扰特性　用于保护车载接收机的限值和测量方法》，整车控制器与 MPC5748 开发板之间通过以太网总线进行 100Mbit/s 传输速率的数据发送与接收工作，测试以太网整车控制器电源线传导骚扰电压的试验布置，如图 6-99 所示。从图 6-100 所示测试结果可以看出，抑制共模电流后，传导发射峰值和平均值均符合标准等级 3 的限值要求。

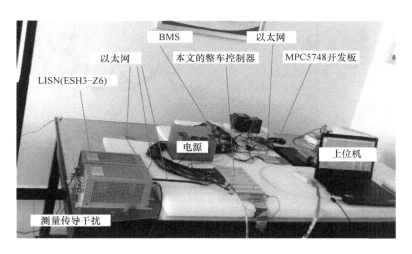

图 6-99　传导发射试验布置

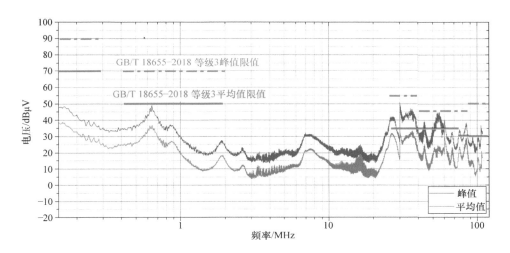

图 6-100　抑制共模电流后的传导发射测试试验结果

如图 6-101 与图 6-102 所示，在 30 ~ 85MHz 范围内，共模电流抑制后的传导电压峰值与平均值整体减小 9dBμV。在 85 ~ 108MHz 范围内，传导电压最大衰减了大约 23dBμV。

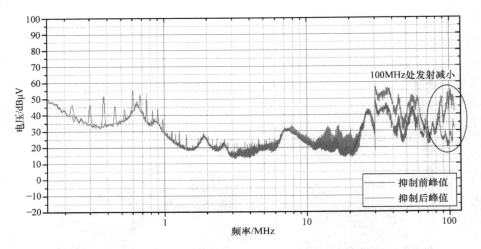

图 6-101　共模电流抑制前后传导发射峰值对比

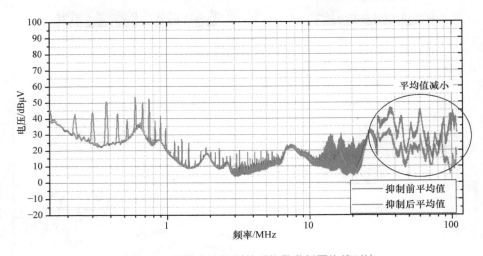

图 6-102　共模电流抑制前后传导发射平均值对比

参 考 文 献

［1］　阎照文.信号完整性导论［M］.北京：科学出版社，2018.

［2］　ERIC B.信号完整性与电源完整性分析［M］.李玉山，等译.北京：电子工业出版社，2015.

［3］　JIN H K，SEO S H，HAI N T，et al. Gateway Framework for In-Vehicle Networks Based on CAN, FlexRay, and Ethernet［J］. IEEE Transactions on Vehicular Technology, 2015, 64（10）: 4474-4486.

［4］ FERBER M，VOLLAIRE C，KRAHENBUHL L，et al. Conducted EMI of DC-DC Converters With Parametric Uncertainties［J］. IEEE Transactions on Electromagnetic Compatibility，2013，55（4）: 699-706.

［5］ GAN Y，XU X，MAGHLAKELIDZE G，et al. System-Level Modeling Methodology of ESD Cable Discharge to Ethernet Transceiver Through Magnetics［J］. IEEE Transactions on Electromagnetic Compatibility，2016，58（5）: 1407-1416.

［6］ CLAY R P. 电磁兼容导论［M］. 闻映红，等译. 北京：人民邮电出版社，2007.

［7］ XU M，HUBING T H，CHEN J，et al. Power-bus decoupling with embedded capacitance in printed circuit board design［J］. IEEE Transactions on Electromagnetic Compatibility，2003，45（1）: 22-30.

［8］ WANG T K，CHEN S T，TSAI C W，et al. Modeling Noise Coupling Between Package and PCB Power/Ground Planes With an Efficient 2-D TDTD/Lumped Element Method［J］. IEEE Transactions on Advanced Packaging，2007，30（4）: 0-871.

［9］ WU L K，TSENG C H. A theoretical investigation of the resonance damping performance of magnetic material coating in power/ground plane structures［J］. IEEE Transactions on Electromagnetic Compatibility，2005，47（4）: 731-737.

［10］ LI P，JIANG L J，BAGCI H. Discontinuous Galerkin Time-Domain Analysis of Power-Ground Planes Taking Into Account Decoupling Capacitors［J］. IEEE Transactions on Components，Packaging and Manufacturing Technology，2017（99）: 1-10.

［11］ FAN J，DREWNIAK J L，KNIGHTEN J L，et al. Quantifying SMT decoupling capacitor placement in dc power-bus design for multilayer PCBs［J］. IEEE Transactions on Electromagnetic Compatibility，2001，43（4）: 588-599.

［12］ FAN J，CUI W，DREWNIAK J L，et al. Estimating the noise mitigation effect of local decoupling in printed circuit boards［J］. IEEE Transactions on Advanced Packaging，2002，25（2）: 154-165.

［13］ CHU X Q，LIN Y J，PAN B H，et al. Fast algorithm based on self-resonant frequency for decoupling capacitor selection［J］. Electronics Letters，2013，49（18）: 1176-1177.

［14］ WU K B，SHIUE G H，WU R B. Optimization for the Locations of Decoupling Capacitors in Suppressing the Ground Bounce by Genetic Algorithm［J］. Piers Online，2005，1（4）: 411-415.

［15］ SHEN C K，LU Y C，CHIOU Y P，et al. EBG-Based Grid-Type PDN on Interposer for SSN Mitigation in Mixed-Signal System-in-Package［J］. IEEE Microwave & Wireless Components Letters，2017（99）: 1-3.

［16］ HOCKANSON D M，DREWNIAK J L，HUBING T H，et al. Investigation of fundamental EMI source mechanisms driving common-mode radiation from printed circuit boards with attached cables［J］. IEEE Transactions on Electromagnetic Compatibility，1994，38（4）: 557-566.

［17］ GAZDA C，GINSTE D V，ROGIER H，et al. A Wideband Common-Mode Suppression Filter for Bend Discontinuities in Differential Signaling Using Tightly Coupled Microstrips［J］. IEEE Transactions on Advanced Packaging，2010，33（4）: 969-978.

［18］CHANG C H，FANG R Y，WANG C L. Bended Differential Transmission Line Using Compensation Inductance for Common-Mode Noise Suppression［J］. IEEE Transactions on Components Packaging & Manufacturing Technology，2012，2（9）：1518-1525.

［19］LIU W T，TSAI C H，HAN T W，et al. An Embedded Common-Mode Suppression Filter for GHz Differential Signals Using Periodic Defected Ground Plane［J］. IEEE Microwave & Wireless Components Letters，2008，18（4）：248-250.

［20］NAQUI J，MEMBER S，et al. Common-Mode Suppression in Microstrip Differential Lines by Means of Complementary Split Ring Resonators：Theory and Applications［J］. IEEE Transactions on Microwave Theory and Techniques，2012，60（10）：3023-3034.

［21］PAUL D. Low-voltage power system surge overvoltage protection［J］. IEEE Transactions on Industry Applications，2001，37（1）：223-229.

［22］Ethernet over twisted pair［EB/OL］.（2018-05）［2020-02-18］. https：//en. wikipedia. org/wiki/Ethernet_over_twisted_pair.

［23］WU T L，BUESINK F，CANAVERO F. Overview of Signal Integrity and EMC Design Technologies on PCB：Fundamentals and Latest Progress［J］. IEEE Transactions on Electromagnetic Compatibility，2013，55（4）：624-638.

［24］POUIKLIS G，KOTTARAS G，PSOMOULIS A，et al. A CMOS oscillator for radiation-hardened，low-power space electronics［J］. International Journal of Electronics，2013，100（7）：913-927.

［25］全国汽车标准化技术委员会. 电动车辆的电磁场发射强度的限值和测量方法：GB/T 18387—2017［S］. 北京：中国标准出版社，2017.

［26］全国无线电干扰标准化技术委员会. 车辆、船和内燃机无线电骚扰特性　用于保护车外接收机的限值和测量方法：GB 14023—2011［S］. 北京：中国标准出版社，2011.

［27］全国无线电干扰标准化技术委员会. 车辆、船和内燃机无线电骚扰特性　用于保护车载接收机的限值和测量方法：GB/T 18655—2018［S］. 北京：中国标准出版社，2018.

［28］全国汽车标准化技术委员会. 道路车辆由传导和耦合引起的电骚扰　第2部分沿电源线的电瞬态传导：GB/T 21437. 2—2012［S］. 北京：中国标准出版社，2012.

7.1　概述

电动汽车电池管理系统（BMS）是保护动力电池使用安全的控制系统，时刻监控电池的使用状态，为新能源车辆的使用安全提供保障。BMS 硬件采用了大量的高速数字芯片和高速总线，其 PCB 电源完整性和 BMS 的电磁兼容性对于 BMS 的正常运行是否重要。

本章首先分析 BMS 硬件 PCB 电源分配网络阻抗特性，提出一种去耦电容选择方法，根据目标阻抗优化设计去耦电容。然后，描述 BMS 的主要干扰源和耦合路径。晶振产生的时钟信号是电动汽车 BMS 主要干扰源之一，通过分析时钟信号的频谱特性和电磁干扰耦合路径，提出抑制时钟电磁干扰的方法。DC-DC 产生的开关噪声也是 BMS 主要干扰源之一，分析 MOSFET 产生的开关噪声频谱特性和耦合路径，设计开关噪声滤波器；通过 DC-DC Buck 等效电路建模仿真，描述 MOSFET 开关噪声产生机理。分析 BMS 中 CAN 总线电路干扰信号特性，在 Cadence 软件中进行信号完整性仿真，分析 CAN 总线反射特性，提出 CAN 总线电路抗干扰设计方法。最后，利用 Slwave 软件，对电动汽车 BMS PCB 电磁辐射进行仿真预测。本章主要内容如图 7-1 所示。

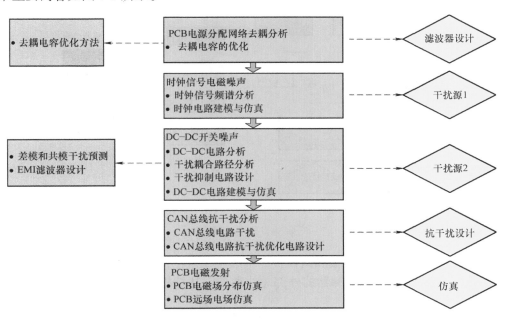

图 7-1　BMS 电磁兼容主要内容

7.2 BMS 的功能与结构

1. 功能

BMS 的功能主要包括采集功能（如单体电压、总电压、电流、温度采集等）、充电口检测（CC 和 CC2）和充电唤醒（CP 和 A+）、继电器控制及状态诊断、绝缘检测、高压互锁、碰撞检测、CAN 通信及数据存储等要求。

2. 架构

BMS 硬件架构分为分布式和集中式，如图 7-2 所示。

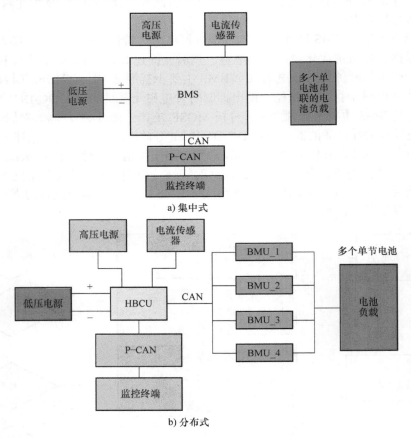

图 7-2　BMS 结构

分布式 BMS 包括主控板和从控板，一般一个电池模组配备一个从控板。主控板完成 SOC 计算和整车控制器的外部总线通信，从控板完成单体电压采集、均衡和温度测量。

集中式 BMS 是将所有的电气部件集中到一块大的主板中，采样芯片通道利用最高且采样芯片与主芯片之间可以采用菊花链通信，电路设计相对简单，产品成本降低，但所有的采集线束都会连接到主板上，对 BMS 的安全性和电磁兼容性提出更大挑战，并且菊花链通信在稳定性方面存在一定问题。

3. 通信方式

采样芯片和主芯片之间信息的传递有 CAN 通信和菊花链通信两种方式，其中 CAN 通信最为稳定。

4. 结构

BMS 主要分为两部分，第一部分是前端模拟测量电路，包括电池电压转换与量测电路、电池平衡驱动电路、开关驱动电路、电流量测、通信电路；第二部分是后端数据处理模块，就是依据电压、电流、温度等前端计算，并将必要的信息通过通信接口回传给系统做出控制。

如图 7-3 所示，BMS 硬件包括电源集成电路（IC）、中央处理器（CPU）、电池信号采样 IC、功率驱动 IC、短路保护 IC、存储器 EEPROM 和 CAN 通信模块等。其中，CPU 是核心部件，电池信号采样 IC 包括采集单体电压、模组温度以及外围配置均衡电路等。

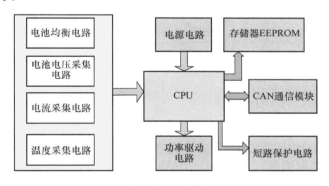

图 7-3　BMS 硬件结构

7.3　PCB 电源分配网络去耦电容

BMS 的 PCB 的电源完整性影响控制器的电气特性和电磁兼容性。PCB 电源通道阻抗过高和同步开关噪声过大会带来严重的电源完整性问题（例如电压降过大、地弹、电磁辐射、发热、能量损耗大），这些会给元器件及系统带来严重影响。

对 PCB 的芯片的所有 5V 供电网络进行阻抗和电源完整性分析，分析每个 5V 端口的阻抗特性（100kHz ～ 1GHz）；针对超出目标阻抗的端口，提出一种针对 PCB 去耦电容的优化方法。

7.3.1　去耦电容优化设计方法

1. 控制器 PCB 电源分配网络阻抗分析

BMS 的 PCB 上的主要芯片包括直流变换器 DCP010505BP、数字隔离器

ADUM1201、微处理器芯片 XC2267、串行只读存储器 AT24C1024 和多路开关检测接口 MC33975。以上每个芯片（除 AT24C1024）的 5V 电源端口的阻抗仿真结果如图 7-4 所示。

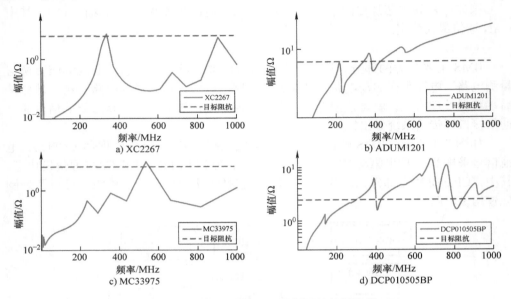

a) XC2267

b) ADUM1201

c) MC33975

d) DCP010505BP

图 7-4　5V 电源网络 PDN 频域阻抗仿真结果

2. 去耦电容的优化设计方法

以 DCP010505BP 芯片为例介绍去耦电容的优化方法。在设计去耦电容之前，需要计算芯片的目标阻抗，流过 DCP010505BP 芯片的电流最大不超过 200mA，电源供电电压为 4.5～5.5V，芯片对电压的纹波要求不超过 10%。

采用一种基于谐振点几何平均法的去耦电容选择方法，该方法基于以下原则：去耦电容的自谐振频率等于相邻两个反谐振点的频率平均值。图 7-5 所示为由两个不同的电容并联得出的并联谐振阻抗曲线，可以看到这里有两个反谐振点（M_1 和 M_3）和一个谐振点 M_2。从图 7-6 可以看出来，谐振点几何平均法选择去耦电容获得的阻抗尖峰最低。

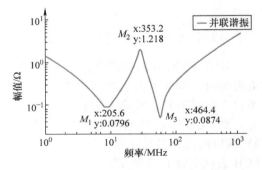

图 7-5　典型的并联谐振阻抗曲线

3. 去耦电容的设计步骤

图 7-7 所示为 DCP010505BP 芯片 5V 电源阻抗曲线，阻抗曲线被大致分为三个频段，分别是 1～410MHz、410～810MHz 和 810MHz～1GHz。

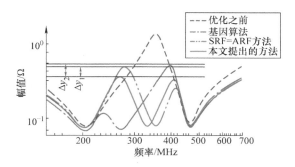

图 7-6　三种去耦电容选择方法的效果比较

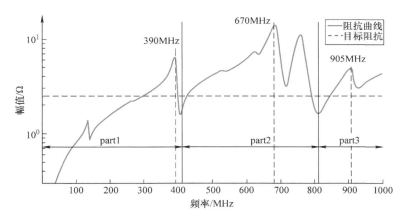

图 7-7　DCP010505BP 芯片 5V 电源阻抗曲线

（1）1~410MHz

寄生电感的上限可以表示为

$$L_{\max} \leqslant \frac{Z_{\text{target}}}{2\pi f} \tag{7-1}$$

其中，f = 410MHz，Z_{target}=2.5 Ω，因此寄生电感的上限为 0.97nH。去耦电容自身的串联等效电感为 0.698nH，安装电感约为 0.3nH。因此去耦电容的总电感为 0.968nH。这个频率分段中谐振频点为 390MHz，它两边的反振点分别为 140MHz 和 410MHz；这两个值的平均值为 275MHz，因此需要添加的去耦电容的自谐振频率应当等于 275MHz。由式（7-2）可知，去耦电容的容值按式（7-3）计算得出：

$$f = \frac{1}{2\pi\sqrt{LC}} \tag{7-2}$$

$$C = \frac{1}{(2\pi f)^2 L} \qquad (7\text{-}3)$$

将 $f = 275\text{MHz}$、$L = 9.68 \times 10^{-10}\text{H}$ 代入式（7-3），可得电容值 $C \approx 346\text{pF}$。

可以得到 $1 \sim 410\text{MHz}$ 频段去耦电容的容值为 346pF，阻抗曲线如图 7-8a 所示，安装去耦电容后 5V 端口网络的阻抗曲线如图 7-8b 所示。

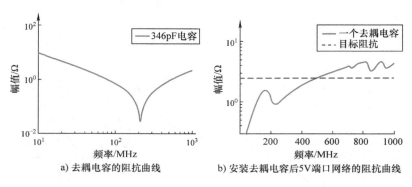

a) 去耦电容的阻抗曲线　　　　　　b) 安装去耦电容后5V端口网络的阻抗曲线

图 7-8　1～410MHz 频段

（2）410～810MHz

已知 $f = 410\text{MHz}$，由式（7-1）得寄生电感上限为 0.491nH，因此需要添加多个相同容值的电容，利用电感的并联效应减小总电感。去耦电容的数量由式（7-4）得出。其中，引线寄生电感为 $L = 0.968\text{nH}$，电感上限为 $L_{\max} = 0.491\text{nH}$，由式（7-4）得 $N = 2$。最终电路的总寄生电感为 $4.84 \times 10^{-10}\text{H}$。

$$N = \left\lceil \frac{L}{L_{\max}} \right\rceil \qquad (7\text{-}4)$$

通过谐振点几何平均法，得出需要选择的去耦电容的谐振频率为 670MHz，已知 $f = 670\text{MHz}$、$L = 4.84 \times 10^{-10}\text{H}$，由式（7-3）得电容值 $C \approx 116\text{pF}$。因此得出 410～810MHz 频段内需要两个自谐振频率为 670MHz 的 116pF 去耦电容。自谐振频率为 670MHz 的 116pF 去耦电容的阻抗曲线和安装去耦电容后 5V 端口网络的阻抗曲线如图 7-9 所示。

（3）810MHz～1GHz

已知 $f = 810\text{MHz}$，由式（2-1）得寄生电感上限为 0.398nH，去耦电容数量为 $N = 3$，总寄生电感为 $L = 3.23 \times 10^{-10}\text{H}$。去耦电容的谐振频率为 905MHz，去耦电容的容值为 $C \approx 96\text{pF}$。最后，在 810MHz～1GHz 频段内一个需要三个自谐振频率为 905MHz 的 96pF 去耦电容。自谐振频率为 905MHz 的 96pF 去耦电容的阻抗曲线和安装去耦电容后 5V 端口网络阻抗曲线如图 7-10 所示。

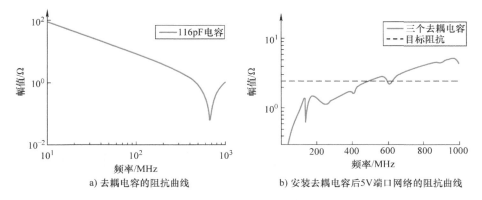

a) 去耦电容的阻抗曲线　　b) 安装去耦电容后5V端口网络的阻抗曲线

图 7-9　410 ~ 810MHz 频段

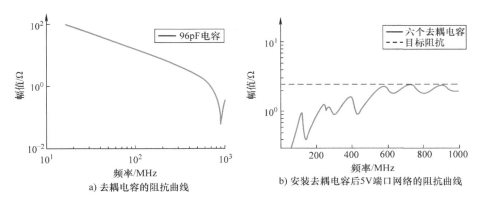

a) 去耦电容的阻抗曲线　　b) 安装去耦电容后5V端口网络的阻抗曲线

图 7-10　810MHz ~ 1GHz 频段

7.3.2　去耦电容布置

去耦电容相对芯片的摆放位置也很重要。去耦电容与芯片电源引脚的距离不能大于去耦电容的去耦半径。去耦半径与去耦电容的自谐振频率有关，去耦半径计算式为

$$l_{\text{IC-cap}_{\text{optim}}}(i) = \frac{1}{10} \cdot \frac{\lambda}{4} = \frac{\dfrac{c}{\sqrt{\varepsilon_{\text{r}}}}}{40 f_{\text{self}}} \tag{7-5}$$

式中，λ 为波长；c 为真空中的光速；ε_{r} 为介电常数。

图 7-11a 展示了去耦电容的布局，使自谐振频率较高的去耦电容优先靠近芯片电源引脚，其他去耦电容按照自谐振频率的高低依次放在芯片电源引脚的周围。同时，为了减小安装电感，在放置过孔的时候应尽量靠近去耦电容的焊盘。由于PCB 是四层板，为了合理利用空间，将 3 个去耦电容放在 PCB 的顶层，另外 3 个

去耦电容放在 PCB 的底层。图 7-11b 展示的是优化后的 5V 端口阻抗曲线，可以看出经过 6 个去耦电容的滤波后，DCP010505BP 芯片 5V 电源端口的阻抗在 1MHz ～ 1GHz 全频段内都能在目标阻抗以内。从图中可以看出，本方提出的方法（谐振点几何平均法选择去耦电容）与 SRF = ARF 方法相比，有更好的去耦效果。图 7-11c 所示为去耦电容在 PCB 上实际的安装情况。

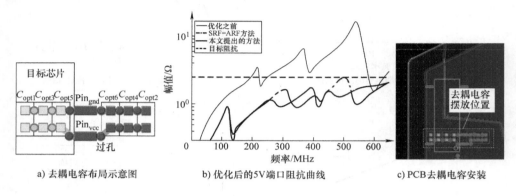

a) 去耦电容布局示意图   b) 优化后的5V端口阻抗曲线   c) PCB去耦电容安装

图 7-11　去耦电容布局示意图和优化后的 5V 端口阻抗曲线

7.3.3　电源平面谐振分析

在多层板结构中，都有电源平面和地平面，由于平面阻抗不匹配，容易在电源平面上形成谐振点。PCB 为较为复杂的四层板结构，有完整的电源平面与地平面。在电路板中，PCB 上由于存在金属平面，形成电壁结构，导致电磁场能量不能有效地向外传播，而是在板内不断反射，从而引起谐振现象的发生。谐振主要集中在 PCB 的边缘和一些比较孤立的平面结构。比较容易引起谐振的频率为 859MHz、756MHz、691MHz 和 642MHz，加去耦电容前的谐振分布情况如图 7-12a ～ 图 7-15a 所示。采用安装去耦电容的方法，构建有效地线回流路径等手段，对数据线和控制信号线加以保护。图 7-12b ～ 图 7-15b 所示为在谐振比较严重的地方添加去耦电容后的仿真结果，可以看出，谐振现象明显减少。

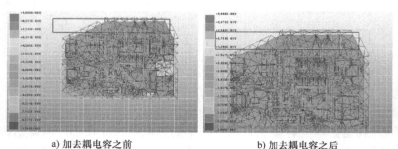

a) 加去耦电容之前   b) 加去耦电容之后

图 7-12　859MHz 下谐振分布仿真结果

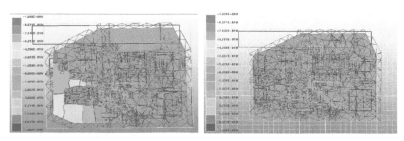

a) 加去耦电容之前　　　　　　　　　b) 加去耦电容之后

图 7-13　756MHz 下谐振分布仿真结果

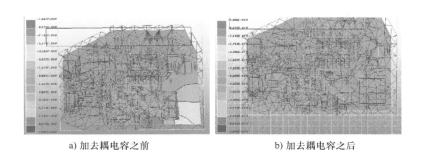

a) 加去耦电容之前　　　　　　　　　b) 加去耦电容之后

图 7-14　691MHz 下谐振分布仿真结果

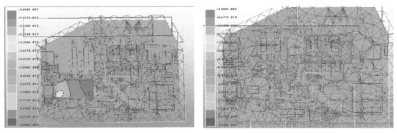

a) 加去耦电容之前　　　　　　　　　b) 加去耦电容之后

图 7-15　642MHz 下谐振分布仿真结果

7.4　时钟信号

　　PCB 上晶振产生的时钟信号是主要干扰源之一。良好的时钟电路设计是保证 PCB 电磁兼容性的关键。图 7-16 所示为按照 ECE R10 标准测试某客车整车辐射发射的结果，从图中可以看出，由晶振工作产生的一些尖峰点以一定频率间隔分布，致使整车电场强度超标。

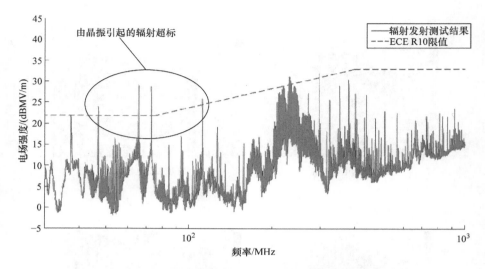

图 7-16　由晶振引起的某客车辐射发射超标曲线

7.4.1　电磁干扰机理

1. 时钟信号频谱

时钟信号频率通常是单片机所需工作频率，可以直接由晶振产生，也可以用 PLL 电路对晶振频率进行倍频或分频来产生。以 BMS 采用的英飞凌 32 位单片微控制器 TC1782F-320F-180HR 为例，分析时钟电路产生的电磁干扰信号特征。单片机微控制器与串行 Flash（SST25VF020B）之间的时钟信号的周期为 5.5ns，幅值为 3.3V，上升时间 / 下降时间为 0.33ns，占空比为 50%。时钟信号可看作周期性的梯形波脉冲串，频谱分布如图 7-17 所示，带宽大于 1GHz。

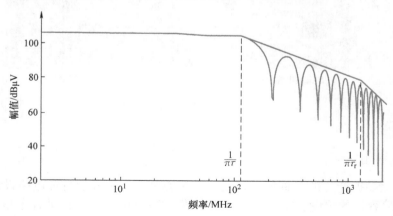

图 7-17　时钟信号的单边振幅频谱

2. 时钟信号传输路径

由于布局空间紧凑的需要，串行 Flash 与单片机微控制器之间的走线不是直线相连，而是加入了两个拐角，这两个拐角引入了阻抗突变，导致整个传输线阻抗不连续，就会引起信号反射，导致信号失真。

图 7-18 所示为传输线 T 形集总参数等效电路，图中 L 为微带线总电感，C 为微带线总电容。单片机微控制器与串行 Flash 之间的时钟电路的等效集总参数模型如图 7-19 所示，其中，拐角处的额外容性突变用 C_{conner} 来表示。图 7-20 所示为输入信号与输出信号的仿真结果。从图中可以看出，有拐角电容的时钟输出信号在上升沿结束时振铃最明显，取消拐角电容的影响后，振铃有明显改善。

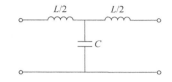

图 7-18　传输线 T 形集总参数等效电路

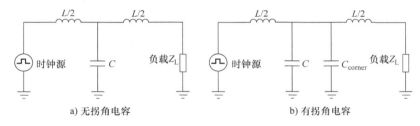

图 7-19　单片机微控制器与串行 Flash 之间的时钟电路的等效集总参数模型

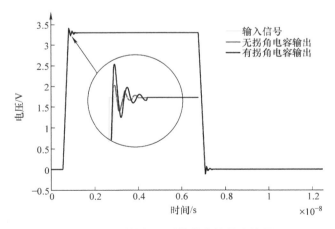

图 7-20　时钟信号微带线电路仿真结果

为了避免阻抗突变，通常对 PCB 上 90° 拐角的处理方法是引入 45° 拐角过渡，如图 7-21 所示，减小拐角处的容性突变。图 7-22 所示为实际布线时 45° 拐角设计。时钟电路中的不连续阻抗结构增加了时钟干扰耦合到其他电路的可能性，特别是时钟信号的中高频分量对电路中的寄生电感和寄生电容最为敏感，很容易耦合到其他电路中。

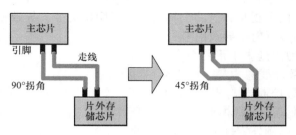

图 7-21   PCB 上 45° 拐角过渡示意图

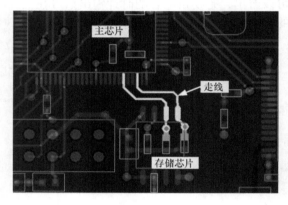

图 7-22   实际布线时的 45° 拐角设计

时钟信号产生的干扰电流也分为差模电流和共模电流，图 7-23 所示为一种差模电流耦合路径及其等效电路，其中 $l\Delta z$ 和 $c\Delta z$ 是 PCB 中微带线传输线分布参数电路模型中的单位长度电感和单位长度电容。

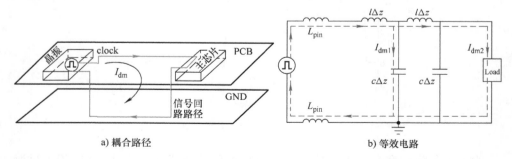

a) 耦合路径   b) 等效电路

图 7-23   差模电流耦合路径及其等效电路

z—传输线的长度 c—单位长度电容 l—单位长度电感

差模电流在遇到阻抗不匹配结构时，传播路径会发生改变，通过 PCB 上的寄生电容耦合到电源平面或者地平面中，形成共模电流，通过 PCB、机壳以及线束，形成等效天线，产生辐射干扰。图 7-24 所示为一种共模电路的传播路径及其等效电路。

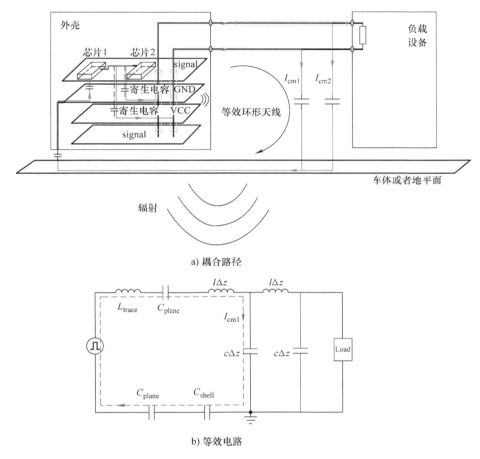

图 7-24　共模电流耦合路径及其等效电路

7.4.2　近场扫描预测

　　通过试验可以分析 PCB 上由时钟或者芯片内部的晶振高频信号产生的辐射干扰，试验可分为近场电场探针测试和 EMC Scan 测试。

　　（1）近场电场探针测试

　　用近场探头测试 PCB 电路电场值。选取探针测试位置点，测试点 1：ADUM5402 芯片电源输出引脚；测试点 2：PCB 插接件处；测试点 3：PCB 边缘处；

测试点 4：微处理器主芯片电源引脚。测试结果如图 7-25 所示，在 PCB 多个测试点的电场强度在 180MHz、360MHz 都出现尖峰值，其中测试点 1 处电场强度尖峰幅值最大，尖峰点最多，并且频率成倍频关系。

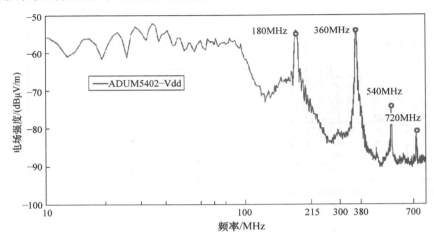

图 7-25　近场电场测试结果

（2）EMC Scan 测试

EMC Scan 是电磁干扰扫描仪，能实时显示 PCB 电磁场的空间分布，寻找 PCB 上的干扰源芯片，确定干扰源的位置。图 7-26 所示为用 EMC Scan 试验布置图，图 7-27 所示为频谱扫描结果。可以看出，PCB 上的干扰频点集中在 175MHz 和 360MHz 左右，这与近场探头测试的结果相吻合。

确定干扰的频点后，为了迅速定位干扰源，再针对具体的频点进行空间扫描测试。空间扫描结果如图 7-28 和图 7-29 所示，从 175MHz 频点空间扫描结果可以看出，电场值最大的区域对应 PCB 上 ADUM5402 芯片周围区域。

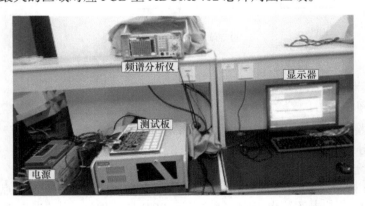

图 7-26　EMC Scan 试验布置图

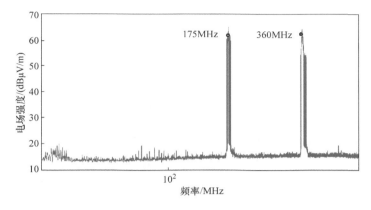

图 7-27 EMC Scan 频谱扫描结果

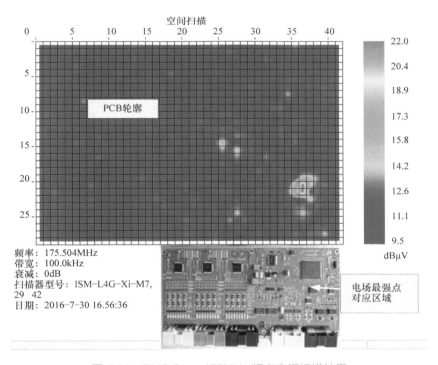

图 7-28 EMC Scan 175MHz 频点空间扫描结果

ADUM5402 芯片是一种融合了 iCoupler 磁隔离技术和 isoPower™ 技术的隔离式 DC-DC 变换器，要求振荡器电路以 175 ~ 300MHz 的开关频率控制流入变压器的电流。开关频率信号需要晶振信号通过倍频得到 90MHz 提供，二次侧上的整流器在整流过程中将开关频率翻倍，图 7-30 所示为 ADUM5402 芯片的功能示意图。

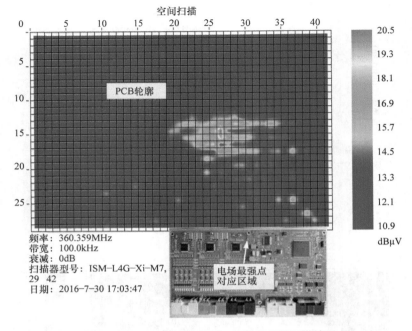

图 7-29　EMC Scan 360MHz 频点空间扫描结果

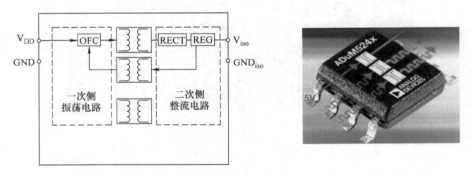

图 7-30　ADUM5402 芯片的功能示意图

7.4.3　时钟干扰信号抑制

　　针对 PCB 上高频率、小功率的时钟信号电磁干扰抑制电路设计，磁珠是比较好的选择。磁珠以发热的方式衰减掉电路中的高频电流。磁珠的总体滤波效果与材料、频率、电流和磁珠尺寸都有关系。磁珠等效电路是电阻、电感和电容并联电路，其感抗、容抗和阻抗会随着频率的变化而变化。EMI 选用磁珠的原则就是磁珠的阻抗在 EMI 噪声频率处最大。根据 DC-DC 隔离电路直流电流为 1A、干扰频段为 100 ~ 800MHz 的特点，选择 CBW201209U221T 型磁珠抑制高频噪声，磁珠的阻抗特性曲线如图 7-31 所示。

根据图 7-31 中的特性曲线，利用式（7-6），可得到磁珠的等效并联电感和并联电容的值：

$$\begin{cases} 2\pi f_{90\,\text{MHz}}L - \dfrac{1}{2\pi f_{90\,\text{MHz}}C} = 150\Omega \\[2mm] 2\pi f_{280\,\text{MHz}}L - \dfrac{1}{2\pi f_{280\,\text{MHz}}C} = 0\Omega \end{cases} \qquad (7\text{-}6)$$

计算得 $C \approx 11\text{pF}$，$L \approx 96\text{nH}$，$R \approx 200\Omega$（100 ~ 800MHz）。

图 7-32 所示为加入磁珠的共模干扰等效电路，在 ADS 软件中建立该电路的二端口网络模型，如图 7-33 所示。其 S21 的仿真结果对比如图 7-34 所示，可以看出加磁珠后，插入损耗在 175MHz 处有明显的上升，说明磁珠对这个频点附近的干扰起抑制作用。

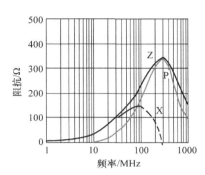

图 7-31　CBW201209U221T 型磁珠的阻抗特性曲线

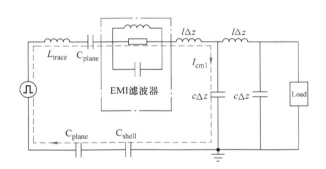

图 7-32　加入磁珠后的共模干扰等效电路

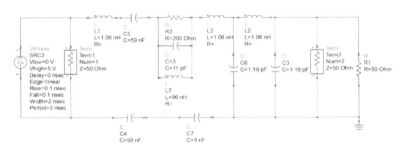

图 7-33　ADS 软件建立的仿真电路模型

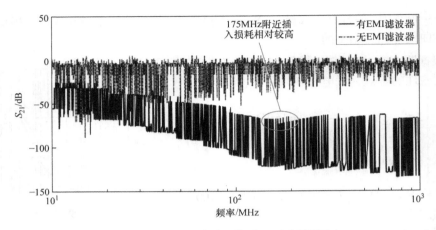

图 7-34　加 EMI 滤波器前后 S21 曲线对比

7.4.4　BMS 电磁辐射发射试验

图 7-35 所示为按照 GB/T 18655—2018 布置的 BMS 辐射发射测试平台，测试结果如图 7-36 所示。可以看出，加入 EMI 滤波器的 BMS 电场强度测试结果均未超过 GB 18655—2018 等级 3 的辐射发射限值，但在 175MHz、360MHz、540MHz 和 720MHz 能看到辐射发射尖峰值。从以上分析可以看出，这些尖峰点是由时钟信号及其相关电路引起的。

a) 150kHz～30MHz单极天线　　　　　b) 30～200MHz双锥天线

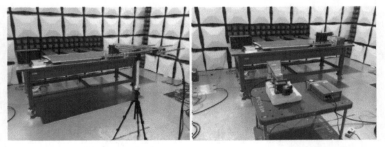

c) 200～1000MHz对数天线　　　　　d) 1000～2500MHz喇叭天线

图 7-35　BMS 辐射发射测试平台

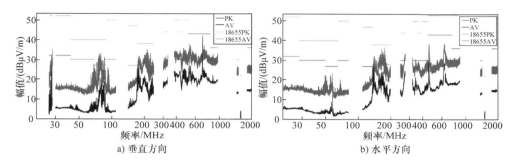

图 7-36　辐射发射测试结果

PK—峰值　AV—均值

7.5　DC-DC 芯片开关噪声

PCB 上的 DC-DC 电源变换芯片含有 MOSFET 开关器件，MOSFET 在开通和关断过程中会产生电压和电流跳变，产生高频噪声。

7.5.1　开关噪声产生机理

1. 电磁干扰源

BMS 的 DC-DC 电源变换芯片将车载蓄电池的 24V 变换成 5V，为 PCB 上的各类芯片提供电源。图 7-37 所示为目前常用 DC-DC 芯片的电路结构，这是一个简易的 Buck 开关变换器，在降压 DC-DC 电路中普遍使用。Buck 变换器的 MOSFET 是 EMI 产生的主要器件，图 7-38 所示为 MOSFET 器件电路模型，图 7-39 分别为 MOSFET 驱动信号与漏源极电压波形频谱对比。可以看出，相对于驱动信号，MOSFET 输出电压信号（漏源极电压）的高频部分的幅值增大了许多。

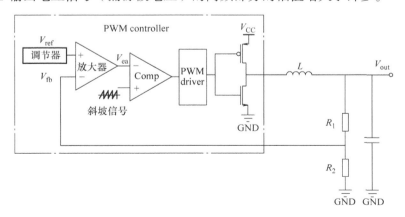

图 7-37　DC-DC 芯片的电路结构

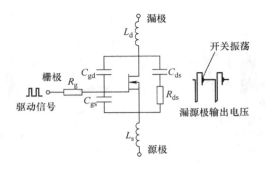

图 7-38　MOSFET 器件电路模型

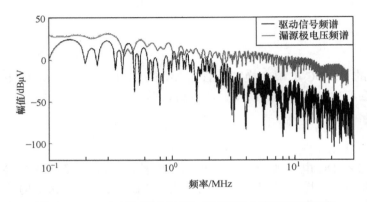

图 7-39　MOSFET 驱动信号与漏源极电压波形频谱对比

　　另外，MOSFET 的寄生参数不仅会影响实际器件的开关特性，还会导致振铃信号的产生。MOSFET 的回流路径上存在多种寄生电感，如隔离变压器的励磁绕组、PCB 引线电感等，它们与 MOSFET 的极间电容会构成谐振电路，产生高频振荡。

　　2. DC-DC 电磁干扰传播路径

　　（1）差模干扰传播路径

　　差模电流是从 DC-DC 芯片电源正极出发沿正常电气电路经过负载再流回负极的回路，差模电流包括正常的工作电流，也包括不期望的高频干扰电流。一个典型的差模干扰电流的传播路径如图 7-40 所示。

　　减小差模干扰电流有两种方法：一是减小差模干扰电流值，二是减小环路面积。第一种方法可以通过增加 MOSFET 驱动信号的上升 / 下降时间或降低开关频率来实现。对于第二种方法，在 PCB 布线时将 DC-DC 芯片正负电源线、PCB 其他正负电源线或外部正负电源线尽量靠近，或者添加旁路电容，都可减小环路面积。

　　（2）共模干扰传播路径

　　共模电流通常通过导线或互连器件与地平面或者车壳之间的寄生电容进行传输，图 7-41 所示为常见的共模干扰电流传播路径。减小共模干扰电流有两种方法：

一是减小干扰电流值，二是减小导线长度。对于第一种方法，除了增加 MOSFET 驱动信号的上升／下降时间或降低开关频率外，还可以选择磁环或者磁珠来抑制共模电流。对于第二种方法，在布线时尽量减小导线长度。

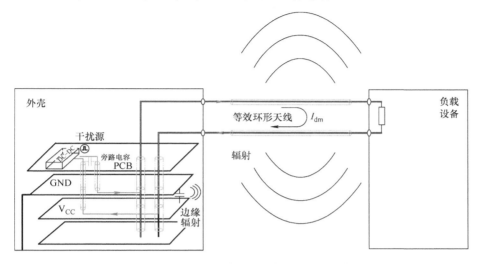

图 7-40　DC-DC 差模干扰电流的传播路径

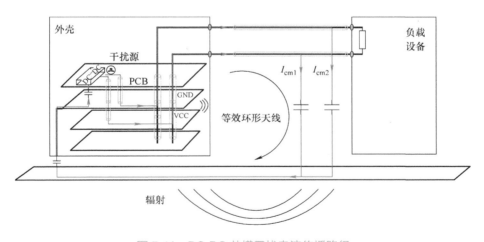

图 7-41　DC-DC 共模干扰电流传播路径

（3）电磁辐射

在 BMS 的 PCB 中，无意天线是 DC-DC 干扰传播路径中重要组成部分。这些天线一部分由常见的导线组成，另一部分则可能是机壳、地平面及其延伸部分、PCB 等其他导电体。由于这些天线有低输入阻抗特性，在有时变差模或共模电流干扰源驱动下，会对外产生电场辐射。

7.5.2 电磁干扰建模预测

DC-DC 变换器 EMI 建模：在 MATLAB/Simulink 中搭建图 7-42 所示 DC-DC 变换器模型，模型包括功率电路、驱动电路、反馈电路和测量电路。仿真得到 MOSFET 的工作电流波形、栅极驱动信号波形、共模电流波形和栅源极电压波形，如图 7-43 所示。从电压和电流波形中可以看到，在 MOSFET 开通和关断时都会伴有剧烈的电压和电流跳变，形成 EMI 干扰源。

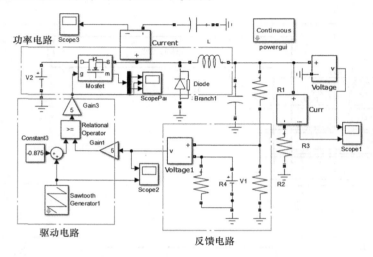

图 7-42　DC-DC 变换器 Simulink 模型

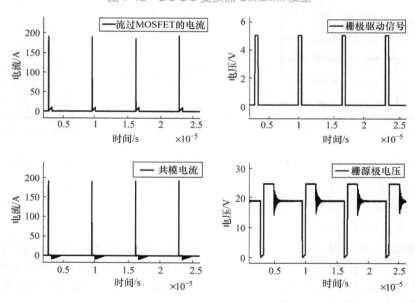

图 7-43　DC-DC 变换器中 MOSFET 仿真结果

图 7-44 所示为 DC-DC 芯片电源输出端正极和负极电压波形，可看到 DC-DC 变换器输出的电压波形中每间隔一段时间就会产生一个干扰尖峰，这是由 MOSFET 的开通 / 关断导致的。DC-DC 变换器输出电压傅里叶变换波形如图 7-45 所示。

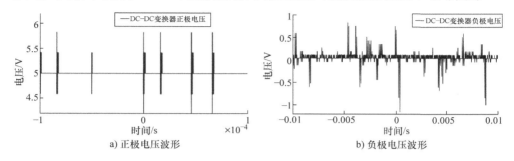

图 7-44　DC-DC 变换器输出电压波形

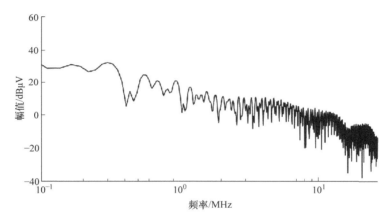

图 7-45　DC-DC 变换器输出电压

7.5.3　DC-DC 干扰抑制方法

PCB 上的 DC-DC 芯片功率小于 6W，针对 DC-DC 芯片功率相对较小但对空间要求比较严格的特点，设计了图 7-46 所示 *LC* 型 EMI 滤波器。其中，贴片磁珠和贴片电容的封装尺寸较小，适合电路板级设计。DC-DC 芯片的干扰主要集中在 100MHz 以下频段，因此选用阻抗特性曲线能较好覆盖这个频段的 CBW322513U601T 型磁珠，其阻抗特性曲线如图 7-47 所示，在 20 ~ 200MHz 之间的阻抗都能达到 300Ω 以上。

因此，通过计算得到磁珠的等效并联电感 $L \approx 2.09\mu H$，等效并联电容 $C \approx 4.85pF$，等效并联电阻 $R \approx 300\Omega$。

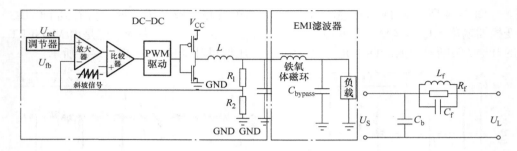

图 7-46 DC-DC 电路干扰抑制电路示意图与 EMI 滤波器等效电路

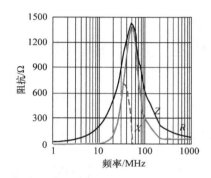

图 7-47 CBW322513U601T 型磁珠的阻抗特性曲线

X—电抗曲线 Z—阻抗曲线 R—直流电阻曲线

滤波器典型的特性指标是插入损耗（*IL*），一般用 dB 表示。若用 $U_{L,w/}$ 表示插入滤波器时前的载电压，$U_{L,w/o}$ 表示插入滤波器后的负载电压，则将 EMI 滤波器的插入损耗定义为

$$IL_{dB} = 10\lg\frac{P_{L,w/o}}{P_{L,w/}} = 10\lg\frac{U_{L,w/o}^2/R_L}{U_{L,w/}^2/R_L} = 20\lg\frac{U_{L,w/o}}{U_{L,w/}} \qquad (7\text{-}7)$$

式中，

$$U_{L,w/o} = \frac{R_L}{R_L + R_S}U_S \qquad (7\text{-}8)$$

$$U_{L,w/} = \frac{R_L}{j\omega C_b + \dfrac{1}{R_S} + \dfrac{1}{R_L + \dfrac{1}{\dfrac{1}{R_f} + j\omega C_f + \dfrac{1}{j\omega L_f}}}}U_S \qquad (7\text{-}9)$$

则 EMI 滤波器的插入损耗可表示为

$$IL_{dB} = 20\lg \cfrac{\cfrac{R_L}{R_L + R_S} U_S}{j\omega C_b + \cfrac{1}{R_S} + \cfrac{1}{R_L + \cfrac{1}{\cfrac{1}{R_f} + j\omega C_f + \cfrac{1}{j\omega L_f}}}} U_S \qquad (7\text{-}10)$$

在典型的配置中，$R_L = R_S = 50\,\Omega$，$C \approx 4.85\text{pF}$，$L \approx 2.09\,\mu\text{H}$，$R_f = 300\,\Omega$，$\omega = 2\pi f$，$f = 30\text{MHz}$，取自谐振频率为 30MHz 的旁路电容，根据去耦电容的选择方法取电容值 $C_b = 40\text{nF}$，则 $IL_{dB} \approx 17.5473\text{dB}$。

7.6　CAN 总线抗干扰分析

CAN（Controller Area Network，控制器局域网）是国际上应用最广泛的开放式现场总线之一。作为一种抗电磁干扰能力强、可靠性高、通信速率快、功能完善、结构简单、组网灵活、支持树形结构、成本合理的远程网络通信控制方式，CAN 总线已广泛应用于汽车控制领域。电动汽车电磁环境复杂，容易干扰 CAN 总线，出现错误帧问题（电机工作时每秒有几百个），BMS 在极限工况下还会死机，这给 CAN 总线设计提出了新的挑战。CAN 总线电路作为车上重要的信息传播路径，如果关键信号被干扰，轻则会影响驾车体验，重则引发灾难性后果，如安全气囊受到干扰突然被触发，因此 CAN 总线抗干扰电路设计则显得非常重要。

7.6.1　CAN 总线电路电磁干扰

由电机驱动系统、车载高低压 DC-DC 变换器等高压部件产生的传导骚扰通过线缆可以耦合到 CAN 总线，对 CAN 总线信号产生干扰。汽车电源故障模拟器、超小型汽车瞬变模拟器、电压变化模拟器等干扰源设备可以模拟汽车上常见的干扰波形，将这些设备产生的干扰信号注入 BMS 的 CAN 总线上，可以测试 CAN 总线的抗干扰能力。

图 7-48 所示为 CAN 总线大电流注入试验（模拟驱动电机额定工况运行时，CAN 总线受到干扰），用示波器可以观察到 CAN 总线上信号的受干扰情况。d = 150mm、450mm、750mm 在 CAN 线束注入大电流的过程中，出现了转速、转矩在

±10% 以内波动的状况（ *d* 表示大电流注入探头所在位置距电机控制器的距离 ）。

图 7-48　CAN 总线大电流注入试验

7.6.2　CAN 总线抗干扰电路设计

图 7-49 所示为 CAN 总线硬件电路设计原理图，图中以 Philips 公司生产的 CAN 总线收发器 PCA82C250T 为例，设计抗干扰电路。抗干扰电路中的共模扼流圈的作用是抑制共模电流，瞬态抑制二极管的作用是防止浪涌脉冲。使用 Cadence 软件提供的 SigXplorer 仿真设计工具建立传输线模型，仿真得到 CANL 和 CANH 信号反射特性。图 7-50 所示为 CAN 总线网络 SigXplorer 仿真模型。

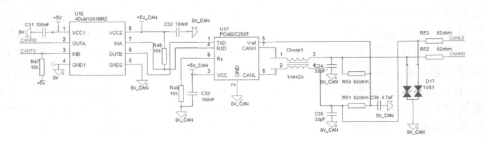

图 7-49　CAN 总线硬件电路设计原理图

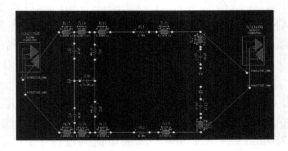

图 7-50　CAN 总线网络 SigXplorer 仿真模型

PCA82C250T 芯片结构如图 7-51a 所示。CANL 和 CANH 信号线产生反射的直接原因是两端阻抗的不匹配，导致末端会将部分电压反馈至源端。CANL 和 CANH 信号波形的仿真结果如图 7-51b 所示，可以看出 CAN 总线电路阻抗不匹配导致 CANH 信号波形没有达到正常的电平值。调整匹配电阻后，得到图 7-52 所示仿真结果。

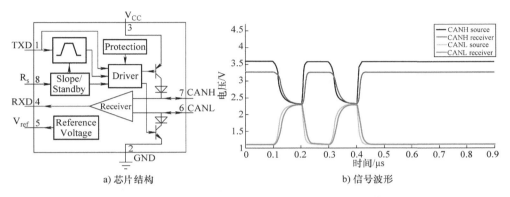

图 7-51　PCA82C250T 芯片结构及 CANL 和 CANH 信号波形

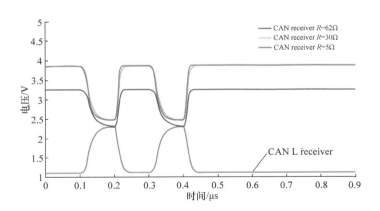

图 7-52　CANL 和 CANH 信号不同匹配电阻下的信号波形

在 ADS 软件中建立图 7-53 所示瞬态抑制二极管验证电路模型，图中 VtPulse 脉冲源模仿汽车上的抛负载干扰波形，瞬态抑制二极管具有电压钳位功能，当抛负载干扰电压超出瞬态抑制二极管钳位电压时，瞬态抑制二极管将导通并将电压保持在钳位电压，保护电路不受过压冲击，如图 7-54 所示。

图 7-53　瞬态抑制二极管电路模型

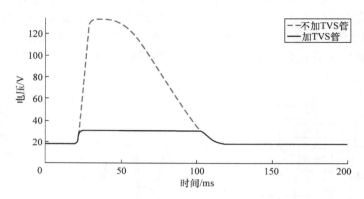

图 7-54　瞬态抑制二极管抑制电压仿真结果

CAN 总线电路抗干扰设计如图 7-55 所示。

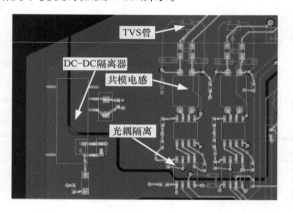

图 7-55　CAN 总线电路抗干扰优化设计

图 7-55 中，采用了如下抗干扰设计：

1）光电隔离。为了增强 CAN 总线各节点的抗干扰能力，选用带光电隔离的 CAN 接口卡、CAN/485 转换模块、CAN 中继器，将网络各终端设备电气隔离，防止因终端设备参考地电位不同而对其他终端设备产生影响，阻止干扰进入控制电路，确保控制系统的安全。光电耦合的共模抑制能力比较强，抗干扰能力强。采用光电耦合也可防止传输线感应的强干扰脉冲进入各终端设备，如雷击。需要注意的是，如果使用 DC-DC 直流隔离电源，隔离侧、被隔离侧供电必须使用不同的电源，否则起不到隔离作用。

2）屏蔽双绞线。双绞线相互缠绕的特性使得两根线的感应磁场相互抵消，这种方法对频率小于 30MHz 的电磁干扰屏蔽非常有效；铝箔材料的屏蔽层对高于 30MHz 的电磁干扰屏蔽效果比较好。有一点必须强调，所有的屏蔽层必须良好接地，因为动力母线和电机产生的大电流、电弧火花等形成的电磁场通过感应或辐射方式使屏蔽层上存在很强的静电，造成屏蔽线上电位不稳定，影响屏蔽线的屏蔽效果，所以双绞线的屏蔽层应当两端都要 360° 接地。

3）滤波电容。在 CANH、CANL 端与地之间可以分别并联了一个的小滤波电容，电容值一般为几十 pF，以滤除总线上的高频干扰，防止电磁辐射。

4）瞬态抑制二极管。在 CANH、CANL 端与地之间分别并联了一个 TVS 管（瞬态抑制二极管）可以有效避免抛负载和各种浪涌脉冲对电路的影响。当 CAN 总线上有较高的电压时，TVS 器件迅速导通并使总线上的电压钳位于一个预定值，将 CAN 总线上的脉冲电流泄放到地平面中，从而有效地保护电路中的精密元器件免受各种浪涌脉冲的损坏。

5）共模扼流圈和磁珠。共模扼流圈一种高共模噪声抑制元件，由于共模扼流圈将导线以特殊的方式缠绕在磁心上，使高频差模电流产生的磁通在磁心中相互抵消并且不会使之饱和，所以共模扼流圈可以有效地过滤 CAN 总线上高频共模电磁干扰信号。磁珠在低频段表现为低电感特性，在高频段表现为高阻抗特性，用做低通滤波器来减小电磁干扰非常有效。

6）匹配电阻。在 CAN 总线的末端加上匹配电阻，可以使电路两端的阻抗匹配，防止波形反射，降低干扰，提高线路通信质量。随着智能车辆的发展，越来越多的控制单元加入汽车 CAN 总线，导致总线分支增多、结构复杂，由于电磁干扰系统可能不正常工作。此时，可以通过调整总线中匹配电阻的数量，调整总线的阻抗，降低干扰，提高信号质量。但是，匹配电阻的数量不能过多，终端电阻数量增加，会使总线上差分电压下降，导致抗干扰能力显著下降。

7）适当降低波特率。降低波特率可以使每个 CAN 位时间相应延长，CAN 波形采样时间也相应加长，会漏掉一些电磁干扰信号。值得注意的是，降低波特率必须在满足系统快速响应的前提下实施。

7.7　PCB 电磁辐射

将 BMS 的 PCB 导入 Slwave 软件中，充分考虑 PCB 几何结构、材料属性及空间位置等因素，仿真可以得到接近真实的电磁场分布。将电压源作为激励信号分别设置在 DC-DC 芯片电源的输出引脚和时钟电路的两端，仿真预测这两种干扰信号作用下的近场磁场分布和远场电场分布。图 7-56 所示为 5V 电源网络不同频率电流激励信号下 PCB 近场磁场分布仿真结果，图 7-57 所示为 5V 电源网络远场电场仿真结果。从仿真结果可以看出，电场和磁场幅值最大的地方分布在走线的拐角处，这是因为该拐角处的阻抗突变引起信号反射，从而导致电场和磁场幅值的增大。

时钟电路在不同频率电流激励信号下的近场磁场分布仿真结果如图 7-58 所示，时钟电路电磁辐射远场电场仿真结果如图 7-59 所示。

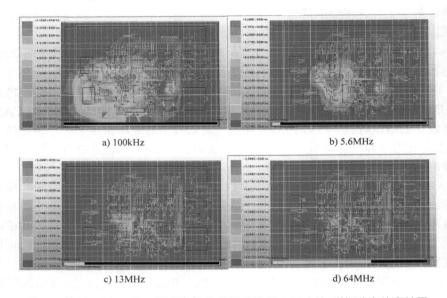

a) 100kHz

b) 5.6MHz

c) 13MHz

d) 64MHz

图 7-56　5V 电源网络不同频率电流激励信号下 PCB 近场磁场分布仿真结果

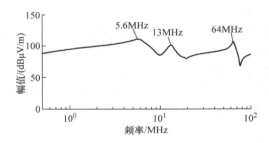

图 7-57　5V 电源网络远场电场仿真结果

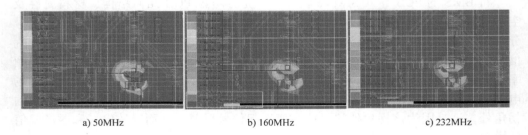

a) 50MHz

b) 160MHz

c) 232MHz

图 7-58　时钟电路在不同频率电流激励信号下近场磁场分布仿真结果

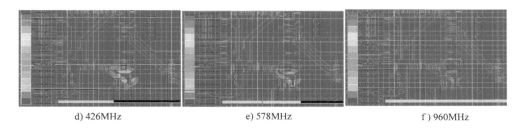

| d) 426MHz | e) 578MHz | f) 960MHz |

图 7-58　时钟电路在不同频率电流激励信号下近场磁场分布仿真结果（续）

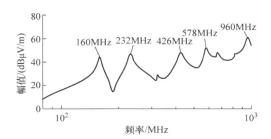

图 7-59　时钟电路电磁辐射远场电场仿真结果

<h1 style="text-align:center">参 考 文 献</h1>

［1］ CLAY R. P. 电磁兼容导论［M］. 闻映红，译 . 北京：人民邮电出版社，2007.

［2］ ERIC B. 信号完整性与电源完整性分析［M］. 李玉山，译 . 北京：电子工业出版社，2015.

［3］ 翟丽 . 车辆电磁兼容基础［M］. 北京：机械工业出版社，2012.

［4］ FERBER M，VOLLAIRE C，KRAHENBUHL L，et al. Conducted EMI of DC-DC Converters
With Parametric Uncertainties［J］. 2013，55（4）：699-706.

［5］ MIHALI F，KOS D. Reduced Conductive EMI in Switched-Mode DC-DC Power Converters
Without EMI Filters：PWM Versus Randomized PWM［J］. IEEE Transactions on，Power
Electronics，2006，21（6）：1783-1794.

［6］ MORI I，YAMADA Y，WIBOWO S A，et al. EMI Reduction by Spread-Spectrum Clocking
in Digitally-Controlled DC-DC Converters［J］. IEICE Transactions on Fundamentals of
Electronics Communications and Computer Sciences，2009，92（4）：1004-1011.

［7］ DIANBO F，SHUO W，PENGJU K，et al. Novel Techniques to Suppress the Common-Mode
EMI Noise Caused by Transformer Parasitic Capacitances in DC-DC Converters［J］. IEEE
Transactions on Industrial Electronics，2013，60（11）：4968-4977.

［8］ POUIKLIS G K，GEORGE，EMMANUEL，et al. A CMOS oscillator for radiation-hardened，
low-power space electronics［J］. International Journal of Electronics，2013，100（7）：913-
927.

［9］ ALBERTO B，AHMED A S MOHAMED，OSAMA A MOHAMMED. Optimizing power

converter PCB design for lower EMI［J］. International Journal of Electronics，2015，34（5）：
1364-1380.

［10］SONG E，CHO J，KIM J，et al. Modeling and Design Optimization of a Wideband Passive
Equalizer on PCB Based on Near-End Crosstalk and Reflections for High-Speed Serial Data
Transmission［J］. IEEE［］ Transactions on Electromagnetic Compatibility，2010，52（2）：
410-420.

［11］XU J，WANG S. Investigating a Guard Trace Ring to Suppress the Crosstalk due to a Clock
Trace on a Power Electronics DSP Control Board［J］. IEEE Transactions on Electromagnetic
Compatibility，2015，57（3）：546-554.

［12］KAYANO Y，TANAKA M，DREWNIAK J L. Common-mode current due to a trace near a
PCB edge and its suppression by a guard band［J］. IEEE Transactions on Electromagnetic
Compatibility，2004，46（1）：46-53.

［13］IIDA M，MAENO T，FUJIWARA O. Effect of Ground Patterns Size on FM-Band Cross-
Talks between Two Parallel Signal Traces of Printed Circuit Boards for Vehicles［J］. Electrical
Engineering in Japan，2013，186（1）：11-17.

［14］FONTANA M，HUBING T H. Characterization of CAN Network Susceptibility to EFT Transient
Noise［J］. IEEE Transactions on Electromagnetic Compatibility，2015，57（2）：188-194.

［15］NISANCI M，PAULIS F，FEBO D，et al. Practical EBG application to multilayer PCB：
impact on signal integrity［J］. IEEE Electromagnetic Compatibility Magazine，2013，2（2）：
82-87.

［16］SHI L F，ZHOU D L. Selectively Embedded Electromagnetic Bandgap Structure for Suppression
of Simultaneous Switching Noise［J］. IEEE Transactions on Electromagnetic Compatibility，
2014，56（6）：1370-1376.

［17］TIAN X，ZHANG Y J，LIU D Z. Efficient Analysis of Power/Ground Planes Loaded With
Dielectric Rods and Decoupling Capacitors by Extended Generalized Multiple Scattering Method
［J］. IEEE Transactions on Electromagnetic Compatibility，2015，57（6）：135-144.

［18］LIU Y，CHEN K Q，YUAN Y Z，et al. Decoupling capacitors selection algorithm based on
maximum anti-resonance points and quality factor of capacitor［J］. Electronics Letters，2015，
51（1）：90-92.

［19］IVANA F. THOMAS FRIEDLI，ANDREAS M，et al. 3-D Electromagnetic Modeling of EMI
Input Filters［J］. IEEE Transactions on Industrial Electronics，2014，61（1）：231-242.

［20］DONGIL S，SUNGNAM K，GEUNSEOK J. Analysis and Design Guide of Active EMI Filter
in a Compact Package for Reduction of Common-Mode Conducted Emissions［J］. IEEE
Transactions on Electromagnetic Compatibility，2015，57（4）：660-671.

［21］IIDA M，MAENO T，FUJIWARA O. Effect of Ground Patterns Size on FM-Band Cross-
Talks between Two Parallel Signal Traces of Printed Circuit Boards for Vehicles［J］. Electrical
Engineering in Japan，2013，186（1）：11-17.

［22］ABEDI M，JIN T，SUN K. GNSS Signal Tracking Performance Improvement for Highly
Dynamic Receivers by Gyroscopic Mounting Crystal Oscillator［J］. Sensors（Basel），2015，

15（9）：21673-21695.

［23］MUBEEN S，MAEKI-TURJA J，SJOEDIN M. Integrating mixed transmission and practical limitations with the worst-case response-time analysis for Controller Area Network［J］. Journal of Systems and Software，2015，99（6）：66-84.

［24］ZHU X，ZHANG H，CAO D. Robust control of integrated motor-transmission powertrain system over controller area network for automotive applications［J］. Mechanical Systems and Signal Processing，2015，58（4）：15-28.

［25］THALE S，AGARWAL V. Controller Area Network Assisted Grid Synchronization of a Microgrid With Renewable Energy Sources and Storage［J］. IEEE Transactions on Smart Grid，2016，7（3）：1442-1452.

［26］刘丽娟，杨兵初，倪兰，等 . PDN 电源地平面去耦电容网络设计［J］. 中南大学学报（自然科学版），2013，44（10）：4088-4093.

［27］NISANCI M，PAULIS F，FEBO D，et al. Practical EBG application to multilayer PCB：impact on signal integrity［J］. IEEE Electromagnetic Compatibility Magazine，2013，2（2）：82-87.

8.1　概述

电动汽车采用了大量与传统内燃机驱动车辆不同的电子设备，对整车的电磁辐射提出了新的要求。随着电动汽车电磁环境越来越复杂、国际电磁兼容法规日益严格，整车和零部件产品的电磁兼容性能指标要求越来越高。GB/T 18387—2017《电动车辆的电磁场发射强度的限值和测量方法》规定了电动车辆在典型工况运行下的电场强度和磁场强度。GB 14023—2011/CISP R 12：2009《车辆、船和内燃机无线电骚扰特性 用于保护车外接收机的限值和测量方法》规定了由内燃机驱动、电驱动或混合动力车辆的辐射发射限值。GB/T 18387—2017 和 GB 14023—2011 规定的测试项目是中国新能源汽车准入强制检测项目。如果电磁兼容性不能满足相应法规要求，将导致产品不能上市，因此要求厂家投入大量的资金和人力进行电磁兼容的整改和产品再研发。此外，国际标准如 SAE J551-5、ECE R10 也对整车辐射发射规定了限值要求。

电动汽车整车的辐射发射超标，会影响周围车辆、基础设施和居住环境的接收装置正常工作。随着智能网联和无人驾驶车辆的发展，电动汽车整车电磁辐射面临新的挑战。例如，整车辐射超标可能会影响车载无线感知传感器的正常工作，不能使车辆按预期安全运行，甚至会带来安全事故。

零部件电磁兼容性是整车电磁兼容性的基础和前提，特别是电动汽车高压高功率功率变换设备的电磁兼容性能，不仅关系到自身的工作可靠性，而且会影响整车的安全运行能力和工作可靠性。GB/T 18655—2018（CISPR 25）《车辆、船和内燃机 无线电骚扰特性 用于保护车载接收机的限值和测量方法》中规定了电动和混合动力车辆内屏蔽的高压电源系统的试验方法、测试程序和限值，这是对车辆辐射发射预防性控制。然而，零部件的试验并不能代表整车试验，二者的确切联系依赖于零部件的安装位置、线束长度和布置、接地位置和天线位置。根据零部件的电磁发射信号特征，利用测量仪器设备可以预先诊断可能引起整车辐射发射超标的部件和要素。

本章重点描述了乘用车和商用车的电磁辐射测试方法；并结合商用车整车辐射发射测试，提出整车辐射电磁干扰抑制方法；并利用测量的方法，提出引起整车电磁辐射发射超标的电磁干扰诊断方法，为后续车辆的 EMC 设计和整改提供了试验依据。

8.2　乘用车整车电磁辐射

8.2.1　整车辐射发射测试

GB/T 18387—2017 规定了电动车辆 150kHz～30MHz 范围内电磁场发射强度的限值和测量方法。在电动车辆前后左右四个方向距离 3m 放置棒天线和环天线，分别测试电动车辆产生的电场强度和磁场强度。以采用环天线测试磁场强度为例，测试布置和结果如图 8-1 所示。

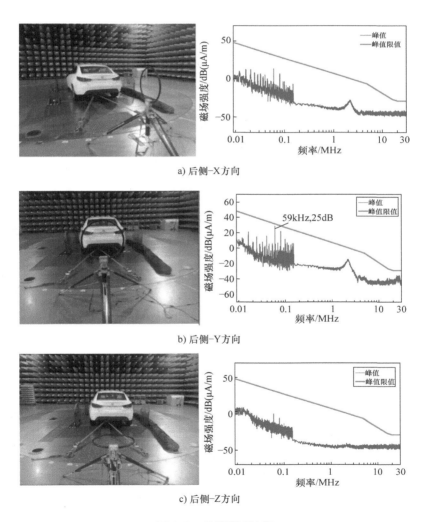

a) 后侧-X 方向

b) 后侧-Y 方向

c) 后侧-Z 方向

图 8-1　磁场测试结果

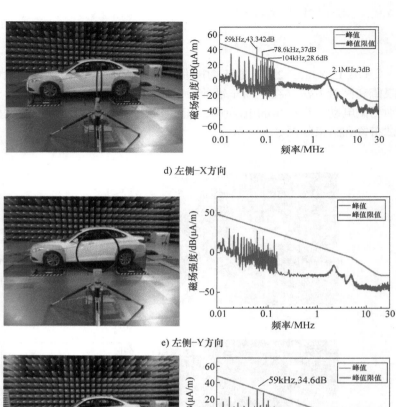

d) 左侧-X方向

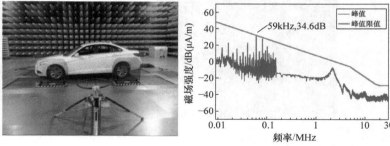

e) 左侧-Y方向

f) 左侧-Z方向

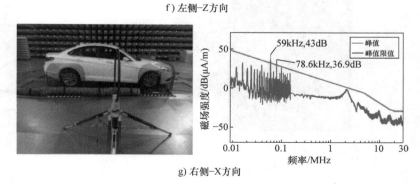

g) 右侧-X方向

图 8-1　磁场

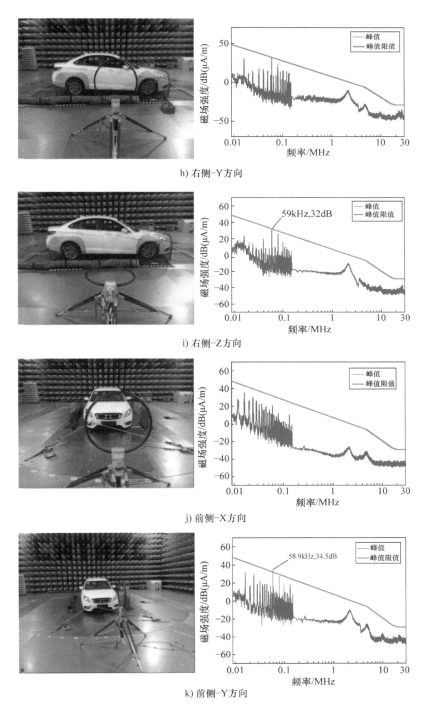

h) 右侧-Y方向

i) 右侧-Z方向

j) 前侧-X方向

k) 前侧-Y方向

测试结果（续）

8.2.2 整车辐射发射抑制

从图 8-1 可以看出，车辆左侧 X 方向磁场强度测量值超标最严重，超标频点为 59kHz、78.6kHz、104kHz 和 2.105MHz，如图 8-2 所示。逐一切断车内电子元器件，发现当电机驱动系统停止工作时，磁场强度幅值明显降低，表明图 8-2 中的超标频点是电机驱动系统工作引起的。

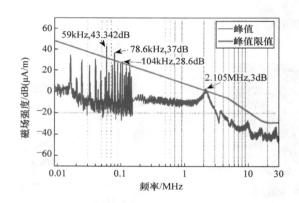

图 8-2 电动汽车整车辐射发射磁场强度测试结果 - 车辆左侧 X 方向

低频段磁场强度超标点 59kHz、78.6kHz、104kHz 主要集中分布在 10 ~ 150kHz 之间，由于频率较低，不可能是由晶振和高速芯片引起的，主要是由电机逆变器功率模块 IGBT 高速通断引起的。对于高频段（2.105MHz）出现的电磁干扰，主要是由 DC-DC 中 MOSFET 引起的。

（1）电机控制器安装 Y 电容

若将 59kHz 频点处的干扰降低到限值以下，则需要在电机控制器高压正负电源线输入端口插入两个对地 Y 电容，如图 8-3a 所示，使插入损耗 IL_{dB} 大于 11dB（满足标准限值），经计算得到电容值为 0.14μF。

（2）低压电源板安装 Y 电容和共模扼流圈

整车磁场强度在 2.105MHz 超标，共模扼流圈主要由低压电源板 DC-DC 模块的 MOSFET 的高速通断引起的干扰，则需要在低压电源板电源线输入端口插入 X 电容抑制电磁干扰。若将 2.105MHz 处的干扰幅值降低到限值以下，插入损耗大于 1.9dB，经计算得到电容值为 0.37nF。为了有效抑制共模干扰，在低压电源板电源线两个 X 电容之间加一个共模扼流圈，经计算得电感值为 14.4μH。在电机控制器内部低压电源板安装 Y 电容和共模扼流圈，如图 8-3b 所示。

（3）电机控制器屏蔽接地

为了减小电机控制器的电磁泄漏，在插接器处、箱体缝隙处、线缆屏蔽层与车体处采取了屏蔽与接地措施，如图 8-4 所示。

a) 高压直流电源线加Y电容　　　　b) 低压电源板加Y电容和共模扼流圈

图 8-3　在电机驱动控制单元直流输入端加装抑制环节

a) 线缆插接器　　　　　b) 箱体缝隙　　　　　c) 线缆屏蔽层与车体接地

图 8-4　电机控制器屏蔽与接地措施

通过采用上述滤波、屏蔽与接地措施，整车的电磁发射磁场强度测量值在9kHz～30MHz频段整体降低，没有出现超标点，所有测试结果都满足标准限值要求，如图 8-5 所示。特别是第一个图是车辆左侧 X 方向测试的磁场强度，整改后磁场强度幅值大幅降低。

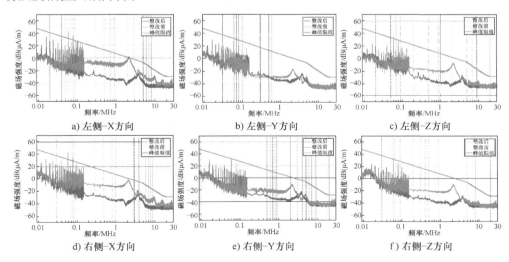

a) 左侧-X方向　　　　　b) 左侧-Y方向　　　　　c) 左侧-Z方向

d) 右侧-X方向　　　　　e) 右侧-Y方向　　　　　f) 右侧-Z方向

图 8-5　整车辐射发射整改后磁场强度测试结果

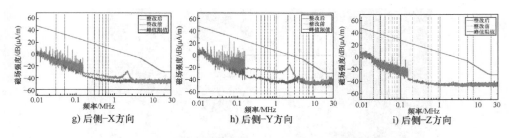

g) 后侧-X方向　　　　　　h) 后侧-Y方向　　　　　　i) 后侧-Z方向

图 8-5　整车辐射发射整改后磁场强度测试结果（续）

8.3　商用车整车电磁辐射

8.3.1　整车电磁辐射测试

1. 9kHz～30MHz 电磁辐射

采用 GB/T 18387—2008 测量整车在 9kHz～30MHz 频段时的电磁场强度，电场和磁场测试布置如图 8-6 所示。在车速分别为 16km/h 和 64km/h 时，整车电场强度测试结果如图 8-7 所示，超标点主要集中在 13MHz 附近及 20～30MHz 频段，电场强度幅值没有随车速发生明显变化。整车磁场强度测试结果如图 8-8 所示，可以看出，车速 64km/h 时的磁场强度值多处超标，磁场强度幅值随车速增加而上升。

a) 电场测试　　　　　　　　　　　　b) 磁场测试

图 8-6　电场和磁场测试布置图

2. 30MHz～1GHz 电磁辐射

采用 GB 14023—2011 测量整车在 30MHz～1GHz 频段时的电场强度。宽带辐射发射测试时的车辆运行状态为：车速设置为 40km/h 恒速运行；近光灯、危险报警灯、前雾灯工作；前刮水器以最大速度工作；收音机工作；空调工作（制冷、温度为低、风速最大、内循环、风向为头部和脚部）；电动车窗在中间位置；驾驶人座椅位置固定。测量结果如图 8-9 所示，驱动电机系统在 30～40MHz 频段工作时整车对外辐射比较大，超过了准峰值限值，但没有超过峰值限值。100MHz 附近和 900MHz 附近，频段电场强度测量值与准峰值之间的限值相比，其裕量较小，但是与峰值限值之间的裕量较大。

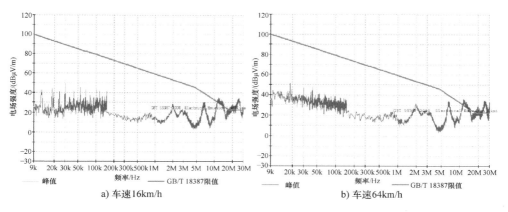

a) 车速16km/h

b) 车速64km/h

图 8-7　整车电场强度测试结果

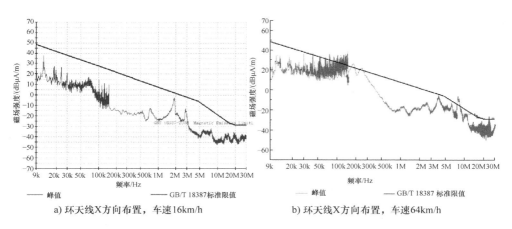

a) 环天线X方向布置，车速16km/h

b) 环天线X方向布置，车速64km/h

图 8-8　整车磁场强度测试结果

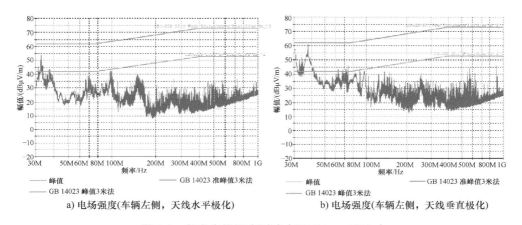

a) 电场强度(车辆左侧，天线水平极化)

b) 电场强度(车辆左侧，天线垂直极化)

图 8-9　整车电场强度测试（30MHz～1GHz）

8.3.2 电磁干扰源诊断

针对电场辐射超标问题，利用频谱分析仪及近场探头对干扰源进行定位诊断。排查思路是首先确定主要排查顺序：驱动电机、高压部件及线束、低压部件及线束。

（1）驱动电机运转对整车辐射发射的影响

天线位置正对车辆尾部，在以下两种情况下，测试 9kHz ～ 30MHz 的电场强度。

情况一：车辆上高压电，驱动电机不运转，发射测试结果是图 8-10 所示的蓝色曲线。

情况二：车辆上高压电，驱动电机低速运行，发射测试结果是图 8-10 所示的橙色曲线。

从图 8-10 可以看出，低频 150kHz 以下，随着电机的运行电场强度明显增大，尤其是在 15kHz、30kHz、45kHz 频点，主要受电机控制器 IGBT 载波频率影响，实际的载波频率是 7kHz。在 10 ～ 15MHz 频段，电机运行时电场强度明显增大，并且超出标准限值。15 ～ 30MHz 频段电场强度值变化不大，说明 20 ～ 30MHz 频段超标和驱动电机是否运转关系不大。

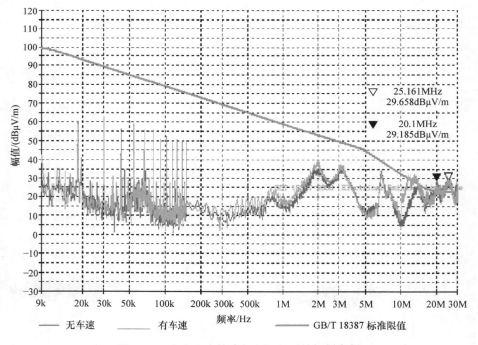

图 8-10　上高压电静止与车运行时的辐射发射

（2）高压系统上电对整车辐射发射的影响

拔下快速断路器插头，切断高压电源，其他测试布置不变，辐射发射测试结果如图 8-11 所示，与图 8-10 相比，切断高压供电之后，电场强度幅值整体明显下降，但 22～26MHz 频段仍然超标。说明高压工作的部件对辐射超标的影响比较大。而 22～26MHz 频段仍然存在超标现象，说明这主要是低压部件工作引起的。

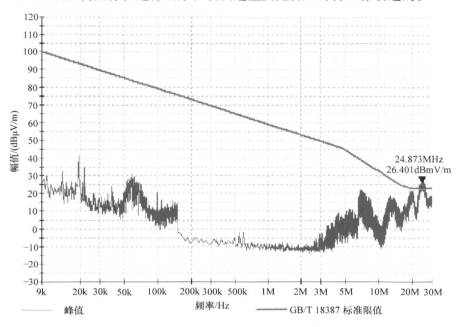

图 8-11　高压断电时的整车的辐射发射

（3）高压系统主要骚扰源诊断

为了进一步查询和定位主要骚扰源部件，采用便携式频谱分析仪和近场探头的组合来进行诊断排查。

1）首先，断开高压快速断路器，只上低压电，车辆打到 ON 档，测量后舱此时的背景噪声。随后，依次用电场探头扫描如下位置：整车控制器周边及连接线束端口；电机控制器及信号线束端口；高压快速断路器输入端和输出端；高压直流母线正极和负极输出线缆；DC-DC 变换器附近线束。电场强度测试结果如图 8-12 所示，其中 DC-DC 变换器附近测得的结果与背景噪声相差不大。电机控制器信号线束和快速断路器输入端近场辐射最大，其他地方相对都比较小。

2）闭合快速高压断路器，车辆上电并打到 ON 档，依次用电场探头扫描，位置与上一步基本相同，但增加了高压直流母线正极输出线缆和左后立柱旁线束测量位置，电场强度测试结果如图 8-13 所示。可以看出，高压上电状态后，快速断路器输入端和输出端的近场电场强度值最高，20～30MHz 的测量值（相对值）在 40dBμV 以上，在 24MHz 处最高，达到 50dBμV。

（4）低压设备干扰源诊断

断开高压快速断路器，利用频谱分析仪加近场探头测试电场强度。

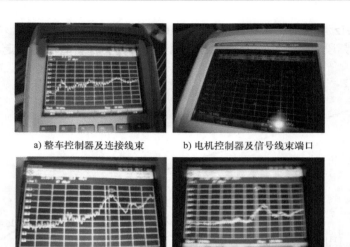

a) 整车控制器及连接线束 b) 电机控制器及信号线束端口

c) 高压快速断路器输入端和输出端 d) 高压直流母线正极输出线缆

图 8-12　电场强度近场扫描结果（没有上高压）

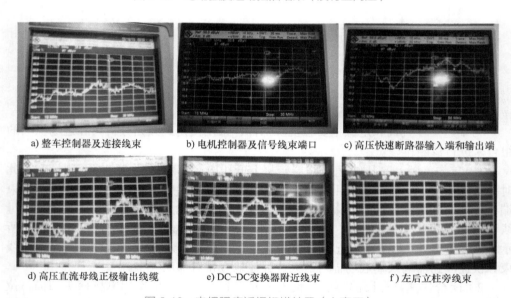

a) 整车控制器及连接线束 b) 电机控制器及信号线束端口 c) 高压快速断路器输入端和输出端

d) 高压直流母线正极输出线缆 e) DC-DC变换器附近线束 f) 左后立柱旁线束

图 8-13　电场强度近场扫描结果（上高压）

1）断开快速断路器，打到 ON 档，测量位置为电机控制器低压线束端，如图 8-14 所示。

2）断开快速断路器，电机控制器低压线束全断开，打到 ON 档。测量位置为电机控制器低压端口，测量值极小，接近背景噪声，测量结果如图 8-15 所示，可以看出电机控制器低压线束会导致整车辐射发射。

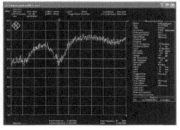

图 8-14 电机控制器低压线束端近场扫描及电场强度测试结果

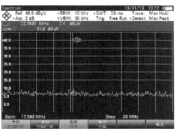

图 8-15 断开低压线束后的近场扫描及电场强度测试结果

3）在步骤 2）状态下，接上电机旋变信号线束，测量位置不变，测量结果接近背景噪声。所有其他位置测量都很小，测量情况如图 8-16 所示，可以看出旋变信号线对辐射发射没有影响。

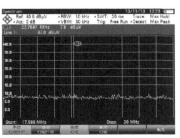

图 8-16 接上旋变信号线的近场扫描及电场强度测试结果

4）在步骤 2）基础上接上电机控制器低压控制线束（信号控制线），测量位置不变，测量结果上升很明显，说明骚扰源来自电机控制器内部的低压控制模块，如图 8-17 所示。

5）接线全部恢复后，仅断开电机控制器的控制线束。先近场探头测试，所有测试位置值都很小，等同背景噪声。然后在车外利用杆天线距离 3m 测试整车电场强度，测试结果如图 8-18 所示。可以看出，电场强度明显降低。

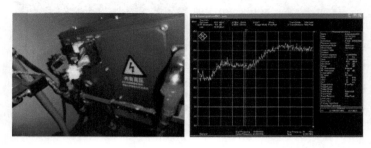

图 8-17　接上控制低压控制线束的近场扫描及电场强度测试结果

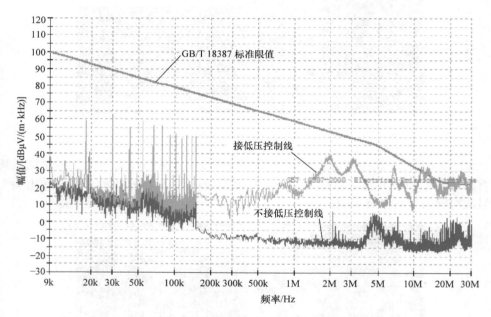

图 8-18　上电状态下电机控制器信号线束接通与不接通的电场强度对比

综合以上步骤 1）～ 5）可以断定，骚扰源主要来自电机控制器的内部，且传播的路径为电机控制器低压控制线束。

8.3.3　整车辐射电磁干扰抑制

1. 整车 EMC 设计

整车 EMC 性能改善的设计方法如下：

1）整车高压线束全部采用屏蔽线束，屏蔽层需要良好接地，建议采用单端搭铁方式。

2）电机控制器、二合一和五合一及高压控制盒的高压插接件和紧锁器也采用屏蔽部件，并良好接地。

3）高压线的屏蔽层要搭铁良好，做好单端或双端接地。

4）整车 CAN 线屏蔽层要搭铁良好，做好单端或双端接地。

5）电机控制器的旋变线屏蔽层要搭铁良好，做好单端或双端接地。

6）电机控制器和五合一等高压控制器箱体需要良好接地，缝隙处及预留高压端口需要做电磁屏蔽密封处理。

7）整车线束优化布局，减小电磁干扰耦合路径，减少实际工作不必要的线束，在满足电气性能的前提下，尽量减小线束长度和环路面积。

8）要求零部件供应商进行高压和低压零部件 EMC 设计，在控制器内部做好相应的滤波、屏蔽和接地，例如，PCB 的优化设计、电路拓扑优化设计、在控制器内部加磁环和滤波电容等。

9）低压线束走线尽量远离高压线束，避免线线之间的相互耦合干扰。

10）要保证各高压零部件接地阻抗尽量小，搭铁建议尽量用短而宽的线或者编织带。

11）各高压部件（电机逆变器，DC-DC 变换器等）的高压回路面积（无论是外部线束，还是产品内部走线）尽量小。

2. 电动客车电磁辐射抑制方法

在整车系统安装方面，首先对高压电气系统布置和安装进行 EMC 设计整改，其中首先将原有的控制器更换为使用了新滤波器的高压功率集成控制器，高压连接线束更换为高压屏蔽线束，线束接口方面使用带有 360° 屏蔽的锁紧头，其他高压部件也增加独立加强接地，将搭铁线更换为铜编织带，如图 8-19 所示。

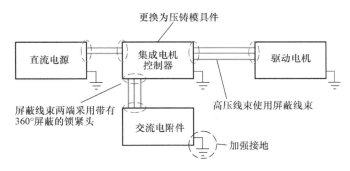

图 8-19　高压电气系统整改项示意图

更换压铸件控制器可以有效控制控制器内部电路产生的电磁场对外发射，但与之连接的高压线束则需要采用屏蔽线。同时，采用 360° 锁紧头实现屏蔽的完整性，将屏蔽延伸至电机和交直流电气附件，其中锁紧头结构示意如图 8-20 所示。对驱动电机系统及其他用电附件实施一体化屏蔽，并进行可靠接地，减小回路面积，降低对外发射，实车主要实施措施如图 8-21 所示。

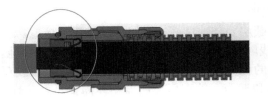

图 8-20　360°屏蔽锁紧头示意图

a) 控制器实施360°屏蔽

b) 加强控制器接地

图 8-21　实车主要实施措施

3. 试验验证

高压功率集成控制器在进行上述 EMC 整改后，已基本达到 CISPR 25 中等级 3 的限值要求。在部件电磁兼容性提高的基础上，采用 GB/T 18387 标准对该车进行电磁场辐射测试。该车前期整改前，进行了电场和磁场强度的摸底测试，超标情况严重，在 30 ~ 150kHz、200kHz、250kHz、300kHz、4MHz、8MHz 和 26MHz 处均超出限值要求，在此基础上将加装有新滤波器的高压功率集成控制器更换上并进行测试，结果如图 8-22 所示。图 8-22a 中，紫红色为整改前车辆左前方磁场强度测试结果，蓝色为整改后测试结果。该车为前置车，高压功率集成控制器及电机均布置在前侧，所以车辆左前、右前、正前场强测试结果高于尾部。通过对高压功率集成控制器高低压线束进行屏蔽和接地之后，可以发现车辆在 150kHz ~ 30MHz 范围内电场、磁场对外辐射都有较大程度降低。其中，高压功率集成控制器 IGBT 开关造成的电场和磁场强度明显降低，幅值衰减近 20dB；高频区域谐振点在采用屏蔽线及 360° 屏蔽锁紧头后有较大改善，低于限值且裕量达 6dB 以上。测试裕量统计见表 8-1。

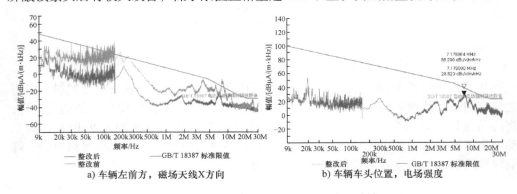

图 8-22　试验车型整改前后电磁场强度测试结果

表 8-1　测试裕量统计表

测试情况	频点 /MHz	限值[1]	实测
车头左侧磁场 X	7.17	−13.11dBμA/（m·kHz）	−21.59 dBμA/（m·kHz）
车头左侧磁场 Y	0.139	24.63dBμA/（m·kHz）	17.74 dBμA/（m·kHz）
车头左侧磁场 Z	7.17	−13.11dBμA/（m·kHz）	−25.69 dBμA/（m·kHz）
车头左侧电场	7.17	38.29dBμV/（m·kHz）	28.52 dBμV/（m·kHz）

[1]　测试时，此限值参考 GB/T 18387—2008 数据。

由表 8-1 测试结果可以得出，该车通过对高压功率集成控制器这个主要干扰源的改进，结合整车在布置安装、连接线束的改善，整车的电磁兼容性能大幅提升，整改方案有效解决了低频磁场和高频电磁场超标问题，车辆顺利通过了 GB/T 18387 测试。

8.4　整车电磁干扰诊断方法

以某电动客车的电磁辐射发射为例，通过以下诊断步骤，查询和定位引起辐射发射超标的电磁干扰源设备，为下一步整改和设计提供试验依据。

步骤 1：整车 10m 法宽带辐射发射测试（车辆左后方）

根据 GB/T 14023 标准（ECE R10），在 10m 电波暗室里，对电动汽车左后方整车 30MHz～1GHz 频段的宽带辐射发射进行测试，由于电机驱动系统位于车辆后部，所以重点测试后方部位的辐射发射，试验现场如图 8-23a 所示。本步骤用于诊断车内电器全打开和全关闭两种工况下整车的宽带辐射发射情况。测试工况：车速 40km/h；天线位置：对数天线对准车左后方，垂直极化；检波方式：先用峰值检波方式，再对超标点用准峰值检波方式。车内电器全打开和全关闭两种工况下的测试结果如图 8-23b、c 所示，对比如图 8-23d 所示。

可以看出，峰值在 38.9MHz 处有一个超标点，准峰值在 30～110MHz 频段有多处超标。可以断定，峰值超标是由于车内电器工作引起的。

步骤 2：整车 10m 法窄带辐射发射测试（车辆左后方）

然后，对电动汽车整车左后方 30MHz～1GHz 频段的窄带辐射发射进行测试，本步骤用于诊断高低压 DC-DC 工作和不工作两种工况下整车的宽带辐射发射。测试工况：车辆静止（电机不运转），其他电器打开；检波方式：平均值检波方式；天线位置：对数天线对准车左后方，垂直极化。DC-DC 工作和不工作两种工况下的测试结果如图 8-24a、b 所示，对比如图 8-24c 所示。

可以看出，DC-DC 工作影响频段是 30～157MHz，超标点在 33.9MHz、38.7MHz、44.45MHz、50.05MHz、64.8MHz、72.15MHz 和 106.1MHz。便携式频

谱分析仪和近场探头的扫描结果与天线测试结果大部分吻合，尤其是 36.7MHz、44MHz、64.8MHz、72MHz、106MHz、172MHz、208MHz、307MHz 的尖峰趋势一致。在试验现场，在 DC-DC 输出端正负极之间加电容，并把 DC-DC 线束进行屏蔽接地，从图 8-24d 可以看出，对辐射发射抑制效果不明显。可以断定，平均值超标主要是由高低压 DC-DC 工作引起的。

a) 试验现场

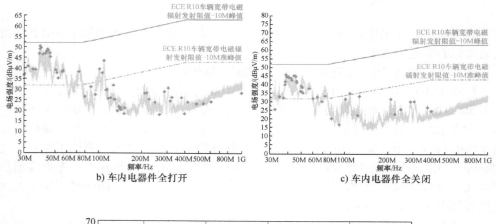

b) 车内电器件全打开

c) 车内电器件全关闭

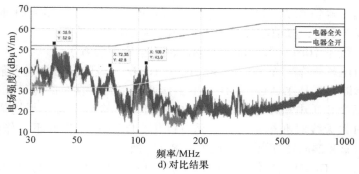

d) 对比结果

图 8-23　电动客车宽带辐射发射试验（车辆左后方）

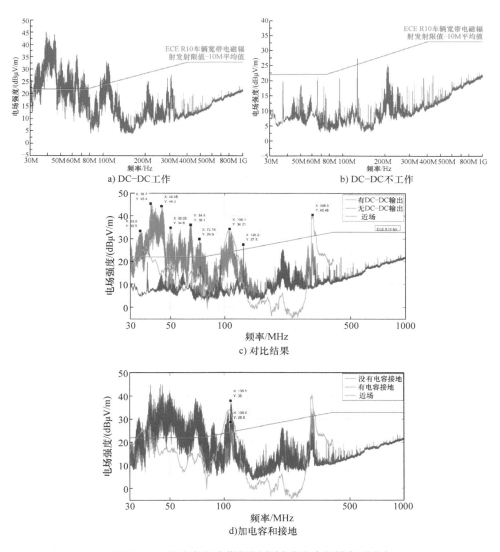

图 8-24　电动客车窄带辐射发射试验（车辆左后方）

步骤 3：整车 10m 法窄带辐射发射测试（车辆左前方）

对电动汽车左前方整车 30MHz ～ 1GHz 频段的窄带辐射发射进行测试，试验现场如图 8-25a 所示。本步骤用于诊断除了 DC-DC 控制器以外，由于其他电子设备工作引起的整车窄带辐射发射超标。测试工况：车辆静止（电机不运转）；天线位置：对数天线对准车左前方；检波方式：平均值检波方式。

1）天线垂直极化平均值检波测试车辆左前方电场强度，拔掉 DC-DC 输出电缆，其他电器打开，测试结果如图 8-25b、c 所示。可以看出，平均值有多处超标点，天线垂直极化测试结果更严重。

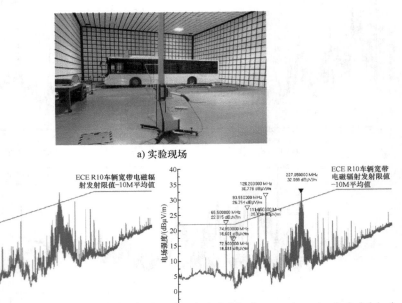

a) 实验现场

b) 水平极化

c) 垂直极化

图 8-25　电动客车窄带辐射发射试验（车辆左前方）

2）车辆静止（电机不运转），天线垂直极化平均值检波测试车辆左前方电场强度，DC-DC 输出电缆和 BMS 电缆断开，仪表和集中润滑电控设备打开，检验倒车影像电子设备工作和不工作时的整车辐射发射。测试结果如图 8-26 所示，可以看出，倒车影像电子设备工作时电场强度平均值超标频点是 211.6MHz、231.8MHz 和 297.1MHz。

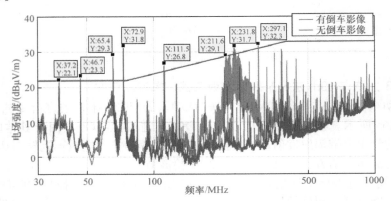

图 8-26　倒车影像电子设备工作和不工作时辐射发射对比结果（车辆左前方）

3）车辆静止（电机不运转），天线垂直极化平均值检波测试车辆左前方电场强度，DC-DC 输出电缆和 BMS 电缆断开，仪表、集中润滑、路牌电控设备关闭，检验监控主机工作和不工作时的整车辐射发射。测试结果如图 8-27 所示，可以看出，监控主机工作时整车辐射电场强度平均值在 65.4MHz 处超标。

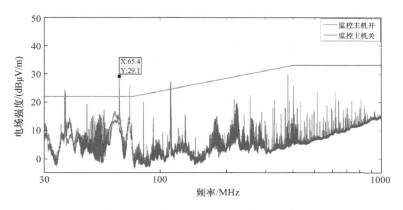

图 8-27　监控主机开关前后辐射发射对比结果（车辆左前方）

4）车辆静止（电机不运转），天线垂直极化平均值检波测试车辆左前方电场强度，DC-DC 输出电缆和 BMS 电缆断开，仪表、集中润滑、路牌电控设备关闭，检验 Stop 屏工作和不工作时的整车辐射发射。测试结果如图 8-28 所示，可以看出，Stop 屏工作时电场强度平均值在 37.2MHz、46.6MHz 和 65.25MHz 处超标。

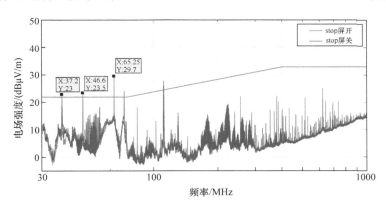

图 8-28　Stop 屏开关前后辐射发射对比结果（车辆左前方）

5）车辆静止（电机不运转），天线垂直极化平均值检波测试车辆左前方电场强度，DC-DC、仪表、集中润滑、路牌电控、倒车影像设备关闭，检验 BMS 工作和不工作时的整车辐射发射。测试结果如图 8-29 所示，可以看出，整改后的 BMS 工作对整车辐射发射影响不明显。

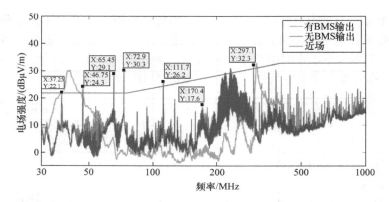

图 8-29　BMS 输出电缆拔掉前后辐射发射对比结果（车辆左前方）

6）车辆静止（电机不运转），天线垂直极化平均值检波测试车辆左前方电场强度，打到 ON 档，DC-DC 关闭，仪表、集中润滑、行车记录仪、倒车影像设备打开，检验报站器工作和不工作时的整车辐射发射。测试结果如图 8-30 所示，可以看出，报站器工作时电场强度平均值在 126MHz 处超标。

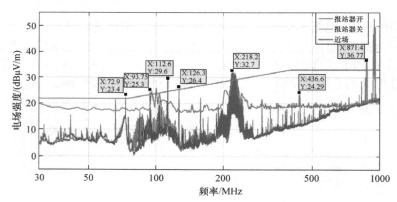

图 8-30　报站器开关前后辐射发射对比结果 - 车辆左前方

7）车辆静止（电机不运转），天线垂直极化平均值检波测试车辆左前方电场强度，打到 ON 档，DC-DC 关闭，仪表、集中润滑、倒车影像设备、报站器打开，检验行车记录仪工作和不工作时的整车辐射发射。测试结果如图 8-31 所示，可以看出，行车记录仪工作对整车辐射发射影响不明显。

8）车辆静止（电机不运转），天线垂直极化平均值检波测试车辆左前方电场强度，打到 ON 档，DC-DC 关闭，仪表、倒车影像设备、报站器打开，检验集中润滑电子设备工作和不工作时的整车辐射发射。测试结果如图 8-32 所示，可以看出，集中润滑电子设备工作时的电场强度平均值在 72.9MHz 和 102.8MHz 幅值分别下降 10dB 和 6dB。

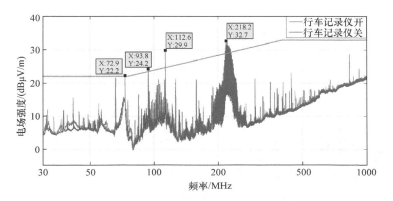

图 8-31　行车记录仪开关前后辐射发射对比结果（车辆左前方）

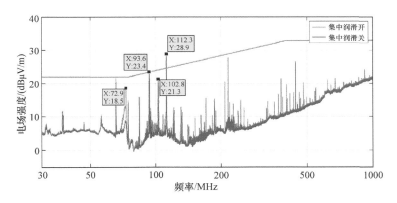

图 8-32　集中润滑电子设备开关前后辐射发射对比结果 - 车辆左前方

步骤 4：整车 10m 法宽带辐射发射测试（车辆右方）

对电动汽车右方整车 30MHz ~ 1GHz 频段的窄带辐射发射进行测试，本步骤用于诊断车辆右面电子设备工作引起的整车窄带辐射发射超标情况。测试工况：车辆静止（电机不运转）；天线位置：对数天线对准车右方，垂直极化；检波方式：平均值检波方式。

1）天线测试车辆右后方电场强度，测试结果如图 8-33 所示。可以看出，整车辐射电场强度平均值超标点为 34.5MHz、42MHz、46MHz、54.2MHz、65.2MHz、89.3MHz、105.7MHz、112.8MHz、266.1MHz、308 MHz。

2）天线测试车辆右前方电场强度，测试结果如图 8-34 所示。可以看出，整车辐射电场强度平均值超标点为 94.1MHz、112.9MHz、126.2MHz、226.3MHz、826.5MHz。

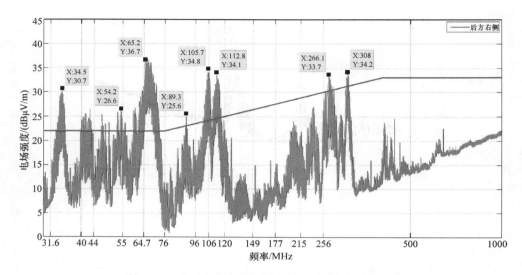

图 8-33　电动客车宽带辐射发射试验（车辆右后方）

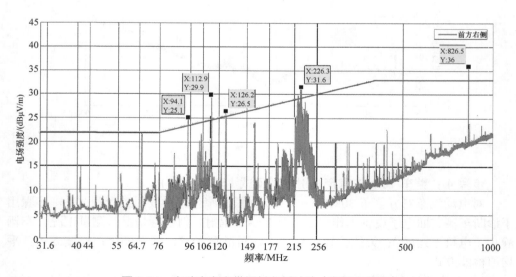

图 8-34　电动客车宽带辐射发射试验（车辆右前方）

从以上右方整车辐射发射试验结果可以看出，与左方测试结果雷同，只有个别超标点不同。

步骤 5：超频点干扰源设备定位

根据以上步骤诊断，得到引起整车电场强度超标的干扰源设备，见表 8-2。

表 8-2　超频点干扰源设备定位

左前/MHz	干扰源	右前/MHz	干扰源	左后/MHz	干扰源	右后/MHz	干扰源
37	Stop 屏	94	倒车监控或者电机控制器 24V 电源	38.7	DC-DC	34	DC-DC
46	Stop 屏	226	倒车监控或者电机控制器 24V 电源	44	DC-DC	42	DC-DC
65	Stop 屏			50	DC-DC	46	DC-DC
65.4	监控主机			64.8	DC-DC	54	DC-DC
72.9	集中润滑电子设备			72	DC-DC	66	DC-DC
102.8	集中润滑电子设备			106	DC-DC	89	DC-DC
126	报站器					105.7	DC-DC
211	倒车影像电子设备					112.8	DC-DC
231	倒车影像电子设备					266	DC-DC
297	倒车影像电子设备					308	DC-DC

8.5　实车 EMI 测量

8.5.1　电磁干扰频域特性

1. 电机传导电流频域特性

使用便携式频谱仪对电机驱动系统传导骚扰电流进行频域测试，布置简图如图 8-35 所示，用电流探头分别夹住直流母线电缆和交流三相电缆，测量它们的传导电流频域曲线。实车现场测量布置如图 8-36 所示。直流母线传导电流测试结果如图 8-37 所示，从图中可以看出，在加速、减速和匀速三种工况下，直流母线正极和负极传导电流频谱波形分布基本一致，减速工况的电流幅值略微减小。直流母线正负极加速工况下传导电流对比如图 8-38 所示，发现直流母线正极在整个频段（150kHz ~ 30MHz）内的幅值都比直流母线负极大 3 ~ 5dB，两条直流母线在 150kHz ~ 30MHz 频段内最大值出现在直流母线的正极 1MHz 频点，数值为 70dBμA，这与 3.4 节电机驱动系统实验室传导发射测量结果一致。

对实车进行三相交流线缆电流测量，测试结果如图 8-39 所示。从图中可以看出，在加速、减速和匀速三种工况下，交流三相线缆各自的频谱波形基本一致，在 2.4MHz、10.2MHz、20.3MHz 的频点出现峰值，最大峰值出现在 2.4MHz，数值为 57dBμA。

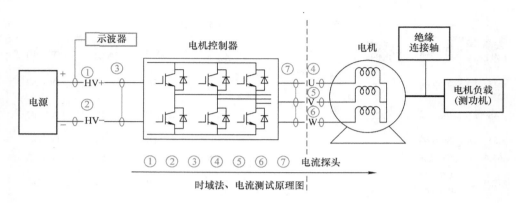

图 8-35　传导电流测试布置简图

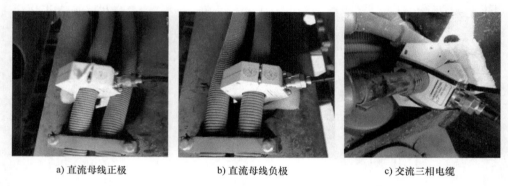

a) 直流母线正极　　　　　b) 直流母线负极　　　　　c) 交流三相电缆

图 8-36　采用电流探头测试直流母线和交流三相电缆传导电流

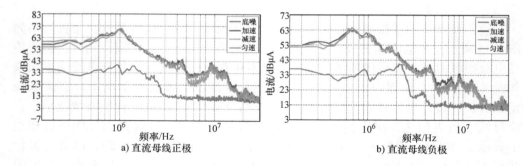

a) 直流母线正极　　　　　　　　　　　　　b) 直流母线负极

图 8-37　直流母线传导电流频谱

2. DC-DC 传导电流频域特性

图 8-40a 所示为 DC-DC 变换器使用频谱分析仪对传导电流进行频域测试的布置简图，图 8-40b、c 所示为现场进行实际测量的实际布置，分别对低压正线及高压正负线电流进行测试，测试结果如图 8-41 和图 8-42 所示。从图可以看到，在

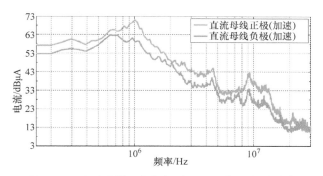

图 8-38　直流母线正负极加速工况下传导电流对比

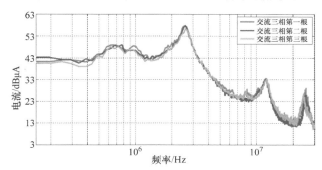

图 8-39　交流三相加速工况下的传导电流对比

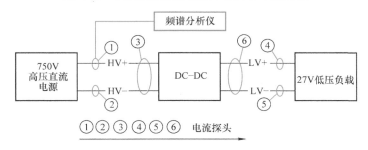

a) 传导电流测试布置简图

b) 低压正线电流测试

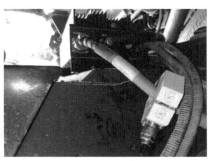

c) 高压正负线电流测试

图 8-40　频域传导电流测试布置

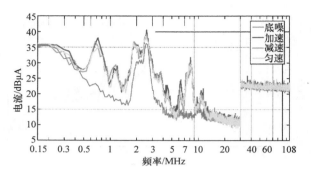

图 8-41　低压频域传导电流测试结果

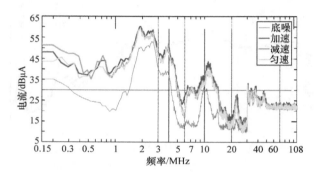

图 8-42　高压频域传导电流测试结果

加速、减速和匀速三种工况下，低压正线电流和高压侧的正线电流频谱波形基本一致，低压正线电流的频谱分别在 700kHz、1.1MHz、1.8MHz、2.2MHz、6MHz、8MHz 以及 11MHz 出现了尖峰值，高压正负线电流在 1.9MHz、4MHz、11MHz 以及 21MHz 出现了尖峰值，并且高压正负线电流明显大于低压正线电流，最大峰值出现在 1.9MHz 左右，数值为 61dBμA。

3. CAN 总线共模电流频域特性

车辆 CAN 总线连接整车控制器、电池管理系统和电机控制系统等，CAN 总线上的电磁发射可能会造成整车的电磁辐射。CAN 总线传导共模电流测试布置和测试结果如图 8-43 所示。从图中可以看出，CAN 总线的电流会受到工况影响，但是加速、减速和匀速三种工况下 CAN 总线的电流频谱变化一致，加速工况的电流幅值在某些频段略微高一些。CAN 总线的共模电流在 0.6 ~ 2MHz 之间较大，存在两个峰值点 0.7MHz 和 1.7MHz，1.7MHz 处的峰值达 63dBμA。

4. 低压线缆共模电流频域特性

车辆上 DC-DC 变换器将动力电池的高压直流电转换为低压直流电，并通过低压线缆为控制器等低压设备供电。在其工作过程中，DC-DC 变换器和低压设备产生的干扰信号很容易耦合到低压线缆上，可能会造成整车电磁辐射现象。对低压线缆的共模电流进行测试来估计其电磁发射情况，低压线缆共模电流测试布置和测试结果如图 8-44 所示，低压线缆的电流强度在 2MHz 之前比较大，在 0.7MHz 左右存在尖峰，峰值约为 69dBμA。

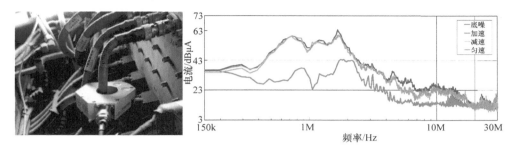

图 8-43　CAN 总线传导共模电流测试布置和测量结果

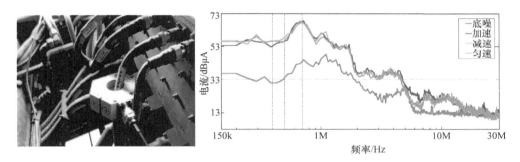

图 8-44　低压线缆共模电流测试布置和测试结果

5. 旋变线共模电流频域特性

旋变线用来反馈电机的转速和位置信息，可以通过该线信息实现电机的转子位置闭环与速度闭环，旋变线上有很丰富的脉冲波，并且电机上的干扰信号容易耦合到该线上，可能会造成整车电磁辐射现象。旋变线共模电流测试布置和测试结果如图 8-45 所示，电机旋变线的电流幅值在整体上比低压线缆和 CAN 总线要小。此外，底噪较大，且底噪信号呈离散分布，对测量结果存在影响。

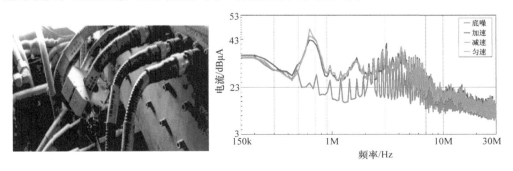

图 8-45　旋变线共模电流测试布置和测试结果

6. 电磁场频域特性

（1）电机系统

对电机系统的 HV 正负极和 LV 正负极电缆的电磁场进行测量，测量结果如图 8-46 和图 8-47 所示，测量的频段为 30MHz ~ 2.5GHz，采取峰值检波，可以看到 HV 正负极上的电磁场强度明显大于 LV 正负极的电磁场强度，并且在 X、Y、Z 方向上的电磁场强度略有差异。

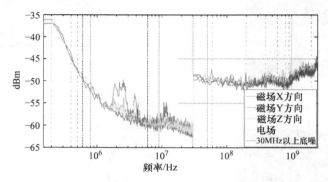

图 8-46　HV 正负极电缆的电磁场强度峰值

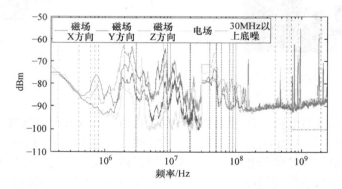

图 8-47　LV 正负极电缆的电磁场强度峰值

另外，对电机系统中的直流母线以及三相交流线进行电磁场测量，对每一根线的 X、Y、Z 三个方向进行测量，测试结果如图 8-48 和图 8-49 所示。将直流母线与三相交流线在 X 方向上的磁场强度进行对比，如图 8-50 所示。

（2）DC-DC 系统

图 8-51 所示为磁场测试布置图，其中低压侧的磁场在 X 方向及 Z 方向上的磁场强度相对 Y 方向明显较大，高压侧的磁场强度在 X 方向上最大，三者的比较结果如图 8-52 所示。从图中可以看到，高压侧的磁场强度在整个测试频段内均大于低压侧的磁场强度，并且差值在 40dBmW 左右。图 8-53 所示为电场测试现场布置

图，对应的测试结果如图 8-54 所示。从测试结果可以看到，同样高压侧的电场强度在整个测试频段内均大于低压侧的电场强度，并且差值同样在 40dBmW 左右。

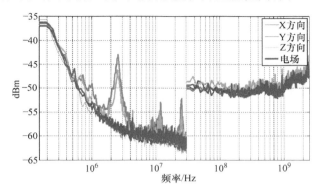

图 8-48　电机直流母线电场和磁场强度

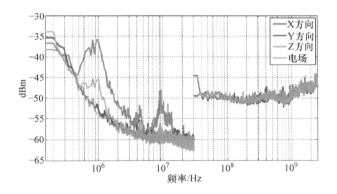

图 8-49　三相交流线的电场和磁场强度

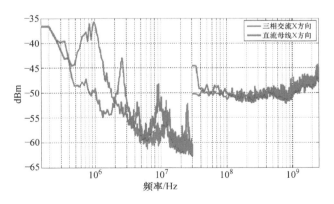

图 8-50　直流母线与三相交流线的磁场强度对比

a) 低压X方向　　　　　b) 低压Z方向　　　　　c) 高压X方向

图 8-51　磁场测试布置图

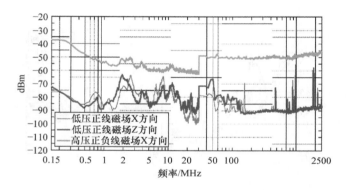

图 8-52　磁场强度比较

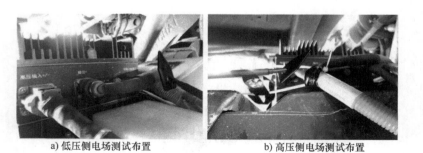

a) 低压侧电场测试布置　　　　　b) 高压侧电场测试布置

图 8-53　电场测试现场布置图

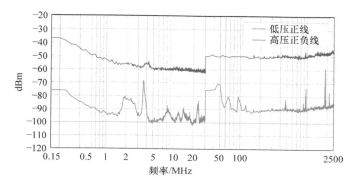

图 8-54　电场测试结果对比

从以上测试结果可以看出，低压正线电流的频谱在 700kHz、1.1MHz、1.8MHz、2.2MHz、6MHz、8MHz 以及 11MHz 出现尖峰值，高压正负线电流在 1.9MHz、4MHz、11MHz 以及 21MHz 出现尖峰值，高压正负线频域电流明显大于低压正线频域电流。高压侧的电磁场强度在整个频段上均高于低压侧，并且差值较大，约为 40dBmW。因此，高压侧电磁环境相对低压侧更为恶劣。

8.5.2　电磁干扰时域特性

1. 高压上电对低压侧的影响

利用示波器、电流探头和电压探头，对 DC-DC 变换器时域电压和电流进行测试，布置简图和测试布置如图 8-55 和图 8-56 所示。在上高压过程中，低压侧测得的低压输出电流、差分电压、正极对地电压以及负极对地电压如图 8-57 所示。

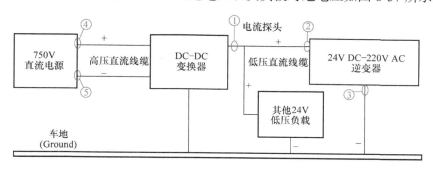

图 8-55　时域测试布置简图

2. 行驶工况对高压侧的影响

图 8-58 所示为上高压及行驶过程中在高压侧测得的高压正极对地电压。可以看到，在上高压的过程中，无论是低压侧的电压、电流，还是高压侧对地电压，都有一个快速的瞬态变化，起步以及加减速的情况下都有较为明显的电压变化。

a) 低压正线电流测试

b) 低压差分电压及对地电压测试

c) 高压差分电压测试

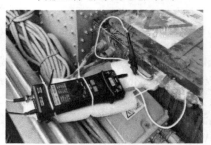

d) 高压单极及对地电压测试

图 8-56　时域测试布置

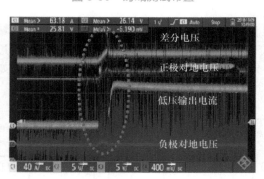

图 8-57　低压侧时域电压电流测试结果

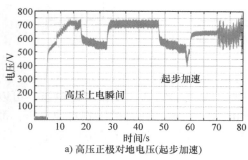

a) 高压正极对地电压(起步加速)　　　b) 高压正极对地电压(变工况)

图 8-58　高压侧电压测试结果

参 考 文 献

［1］　翟丽．车辆电磁兼容基础［M］．北京：机械工业出版社，2012．

［2］　林程．电动汽车工程手册：纯电动汽车整车设计［M］．北京：机械工业出版社，2019．

［3］　贡俊．电动汽车工程手册：驱动电机与电力电子［M］．北京：机械工业出版社，2019．

［4］　黄雪梅，雷剑梅，赖志达，等．30MHz 以下电动汽车的辐射发射抑制［J］．安全与电磁兼容，2013（4）：28-30，47．

［5］　高新杰，张洪超，吴俊，等．电动汽车仪表电磁辐射干扰分析［J］．安全与电磁兼容，2013（4）：24-26，43．

［6］　丁一夫，柳海明．电动汽车 9~150kHz 电场骚扰特性［J］．安全与电磁兼容，2013，（4）：27-29，65．

［7］　柳海明，吴艳艳，张广玉，等．电动汽车用动力线缆电气性能及试验方法综述［J］．汽车电器，2018（7）：10-13．

机械工业出版社 | **汽车分社**
CHINA MACHINE PRESS

读者服务

机械工业出版社立足工程科技主业，坚持传播工业技术、工匠技能和工业文化，是集专业出版、教育出版和大众出版于一体的大型综合性科技出版机构。旗下汽车分社面向汽车全产业链提供知识服务，出版服务覆盖包括工程技术人员、研究人员、管理人员等在内的汽车产业从业者，高等院校、职业院校汽车专业师生和广大汽车爱好者、消费者。

一、意见反馈

感谢您购买机械工业出版社出版的图书。我们一直致力于"以专业铸就品质，让阅读更有价值"，这离不开您的支持！如果您对本书有任何建议或宝贵意见，请您反馈给我。我社长期接收汽车技术、交通技术、汽车维修、汽车科普、汽车管理及汽车类、交通类教材方面的稿件，欢迎来电来函咨询。

咨询电话：010-88379353　　　编辑信箱：cmpzhq@163.com

二、电子书

为满足读者电子阅读需求，我社已全面实现了出版图书的电子化，读者可以通过京东、当当等渠道购买机械工业出版社电子书。获取方式示例：打开京东App—搜索"京东读书"—搜索"（书名）"。

三、关注我们

【机工汽车】

机械工业出版社汽车分社官方微信公众号——机工汽车，为您提供最新书讯，还可免费收看大咖直播课，参加有奖赠书活动，更有机会获得签名版图书、购书优惠券等专属福利。欢迎关注了解更多信息。

四、购书渠道

机工汽车小编
（13641202052）
编辑微信

我社出版的图书在京东、当当、淘宝、天猫及全国各大新华书店均有销售。

团购热线：010-88379735

零售热线：010-68326294　88379203